权威·前沿·原创

皮书系列为
"十二五""十三五"国家重点图书出版规划项目

非传统安全蓝皮书
BLUE BOOK OF
NON-TRADITIONAL SECURITY

中国非传统安全研究报告
（2016~2017）

REPORT ON CHINA'S NON-TRADITIONAL SECURITY STUDIES
(2016-2017)

主　编／余潇枫　罗中枢
副主编／魏志江　王　卓　谢贵平

社会科学文献出版社
SOCIAL SCIENCES ACADEMIC PRESS (CHINA)

图书在版编目（CIP）数据

中国非传统安全研究报告.2016~2017/余潇枫，罗中枢主编.——北京：社会科学文献出版社，2017.8
（非传统安全蓝皮书）
ISBN 978-7-5201-1272-7

Ⅰ.①中… Ⅱ.①余…②罗… Ⅲ.①国家安全-研究报告-中国-2016-2017 Ⅳ.①D631

中国版本图书馆CIP数据核字（2017）第201365号

非传统安全蓝皮书
中国非传统安全研究报告（2016~2017）

主　　编／余潇枫　罗中枢
副 主 编／魏志江　王　卓　谢贵平

出 版 人／谢寿光
项目统筹／周　丽　王玉山
责任编辑／王玉山

出　　版／社会科学文献出版社·经济与管理分社（010）59367226
　　　　　地址：北京市北三环中路甲29号院华龙大厦　邮编：100029
　　　　　网址：www.ssap.com.cn

发　　行／市场营销中心（010）59367081　59367018
印　　装／三河市尚艺印装有限公司

规　　格／开　本：787mm×1092mm　1/16
　　　　　印　张：25.5　字　数：384千字
版　　次／2017年8月第1版　2017年8月第1次印刷
书　　号／ISBN 978-7-5201-1272-7
定　　价／98.00元

皮书序列号／PSN B-2012-273-1/1

本书如有印装质量问题，请与读者服务中心（010-59367028）联系

▲ 版权所有　翻印必究

本报告由四川大学中国西部边疆安全与发展协同创新中心、浙江大学非传统安全与和平发展研究中心共同主持

《中国非传统安全研究报告（2016~2017）》编委会

顾　　问　蒋正华　张蕴岭　袁　明　王逸舟　崔启明

主　　编　余潇枫　罗中枢

副 主 编　魏志江　王　卓　谢贵平

编委会成员（按姓氏笔画排序）

　　王逸舟　王　卓　朱　锋　米　红　刘跃进
　　刘国柱　李开盛　杨　闯　时殷弘　余潇枫
　　沈丁立　张蕴岭　李大光　李　昊　罗中枢
　　寿远景　倪世雄　袁　明　秦亚青　徐晓林
　　蒋正华　谢贵平　廖丹子　樊守政　魏志江

主要编撰者简介

王逸舟 中国国际关系学会副会长，中国人民外交学会理事，北京大学国际关系学院副院长，教授、博士生导师。

余潇枫 中国人民外交学会理事，浙江大学非传统安全与和平发展研究中心主任，中国-上合组织司法交流合作培训基地特聘专家，教授、博士生导师。

罗中枢 四川大学原党委常务副书记，中国西部边疆安全与发展协同创新中心主任，四川大学国际关系学院院长，四川大学喜马拉雅文化及宗教研究中心理事长，教授、博士生导师。

魏志江 中山大学国际关系学院教授、博士生导师，兼行政负责人（执行院长），主要从事非传统安全和丝绸之路区域史研究。

张贵洪 复旦大学联合国研究中心主任、中国联合国协会常务理事、上海联合国研究会副会长兼秘书长，教授、博士生导师。

郑先武 南京大学国际关系研究院教授、博士生导师，中国南海研究协同创新中心研究员。

盛红生 最高人民法院"一带一路"司法研究基地（上海政法学院）主任，博生生导师，上海政法学院教授。

谢贵平　博士，四川大学中国西部边疆安全与发展协同创新中心教授。

李开盛　博士，上海社会科学院国际问题研究所研究员。

樊守政　中国人民公安大学警务战略战术教研室主任、副教授、硕士生导师。

李志斐　博士，中国社会科学院亚太与全球战略研究院副研究员，北京大学国际关系学院博士后。

卢国学　中国社会科学院世界经济与政治研究所国际战略研究室副研究员。

龚丽娜　博士，新加坡南洋理工大学拉惹勒南国际研究院非传统安全研究中心研究员。

李　昊　博士，四川大学中国西部边疆安全与发展协同创新中心副教授。

杨　震　博士，北京大学海洋战略研究中心特约研究员，浙江大学非传统安全与和平发展研究中心兼职研究员。

林国治　博士，中国计量大学马克思主义学院副教授。

廖丹子　博士，浙江财经大学公共管理学院副教授、硕士生导师。

葛悦炜　博士，浙江警察学院东盟非传统安全领域研究中心研究人员。

钱显明 宁波市出入境检验检疫局通关处处长。

吴新华 江苏省出入境检验检疫局动植物检疫处处长。

叶东辉 宁波市出入境检验检疫局调研员。

邹海燕 宁波市出入境检验检疫局风险处主任科员。

章雅荻 浙江大学公共管理学院非传统安全管理专业博士生。

潘临灵 浙江大学公共管理学院非传统安全管理专业博士生。

陈　佳 浙江大学公共管理学院非传统安全管理专业博士生。

谢金凤 中山大学国际关系学院国际关系专业博士生。

摘　要

在全球化与"逆全球化"并存的特殊时代,人类面临着复杂多样的生存风险与安全威胁。诸多非传统安全威胁可以按不同的领域列出一个长长的单子,如国际恐怖主义、核安全、网络空间安全、气候安全、太空安全、国际公共卫生安全、外来有害生物、跨国有组织犯罪、海外安全、水资源安全、海洋安全;经济/金融安全、生态环境安全、网络安全、人口安全、健康安全等。人类越来越陷入传统安全困境与非传统安全威胁凸显带来的"本体性不安全"与"生存性焦虑"。正像人类物质匮乏时期需要追求"物质文明"以及精神匮乏时期需要"精神文明"一样,在当今安全越来成为普遍稀缺资源时期,人类需要建设和提升"安全文明"来支撑和保障自己的命运。

本书共分三部分:总报告、综合报告和专题报告。

总报告从人们最为关切的"人类安全"与"人类命运"话题切入,深入剖析了当前中国和世界面临的主要非传统安全威胁,对具有"中国视角"、"中国范式"和"中国话语"的非传统安全理论,如"道义现实主义论""可持续安全论""创造性介入论""新天下主义论""国际共生与共治论""和合主义与共享安全论"进行了阐释,认为中国学者已有了建构非传统安全研究"中国学派"的理论自觉,探讨了"安全文明"建设对于消解安全困境的重要意义,提出了安全文明建设需要人类社会"共商、共建、共创、共赢、共享",并论证了中国政府在安全文明建设方面所做的不懈努力。

四篇综合报告对联合国在非传统安全治理中的重要作用、非传统安全与亚太安全秩序重建、中国式的全球化与全球安全思维做了深入的分析探讨。

十五篇专题报告按照"多源/元性""外源性""双源性""内源性"非传统安全威胁类型的次序，着重阐述了水资源、移民、检验检疫、意识形态、跨国有组织犯罪、海洋渔业、生态环境、质量维护以及医患关系等安全领域中的非传统安全威胁及其治理对策。

当下的中国正在从地区性大国向全球性大国跃进，中国的海外利益也在迅速拓展和广泛延伸，中国面临的国内外安全环境正发生深刻变化。中国的国家安全必须以人类安全为前提，以国际安全为依托。面对人类社会面临的各种安全威胁风险与挑战，中国非传统安全研究需要整合本土经验与世界元素、历史范式与现代转型、中国实践与国际语境，建构"中国学派"，建设与人类共享的"安全文明"。

关键词 非传统安全威胁　非传统安全研究　安全文明　共享安全　中国语境

Abstract

In this particular era of mixture of globalization and anti-globalization, we are facing with complicated and various existential risks and threats. There is already a long list of non-traditional security threats in different fields, such as international terrorism, nuclear security, cyber security, climate security, outer space security, international public health security, alien species invasion, transnational organized crime, overseas security, water resources security, maritime security, economic security, ecological security, population security, and health security, etc. People have increasingly fallen into "ontological insecurity" and "existential anxiety", which is originated from traditional security dilemma and the rising nontraditional security issues. As mankind pursuits "material civilization" when lack of food and goods; as mankind seeks "spiritual civilization" during the time of shortage of spiritual strength, we need build and promote "security civilization" to maintain our lives in this insecurity ages.

This book is divided into three parts: general report, comprehensive reports and theme reports.

The general report thoroughly analyzes existing nontraditional threats which China and the world are facing with through discussing "human security" and "human destiny" and elaborates nontraditional security theories with "Chinese perspective", "Chinese paradigm" and "Chinese discourse", like "moral realism", "sustainable security theory", "creative involvement theory", "neo Tianxia-ism theory", "symbiosis school" and "peace cooperativism and shared security theory". It is argued that Chinese scholars have already had consciousness to build Chinese school of nontraditional security studies. Furthermore, the general report discusses the significance of cultivating "security civilization" that could help us to solve security dilemma and proposes that we should "co-discuss, co-build, co-create and share" "security civilization".

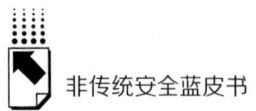

Four comprehensive reports deeply examine the importance of UN in nontraditional security governance, nontraditional security and reconstruction of Asia-Pacific order, Chinese style globalization and global security thinking.

Fifteen theme reports focus on the field of waster resources, international migration, inspection and quarantine, ideology, transnational organized crime, marine fishery resources, ecological environment, quality maintenance and the relationship between patients and doctors in terms of "heterogeneous", "exogenous", "dual-geneous", "indigenous" nontraditional security threats.

Nowadays, China is transitioning from regional power to global power. Chinese overseas interests are rapidly expanding and widely extending. National and international security environment are changing as well. Chinese national security should be premised on the basis of human security and international security. In front of diverse security threats, risks and challenges, Chinese nontraditional security studies need combine local experiences and international actors, historical paradigms and modern transition, Chinese practices and international context to construct "Chinese school" and shared "security civilization".

Keywords Nontraditional security threats; Nontraditional security studies; Security civilization; Shared security; Chiese context

序一　实现安全先要强身健体

——主权范畴再思考

王逸舟*

从各方面考虑，尤其从近时期中国国家安全和对外交往的实际需要出发，我认为，逐步培养和建立符合时代特征的新型主权观，对于国人（不论是政治家、外交决策者还是媒体人士和普通百姓）是有必要的。这里，我愿借今年的《非传统安全蓝皮书》的宝贵篇幅，谈一点自己的想法，就教于同行与读者。

众所周知，"主权"源于近代西欧，是一个有几百年历史的观念，也是当代世界各国及国际社会公认的国际准则之一。它的原初含义是：一个国家的政府，有权自主决定涉及自身民族国家利益的重大事务；在这一过程中，任何外国或国际组织都无权加以干涉。历史和现实都证明，主权观念的确定，是近现代国际关系得以维系的根本条件。由此国家不管大小强弱才具有相对平等的地位，各种国际条约和正常国家间交往才能相对顺利实现，出现在各国间的麻烦与问题才可以有共同的应对举措。没有主权观念，就不会有人们常说的国际社会和国际法，存在的只是野蛮无序、弱肉强食的丛林法则。

中国人对主权观念的珍爱，更有特殊的理由：曾经是文明古国、至高无上的中华帝国，近代沦陷为西方列强的半殖民地，被迫割地赔款、签署不平等条约、遭受百年屈辱；主权观念在传入中国后，反而更受重视、更深扎

---

* 王逸舟，北京大学国际关系学院副院长，教授、博士生导师。

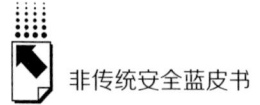

根，以至于从上到下人们普遍相信它的绝对性、完备性，任何对它的质疑及变通都不可接受。在主权依然是国际关系重要基石的当今世界，中国肯定将把捍卫自身和发展中国家的主权作为优先使命之一。

然而，今天的中国，同样需要放开眼界，充实古典的主权观念。没有动态和开放的视野，主权及其维护就效果不彰，甚至适得其反。

原因之一是，中国国家利益正在向边界外的更大范围拓展，对它们的界定和照料需要主权概念具备更大的延展性、灵活性。举例来说，过去很长一段时间，我国外交和国防领域坚守的"核心利益"，主要是指国家领土疆界的完整和国内各民族的团结统一，特别是涉及应对台湾问题、西藏问题及各种分裂势力带来的挑战。而现在随着中国综合国力的增长和海外利益的扩大，管辖治理维护的概念及方式都发生了深刻的变化，譬如说中国军方在东海宣布划出"防空识别区"，中国海警在黄海实施护渔区，南海与有关国家的争端被越来越多地强调关乎我国重大乃至核心利益，外交军事商务及各级政府单位协调在红海和地中海一带加大了护航、护侨力度，对外决策高层着眼于外部能源贸易利益而部署的中国参与联合国维和行动等，都具有类似特点。未来随着中国在诸如极地、外空、大洋洋底等"高边疆"的大量投入，会有更多新的利益生成，十数年以后甚或数十年之后核心利益、重大利益、次要利益、一般利益等将出现不同于今日的顺序，产生出不同以往的存在形态和管辖方式。诸如此类、不一而足，展示了丰富主权层次、发展主权形态的必要。

主权范畴的再定义，也是防止"国强必霸""国强必乱"之历史怪圈重演的思想基础。近代世界历史的一大教训是，西方列强（很多时候的）和苏俄只是追求自身利益的扩张而不顾及他国尤其是弱小国家的感受，仅仅要求维护自身的权益哪怕是霸道无理的要求而不向国际社会和邻国做出必要的让步和贡献，结果某些强国大国的崛起或受益，同时造成弱国小国的衰败或受损，还不时带来这样那样的对抗、战乱和失序。少数国家主权的荣耀强化，以多数国家主权的退化贬值为代价。中国的和平崛起、中华民族的真正复兴，不应重演这样的情景。中国在扩展全球利益和好处的过程中须留意他人的感受，兼顾别国和国际社会的需要；我们须努力保持"取"与"予"

的平衡，提供适当适量的国际公共产品，倡导智慧有效的国际治理方案，做出与中国地位相符的积极贡献（如在遏制全球气候变暖、预防大规模杀伤性武器扩散、拉动国际经济复苏等方面的严肃承诺及具体措施）。从这层意义讲，新的主权观强调建立国际权利与国际义务的平衡，重视与大国地位相符合的责任（包括国民教育），把后者作为前者的必要前提。对于国人来说，这一点是过去讲得不够的，存在不少偏差与认识误区。举个例子："海洋强国"是中国大众媒体和官方近年流行的一个热词，但很多人仅仅把它解释为更宽广的海洋边界、更大量的外部收获（如渔业或资源方面）或更强大的航母编队，却不太想到更智慧的主权纠纷难题的解决倡议、更有效的海洋争端调解能力或更吃重的国际水域执法义务——这本是一个硬币的两面。

新的主权观，还有一个要点，即对外事务上自主性的确定，与对内事务上的进步性，应当呈正比关系。国内政治制度的开明，国内社会氛围的宽松，国内公众权利的保障，国内人权状况的改进，直至国内生态环境的优化（而非恶劣退化），诸如此类的各种内部进步，是国际声望提升的基础。唯有如此，我国的海外权益才可获得他国的尊重，我国外交部门的倡议和斡旋才会奏效，我国领导人在国际场合的说法才能有真正的说服力。主权与人权不是分割的、对立的，而是彼此促进的、荣辱与共的。这是新旧主权观的最大分野所在。在旧时君主专制制度或各种国家垄断和强权体制下，主权的界定并没有考虑国内人权状况，甚至在践踏欺凌人民权利的过程中建立起来。早期的欧洲列强，不仅对外扩张带有"血与火"的野蛮色彩，其内部也曾经历马克思所抨击的两极分化；希特勒时期纳粹德国一方面向邻国索要更大面积的蔚蓝天空，另一方面在内部残害成千上万的犹太人；波尔布特治下的柬埔寨，在国内杀戮无数知识分子和平民百姓的同时，向中国要求帮它维护"受到越南威胁的国家主权"。传统的主权观在时代的进步中越来越多暴露其局限。随着冷战格局的终结，20世纪90年代初以降，一种新的认知及其规范在联合国和国际社会多数成员中逐渐成形，那就是：没能在内部履行保护人民之责任的政府，这个国家（及其统治者）就不配享有国际上主权国家通常具备的代表性及合法权利。仔细辨识自此以后出台的各种国际法和条约，包括一些有广泛影响的国际审判，很多都属于这类认知的内化。中国不是当今世界的孤岛，更不是革命造反派，而是"现有国际秩序的维护者、建设者、负责任大国"（习近平语），我们更应在主权观的学习和再出发时，加上这方面的新内涵、新实践。

尤其当看到一些媒体和网络上的极端民族主义渲染，我个人深感忧虑，意识到改造有缺失的主权观、防止大国沙文主义的紧迫性。与改革开放初期虚心向外部世界特别是发达国家学习借鉴的氛围不一样，今天的不少国人似乎不太愿意承认自身的缺失与落后，却整天嚷嚷收拾这个教训那个对手，嘲弄规模体量或发展速度不如我们的各式国家，语气也变得越来越不那么平和，而产生了更多的虚骄之气。真正先进或渴望进步的地方，不该是成天秀肌肉的样子，不该是到处有脾气见长的屌人，不该是总有筑墙封路断网的现象。旧时的主权观容易滋生争强好胜、你死我活、攻城略地的零和博弈心态，而孕育人类未来的主权观重视学习过程、始终具备开放性、愿意在相互尊重的基础上做出有分寸的谅解妥协。实际上，在今天的世界，追求实力霸权和主权至上的国家越来越少，而且其政策结果多半是损人不利己，或占他人一时便宜、折本国长久根本利益。理解和借用新的主权观，我们会更加清醒认识自身发展的不足（无论器物、体制或观念层面均如此），会更加自觉在外交的作为与内政的改革之间建立有机联系，会更加精准地评估世界政治的双重性（丛林法则的循环再现与国际规范的进步演化），会更加理性和适度地运用手中的工具（如外交军事商务的各种杠杆），会更加大度加审慎地提供国际公共物品和引导全球治理。

近年我提出的"创造性介入"思想[1]，可以视作上述新主权观的一个理论注脚。它的主要线索，是中国作为行为者（主权载体）与外部世界（主权者关系网络）的互动关系，即一个快速变化的、渴望进步的、逐渐崛起的新兴大国，如何恰当看待所处的时代环境，如何准确地定位自身发展水

---

[1] 王逸舟：《创造性介入：中国外交新取向》，北京大学出版社，2011，第1版；《创造性介入（二）：中国之全球角色的生成》，北京大学出版社，2013，第1版；《创造性介入（三）：中国外交的转型》，北京大学出版社，2015，第1版。

平，在此基础上不断改革自身，更多维护海外利益和扮演全球角色。第一，"创造性介入"思想确认，世界政治处于逐渐进化的过程，国际规范和法律的网络通过技术和贸易连通整个世界；全球化虽然有利有弊，但总体上增加了各国交流、合作、提升的机会，加入而不是规避这一过程是大势所趋，是主权国家提升自我的良机。"另起炉灶"既无可能，也没必要。第二，这一理论强调，中国虽然取得了世界公认的进步，但总体衡量仍处于不高的层次，我们的优势和长项至今主要表现在一些经济数据上，如基本脱贫和解决温饱问题、初步实现工业化和城市化、快速拓展贸易和市场、持续增加外汇储备和国家经济总量等；但在其他一些重要的内部指标上，如政治体制的现代化，公民权利的充分实现，人权的法制保障，社会组织的活跃及参与度，生态环境的保护和优化，以及一些重要的对外关系指标上，如整个国家的风范精神和国民的乐于助人心态，外交和军事部门处理国际争端的水平，全球话语权和公共产品供应能力，"中国故事""中国道路""中国政体"之类对他国民众的吸引力，远未达到令人满意的程度。所谓的"创造性"，不只是外交家和政治人物的智慧或魄力发扬光大，更应有国民精神和社会气象的昂扬向上。第三，以新主权观为参照，这一理论看重中国对外交往的"和平发展"承诺，赞赏近年来展示大国善意的积极作为（包括中国外交特使的斡旋努力），期待外交的更多智慧之旅和国际安全领域的更大贡献。它在明确中国国家利益和主权安全优先性的同时，提示了外交主导、经济开发援助跟进、军事力量和武力手段殿后的多管并用及顺序，强调了中国提供国际公共产品的重要意义（可参见书中有关中国维和部队在非洲部署的讨论）。须牢记内政与外交的互动逻辑，即国内进步是国际影响的基石，政治开明与人权保障是进步的核心；在整体主权的考量中，国际利益占有日益增大的比重，外部形象与经济收益同样重要。

上面这些话，我近年来在不同场合讲过，也体现在本人的一些著述里，但愿它们不是毫无意义的判断。期待包括非传统安全研究在内的中国学术思想，能够重视塑造新主权观的倡议，推动我们的安全研究更上层楼。

是为序。

序二
非传统安全研究：从行动自发到理论自觉

罗中枢*

自古以来，安全是人类生存、生活和发展的永恒话题，是人民福祉的最基本保障，追求安全是人类的永恒目标与梦想。在全面建成小康社会、实现中华民族伟大复兴的重要历史关头，国家的崛起、人民的福祉、社会的和谐，都需要以安全为保障，中华民族伟大复兴的"中国梦"必须以"安全梦"为前提。2016年以来，全球性和区域性的气候变暖、环境污染、各种自然灾害、重大疫情、核扩散、难民危机、恐怖主义、网络病毒攻击等非传统安全威胁持续发生。国际局势错综复杂、波诡云谲。大国博弈、教派冲突、毒品泛滥，热点地区的冲突与对抗更加激烈，地区局势动荡不安。传统安全面临诸多困境，非传统安全威胁日益凸显，严重威胁人类安全。

在中国周边，各种不安全因素始终存在，充满变数。一是东北不稳定风险剧增。朝鲜的核武器试验、韩国部署"萨德"导弹防御系统、日本安倍政权为谋求政治军事大国目标而加快军事化进程，给中国东北边疆安全造成严重威胁。二是南海争端再起。美国继续以"维护航行与飞越自由"为幌子，其军舰多次进入中国南海岛礁12海里，挑战中国领海主权；日本在东盟国家搬弄是非，挑拨与中国的关系，积极插手南海问题；越南在南海与中国有争议地区强行进行油气开采前的勘探工作，直接挑衅中国的领海主权。

---

* 罗中枢，四川大学教授、博士生导师，中国西部边疆安全与发展协同创新中心主任，四川大学国际关系学院院长，四川大学喜马拉雅文化及宗教研究中心理事长。

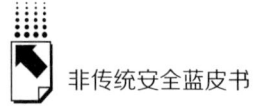

三是中亚、南亚安全形势日趋紧张。域外大国向中亚渗透,"三股势力"蠢蠢欲动;阿富汗政府军和国际联军与基地"塔利班"之间冲突不断;国际恐怖组织"伊斯兰国"在多国围剿下加快向阿富汗和巴基斯坦及其他地区逃窜、渗透;印巴严重对立,双方摩擦极易走火;印度边防军队非法越过中印边界进入中国境内,中印边境激烈对峙。所有这些都严重威胁到中国边疆乃至整个中国的民族团结、社会稳定和国家安全。

在全球化、信息化、网络化时代,"边疆"的概念和内涵在不断拓展和延伸,成为包含政治、经济、民族、社会、文化的多维度、多层次的复合概念,涉及国家形态、历史演变、族群关系、文化形貌、治理理念等多种因素。在新的形势下,中国边疆不仅是对外开放的前沿,而且是沟通内外的重要节点以及对内、对外开放的核心区域,边疆安全研究关涉传统与现代、国内与国际、局部与全局、地方与中央交汇的宏大领域,不仅要关注陆疆、海疆和空疆等"硬边疆"安全,而且要关注随时代发展变化而出现的文化边疆、利益边疆、战略边疆等"软边疆"安全,以及"硬边疆"和"软边疆"相互渗透交叉的"交织边疆"安全,所以,边疆安全在国家安全战略中处于"中心"地位,无论是传统安全研究还是非传统安全研究其许多研究议题,都与边疆安全研究的议题不断交叉和交融。

2017年1月8~9日,由四川大学中国西部边疆安全与发展协同创新中心和浙江大学非传统安全与和平发展研究中心联合主办了首届"非传统安全研究前沿与趋势学术研讨会",与会专家和学者就非传统安全的内涵与外延、研究对象与范畴、研究方法与范式、非传统安全问题与传统安全问题相互转化等议题,进行了深入的探讨和交流,专家们的发言涉及边疆安全、跨境区域经济合作、亚太安全秩序、气候变化、环境政治与能源安全、反恐司法实践、非法移民、宗教渗透、人道主义救援、印巴水争端、反贫困等诸多方面。这次会议为编撰高质量的《中国非传统安全研究报告(2016~2017)》奠定了良好的基础,对于推进具有中国视角、中国范式、中国语境的非传统安全研究也具有重要意义。

中国作为统一的多民族国家,其历史经验表明,"治国必治边",同样,治国必治安。研究边疆安全，既要深化对"边疆"的研究，又必须深化对"安全"的研究。面对人类社会和中国包括边疆地区面临的诸多非传统安全威胁，四川大学中国西部边疆安全与发展协同创新中心理应与非传统安全研究的同仁一起，承担起时代和社会的使命，急国家之所急，应时代之所需，针对人类社会面临的关键性、前沿性、前瞻性非传统安全问题，以及边疆安全的热点、难点和焦点问题，聚焦涉藏、涉疆、涉边、涉外以及"一带一路"建设等面临的诸多安全威胁和挑战，探究新范式、新方略与新路径，共同协力推动中国非传统安全研究由行动自发向理论自觉的转变。

目 录

Ⅰ 总报告

B.1 "安全文明":非传统安全研究新视角 …………… 余潇枫 / 001
  一 非传统安全威胁分析 ……………………………… / 003
  二 非传统安全理论进展 ……………………………… / 023
  三 "安全文明"建设的意义 ………………………… / 037

Ⅱ 综合报告

B.2 联合国与非传统安全治理 ………………………… 张贵洪 / 042
B.3 非传统安全合作与亚太安全秩序的重建 ………… 卢国学 / 059
B.4 联合国和平行动与中国非传统安全 ……………… 龚丽娜 / 076
B.5 "一带一路"——中国式的全球化与全球安全思维
  ……………………………………… 林国治 罗雄荣 / 092

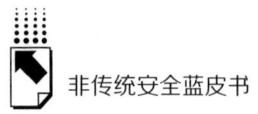

Ⅲ 专题报告

·多源/元性非传统安全研究·

B.6 2016~2017全球恐怖威胁现状及未来发展
　　　趋势预测报告 ………………………………………… 樊守政 / 106

B.7 反恐行动中的司法应对 ……………………………… 盛红生 / 120

B.8 论海盗及海上恐怖主义威胁与中国海军建设
　　　……………………………………………… 杨 震 郑海琦 / 139

B.9 土耳其军事政变的根源及其对中土关系的影响 ……… 李 昊 / 155

·外源性非传统安全研究·

B.10 中国周边水资源安全问题的现状与解决对策 ………… 李志斐 / 171

B.11 国际移民问题与移民研究的现状及趋势 ……………… 章雅荻 / 190

B.12 中国国门有害生物威胁：识别与治理
　　　——基于质检总局2016年数据的统计分析
　　　……………………………………… 廖丹子 王玉伊 钱显明 / 205

B.13 外来有害生物入侵的非传统安全分析
　　　………………………… 吴新华 叶东辉 邹海燕 廖丹子 / 222

·双源性非传统安全研究·

B.14 毒品问题与中菲关系：两国反毒合作及其影响
　　　……………………………………………… 李开盛 周汇慧 / 236

B.15 边疆意识形态安全
　　　——以新疆为例 ………………………………………… 谢贵平 / 257

B.16 中国-东盟国际警务合作打击跨境电信诈骗分析
　　　……………………………………………………… 葛悦炜 / 279

B.17 安全化视域下的中韩渔业纠纷 …………… 赵　岚　郑先武 / 293

·内源性非传统安全研究·

B.18 论东盟对雾霾环境污染问题的跨国境治理

………………………………………… 魏志江　谢金凤 / 312

B.19 质量安全：语境扩展与能力建设

——基于1996年至2016年政策文本的研究

………………………… 潘临灵　陈　佳　邹海燕 / 335

B.20 "场域安全"与"暴力伤医"舆情危机治理 ……… 董燕菲 / 347

皮书数据库阅读使用指南

CONTENTS

I General Report

B.1 'Security Civilization': a New Perspective of Non-traditional
Security Studies　　　　　　　　　　　　　　　　*Yu Xiaofeng* / 001
    1. *Analyses on Non-traditional Security Threats*　　　　　　　　/ 003
    2. *Theoretical Developments of Non-traditional Security Studies*　　/ 023
    3. *Significances of Constructing 'Security Civilization'*　　　　　／ 037

II Comprehensive Reports

B.2 The United Nations and Non-traditional Security Governance
　　　　　　　　　　　　　　　　　　　　　　Zhang Guihong / 042
B.3 Non-traditional Security Cooperation and Rebuilding
　　　of Asia Pacific Order　　　　　　　　　　　　　*Lu Guoxue* / 059
B.4 United Nations Peace Operations and China's
　　　Non-traditional Security　　　　　　　　　　　　*Gong Lina* / 076
B.5 "The Belt and Road": Globalization of China Style and
　　　Global Security Thinking

　　　　　　　　　　　　　　Lin Guozhi, Luo Xiongrong / 092

Ⅲ Special Report

Heterogeneous Non-traditional Security Studies

B.6   A Report on Global Terrorism's Status Quo and Future
         Developmental Tendencies (2016-2017)   *Fan Shouzheng* / 106
B.7   Judicial Response in Anti-terror Operations   *Sheng Hongsheng* / 120
B.8   Pirates, Maritime Terrorism, and China Navy Buildup
                                                Yang Zhen, Zheng Haiqi / 139
B.9   The Origin of Turkey's Military Coup and its Influences
         on China-Turkey Relations   *Li Hao* / 155

Exogenous Non-traditional Security Studies

B.10 Status Quo and Countermeasures of Water Resources
         Security Around China   *Li Zhifei* / 171
B.11 International Migration and Current Situation of Migration
         Studies and its Trend   *Zhang Yadi* / 190
B.12 Exotic Pest of China's Frontier: Identification and Governance
                             Liao Danzi, Wang Yuyi and Qian Xianming / 205
B.13 Non-traditional Security Analyses on Exotic Pest
                    Wu Xinhua, Ye Donghui, Zou Haiyan and Liao Danzi / 222

Duo-genous Non-traditional Security Studies

B.14 Drug Problem and China-Philippines Relations:
         Anti-drug Cooperations and Influences   *Li Kaisheng, Zhou Huihui* / 236
B.15 Frontioror Ideology Security
         —Take Xinjiang as an Example   *Xie Guiping* / 257
B.16 China-ASEAN International Police Cooperation on Combating
         Cross-border Telecommunication Fraud   *Ge Yuewei* / 279

B.17 China-Korean Fisheries Disputes with the Perspective
of Securitization　　　　　　　　　　*Zhao Lan, Zheng Xianwu* / 293

Endogenous Non-traditional Security Studies

B.18 ASEAN's Cross Border Governance on Haze
Environmental Pollution　　　　*Wei Zhijiang, Xie Jinfeng* / 312

B.19 Quality Safety: Context Deepening and Capacity Buliding
　　　　　　　　　　Pan Linling, Chen Jia and Zou Haiyan / 335

B.20 Field Security and Hurting Doctors Violently Based on Public
Opinion Crisis Governance.　　　　　　　*Dong Yanfei* / 347

总报告

General Report

B.1
"安全文明"：非传统安全研究新视角

余潇枫*

摘　要： 全球化时代的"类生存"方式，为人类的"类安全"提供了重要条件，也为"安全文明"提出了新的要求。"安全文明"是人类其他文明的切实保障。评判未来人类命运状况的标志将首先不是人类的发展状态如何，而是人类的安全状态如何。目前，人类仍然面临各种多源/元性非传统安全威胁、外源性非传统安全威胁、双源性非传统安全威胁、内源性非传统安全威胁。在非传统安全的合作中，中国学者提出的"道义现实主义论""可持续安全论""创造性介入论""新天下主义论""国际共生与共治理论""和合主义与共享安全论"等理论日益受到关注。特别是中国政府提出的"构建人类命运共

---

* 余潇枫，浙江大学非传统安全与和平发展研究中心主任，教授、博士生导师。

同体"被联合国写入决议,表明以"人类命运"为前提的安全考量才是"文明"的安全考量,以"国际安全"为依托的安全设定才是"文明"的安全设定。"安全文明"建设需要全面的"共商、共建、共创、共赢、共享"。中国和平发展与"一带一路"倡议的推进正在为此做出努力与表率。

关键词： 安全文明　非传统安全　场域安全　和合主义

"人类安全"与"人类命运"是生存于地球上的人们最为关切的话题,更是人类进入全球化时代以来被全球主义者最为关注的课题。一年又一年,人类或在经济、科技的发展中"高歌猛进",或在应对一个又一个经济危机与科技挑战中"踽踽而行"。不可否认,人类在不断发展的同时,气候持续地在变暖,海平面持续地在升高,人口的快速增长持续地带来了资源承载的危机,经济的发展持续地导致了环境的危机,人类面临的传统安全危机并没有被消解,非传统安全危机给人类命运带来了越来越多的阴影。

2016年,给人类命运带来的最大威胁是国际恐怖主义,甚至媒体直接称2016年是"恐怖之年";同时,难民移民问题也被众多国家视为十分棘手的新挑战。2017年,新的不安全阴影接踵而至：英国的恐怖爆炸、巴基斯坦中国公民被绑架,等等。有学者指出,"近年来,国际安全形势'乱象丛生',非传统安全威胁与传统安全威胁同时上升,这增大了国际安全治理的困难程度,人们对国际安全治理及其有效性的疑虑也重新增多、增大"①。

随着全球性非传统安全问题的不断涌现,人们越来越发现,未来国家之间的竞争将首先不是政治制度与经济制度的竞争,而是安全制度的竞争,最安全的国家将会被认为是最善好（good）的国家。同样,评判未来人类命运

---

① 林利民、袁考:《当前国际安全乱象与国际安全治理的困境与出路》,《现代国际关系》2017年第4期,第23页。

状况的标志将首先不是人类的发展状态如何,而是人类的安全状态如何,哪一代人生活得最安全,哪一代人便是最幸福的一代。我们可以坚信:以安全为代价的"自杀型发展模式"终究会被抛弃,而"安全"与"文明"结合而成的"安全文明"将会成为一个高频词进入一切领域,正像人类物质匮乏时期需要追求"物质文明"以及精神匮乏时期需要"精神文明"一样,在当今人类的总体安全匮乏时期,人类需要"安全文明"来支撑和保障自己的命运。人类不仅要想方设法免于恐惧与贫困,人类还要努力争取免于耻辱与获得解放。可以说,没有了"安全文明"这一基石,其他的文明就没有了切实的保障;没有了"安全文明"这一航标,人类就难以逃脱自毁的命运。

一 非传统安全威胁分析

人类的生存与发展处在特定的时空与关系的场域之中,以"场域安全"观分析"非传统安全",则可以对非传统安全问题的特征与演变规律进行更深入的分析。场域的本质是一种由不同主体间互动而形成的关系网络,从这一关系网络的整体性、交织性、强弱性、动态性的特征看,非传统安全问题可从威胁的源发地及与传统安全威胁的交织特性上划分为四类:多源/元性非传统安全威胁、外源性非传统安全威胁、双源性非传统安全威胁、内源性非传统安全威胁。这四类非传统安全问题具有各自独特的内涵、特征、典型议题及其治理手段,同时这四种类型之间并非截然分开、相互独立或非此即彼,而是在发生原理、演化特征、治理手段等方面存在相似甚至重合之处。

(一)多源/元性非传统安全威胁

多源/元性非传统安全威胁源于不确定的"时空-关系"场域,它对国内乃至世界产生的严重危害足以引起国家在政治安全上的考量,甚至需要运用国防力量进行"军事武力"的介入。传统安全威胁与非传统安全威胁的相互交织,或者军事武力的直接介入使地缘上的"多源"叠加上性质上的

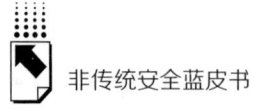

"多元",使安全问题升级。从全球范围看,与军事武力介入相关的多源/元性非传统安全议题较多,包括核恐怖危机、国际恐怖主义危机、网络空间安全威胁及网络恐怖主义威胁、生物恐怖威胁、海盗威胁、极地安全问题、太空安全问题等。

1.国际恐怖主义威胁

国际恐怖主义对大多数国家来说可以归入多源/元性非传统安全威胁,如何应对国际恐怖主义是各个国家乃至人类社会面临的一个相当棘手的难题。虽然恐怖主义在不同地区与国家的旗号、政治目标、活动区域、人员构成等情况各异,但都是以血腥暴力与滥杀无辜为最本质的特征。2016年,据不完全统计,有59个国家受到伊斯兰圣战的恐怖袭击,共达2476次,造成21239人丧生,26677人次受伤。① 2017年恐怖主义袭击事件仍然频发,恐怖袭击遍地出现,已经成为人类的一种"普遍性恐怖"。

樊守政在本蓝皮书的《2016~2017全球恐怖威胁现状及未来发展趋势预测报告》一文中指出,"引发国际恐怖主义的关键因素在未来5年丝毫没有减弱的迹象。一是穆斯林身份认同的兴起将在中东内外创建一个传播激进伊斯兰意识形态的框架。二是极端恐怖主义思潮助长恐怖组织的兴起成为另一个日益令人关注的问题。三是恐怖组织继续依附地区冲突和社会矛盾发展壮大"。樊守政预判:2025年,"恐怖主义浪潮(Terrorist Wave)"可能会衰落,伊斯兰时期的恐怖主义到2030年可能会终结,但恐怖主义不可能完全灭亡。

2016年正式实施的《中华人民共和国反恐怖主义法》以法律的形式提出了我国在国际合作反恐方面的相关规定,该法共十章、九十七条,对恐怖活动组织和人员认定、安全防范、情报信息、调查、应对处置、国际合作、保障措施、法律责任等方面进行了规定。

盛红生在本蓝皮书的《反恐行动中的司法办法》一文中论证了"取消

---

① 《2016伊斯兰恐怖袭击列表》,和平宗教网(TheReligionofPeace),https://thereligionofpeace.com/attacks/attacks.aspx?Yr=2016。

拥有双重国籍恐怖分子的一个国籍的做法"的司法合理性与实践有效性，认为大批恐怖分子出国进行所谓"圣战"大都是通过购买、伪造或者变造外国护照出境，所以对国籍甄别及其限制成了一条重要的反恐司法办法。盛红生强调：事实上很多国家的法律都有依法取消国籍的类似规定，至少在不至于使当事人成为无国籍人的情况下，国家可以剥夺他双重或者多重国籍中的一个，因为他未能尽到对国家效忠却反而用武力方式攻击该国和该国公民，剥夺行为既合法又正当。

杨震、郑海琦在本蓝皮书的《论海盗及海上恐怖主义威胁与中国海军建设》一文中认为，海洋这个地球最大的公共空间在冷战后成为各种矛盾的爆发地，海上传统安全与非传统安全威胁十分突出，而中国这个世界上最大的陆海复合型国家正开始将地缘政治重心转向海洋。比较严峻的是，中国海上航运面临的非传统安全威胁呈上升趋势。一方面，在中国的海外航线中，印度洋、南海、东非海域等是重点区域，而这些海域恰恰是海盗及海上抢劫等暴力犯罪的重灾区；另一方面，个别海域的海盗及海上抢劫等暴力犯罪的变动较大。打击海盗及海上恐怖主义需要动用国家的海军力量，这使得这类威胁上升为多源/元性非传统安全威胁。中国海军至2017年1月已经派遣25批次的护航编队前往亚丁湾，护送了至少5000多艘船舶安全通过该海域，不仅有力地驳斥了"中国威胁论"，还提供了海上公共安全产品。作者强调，未来中国海军建设的主要内容有：优化舰队结构，设立海外补给基地，增加补给舰的数量，在海军日常训练中也应该增设海上反恐与反海盗的科目等。

2. 核安全威胁

核安全是非传统安全与传统安全相互交织的重要领域，已被我国纳入国家安全体系之中。2017年6月16~17日，国际关系学院主办、《国际安全研究》编辑部和哈佛大学肯尼迪政府学院贝尔福中心"管控原子能项目"联合承办的"国际核议程评估"国际学术研讨会，分别以"核安全与核不扩散：制度安排与现实困境"、"核安全的全球治理：进展、挑战与合作"、"核扩散问题"、"核军控的困境与治理"和"在核时代中实现安全：我们的建议"为议题进行了热烈讨论。值得一提的是，我国在提出打造"人类命运共同体"的同时提出了打造"核安全命运共同体"的倡议，并在积极参与全球安全治理中做全球核安全治理的建设者。

目前，核不安全的形势主要表现在：一是国际核扩散形势更趋严峻，有核武器国家与非国家行为体不断增多，如朝鲜核问题不断升级，近年来朝鲜的核导试验不断推高东北亚地区安全危机；南亚以印度与巴基斯坦为代表的核军备竞赛仍在持续；中东核扩散风险不断攀升，以色列既不承认也不否认自己拥有核武器，伊朗仍持有发展核武器的能力，日本因其拥有制造核武器的能力与资源而让世界担忧。二是国际核恐怖主义阴影笼罩世界，国际上虽未发生过核恐怖袭击，但不时发生的核材料失窃、放射性物质丢失、含放射性废金属的非法交易都隐藏着核恐怖事件的潜在风险。三是核武器小型化趋势明显，"美、俄等国已经拥有核炮弹、核炸弹、核深水炸弹、核钻地弹、核地雷、核鱼雷、特殊用途核爆破雷、舰舰核导弹、反潜核导弹等几种现役的小型战术核武器"。[①] 四是全球核电和核技术利用的核事故风险升高，由于核能仍然是很多国家重要的能源选项，核能发展带来的核安全风险与挑战不断增加。五是民用核技术引发的放射性（辐照）污染风险加大，在人们的日常生活中各种各样的放射源越来越多地被接触，"无源头核污染"也正在成为一个新的难题。我国每年发生多起放射性事故，"2011 年，共有 14 万枚放射源散布于全国各地，至少有 2000 枚遗失民间，正在威胁公众安全"[②]。

中国十分重视国际核安全问题。在 2014 年第三届核安全峰会上，中国提出要"构建公平、合作、共赢的国际核安全体系"，2015 年第四届核安全峰会中国提出要通过强化政治投入、强化国家责任、强化核安全文化来持续加强核安全，让核能为人类造福。[③] 2017 年 3 月，中国参加了在奥地利维也

---

① 杜雁芸、刘杨钺主编《科学技术与国家安全》，社会科学文献出版社，2016，第 28 页。
② 冯洁：《辐射源：危险在潜伏》，《南方周末》2011 年 4 月 15 日，转引自杜雁芸、刘杨钺主编《科学技术与国家安全》，社会科学文献出版社，2016，第 39 页。
③ 《习近平出席第四届核安全峰会并发表重要讲话介绍中国核安全领域新进展宣布中国加强核安全举措》，2016 年 4 月 2 日，新华网，http://news.xinhuanet.com/world/2016 - 04/02/c_128858317.htm。

纳国际原子能机构总部召开的《核安全公约》缔约方第七次审议会议。会议认为，"中国在日常工作中充分利用社交媒体和网络、及时修订并发布《核动力厂设计安全规定》、编制《福岛核事故后核电厂改进行动通用技术要求》并有效应用、组建核应急快速支援队伍、建立与国际原子能机构安全标准完全一致的核安全法规标准体系、建立核电厂国内同行评议体系以及利用全范围模拟机模拟严重事故等七个方面可作为良好业绩，值得在国际同行中推广应用。"①

自日本福岛核事故以来，中国对核电安全予以更多的重视，国家强调"核安全是核电的生命线"，强调核电建设中的"安全第一"与"质量第一"。中国科学院核能安全技术研究所所长吴宜灿对核电安全做了比较全面的诠释，他认为要使核电安全必须从三个层面着力：一是技术层面，通过安全设计、安全建造、安全运行来确保核电安全；二是管理层面，通过核事故的预先全面防控来确保安全；三是社会环境层面，通过核安全文化建设，让公众普遍认识到核能总体上是安全的，而只有得到公众的认可与支持，核能才会变得更加安全。②为了提升我国核电运营的可靠性和安全性，"智慧核电运营项目"被纳入国家"十三五"规划，该项目包括"通过核电高危区域运行智能探测机器人系统、核电维修期间智能辐射防护监控系统、便携式智能核电运行巡检闪测系统、管道异物探查与清理机器人系统、核电6D临境式智能管控系统研究、核电多基地智能业绩管控系统、智能核电战略备件3D系统研究等七个课题"。③

3. 网络空间安全威胁

网络空间安全兴起了对"数据主权"（第五主权）的关注，并由此也引发了对"后斯诺登时代的全球网络空间治理"的广泛且持久探讨。相比于

---

① 《刘华率团出席〈核安全公约〉缔约方第七次审议会议并作中国履约报告》，《中国环境报》2017年4月5日。
② 《我国核安全团队：到2020年要建成100个核反应堆》，2014年10月15日，新浪网，http://news.sina.com.cn/c/2014-10-15/111230992296.shtml。
③ 《智慧核电研究内容正式纳入国家"十三五"规划》，北极星电力网，2017年2月9日，http://news.bjx.com.cn/html/20170209/807234.shtml。

领土、司法等其他主权内容，数据主权在内容框定、追溯路径、保障方法、法律依据等方面，都面临更多难题。网络安全威胁作为多源/元性非传统安全威胁中的典型议题，"其呈现了主权难以界定、合法性难以判定、身份难以限定、过程难以追踪、应对难以依靠单一主体的非常规特征。"①"世界范围内侵害个人隐私、侵犯知识产权、网络犯罪等时有发生，网络监听、网络攻击、网络恐怖主义活动等成为全球公害。"②互联网不仅是国家维护"第五种主权"的场域，也是全球反恐的重要战场。

当前，网络虚拟空间成为国家安全权力的"第五战场"，诸多国家相继成立特别部门推出相应的网络安全战略，如美国组建"网络司令部"，中国成立"中央网络安全和信息化领导小组"等。中国政府始终致力于建立网络空间命运共同体，倡议国际社会应该在互信基础上加强合作，共同构建"和平、安全、开放、合作"的网络空间，建立"多边、民主、透明"的全球互联网治理体系。③

（二）外源性非传统安全威胁

外源性非传统安全威胁主要是指非传统安全威胁源起于国家之外，直接影响国家发展或给国家带来安全挑战的安全类型。其较多地涉及全球性与区域性问题，近些年主要的外源性非传统安全威胁有：气候安全威胁、太空安全威胁、水资源安全威胁、国际公共卫生安全威胁、外来有害生物威胁等。

1. 气候安全威胁

全球气候变暖令人类居住的地球正面临"末日"式的挑战：土地荒漠化、生物多样性减少、极地冰雪融化、海平面上升、极端气候频发、环境

---

① 廖丹子：《"多元性"非传统安全威胁：网络安全挑战与治理》，《国际安全研究》2014年第3期，第25页。
② 《习近平在第二届世界互联网大会开幕式上的讲话》，新华网，2015年12月16日，http://news.xinhuanet.com/world/2015-12/16/c_1117481089.htm。
③ 《习近平在第二届世界互联网大会开幕式上的讲话》，新华网，2015年12月16日，http://news.xinhuanet.com/world/2015-12/16/c_1117481089.htm。

难民人数增多等。2016年，澳大利亚堡礁的珊瑚礁因气候变暖出现了历史上最大规模的白化死亡现象。一些权威研究机构的研究也证明全球气候变暖在短期内无法得到有效抑制，比如美国国家大气研究中心最新研究表明，未来十年全球海平面上升速度将超过预期。若国际社会无法将气温升高控制在2摄氏度以内，海洋面积的大幅增加和陆地面积的退缩将会重新绘制国家形态。更为可怕的是，大量极端气候事件可能会给人类带来毁灭性的结果。

《巴黎协定》于2016年11月正式生效，它把全球气候治理推向了历史性的实施准备新阶段。即使美国特朗普政府宣布退出全球气候治理框架，但世界各国共同展开全球气候治理的趋势已定。当前，中国以实际行动实施全球气候治理举措。中国推出的国家自主行动计划的目标是：争取2030年二氧化碳排放达到峰值，并逐步提高非化石能源在能源消费中的比重。2016年9月，中国向联合国交存《巴黎协定》批准文书，展示了中国与世界共同应对全球性问题的雄心和决心。中国正在大力发展太阳能、风能，并采取积极举措推广新式交通工具如新能源汽车、高铁等。面对全球气候变暖这一共同威胁，包括中国在内的国际社会的共同努力，将给人类以最基本的期望。

2. 太空安全威胁

太空安全威胁除了自然性的如陨石、彗星等"近地威胁"，还有越来越多的人为性的如废弃卫星、卫星残骸等太空环境恶化的威胁。这说明人类空间技术的发展也带来了对地球与星际空间的负面效应。"科学家认为某一阶段突然增强的宇宙射线很有可能破坏地球臭氧层，增加地球环境的放射性，导致物种的变异，甚至灭绝。"[①] "目前，地面上能探测到的低轨道内尺寸在10厘米以上的太空垃圾约有1.8万个，介于1～10厘米中等尺寸的碎片数量大约为36万枚。"[②] 人类赖以生存的地球一直面临着决定人类命运的"近

[①] 张津铭、闻新：《探索宇宙射线》，《太空探索》2016年第12期。
[②] 杜雁芸、刘杨钺主编《科学技术与国家安全》，社会科学文献出版社，2016，第115页。

地威胁",随着人类走向太空与利用太空的步伐加快,因人类太空发展而引发的人为性太空威胁也日益增多,太空安全治理越来越被人类所重视,太空安全被越来越多的国家纳入国家安全战略议程。

21世纪以来,太空战略地位日渐上升,太空国际竞争愈演愈烈。世界主要国家正在加快发展太空军事力量,大力研发太空攻防手段,组建太空作战部队,配套完善太空作战法规,围绕取得太空利用与反利用、控制与反控制力量优势的较量持续升温。① 由此,太空安全威胁也越来越突出。根据上海哲社项目"太空国际新竞争研究"成果,至2016年1月1日,全球共有1381颗卫星在轨运行;有几万个较大碎片在太空漂浮,太空的拥挤与竞争成为"新常态";目前除了欧洲空间局外,全球有11个国家拥有独立发射卫星能力,有15个国家和地区具有把物体发射到亚轨道的能力,还有60多个行为体包括中国台湾和香港以及一些国际组织拥有卫星。国际社会尚未对太空治理展开全面合作,虽有共同利益但存在着外部强制力不足、基本理念和道义准则异以及权力分配结构失衡等困境。② 2016年5月10日,中美在华盛顿举行首次外空安全对话,会议由我国外交部军控司司长王群与美国国务院助理国务卿罗斯共同主持,对话的重点是国家的外太空政策、中美双边外太空安全合作、外太空安全多边倡议等。目前,中国已经研制出了太空机械臂,具有全方位搜捕功能,能完成太空碎片清理、太空维修等任务。③ "以现有的太空技术和实力,中国无法独自解决太空新秩序所面临的主要问题,但是作为塑造太空新秩序的一支重要力量,没有中国参与,太空新秩序的塑造是不可能的。"④

---

① 《太空军事力量将改变战争形态 中国面临太空安全威胁》,人民网,http://military.people.com.cn/n/2014/0619/c1011 - 25173274.html。
② 徐能武:《太空安全外交努力的困境及其思考》,《外交评论》2007年第3期,第59~63页。
③ 赵晶:《中国成功研制太空机械臂,可全方位进行目标捕获》,东方网,2014年9月18日,http://mil.eastday.com/m/20140918/u1a8347122.html。
④ 何奇松:《国际太空新秩序与中国的责任》,《世界经济与政治》2016年第8期,第104~129页。

3. 国际公共卫生安全威胁

全球人流、物流、信息流的快速流转，各种传染性疾病、各式公共卫生安全事件的侵入和破坏力被放大，给全人类的健康构成严重威胁，使得公共卫生安全危机不断。如 2014 年暴发并肆虐至 2015 年末的埃博拉病毒、2015 年在韩国迅速扩散的中东呼吸综合征（MERS）、2015 年在中南美洲流行并于 2016 年波及包括中国在内的 34 个国家的寨卡病毒（ZIKV）等。

2016 年入冬以来，全球受到了气候异常等多种因素的负面影响，使得动物禽流感疫情出现了高发的态势，而且涉及面甚广，亚洲、非洲、中东的近 40 多个国家和地区受到影响。"在这种态势下，我国不仅 H7N9 疫情发生早，就连普遍的季节性流感疫情也较往年提早了一到两个月。"① H7N9 病毒是流感病毒的一种，2016 年我国的 H7N9 病例是 2013 年发生 H7N9 疫情以来最多的一年，但到了 2017 年初得到有效防控，"报告 H7N9 病例数较前期已经有明显下降。2017 年 2 月 6 日至 2 月 12 日全国报告 H7N9 确诊病例 69 例，而 2 月 13 日~2 月 23 日这 11 天时间共报告病例 35 例，从平均每日 10 例降到了每日 3 例，说明前期防控工作取得了成效"。②

有学者指出："人类的历史即疾病的历史"③，全球化时代世界正"因病相连"④。传染性疾病从医学问题上升到安全问题，从单一的非传统安全问题上升到与传统安全相关联的交织性安全问题，是全球化时代低政治问题上升为高政治问题的一大特征。"事实证明，传染病问题不仅对非传统安全构成威胁，对传统的政治安全和军事安全领域同样也构成重大威胁"，此外，"传染病问题对传统安全的威胁还可以通过非传统安全的转化方式形成"⑤。

---

① 李宁:《新一轮 H7N9 疫情较往年来得早》，《中国人口报》2017 年 2 月 21 日第 1 版。
② 李冰:《专家：H7N9 疫情防控已经取得成效》，《中国人口报》2017 年 2 月 27 日第 1 版。
③ 李建中编著《世纪大疫情》，学林出版社，2004，第 1 页。
④ 马克·扎克、塔尼亚·科菲:《因病相连：卫生治理与全球治理》，晋继勇译，浙江大学出版社，2011，第 1 页。
⑤ 涂晓艳:《传染病与国家安全》，中国社会科学出版社，2016，第 240 页。

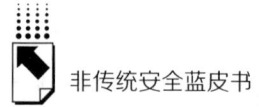

4. 外来有害生物威胁

军事介入的生物恐怖威胁属于多源/元性非传统安全威胁,而非军事性的外来生物入侵、外来动植物疫病等生物安全问题,则属于外源性非传统安全威胁。"全球生物安全威胁日趋普遍,危害严重,治理困难。"① 我国遭受的外来有害生物威胁的挑战已十分严峻,"目前我国已成为全球遭受外来入侵最严重国家之一,入侵的外来生物达544种之多,其中有100多种扩散面积大、危害特别严重;全球100种最具威胁的外来物种中,入侵中国的就有50多种,其中危害最严重的有11种,这每年给我国造成大约600亿元的损失"②。专家分析,有95%以上的入侵物种由人为引入或带入,"十二五"时期内,检验检疫部门截获的入境危害物种比上一年增加了26.8%,总共截获外来危害物种8945种,我国口岸截获外来生物4000余种,100余万次。③ 吴新华、叶东辉、邹海燕在本蓝皮书的《外来有害生物入侵的非传统安全分析》一文中指出,外来有害生物入侵,在生态上会破坏入侵国家的生态系统结构和功能,破坏本地物种多样性,逐渐造成物种灭绝,构成对自然资源和人类生存环境的重大威胁,在经济上会因农林牧渔业的重大损失和高额的防治费用、危害人类健康和影响交通、贸易、旅游等行业,造成重大的经济损失。

中国的国门安全形势严峻,且正向"场域安全"而全方位延伸与多方面溢出。2016年,我国截获外来有害生物6305种,122万种次。④ 2016年4月18日北京再次截获全球毒性最强物种之一的"箭毒蛙活体",据称"其1克蛙毒可致15000人死亡"。⑤ 2016年"深圳检验检疫局共截获植物种子1673批4.2吨,种苗652652批1.3万株,从截获的植物中检出172种1.2

---

① 贺福初、高福锁:《生物安全:国防战略制高点》,《求是》2014年第1期。
② 麦文伟:《筑牢"铜墙铁壁"防范外来物种入侵》,《中国国门时报》2013年4月17日第6版。
③ 支树平:《贯彻总体国家安全观筑牢国门生物安全防护网》,《中国质量报》2017年4月17日。
④ 赵毅:《强化底线意识 确保质量安全》,《中国国门时报》2017年2月17日第1版。
⑤ 《北京再次截获全球毒性最强物种之一箭毒蛙活体》,新华网,2016年4月18日,http://news.xinhuanet.com/legal/2016-04/18/c_128907030.htm?location=35。

万批次有害生物，其中包括'果蔬头号杀手——地中海实蝇'";①"福建检验检疫局共截获进境动植物疫情18378种次，其中检出检疫性有害生物1578种次、同比增长53.65%，并在全国首次检出9种有害生物，质检总局4次发布警示通报"。②

生物危害防护能力建设已被多数国家上升为国家安全战略。美国、英国、意大利、日本、韩国、捷克等国家将生物防御体系建设与国防建设进行统筹规划，并在研发、建设和数字化方面达到"同步化"。③中国已初步认识到"生物疆域""生物国防"的高度重要性。廖丹子、王玉伊、钱显明在本蓝皮书《中国国门有害生物安全威胁：识别与治理》一文中指出：国门有害生物防控成为我国国门安全和总体国家安全的重要内容，我国要建立涵盖诸多安全领域的"大安全"体系，在建立场域安全意义上的"大国门"的同时要确立"前伸、后延、中转、外联、应急、反恐"的场域安全维护思路，探索建立技防、人防、信防、物防、网防、文防"六防"一体化的国门生物安全"大防控"体系。

（三）双源性非传统安全威胁

双源性非传统安全威胁是指同时源起国内和国外，特别是源起于与边疆接壤的跨境地区，需要国家同时从外交与内政予以应对的安全威胁。双源性非传统安全威胁主要是陆疆和海疆中的非传统安全问题，例如非法移民、跨国犯罪、共同流域内水资源和生态环境问题等。许多双源性非传统安全问题是传统安全问题直接的后果，如区域间的军事冲突导致难民非法入境。对我国来说，突发性大、危害性强且长期存在的双源性非传统安全问题有国际恐怖主义、民族分裂主义、宗教极端主义、跨国有组织犯罪、

---

① 董广大、林煌：《深圳检验检疫局2016年十大新闻》，《中国国门时报》2017年1月6日第17版。
② 李永东：《打造"福建样本"新亮点》，《中国国门时报》2017年1月6日第17版。
③ 曹务春、赵月峨、史套兴：《应对突发生物事件应急保障能力建设的对策研究》，《中国应急管理》2009年第10期。

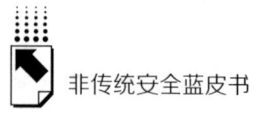

边疆安全威胁等,另外还有移民安全威胁、海外公民安全威胁、跨国水资源安全威胁等。

1. 跨国有组织犯罪

跨国有组织犯罪包含的内容较多,而且随着形势的发展还在不断地扩充。《联合国打击跨国有组织犯罪公约》将跨国有组织犯罪分为17类,即洗钱、恐怖行动、盗窃文物和艺术品、侵犯知识产权、非法买卖武器、劫机、海盗、抢劫地面交通工具、骗保、计算机犯罪、生态犯罪、贩卖人口、人体器官交易、非法贩卖毒品、虚假破产、参与非法经营、贪污受贿与行贿。

禁毒是打击跨国有组织犯罪的重要方面。在东亚和东南亚,注射吸毒者人数(330万人)占全球总数的1/4以上。柬埔寨、印度尼西亚和泰国的注射吸毒者中艾滋病毒流行率在20%以上,而西南亚区域的注射吸毒者中艾滋病毒流行率则高达28.8%。据马来西亚反贪污委员会披露,每天有超过100名非法入境者从马来西亚—泰国边境入境。中国西南边境线与越南、缅甸等国之间的众多山道和小径给跨国有组织犯罪以可乘之机。经中国警方查明,西南边境地区已形成一个复杂、严密的人口贩卖路线,即境外指挥——境内组织——中转接运——边境向导——境外"蛇头"。其反侦察能力强,危害极大。不仅如此,与贩卖人口和偷运移民相关的跨国有组织犯罪也正在日益国际化。

李开盛、周汇慧在本蓝皮书《毒品问题与中菲关系:两国反毒合作及其影响》一文中指出,"毒品问题是一项典型的非传统安全议题,但在中菲关系中产生了一定的传统安全后果,需要引起我们更大的关注"。"据菲律宾缉毒署统计,菲国现在有大约370万瘾君子。"[①] 菲律宾毒品问题中的涉华因素主要包括三方面:一是部分毒品来自中国;二是部分毒贩来自中国;三是加入菲籍的华人毒贩十分活跃。李开盛、周汇慧认为,中菲政府的友好态度为两方在反毒方面的务实合作创造了良好的条件,建议今后"第一,

---

① 赵中文:《菲律宾涉毒杀戮多引发关注》,《光明日报》2016年8月6日第4版。

在菲律宾毒品问题上少说多做，尽量少就其反毒政策表态，但在支持菲律宾开展良性禁毒，如设立戒毒治疗中心、提供相关资金与技术援助等方面开展切切实实的行动，不但使菲律宾政府而且使菲律宾整个社会和老百姓都感受到中国政府在反毒方面的认真态度与切实行动。第二，对于在菲涉毒的中国公民，根据双方各自的法律以及合作框架，进行严厉打击。同时，对于在反毒运动中可能涉及侵害涉毒中国公民合法权益的行为，应该采取平静但有原则的方式进行交涉。第三，完善中菲在禁毒方面的法律与司法合作，使相关议题尽可能在法律的框架下解决"。

2. 海外安全威胁

"海外安全"包括中国企业、机构和公民在国外的人身安全、财产安全和其他生存与发展保障等内容。中国海外安全事件的前十类是：抢劫、偷窃、抢夺，交通事故，溺水、海难、空难，恐怖袭击、绑架，自然灾害（海啸、地震等），非法入境、偷渡，商业限制，劳务纠纷，警察执法不公，留学诈骗。[①] 海外中国公民受到传统安全问题与非传统安全问题的双重威胁，但非传统安全因素给中国公民和法人的危害更明显。一方面，一些国家的政治冲突、民族对立、宗教纷争而导致的传统战争和武装冲突，危及在这些国家的中国法人和公民的海外权益，尤其是中资企业的经济利益和劳工安全问题更为突出。另一方面，非传统安全威胁对中国海外权益的影响也呈现五花八门的特征。像地震、沉船、空难等突发性灾难对遍布世界各个角落的中国海外公民安全带来了广泛危害。

中国成为全球性国家的同时，中国海外利益及人员的安全也受到越来越多的挑战。"英国《金融时报》一个研究团队根据经合组织（OECD）和世界银行数据撰写的一份报告称，中国海外投资主要投资于世界高风险地区，2013～2015年的海外投资平均风险指数为5.33，大大高于世行平均4.35的投资风险指数。"[②] "近年来，中国游客在南非遇袭案、海外学生遇害案、马

---

① 李晓敏：《非传统安全威胁下中国公民海外安全分析》，人民出版社，2011，第64页。
② 林利民、袁考：《当前国际安全乱象与国际安全治理的困境与出路》，《现代国际关系》2017年第4期，第29页。

来西亚的中国游客遇难案、中国公民在法国遭遇室内枪击案，以及欧美等国不时对中国产品征收'反倾销税'等，突出说明中国海外利益与人员安全问题正在集中爆发。"①

中国公民前往海外的主要方式和活动规模有几个特点：一是海外留学生数量急剧增加。以海外留学方式进行人口跨国流动或定居海外，这是国际移民的主渠道，特别是发展中国家的公民想到发达国家去长期定居和生活，这是一种合法和正当的途径。海外留学也是中国公民前往海外生活和移居他国的主要形式。二是技术和投资型移民增长较快。经济全球化导致了国家间综合国力竞争更加激烈，世界各国为了抢占经济竞争的主动权，加大了对技术和投资型移民的争夺，中国已出现像其他发展中国家一样的公民移民海外"潮"。三是跨国婚姻和家庭团聚移民平稳发展。改革开放以来，中国大陆出现了大量以国际联姻渠道前往海外的"新华侨"。四是非法移民数量在减少。同时，企业跨国经营活动急剧升温，公民国际旅游方兴未艾。

强调"安全文明"的重塑，意味着要超越传统的民族国家的视角，要注重中国在海外的安全保障体系，要建构与他国分享的和合共治体系。"中国已经成为一个全球性国家，中国海外利益的迅速拓展与广泛延伸是中国日益融入全球体系之中的必然结果，切实维护中国海外公民与企业的安全与权益已成为外交与国家安全工作的重要内容。在中国国家利益大举向外扩散的同时，非传统安全威胁带来的挑战日益严峻，加强海外安全风险管控迫在眉睫。"② 计划经济模式下的国家包办、包揽、包管的海外安全方式难以应对层出不穷的不同层次的非传统安全风险与危机，安全产品市场化、国际化、多元化供给的方式被置于紧迫的议程上，尤其是如何摆脱中国在世界各地海外投资的"高风险、低安保、损失重、救济弱"③ 困境，是建构我国海外安保体系要特别考虑的。

---

① 林利民、袁考：《当前国际安全乱象与国际安全治理的困境与出路》，《现代国际关系》2017 年第 4 期，第 29 页。
② 崔守军：《中国海外安保体系建构刍议》，《国际展望》2017 年第 3 期，第 98 页。
③ 崔守军：《中国海外安保体系建构刍议》，《国际展望》2017 年第 3 期，第 78 页。

3. 水资源安全威胁

人口增长、城市化和经济发展引发水资源紧张，跨国水资源安全日益受到威胁。到 2050 年，世界人口将达到 91 亿，其中 70% 的人口将住在城市里，因而粮食需求将要增加 70%，这给水资源安全带来新的挑战。水是人类社会越来越短缺却无法替代的生存性资源，在世界某些地区，水资源不仅是居民生活保障的必需品，更是国家安全保障的重要支柱，水资源被众多国家作为战略资源而受到特别重视，跨境的界河、界湖的水资源冲突常被执政者看成"一场战争"。

水资源问题在很多情况下是一个复合性的非传统安全问题，在双源性非传统安全研究中，水资源安全是一个重要的安全议题。中国与周边国家相关联的国际河流达 80 多条，几乎影响到约 30 亿人口，占全世界人口的 50%。[①] 我国与周边国家的水资源安全主要关涉水质保护、水资源分配和开发、水域环境保护、水资源管理和区域发展等内容。源发于两国边境的水资源安全威胁问题称为双源性跨界水资源安全问题，跨界河流（界河）安全问题具有明显的边疆双源性非传统安全威胁的特点，多数情况下呈现一种双边博弈的关系，当然跨界河流干扰因素复杂，由于很多时候跨界河流经过的流域国家涉及多个，各种安全威胁在特定情况下有可能上升为主导因素，非传统安全威胁随之发生变化，应根据每条河流的具体地缘政治因素及流域国家优劣势比较制定特定、具体、有针对性方案。

中国政府十分重视与周边国家的水资源治理合作。2016 年 3 月，"澜湄合作"机制在海南三亚启动。"澜湄合作"机制始于解决"澜湄"地区的水资源安全问题，聚焦于政治安全、经济和可持续发展、社会人文三大领域合作，是中国与周边地区非传统安全合作的典范。而在一年时间内，"澜湄合作"已经打造了多层次会晤机制，形成了 3 + 5 合作架构。在落实 45 个早期收获项目、建立优先领域联合工作组等方面取得显著进展。

李志斐在本蓝皮书的《中国周边水资源安全问题的现状与解决对策》

---

① 李志斐:《中国周边水资源安全关系之分析》,《国际安全研究》2015 年第 3 期，第 115 页。

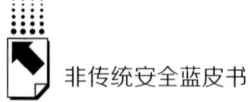

一文中指出：水文地理的整体性、政治界限的分属性、水源与鱼类等资源的自由流动性，决定了流域国在水资源的使用上会存在利益诉求差异和冲突发生的可能性。尤其是一旦水资源问题和领土争端等问题交织在一起，就具有了一定的传统安全特性，成为一个复合性的安全问题。从整体上看，中国对跨国界性质的水资源管理缺乏足够的上层设计与战略规划，中国需要制定国家水资源安全战略，如在水资源安全议题上加强顶层设计，设立国家级的统一协调机构，明确水资源安全战略；侧重"流域"和"区域"两大层面的综合管理，建立复合型的水资源安全机制；根据区域和流域的特点主导性地建立跨界水资源合作机制，建立水资源安全机制可持续升级的监管机制；建立防范冲突与解决争端的水资源预警、应急机制；完善周边水资源外交战略，如借鉴美国和欧盟等国家和组织的经验，将水事问题放在外交事务的重要位置，重视水资源外交战略的规划和制定，从目前的被动、应急性的水外交发展为积极主动、长远谋划、功能多元型的水外交。

4. 海洋安全威胁

随着中国走向海洋和建设"海洋强国"，海疆安全这一双源性非传统安全问题也开始凸显。与领海疆界相关联的海疆安全（也可以称为海上安全或海洋安全），一般是指国家海洋权益不受侵害或不遭遇风险的状态。根据《中国海洋发展报告》的分类，海上非传统安全问题主要包括海上恐怖主义、海上非法活动（海盗行为）、海洋自然灾害、海洋污染和海洋生态恶化等。海上恐怖主义是指从事危害国际海上运输安全或利用海上运输危害国家的行为，目的在于引起公众恐慌或胁迫政府。海上非法活动，是影响和破坏国际海运安全的非传统安全威胁，受到国际社会的高度关注。海洋自然灾害包括海底地震、海啸、台风、风暴潮、赤潮等自然灾害。海洋污染问题主要包括石油污染、有毒有害化学物质污染、放射性污染、固体垃圾污染、有机物污染、海水缺氧等，严重损害了海洋生物资源，危害人类健康。海洋生态破坏，主要是人为原因造成的海洋生态失调，主要表现为海湾和封闭海干涸所导致的海洋荒漠化、生物多样性危机等。我国目前面临的海疆非传统安全问题还包括与传统安全相交织的岛屿归属争议问题、海域划界争议问题、海洋资源开发纠纷问题和海上执法争议问题等。

（四）内源性非传统安全威胁

内源性非传统安全威胁涉及的领域很多。从国际关系学院"国家安全十大事件调研项目组"自 2013 年开展的年度"中国国家安全十件大事"的评选情况来看，其中近 3 年被选入的主要非传统安全威胁有：暴恐、雾霾、贪腐、特大安全事故、网络安全问题、核电安全问题等。笔者在对企业人员的多次课堂调查中发现，近 3 年受到特别关注的内源性非传统安全问题主要是经济安全、环境安全、食品安全，但它们受关注的重要性次序却在发生变化，从高到低分别是：2014 年是食品安全、环境安全、经济安全；2015 年是环境安全、经济安全、食品安全；2016～2017 年是经济安全、环境安全、食品安全。这一次序的变化比较普遍地反映了企业人员对我国内源性非传统安全问题关注的排序。从关注排序的变化来看，食品安全问题已经受到国家的重视并在某种程度上得到了较好的治理，环境安全问题仍然严重，经济安全问题似乎更为严重和更令企业人员担忧。内源性非传统安全威胁主要表现在以下的安全领域中。

1. 经济/金融安全

2016 年 12 月召开的中央经济工作会议认为，"我国经济运行面临的突出矛盾和问题，虽然有周期性、总量性因素，但根源是重大结构性失衡，导致经济循环不畅，必须从供给侧、结构性改革上想办法，努力实现供求关系新的动态均衡。"[①] 2017 年 1 月 22 日，中央就深入推进供给侧结构性改革进行第三十八次集体学习。习近平进一步深入阐述了供给侧改革的重要性："推进供给侧结构性改革是我国经济发展进入新常态的必然选择，是经济发展新常态下我国宏观经济管理必须确立的战略思路。必须把改善供给侧结构

---

① 《中央经济工作会议在北京举行习近平李克强作重要讲话》，新华社，2016 年 12 月 16 日，http://news.xinhuanet.com/politics/2016-12/16/c_1120133804.htm。

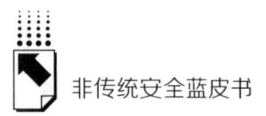

作为主攻方向，从生产端入手，提高供给体系质量和效率，扩大有效和中高端供给，增强供给侧结构对需求变化的适应性，推动我国经济朝着更高质量、更有效率、更加公平、更可持续的方向发展。"①

2. 生态环境安全

随着我国经济的纵深发展，安全与发展摩擦日益加剧，尤以生态安全与经济发展的矛盾最为突出。2016年全球环境绩效指数评估中，中国居于180位参评国家和地区中的第109位（得分65.1），倒数第72位。中国在环境评估上的突出问题是空气质量绩效差，"空气质量下属各指标，除'室内空气质量'指标得分为72.21，位居第116位外，其他的PM2.5的暴露平均值、PM2.5的超标值、NO_2的暴露平均值分别居于第178位、178位、176位。"②

随着我国城市人口的愈加集聚化，城市生活垃圾管理已成为城市安全极为紧迫的问题。与其他国家比较，我国的垃圾产出为世界之最，年增长率持续在8%~10%，"如今2/3以上的城市深陷'垃圾围城'困境，很多城市的生活垃圾已无处填埋。虽然我国从2000年开始先后在北京、上海、广州、深圳、杭州、南京、厦门和桂林8个城市试行生活垃圾的源头分类工作，但是至今没有一座城市取得理想的效果。"③

生态安全的维护还需要环境治理体系综合与协同功能的加强，经济的快速发展，使得我国生态环境问题凸显了"区域性、流域性、复合性、压缩性"特征，环境治理的分散化管理模式已经难以适应。我国环境治理体系成为加快生态文明建设短板的主要问题有：保护与发展失衡、政府与市场错位、职能与机构重叠、事权与责任错配、社会组织与公众参与薄弱，甚至会出现监督部门履责时"各行其道"或"依法打架"以及"九龙治水""多

---

① 习近平：《把改善供给侧结构作为主攻方向》，新华社，http://news.xinhuanet.com/politics/2017-01/22/c_129457936.htm。
② 董战峰等：《2016年全球环境绩效指数报告分析》，人大复印报刊资料《生态环境与保护》2017年第4期，第13页。
③ 徐林、凌卯亮、卢昱杰：《城市居民垃圾分类的影响因素研究》，人大复印报刊资料《生态环境与保护》2017年第5期，第70页。

龙治区（保护区）"等怪现象。① 李克强指出："生态文明建设事关经济社会发展全局和人民群众切身利益，是实现可持续发展的重要基石。……依靠全社会的共同努力，促进生态环境质量不断改善，加快建设生态文明的现代化中国。"②

3. 网络安全

在网络安全方面，我国政府给予特别的重视，认为"网络安全威胁和风险日益突出"，由于网络的跨域特征，有着向政治、经济、文化、社会、生态、国防等领域传导渗透的重大风险，一旦受到有组织的高强度攻击则难以有效应对。网络安全具有"场域安全"的特点：即具有跨域关联的整体性，多变量参与的开放性，有强弱量值的共同性，随时间变量影响的动态性。为了加强网络安全，习近平提出："第一，树立正确的网络安全观。第二，加快构建关键信息基础设施安全保障体系。第三，全天候全方位感知网络安全态势。第四，增强网络安全防御能力和威慑能力。"③

4. 人口安全

世界"人口危机"时代似乎尚未结束。目前人口大国排名前三位的是中国、印度、美国，预计2050年印度将超过中国。目前，发达地区低生育率、世界人口老龄化、人口总数增长过快成为全球主要的人口安全问题。而人口增长集中于最贫穷国家，这会给这些国家带来更多挑战，让减贫、消除不平等、应对饥荒和营养不良以及拓展教育和医疗系统等变得更加困难。中国的人口问题主要有：一是人口老龄化问题严重，1970~2050年间的我国老龄化程度的年增长率都（将）快于世界水平，"到2050年中国老龄化人口将达到3.488亿，大约相当于埃及、德国和澳大利亚的人口

---

① 解振华：《环境保护治理体制改革建议》，人大复印报刊资料《生态环境与保护》2017年第2期，第3页。
② 《习近平对生态文明建设作出重要指示 李克强作出批示》，新华社，2016年12月2日，http://news.xinhuanet.com/politics/2016-12/02/c_1120042543.htm。
③ 《习近平在网络安全和信息化工作座谈会上的讲话》，新华社，2016年4月19日，http://news.xinhuanet.com/politics/2016-04/25/c_1118731175.htm。

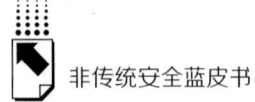

总和"。①"到2050年我国80岁及以上老年人口将增长到1.2亿,2050年高龄劳动力将增长至37.2%,其中每10个劳动力中就会有4个是高龄劳动力。"②特别是到2050年"农村人口的老龄化水平将为城镇的2倍,农村空巢老人比例将为城市的2.9倍"。③二是中国人口中的适龄工作人口在近些年将大幅减少。三是中国仍然是全世界出生性别比最高的国家。四是边疆某些不稳定地区的少数民族人口在快速上升,根据《2015新疆统计年鉴》的数据,2014年新疆总出生635687人,汉族出生92804人,汉族出生人口占比14.6%,这意味着少数民族出生人口比例突破85%。④五是中国人口"低生育率陷阱"风险仍然存在,"2016年全面两孩政策平衡落地,在育龄妇女总量下降500万左右的情况下,出生人口明显增加,二孩及以上占比达45%,比2013年提升15%,2016年出生人口达到1786万人。"⑤六是中国全面两孩政策相关配套制度协调性问题突出。中国人民大学人口与发展研究中心的陈卫认为,是"计划生育政策加速了中国人口老龄化结果",而"全面两孩生育政策对缓解人口老龄化的作用将十分有限",为此"在应对社会经济制度与人口结构冲突过程中,我们主要应该从改变社会经济制度入手去适应人口的变化与老龄化,而主要不是去调整和改变人口趋势去适应社会经济制度"。⑥

5. 健康安全

健康安全是联合国提出的"人的安全"七大内容之一,也是一个国家发展的重要质量指标。"从全球卫生(Global Health)角度看,中国正面临国民健康相对恶化、卫生资源供需矛盾尖锐、全球卫生能力与中国地位不相

---

① 《外媒称:中国的人口危机即将来临》,凤凰财经网,2016年6月3日,http://finance.ifeng.com/a/20160603/14458340_0.shtml。
② 陈卫:《国际视野下的中国人口老龄化》,《新华文摘》2017年第8期,第15页。
③ 北大国家发展研究院:《曾毅:中国面临两大人口安全问题机构整合是关键》,搜狐网,http://business.sohu.com/20160811/n463654076.shtml。
④ 新疆维吾尔自治区统计局,http://www.xjtj.gov.cn/sjcx/tjnj_3415/。
⑤ 王洋:《2016年二孩及以上出生人口占比达45%》,《中国人口报》2017年2月23日第1版。
⑥ 陈卫:《国际视野下的中国人口老龄化》,《新华文摘》2017年第8期,第16~17页。

称的困境。"① 徐彤武认为，中国的全球卫生事业需要应对的较紧迫的挑战有九个方面：一是遏制危害人民健康的生活方式，尤其刻不容缓的是"控烟限酒"；二是提高全民健康覆盖的质量和公平性，减少卫生不公平现象；三是加强防控传染病风险能力，消减境内外人口流动带来的巨大风险；四是提升国家公共卫生应急和核生化防御能力，维护公共卫生安全与国家安全；五是创新生物制药和传统医药产业，再创中国传统医药新产品的辉煌；六是积极解决抗生素耐药性问题，消减滥用、误用抗生素现象；七是改革对外卫生发展援助，消除"国外掌声小，国内骂声大"现象；八是主动应对气候变化导致的健康后果，消减"十面霾伏"现象；加紧构建吸引聚集医疗卫生人才制度，消减医疗卫生人才流失的严重现象。② 事实证明，全球化时代发展与健康密不可分，公共卫生与全球政治密不可分，健康安全维护与非传统安全治理密不可分。徐彤武提出了"中国梦也是健康梦"，"人民健康是中国核心利益的有机内涵"，"对外援助必须高擎全球道义大旗服务国家安全"，"国家对健康的投入是收益最佳的战略性投资"等非常重要的观点。③

二 非传统安全理论进展

安全是全球治理的首要议题，国际安全研究也是国际关系研究的首要领域。非传统安全议题源起于国际关系研究的语境，因而非传统安全理论研究也离不开国际关系理论发展的背景。近年来，中国学者在国际关系与国际安全研究领域越来越重视"中国范式"、"中国话语"和"中国视角"，先后提出的"道义现实主义论""可持续安全论""创造性介入论""新天下主义论""国际共生与共治理论""和合主义与共享安全论"等受到日益关注。随着世界的发展，这些理论不断完善，中国学者也已有了建构"中国学派"

---

① 徐彤武：《国家实力、现实挑战与中国战略》，《国际政治研究》2016 年第 3 期，第 9 页。
② 徐彤武：《国家实力、现实挑战与中国战略》，《国际政治研究》2016 年第 3 期，第 29~40 页。
③ 徐彤武：《国家实力、现实挑战与中国战略》，《国际政治研究》2016 年第 3 期，第 26~28 页。

的理论自觉。

任晓认为,"中国学派"的"真正起因"源自这样一个中国国际关系界无法回避的问题:中国人是否应对国际关系理论做出自己的贡献?贡献什么?如何贡献?① 学界对于国际关系研究的"中国学派"讨论主要集中于两个问题上:第一是"可能性"问题,亦即"从本体论角度讨论中国国际关系学派的真伪性如何";第二是"适用性"问题,亦即"中国国际关系学派与西方国际关系学派的共性和个性问题。"② 郭树勇强调,"国际关系理论建设的本国意识,并非与生俱来。它有一个局部发育、整体性自觉(强化)、系统化和理论化的发展过程。而从中国意识,到中国理论,再到中国学派,这是一个递进向前的逻辑。……未来的中国学派建设,关键要在整合、抽象、国际化和创新等方面下功夫。"③ 卢凌宇提出了构建国际关系理论的中国学派的两条可遵循路径:一是"核心问题驱动路径";二是"观念引导路径",并认为:"核心问题应该是不易受外交政策影响、具有重大理论价值的经验性问题而非规范性问题,两条路径虽然取向不同,但可以并行不悖地共同促进中国学派的生成。"④

无论是国际关系还是国际安全领域,体现"中国学派"理论必须要结合本土经验与世界元素、历史范型与现代转型、中国实践与国际语境,关键是本体论与方法论上要有创新,要被认同,要体现全球的适用性。以国际安全理论为例,随着非传统安全问题越来越成为需要全球共同应对的挑战,以军事地缘和政治地缘为基础的传统国际安全理论将让位于以经济地缘和文化地缘为基础的新国际安全理论,而中国的"一带一路"倡议的推行大大促进了新的以解决非传统安全问题为主的国际安全理论的生成。

---

① 任晓:《学科、理论与中国学派建设》,《国际关系研究》2016 年第 2 期,第 55~59 页。
② 赵继显:《现代性、后现代性与中国国际关系学派的诞生》,《外交评论》2007 年第 5 期,第 102 页。
③ 郭树勇:《中国国际关系理论建设中的中国意识成长及中国学派前途》,《国际观察》2017 年第 1 期,第 19~39 页。
④ 卢凌宇:《国际关系理论中国学派生成的路径选择》,《欧洲研究》2016 年第 5 期,第 126 页。

（一）"可持续安全论"

清华大学刘江永教授最早于20世纪末撰文讨论"可持续安全"范畴，随后该范畴成为中国提出的新亚洲安全观的重要内容。刘江永曾在《从国际战略视角解读可持续安全真谛》一文中全面阐述过可持续安全战略的目标、特点、本质、实施、运作、内容，在2016年出版的《可持续安全》一书中，他进一步系统地阐释了"可持续安全"理论形成的思想脉络以及国际实践。他认为可持续安全理论借鉴了中国古代国家安全思想的智慧，尤其是《管子》一书。"管子处理国家间关系的思想充分体现了中华民族不恃强凌弱而扶弱济贫的战略文化底蕴。'强而骄者损其强，弱而骄者亟死亡'实际上就是一条成功的以硬国力为后盾、软国力为先导的外交方略。"①

2017年初刘江永在《人民日报》上发表文章，着重阐述了新亚洲安全观（即"共同、综合、合作、可持续的安全观"）的理论背景、现实针对性与指导意义，认为"这一新安全观可以概括为可持续安全的四项原则。它着眼于国内国际两个安全大局，针对传统安全和非传统安全两大安全领域出现的新情况、新问题，突破了西方传统的现实主义国际政治思维中的权力政治、零和博弈与传统地缘政治的窠臼，有望与和平共处五项原则一道成为具有普遍性的国际关系和国际安全的指导原则"。② 刘江永特别分析了"可持续安全论"在中国外交实践中的运用，他强调："中俄两国可以成为实践可持续安全观的表率，同时中方也应尽快与美国特朗普新政府就实现中美可持续安全展开沟通。努力建立中美可持续合作伙伴关系，将有助于在政治安全、经贸合作、人文交流、国际合作等领域，丰富和发展新型大国关系。"③

---

① 刘江永：《可持续安全论》，清华大学出版社，2016，第61~62页。
② 《刘江永详答中评：何为可持续安全观》，中国评论新闻网，2017年2月4日，http：//bj. crntt. com/crn - webapp/mag/docDetail. jsp? coluid = 0&docid = 104563515。
③ 《刘江永详答中评：何为可持续安全观》，中国评论新闻网，2017年2月4日，http：//bj. crntt. com/crn - webapp/mag/docDetail. jsp? coluid = 0&docid = 104563515。

（二）"创造性介入论"

王逸舟的三部曲《创造性介入：中国之全球角色的生成》《创造性介入：中国的外交转型》《创造性介入：中国外交新取向》建构了适用于中国成为新兴大国的外交理论"创造性介入论"。在 2016 年"国际政治理论与中国特色大国外交"研讨会上，王逸舟进一步深入阐释了"创造性介入"与中国外交的转型。他强调"转型的中国外交"有三种不同的含义："第一，指具体策略的调整。例如，中国外交和安全决策，正从过去重视陆权，到现在向海权方向、空间方向和网络安全方向过渡。第二，指历史阶段的演进。例如，很多人认为，过去一段时期是"搭便车"、比较低调的外交，现在则朝着更加奋发有为，向在全球更多地发声、积极争取各种权力和利益的方向过渡。第三，指中国外交适应国内社会变革的转型。"① 较之以往的阐述，王逸舟更重视"创造性介入论"的方法论建构，他认为"在方法上进一步推动创新的地方，可能有三点：破除旧式的线性思维；对某些核心范畴加以革新；打开更多'黑箱'"。②

他强调自己"比较有兴趣的是复杂性理论、不确定性学说和概率思维"，为此他在对年青一代外交学者谈研究方法时指出："从国际政治和外交研究角度讲，爱因斯坦的广义相对论冲破了牛顿力学的机械定理画面，提醒研究者在可视的场域之外观察事物的变化和延展性；耗散结构理论强调，一个非线性的开放系统，通过不断与外界交换物质和能量，在系统内部某个参量的变化达到一定的阈值时，系统通过涨落可能发生突变，由原先的混沌无序状态转变为时间、空间或功能上的有序状态；量子力学和不确定性原理则教会我们，物质或能量的最小单位既是粒也是波，人类观察到的东西不可能百分百精准，存在的只是概率、倾向、或然率，不确定性是必然的。就我们熟悉的领域来说，所谓'战略意外'实际也是一种常态，经常存在的状

---

① 王逸舟：《年轻一代外交研究学者，请打开更多"黑箱"》，《文汇报》2016 年 1 月 22 日。
② 王逸舟：《年轻一代外交研究学者，请打开更多"黑箱"》，《文汇报》2016 年 1 月 22 日。

态，只是它不同于规律论所讲的某些现象，不同于传统权力政治框架下的画面而已，它当然不应被国际问题研究者排斥在视野之外。依我观察，虽然这些有趣的思想、学说有这样那样的差异，它们都反对简单化和线性思维，反对用旧有权威观念排斥不同意见，强调非对称性和发散性思维，看重学习、适应、调试的动态过程。现在的外交理论，其思考基础很多是线性、简单化的，值得从其他学科借鉴。"①

（三）"道义现实主义论"

"道义现实主义论"（或"道义－实力论"）是由清华大学阎学通提出和充分论证的新理论，也是国际关系研究"清华路径"的代表性理论。"道义现实主义"首先是对中国古代"政治决定论"思想的传承，其次是对国际现实主义理论的深化，在"道义现实主义"中，"政治领导"被设定为起决定作用的自变量，"政治领导类型"和"国家实力"被视为影响国家对外战略取向的两个核心因素。

2016年，阎学通在《政治领导与大国崛起安全》一文中用道义现实主义分析了中国崛起面临的安全战略挑战："根据道义现实主义原理，中国综合国力居世界第二位是中国制定崛起目标和策略的基础，符合国力基础的目标和战略就易于成功，而超越实力基础的目标和战略则会削弱中国的实力。道义现实主义认为，外交承诺与实力保持一致有利于提高国际战略信誉，从而减少国际社会对崛起国的恐惧和反对；为周边国家提供安全保障可获得对崛起国的战略支持；为减少崛起的国际阻力，崛起国应在新兴领域拓展利益范围而尽量避免在传统领域的利益冲突。在信息化时代，在网络空间拓展中国国际战略利益应成为中国的主攻方向，网络战略应采取'走出去'原则而非为了安全的防御原则。在外部威胁不足以颠覆中国崛起的情况下，为防止中国的崛起半途夭折的重点将是防范国内的极'左'陷阱。'台独'正在成为中国崛起面临的首要威胁，

---

① 王逸舟：《年轻一代外交研究学者，请打开更多"黑箱"》，《文汇报》2016年1月22日。

中美在南海的战略竞争将长期化,朝鲜拥核是中国的东北亚地区政策无法回避的既成事实。"①

(四)"关系-过程论"

秦亚青从中国传统思想资源中提取"关系"与"过程"两个核心概念植入国际关系理论的"关系-过程论"在近期有新的发展。2016年9月,《世界经济与政治》编辑部与外交学院亚洲研究所举办了"国际政治的关系理论:阐释与建构"研讨会。秦亚青、魏玲、陈定定等学者参与了研讨。秦亚青认为,"关系理论"应该是国际政治的核心,为此,秦亚青"依据中国文化思想理念,结合西方理论建构的方法,通过比较东西方思想理念的方式,提出国际政治关系理论的三个基本假定:'关系世界'、'知行合一'和'中庸辩证'。"②第一个假定揭示了世界相互关联的关系特征,第二个假定揭示了实践性知识和表象性知识互为表里、内在统一的特征,第三个假定揭示了元关系的阴阳两极属一体两面、相辅相成、互为生命的特征,进而秦亚青认为"和谐而非冲突才是社会的本原状态""这三个假定构成了国际政治关系理论的思想基础。"③

"关系-过程论"受到学者们的广泛关注。魏玲借鉴世界政治的关系理论,试图建立一个清谈理论模型来深入探究清谈的作用和效力。该模型"在清谈与合作之间引入了关系变量,将清谈推动的关系过程作为不断进行的合作实践。通过对清谈、关系、关系网络、实践共同体等核心概念的界定和以过程建构主义为基本假定"④,并且基于对东亚第二轨道进程——东亚思想库网络案例的研究,认为"关系是清谈模型的核心,是实践本体,是合作进化的逻辑、动力和目标。清谈建立、发展和维护关系,形成关系网

---

① 阎学通:《政治领导与大国崛起安全》,《国际安全研究》2016年第4期,第3页。
② 秦亚青:《国际政治关系理论的几个假定》,《世界经济与政治》2016年第10期,第20页。
③ 秦亚青:《国际政治关系理论的几个假定》,《世界经济与政治》2016年第10期,第19页。
④ 魏玲:《关系、网络与合作实践:清谈如何产生效力》,《世界经济与政治》2016年第10期,第40页。

络；在关系过程中，关系的生产和再生产性决定了关系网络的自觉自我维护，关系理性推动关系中的行为体通过互惠与和谐机制实现合作，即便是在困难时期，也可以维持合作的关系过程不变"。①

陈定定认为"过程建构主义所坚持的关系和过程本体论和动态辩证法作为方法论有力地挑战了国际政治的主流理论，并对中美新型大国关系的建立这一实践案例做出了有说服力的分析和解释"②。他运用"过程建构主义"，通过对南海案例、气候案例、新型大国关系案例的分析，指出"关系本位而非权力本位和规范本位，才是中美关系中的重中之重。中美新型大国关系具有开放性，其过程具有能动性。中美双方在互动过程中最关心的核心问题还是双方如何界定双边关系。成功的关系界定能够带来明确的身份定义，进而影响到双方对国家利益的建构和对外交行为的因果影响。过程建构主义同时注重对施动者因素的分析，但是现在还缺乏一个系统的关于施动者的理论。这将是过程建构主义未来进一步推进和发展的主要议题方向"。③

（五）"新天下体系论"

"天下观"的现代转型是中国学者的一大贡献，也是中国参与打造"人类命运共同体"的重要理论支撑。2016年，赵汀阳出版了两部新作《惠此中国：作为一个神性概念的中国》和《天下的当代性：世界秩序的实践与想象》，使"新天下体系"理论更为独到与完整。

赵汀阳在《惠此中国》一书中用"存在论"和"博弈论"解释了中国之所以成为中国的原因。赵汀阳提出了用"旋涡模式"来解释中国文明为什么具有连续性、兼容性和非宗教性，"早期中国的四万万民为了争夺最

---

① 魏玲：《关系、网络与合作实践：清谈如何产生效力》，《世界经济与政治》2016年第10期，第39页。
② 陈定定：《合作、冲突与过程建构主义——以中美新型大国关系的建立为例》，《世界经济与政治》2016年第10期，第74页。
③ 陈定定：《合作、冲突与过程建构主义——以中美新型大国关系的建立为例》，《世界经济与政治》2016年第10期，第70~74页。

物质利益和最大精神资源的博弈活动形成了以中原为核心的'旋涡'动力模式，旋涡一旦形成，就以其无法拒绝的向心力和自身强化的力量，从而使大多数参与者既难以脱身也不愿脱身，形成了一个巨大的旋涡而定义了中国的存在规模和实质概念。旋涡模式能够解释为什么古代中国并非扩张型帝国却能够不断扩展，其秘密就在于，中国的扩展不是来自向外扩张行为的红利，而是来自外围竞争势力不断向心卷入旋涡核心的礼物。'中国旋涡'的形成一方面与争夺核心的博弈游戏有关，另一方面也与天下秩序的发明有关。天下秩序是能够化解旋涡的激烈冲突而兼收并蓄的万民共在制度，它开创了多文化民族的共在模式，也创制了权力分治一体模式。即使在天下体系终结之后，天下精神也作为遗产而化为中国国家的内部结构，因此得以形成一个多文化多民族的大一统国家。所谓大一统，实质就是以天下为内在结构的国家。"[1] "正因为中国的内在结构一直保持着'配天'的天下格局，中国也因此成为一个具有神性的存在，成为一个信仰。这可以解释中国的精神信仰问题。"[2] "中国的精神信仰之所以隐而不显，是因为被默认而不知，其实，中国的精神信仰就是中国本身，或者说，中国就是中国人的精神信仰，以配天为存在原则的中国就是中国的神圣信仰。"[3]

《天下的当代性》则着重于"天下秩序"，延续了作者于2005年提出的"天下"理论框架，作者运用"综合文本"的方法，对"天下观"的现代性与国际性转化做出了贡献。"天下"是"三位一体结构"的世界概念，由地理学意义上的"世界"、社会心理学意义上的"民心"、政治学意义上的"世界政治制度"这三重意义叠合而成。[4] "天下的根本性质是'无外'，即整个世界都是内部的而无外部的。"[5] 赵汀阳指出，"天道"、"关系理性"和"兼容普遍主义"是"新天下体系"理论的三个关键词，改变无政府状

---

[1] 赵汀阳：《惠此中国：作为一个神性概念的中国》，中信出版社，2016，第15~16页。
[2] 赵汀阳：《惠此中国：作为一个神性概念的中国》，中信出版社，2016，第15~16页。
[3] 赵汀阳：《惠此中国：作为一个神性概念的中国》，中信出版社，2016，第17页。
[4] 赵汀阳：《天下的当代性：世界秩序的实践与想象》，中信出版社，2016，第60~63页。
[5] 赵汀阳：《天下的当代性：世界秩序的实践与想象》，中信出版社，2016，第75页。

态与竞争逻辑是"新天下体系"的宗旨所在,为此,"尽管天下概念是一个来自中国的概念,但它的意义属于世界。"①

(六)"国际共生论"

"国际共生"概念和思想在国际关系学界日益受到关注和重视。任晓在《世界经济与政治》连续发表了三篇文章《论东亚"共生体系"原理——对外关系思想和制度研究之一》②、《论中国的世界主义——对外关系思想和制度研究之二》③、《论国际共生的价值基础——对外关系思想和制度研究之三》④ 来论述"国际共生"的理论与价值基础。首先,"共生"在东亚有历史渊源。"传统东亚秩序是一个共生体系或秩序,地区内各国无论大小、强弱,均能在这一体系中找到自己的适当位置,相互间形成了处理彼此关系的一系列原则、规范、行为准则等成为在若干个世纪中这一共生体系运作的条件。这一体系又是多中心的,并非单一中心的等级秩序。构成东亚内生体系的框架以及这种内生秩序运作方式的要素主要包括多种互动方式、朝贡贸易、自愿交往、和平共生以及共同合法性,其中每一方面都具有丰富的内容,它们是构成和维系这一共生体系的原理也是东亚内生秩序不同于世界其他地区秩序的特征。"⑤ 其次,中国的世界主义内含"共生"思想。"中国的世界主义的要素包括对外关系中可无限外推的同心圆、内外同构的名分秩序观、自信而又内省的文化构造,在此构造下,行为主体的身份是可变的,没有绝对的他者,只有相对的'我人',最终天下可以和为一家。这一世界主义,剔除其中上下尊卑的成分,经由转化性的创造,可以成为未来世界极

---

① 赵汀阳:《天下的当代性:世界秩序的实践与想象》,中信出版社,2016,第278~280页。
② 任晓:《论东亚"共生体系"原理——对外关系思想和制度研究之一》,《世界经济与政治》2013年第7期,第4~22页。
③ 任晓:《论中国的世界主义——对外关系思想和制度研究之二》,《世界经济与政治》2014年第8期,第30~45页。
④ 任晓:《论国际共生的价值基础——对外关系思想和制度研究之三》,《世界经济与政治》2016年第4期,第4~28页。
⑤ 任晓:《论东亚"共生体系"原理——对外关系思想和制度研究之一》,《世界经济与政治》2013年第7期,第4页。

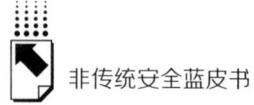

为重要的思想资源,是中华文化可贡献于世界的建设性的思想理念。"① 最后,多元价值是"国际共生"的价值基础,"多元价值包括和平、自由、秩序、免于贫困和饥饿等,依赖一定的时空条件及人们的选择。这种选择同其所处的情境和具体条件密切相关。在多元价值基础上,以共生观念看待世界和世界秩序,人们将摆脱一元论的思想束缚,获得思维的突破并以一种新的眼光观察世界和处理世界事务,世界将由此获得更多的和平和进步。"②

金应忠在《国际观察》2017年第2期发表的《论当代中国外交战略思想的逻辑原初性》一文进一步拓展了"多元共生"说。金应忠认为"世界多元共生性"在国际关系中既具有"逻辑的原初性",又具有"动力的原初性",而"中国外交思想在根本上具有普遍主义的逻辑原初性"③,这也是中国倡导人类命运共同体,坚持走和平发展道路的根源所在。金应忠认为,"社会多元共生的存在性"和"多元共生的变化发展性"对"世界大势"产生了决定性的影响,在形成新的"全球体系"中出现了两个历史过程:一个是横向的全球性共生关系网络结构体系的演进,另一个是纵向的人类命运共同体的生长,而要解读当代世界多元共生性,需要对国家及其他行为体做十方面的考察:一是包含主体性与共生性的"一物两体性";二是包含不同构成性质的共生性类型;三是包含各自共生性与相互共生性的共生关系;四是各自共生性与他者发生建构关系的前提;五是共生性导致的分享式依赖的特性;六是共生关系互动导致的新的多元多样性变化趋向;七是克服无序性和不均衡性的全球综合、协同治理;八是共生体系结构在互动中存有的敏感性与脆弱性;九是全球共生多元网络结构体系的多元共生合力作用;十是打造利益、责任、安全和命运共同体需要强化全球共同治理。④ 因此,金应

---

① 任晓:《论中国的世界主义——对外关系思想和制度研究之二》,《世界经济与政治》2014年第8页,第30页。
② 任晓:《论国际共生的价值基础——对外关系思想和制度研究之三》,《世界经济与政治》2016年第4期,第4页。
③ 金应忠:《论当代中国外交战略思想的逻辑原初性》,《国际观察》2017年第2期,第1页。
④ 金应忠:《论当代中国外交战略思想的逻辑原初性》,《国际观察》2017年第2期,第5~12页。

忠认为,"当代世界在寻求全球体系与国际体系矛盾对立统一过程中打造全球性共生关系网络结构体系公正合理、包容开放的过程,同时也是建构人类命运共同体多维、多层次、复合性凝聚体系的过程。"①

(七)"和合主义"

余潇枫在过去一年发表的《"龙象并肩":中印非传统安全合作》《非传统安全共同体:一种跨国安全治理的新探索》《安全镶嵌:构建中国周边信任的新视角》《非传统安全外交:改善印巴关系的可能选项》② 四篇文章深化了对"和合主义"(Peace-cooperativism)的理论研究。"和合主义"作为中国式世界主义的理论,包含体现跨越主权进行合作的诸核心范畴,如优态共存、安全共治、安全镶嵌、共享安全、多元共赢等。

余潇枫认为,传统安全的"零和博弈"难以应对以"非军事性"为特征的"资源性"安全困境,而应对非传统安全威胁需要建构"非零和博弈"的"非传统安全共同体",这使得"和合主义"理论对拓展多边安全合作有了宏观的指导意义。"和合主义"可以通过"安全镶嵌"、"非传统安全共同体建构"和"多元多边合作"的独特路径来实现运用。

非传统安全要解决的是广义上的"场域安全"问题,因而国家之间不是"安全孤立"的,而是"安全复合"的,这决定了国家间"安全镶嵌"的必然。中国若要在不远的将来为全球安全治理做出引领性贡献,需要深化对国际社会网络关系特质的认识,针对各种"对抗式"信任危机、"竞合式"信任挑战、"疑虑式"信任难题构成的信任困境,通过"安全结构镶嵌""安全制度镶嵌""安全文化镶嵌"来化解冲突,推进中国的外交方略的实现。③

---

① 金应忠:《论当代中国外交战略思想的逻辑原初性》,《国际观察》2017年第2期,第1页。
② Yu Xiaofeng and Imran Ali Sandano, "Nontraditional Security Diplomacy: A Workable Option for India and Pakistan to Move Forward," *The Korean Journal of Defense Analysis*, Vol. 29, No. 2 (June 2017), pp. 313 – 330.
③ 余潇枫、周冉:《安全镶嵌:构建中国周边信任的新视角》,《浙江大学学报》2017年第1期,第150~169页。

各类安全合作机制在本质上都是"嵌入型"的公共产品，因而"非传统安全共同体"的建构是"安全镶嵌"的一种重要实现形式。余潇枫认为，非传统安全共同体可以定义为"基于优态共存与共享安全原则建立起来的跨国应对非传统安全威胁的行动集合体。这种行动集合体具有设定议题、分配资源、平衡权力、共商措施和推进实施的功能"。①"非传统安全共同体"是非传统安全合作的成熟阶段和理想模式，"与传统安全共同体相比较，非传统安全共同体不是封闭排他的而是开放相容的；不是相互制约且屈服于霸权的，而是相互学习共商共享的；不是局限于国家安全的，而是除国家安全外还关注世界安全、社会安全与人的安全的；不是以国家行为体为主角的，而是国家行为体和非国家行为体'合作共赢'的大平台。"②

为了更好地理解非传统安全共同体的国际合作模型，余潇枫对多边主义进行了理论深化，认为双边与多边合作还可以再细分为"单元性"或"多元性"的双边与多边。"形式上多边，实质上由某个霸权国持有否决权的多边合作是'单元多边合作'，它呈现的是'多个国家，霸权世界'。形式上多边，实质上发挥主要作用的行为体不持有否决权的民主化的多边合作是'多元多边合作'，它呈现的是'多个国家，和合世界'。同样，'单元双边合作'是不考虑第三方的跨国合作，其呈现的是'两个国家，一个世界'。'多元双边合作'则在考虑双方国家利益的同时，还考虑双边行动的外溢性而照顾第三方乃至更多方。由于非传统安全威胁的跨国性质，基于'多边考虑'的双边行动，或基于'多元考虑'的多边行动更具有其优先性与普适性"。余潇枫认为，"多元多边合作"是基于"和合主义"理念的非传统安全合作最优模式，因为这种多边多元合作中没有国家持直接否决权，各国之间聚焦于观点的综合性与制度结构的多边性，行动决议首先考虑的是国际

---

① 余潇枫、王梦婷：《非传统安全共同体：一种跨国安全治理的新探索》，《国际安全研究》2017年第1期，第13页。
② 余潇枫、王梦婷：《非传统安全共同体：一种跨国安全治理的新探索》，《国际安全研究》2017年第1期，第13页。

因素与国家主权的相对让渡。①

除了以上国内主要的理论进展外,我国学界关于非传统安全的学术讨论也十分活跃。

首届"非传统安全研究前沿与趋势学术研讨会"于2017年1月在四川大学召开,会议由四川大学中国西部边疆安全与发展协同创新中心与浙江大学非传统安全与和平发展研究中心联合主办,来自清华大学、浙江大学、中山大学、南京大学、四川大学、中国人民公安大学、上海社会科学院、国际关系学院、中国社会科学院、华中科技大学、重庆大学、云南大学、西南政法大学、塔里木大学与四川师范大学等单位的30余位专家学者出席会议,在对"人类的下一个危机是什么""中国的下一个危机是什么"两大问题的关切下,参会者研讨了"总体安全观与边疆研究及安全研究之间的关系""非传统安全理论范式与视角""中国边疆地区的非传统安全问题""中国外交中的非传统安全问题""欧盟与南亚等区域非传统安全问题""'一带一路'中的非传统安全问题""贫困与冲突"等非传统安全前沿和热点议题。

以"新情势下非传统安全挑战及其治理"为主题的青年学者峰会于2016年5月在首都经贸大学召开,除了恐怖主义威胁、网络空间安全等多源/元性非传统安全挑战受到关注外,能源环境保护等外源性非传统安全受到重视,同时以中美关系为主要对象的大国制度竞争、以南海为主要论域的海洋危机管控、以大数据研究应用为新视角的非传统安全研究等主题也在非传统安全危机应对的视角中得以深入的讨论。此次会议均由青年学者参加,使得此次峰会具有了里程碑的性质。青年学者对非传统安全挑战及其治理的研究十分广泛,如涉及反恐专题研究的有:"恐怖主义对国家治理的挑战及其应对之道""'基地'组织与'伊斯兰国'的异同""'伊斯兰国'爆炸物的来源及其治理""非传统安全的城市治理:以城市反恐为例的分析";涉及制度竞争的发言标题有:"制度之战:中美关系的新本质""中美竞争与

---

① 余潇枫、露丝·卡兹茉莉:《"龙象并肩":中印非传统安全合作》,《国际安全研究》2016年第3期,第16~17页。

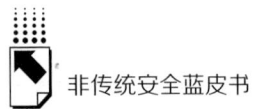

亚太秩序""中美海空较量与危机管控""海洋争端与中美战略博弈""中美制度竞争分析——以'一带一路'为例";涉及网络安全的有"美国网络空间军事化发展研究""当代中国网络恐怖主义""审查悖论:中国的互联网审查与政治参与""中国网络空间治理的道与术";涉及非传统安全治理的有"欧盟全球治理观的实用主义转型""公共外交与非传统安全问题""非传统安全治理与中国的规范供给""探析私人安保公司在企业国际化过程中的角色"、"国际能源安全新态势及全球能源治理困境解析""外部安全威胁与内部议题竞争:双重压力下非传统安全研究议程之式微";涉及非传统安全能力建设的有"非传统安全威胁挑战下国防动员建设";涉及海洋非传统安全的有"当前全球海上安全治理的问题与挑战""南海海上安全格局及形势发展";涉及研究新视角的有"比较视域中的'中国模式'""国际关系研究中的大数据运用:以《世界主要国家国际战略关联指数》为例""资本项目自由化与金融安全的政治""'援助安全':概念、路径与分析框架"等。

以"共享·创新"为主题的香山全球智库论坛于2016年6月在北京举行,会上启动了"全球治理智库连线"。该连线的主要发起单位有盘古智库、浙江大学非传统安全与和平发展研究中心、北京大学国际组织研究中心、北京大学全球治理研究中心、中国南海研究协同创新研究中心、中国政法大学全球化与全球问题研究所、意大利都灵国际事务研究所、宾州大学当代中国研究中心、南洋理工大学拉惹勒南国际研究院等中外智库。盘古智库理事长易鹏强调:国际大变局中,更高水平的智库以及相应的学术交流与合作是时代的要求。盘古智库学术委员会秘书长王栋在"使命宣言"中强调:"全球治理智库连线将是一个开放性的平台和机制,它旨在汇聚全球对于全球治理具有共同关切的智库和研究机构的力量和资源,通过推动全球治理领域的前沿学术研究和政策分析,为我们当前和未来的全球性挑战提供具有前瞻性的、共同的应对方案,以推进全球治理机制和结构的变革。"①

---

① 《"全球治理智库连线"践行全球治理体系变革合作》,凤凰新闻网,http://wemedia.ifeng.com/282574491756623/wemedia.shtml。

三 "安全文明"建设的意义

（一）"安全文明"是消解安全困境的新视角

在2017年2月10日联合国通过的"非洲发展新伙伴关系的社会层面"决议中，"构建人类命运共同体"被正式写入决议，成为一种世界性的共识。应该说"构建人类命运共同体，是习近平主席对于人类文明走向给出的中国判断"[①]，也是"人类在这个星球上的唯一未来"（彼得·汤姆森语）[②]。这一中国话语与中国范式被联合国大多数成员国认同，表明国家安全维护的认知将被上升到这样一个层次：国家安全必须以"人类安全为前提"，国家安全必须以"国际安全为依托"。换言之，以"人类命运"为前提的安全考量才是"文明"的安全考量，以"国际安全"为依托的安全设定才是"文明"的安全设定。构建人类命运共同体内含着人类"安全文明"建设的要义。

"文明"是一个与"野蛮"相对的概念，野蛮意味着暴力、侵略、无视规则、残害生命等，文明则强调非暴力、不侵略、重视规则、保护生命。以联合国"人的安全"（human security）来注释"安全文明"，即是以超越野蛮方式让人免于恐惧，免于匮乏，免于耻辱，以文明的方式维护"经济安全、粮食安全、健康安全、环境安全、人身安全、共同体安全和政治安全"。

"安全文明"是人类适然处置人与自然关系的一种价值回归。人类文明历程的每一个阶段，都反映了人类诉求安全的不同方式。在原始文明时期，人类的安全文明特色是"顺从自然"，在自然力量的容许条件下生存；在农

[①] 《人类命运共同体理念成为广泛共识》，人民网，2017年2月14日，http://opinion.people.com.cn/n1/2017/0214/c1003-29078167.html。

[②] 《人类命运共同体理念成为广泛共识》，人民网，2017年2月14日，http://opinion.people.com.cn/n1/2017/0214/c1003-29078167.html。

业文明时期,人类的安全文明特色是"适应自然",在自然力量与人的努力条件下生存;在工业文明时期,人类的安全文明特色是"征服自然",在人为创造的可能条件下生存;在生态文明时期,人类的安全文明特色是"回归自然",在人与自然的和谐条件下生存。

"安全文明"也是人类适然处置人与人关系(或国与国关系)的一种价值回归。不可忽视的是随着文明历程的演化,人类应对不安全的方式也经历着变化,从冷兵器时代、热兵器时代,进入了热核兵器时代,单从人类社会现在拥有的核武器数量来看,它足以毁灭地球多次。人类在发展自身的同时,也在扩大着毁灭自身的风险。如果从"安全文明"的角度来重新考虑人类的命运,人类一味的物质发展与人口增长将导致人类自我毁灭。王缉思指出,安全占据世界政治五大基本价值和终极目标的首位(其他是财富、自由、公正和信仰),"安全"的含义较之"和平"更广泛,它包括从个人安全到国际安全的各个主客观维度,而"在世界范围内的安全问题中,战争与暴力(传统安全问题)对人类的危害,越来越少于非传统安全问题的危害。环境污染、气候变化、生产安全、食品安全、传染病、毒品、自然灾害等问题的严重程度,应引起安全领域研究者的更大重视"[①]。人类以"共享安全"的方式来应对具有全球普遍性的非传统安全威胁的挑战,是"安全文明"的价值标志。

强调"安全文明"不能不强调联合国在安全文明建设上起着引领者与推动者的重要作用。张贵洪在本蓝皮书《联合国与非传统安全治理》一文中指出:联合国在非传统安全的理念、合作和治理中发挥着重要的引领作用,首先是在建设和平领域,联合国积极倡导共同安全、人类安全、全球安全等新的安全理念,从而引领国际社会对非传统安全的认知;联合国是非传统安全合作的最佳平台和主要推动者,在打击海盗和毒品走私、处理公共卫生危机、消除社会贫困、应对气候变化等领域,成员国采取比较一致的行动,成效比较显著。其次是在全球反恐领域,联大和安理会通过一系列反恐

---

① 王缉思:《世界政治的五大目标》,《国际政治研究》2016年第5期,第15页。

决议，成立专门的反恐机构，推动成员国在反恐领域达成广泛的国际共识，建立反恐国际统一战线。最后是在网络空间安全领域，联合国通过举办"世界电信和信息社会日"、召开信息社会世界峰会、成立互联网治理工作组、制定互联网安全公约、通过保护网络隐私权决议、打击网络空间主义等行动，大力推动网络空间安全的全球合作和全球治理。

"共享安全"是人类安全文明建设的终极价值取向。在国内，我们要实现全民共享、全面共享的小康社会，在国际上，我们要建设各国共享、全球共享的和谐世界。全球化时代的"类生存"方式，为人类的"类安全"提供了重要条件，也为"安全文明"提出了新的要求。"人类命运共同体"要求我们以全球利益为核心，共同维护非传统安全，携手推进具有"类价值"性质的世界性行动。

（二）中国政府在安全文明建设上的努力

中国在全球安全治理中开始发出更多的声音，发挥更大的影响力，努力推进全球的安全文明建设。如通过"一带一路"的国际高峰论坛，建立起"一带一路"倡议的长效化机制，已达成的成果清单涵盖政策沟通、设施联通、贸易畅通、资金融通、民心相通 5 大类，共 76 大项、270 多项具体成果。① "一带一路"将是和平之路、繁荣之路和共享之路。再如在 G20 峰会上，中国提出要构建创新、活力、联动、包容的世界经济，特别是对于亚太地区的经济安全，中国政府将"坚定不移"地"引领经济全球化进程""提升亚太开放型经济水平""破解区域互联互通瓶颈""打造改革创新格局"。② 在维护核安全方面，中国的态度也十分积极，中国政府有关加强全球核安全合作的五大倡议是："构建核安全能力建设网络；推广减少高浓铀合作模式；实施加强放射源安全行动计划；启动应对核恐怖危机技术支持倡

---

① 《"一带一路"国际合作高峰论坛成果清单》，外交部网，2017 年 5 月 16 日，http://www.fmprc.gov.cn/web/zyxw/t1461873.shtml。
② 习近平：《面向未来开拓进取促进亚太发展繁荣》，2016 年 11 月 21 日，http://news.xinhuanet.com/politics/2016-11/21/c_1119953815.htm。

议;推广国家核电安全监管体系。"① 还如,在亚洲特色的安全治理模式上,中国政府践行共同、综合、合作、可持续的亚洲安全观,主张走共建、共享、共赢的亚太安全之路。2017年,《中国的亚太安全合作政策》白皮书第一次系统阐述了中国对亚太安全的政策主张,其核心是尊重并照顾各方合理安全关切,扩大合作领域、创新合作方式,协调推进地区安全治理,推动区域经济合作和安全合作良性互动。另外,白皮书专门介绍了中国参与救灾、反恐、打击跨国犯罪、网络安全、海上安全、防扩散与裁军等地区非传统安全合作的情况。

在国内,中国政府不断强调以人民安全为宗旨,推进总体国家安全观的落实。2017年2月的国家安全工作座谈会,对当前和今后一个时期的国家安全工作作了整体布局:"强调要突出抓好政治安全、经济安全、国土安全、社会安全、网络安全等各方面安全工作。要完善立体化社会治安防控体系,提高社会治理整体水平,注意从源头上排查化解矛盾纠纷。要加强交通运输、消防、危险化学品等重点领域安全生产治理,遏制重特大事故的发生。要筑牢网络安全防线,提高网络安全保障水平,强化关键信息基础设施防护,加大核心技术研发力度和市场化引导,加强网络安全预警监测,确保大数据安全,实现全天候全方位感知和有效防护。要积极塑造外部安全环境,加强安全领域合作,引导国际社会共同维护国际安全。要加大对维护国家安全所需的物质、技术、装备、人才、法律、机制等保障方面的能力建设,更好适应国家安全工作需要。"②

"安全文明"需要世界各国全方位的安全合作。以 APEC 为例,如卢国学在本蓝皮书《非传统安全合作与亚太安全秩序的重建》一文中指出,非传统安全的合作反映了 APEC 全体成员对本地区乃至世界安全利益的共同关切,亚太地区大多为发展中国家,有41亿人口,占全球的60%以上,

---

① 习近平:《加强国际核安全体系推进全球核安全治理——在华盛顿核安全峰会上的讲话》,2016年4月2日,http://news.xinhuanet.com/politics/2016-04/02/c_1118517898.htm。
② 《习近平主持召开国家安全工作座谈会》,新华网,2017年2月17日,http://news.xinhuanet.com/politics/2017-02/17/c_1120486809.htm。

其中40%以上的人口生活在城市且以每年2.3%的速度增加。在非传统安全的多样性和普遍性方面，亚太地区是全球其他地区都无可比拟的。自1997年金融危机开始，APEC内的安全议题经历了一个"导入—扩展—凸显—升级—泛化—理性回归"的递进过程。因此，彻底摒弃"冷战思维"，以东亚传统文化中的"和合"理念为指导，以推动亚太非传统安全合作为突破口；通过搭建一个长期、稳定、有效的非传统安全合作框架，发挥各国在应对非传统安全问题上的优势，才能真正实现亚太地区长久和平、和谐发展。

总之，安全文明建设需要全面的"共商、共建、共创、共赢、共享"。中国的和平崛起与联合国对"一带一路"倡议的认可与支持，使得全世界在"逆全球化"迷雾中看到了新的希望；中国推进国内全面共享与全民共享的安全文明方略，使得中国进入了更稳健发展与更文明的新历史时期。

综合报告

Comprehensive Reports

B.2
联合国与非传统安全治理

张贵洪[*]

摘　要： 作为最具普遍性、代表性和权威性的政府间国际组织，联合国在非传统安全的理念、合作和治理中，同样发挥着引领作用。建设和平是联合国为应对新型冲突和威胁而提出的新理念，并已付诸实践。联合国实施全球反恐战略和行动，成为国际反恐合作最理想的平台。网络空间是国际社会面临的一个新课题，以联合国为主导的网络空间治理是发展趋势，应成为国际社会的共识。

关键词： 联合国　非传统安全治理　建设和平　全球反恐　网络空间

---

[*] 张贵洪，复旦大学联合国研究中心主任，教授、博士生导师，中国联合国协会常务理事，上海联合国研究会副会长兼秘书长。

联合国是在第二次世界大战的废墟上建立的。《联合国宪章》规定，"各会员国将维持国际和平及安全之主要责任，授予安全理事会。"① 根据联合国创始者的设想，这里的安全应该是传统安全，即国家与国家之间的军事安全，特别是避免大国之间发生新的世界大战。

二战后，大国之间确实没有发生大规模直接的军事冲突。但是，大国与中小国之间、中小国家相互之间的冲突不断。美苏争霸、东西方对抗是这种冲突的主要原因和基本背景。联合国通过政治和法律途径，特别是创造性地采取维持和平行动开展全球安全治理，防止冲突的发生，避免冲突升级。但显然，联合国并不是国际安全和国际秩序的决定性力量。冷战结束后，传统安全问题出现新的特点，同时大量非传统安全问题凸显，联合国重新显示其意义和价值。

一 联合国在非传统安全治理中的引领作用

联合国是一个政府间国际组织，但通过创新安全理念、加强反恐合作、推动网络治理，开始在非传统安全领域发挥引领作用。从观念到合作到治理，是国际社会解决非传统安全问题的基本路径，也是联合国在其中发挥引领作用的主要方面。实践中，联合国在非传统安全的理念、合作和治理中的引领作用，突出表现在建设和平、全球反恐和网络空间三个领域。

（一）联合国引领非传统安全理念

冷战时期，联合国的安全理念主要体现在反对侵略、防止核战、维护民族独立和领土完整等方面。冷战结束后，国际安全的威胁发生变化，恐怖主义、公共卫生、环境恶化、金融危机、毒品走私、贫困、难民等非传统安全威胁对世界和平形成新的挑战。联合国积极倡导共同安全、人类安全、全球安全等新的安全理念，从而引领国际社会对非传统安全的认知。

---

① 《联合国宪章》第二十四条。

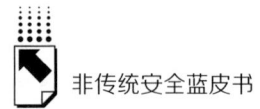

以人类安全为例。1994年，联合国开发计划署发布《人类发展报告》，全面、系统地阐述了"人类安全"的概念。报告认为应该从狭义的领土安全过渡到广义的人类安全。这一新的安全概念具有四个特征：广泛性、相互依赖、早期预防和以人为中心。报告提出了人类安全的七个主要方面，包括：经济安全、粮食安全、健康安全、环境安全、个人安全、共同体安全和政治安全，并指出人类安全面临的六个主要威胁，即失控的人口增长、经济机会的不均等、国际移民、环境恶化、毒品生产和走私、国际恐怖主义。[1]同年，加利秘书长的《和平纲领》也阐述了联合国的安全新概念。

联合国的非传统安全理念对国际社会和成员国具有重要的指导和规范意义。联合国的安全观具有"更多理想主义、制度主义和全球主义色彩"。[2]一方面，联合国通过把非传统安全问题纳入议程，提高国际社会对非传统安全问题的认识，并使之成为国际共识；另一方面，通过决议和公约将非传统安全理念和思想形成文件，使之上升为国际社会的规范、制度和法律。这样，就为成员国在非传统安全问题上开展合作和治理提供了基础。

联合国还将非传统安全理念付诸实践，建设和平就是一个典型的例子。建设和平是一个伟大的理念，但其实践的范围和影响非常有限。建设和平如何与维持和平无缝对接，各种行为体如何在建设和平中各司其职，如何提升建设和平架构的地位和职权等，联合国还需要进行不断的改革和探索。

（二）联合国引领非传统安全合作

非传统安全问题从产生到解决都具有跨国性的特征，是世界各国面临的共同挑战。因此，国际合作是解决非传统安全问题的唯一选择。但是，传统安全合作与非传统安全合作在目的、内容、手段、方式等方面存在很大的差别。

---

[1] UNDP: Human Development Report 1994, http://hdr.undp.org/en/content/human-development-report-1994.
[2] 李东燕：《联合国的安全观与非传统安全》，《世界经济与政治》2004年第8期。

联合国是非传统安全合作的最佳平台和主要推动者。首先，联合国是最具普遍性的政府间国际组织。由于非传统安全问题往往涉及世界各国和全人类，需要在全球性的平台和机制上进行讨论和开展合作。地区性和跨地区的国际组织主要回应地区关切、解决地区问题，难以把即使成功的地区方案推广到其他地区或在全球层面上进行推广。其次，联合国是最具代表性的政府间国际组织。大国和小国、富国和穷国、南方国家和北方国家、内陆国家和海岛国家，都可以在联合国的舞台上表达自己的利益和主张，也有可能和机会把这种利益和主张转化为全球性的议程和方案。在非传统安全问题上，那些传统的利益格局和力量安排往往被打破，因此更需要通过联合国这样的平台达成全球性的合作框架。最后，联合国是最具权威性的政府间国际组织。非传统安全问题往往是"软威胁"，但应对这种威胁却需要软硬兼施。在打击恐怖主义、毒品走私、海盗等威胁时，军事手段是不可缺少的，而联合国（安理会）是唯一可以授权使用武力的国际机构。在应对气候变化、难民危机、贫富差距等挑战时，由于各国利益、观念、价值、政策的分歧，联合国成为进行国际谈判、达成人类共识、采取全球方案的主要渠道。

在联合国的引领下，国际社会开展了多种多样的非传统安全合作，成效各不相同。在打击海盗和毒品走私、处理公共卫生危机、消除社会贫困、应对气候变化等领域，成员国采取比较一致的行动，成效比较显著。但在解决难民和移民问题、应对经济和金融危机、防止环境恶化等方面，因触及各国深层的利益和价值，合作困难，进展有限。

在全球反恐领域，联合国主导开展了一些合作。但由于各国对什么是恐怖主义、如何打击恐怖主义存在较大分歧，联合国的引领作用远未得到充分发挥。

（三）联合国引领非传统安全治理

无论是提出理念还是开展合作，目的都是实现治理。从应对非传统安全威胁的实践来看，联合国提出了共同安全、人类安全、全球安全等理念，得到成员国的响应和支持。在联合国的引领下，成员国也开展了一些非传统安全的合作，成效不一。可见，联合国在引领非传统安全理念和合作方面取得了一些成果。但是，如何引领非传统安全治理，成为联合国的一个新课题。

一是如何把非传统安全理念转化为非传统安全治理。以人类安全为例，它既是一种共同安全，也是一种全球安全。尽管1994年联合国就提出人类安全的理念，但20多年后的今天，人类更加不安全。关键是没有实现有效的治理。只有把人类安全的理念体现和渗透到非传统问题的治理中，才能取得切实的效果。在环境、移民、贫困、难民、卫生等全球问题的治理中，如果把国家安全和国家利益作为首要考虑，而不是把人类安全既作为出发点又作为最终目标，则很难想象能取得预期的效果。

二是如何把非传统安全合作提升为非传统安全治理。联合国主导下开展的大量非传统安全合作，虽然取得一些进展，但非传统安全问题往往出现反复，得不到根本性的解决，关键是没有把合作提升为治理。合作是形式，是过程，是路径，但治理才是根本。无论是反恐、打击海盗和毒品走私，还是应对经济和金融危机、防止环境恶化，都需要实现从功能性合作向制度性治理的转型，即从源头抓起，着眼于深层次和长期性，构建长效机制，多方共同参与。

三是如何把非传统安全治理与传统安全治理有效结合。和平行动就是联合国在这方面进行的改革和探索。1992年加利秘书长发表《和平纲领》，提出预防性外交、建立和平、维持和平、在冲突后缔造和平这样四个领域的行动，构成联合国完整的和平工作。① 2000年《卜拉希米报告》提出"和平行动"的概念，包括预防冲突与促进和平、维持和平、建设和平这样三项主要活动。和平行动实际上就是一种安全治理，而且包含了传统安全和非传统安全的内容。

---

① 《和平纲领》（A/47/277—S/24111），1992年6月17日，http://www.un.org/chinese/aboutun/sg/report/。

二 联合国与建设和平理念

建设和平是联合国为应对新型国际冲突而提出的新理念,也是联合国引领非传统安全理念的一个重要表现。

(一)从维持和平到建设和平

联合国成立后,为制止和解决不断出现的地区冲突,采取了维持和平行动这一特殊和创新的模式,并成为联合国维持世界和平、促进国际安全的主要方式。自1948年联合国首次实施维和行动以来,共实施了71项维和行动,遍布欧洲、亚洲、非洲和拉丁美洲的广大地区。目前,126个国家为16项维和行动提供了近12万军事和警察人员。联合国维和的年度(2016年7月1日至2017年6月30日)预算达78.7亿美元。[①]

传统的维和行动主要是监督停火,应对的是国与国之间的冲突这样的传统安全问题。冷战结束后,非传统安全成为联合国维和新的问题领域。一方面,联合国维和行动越来越多地介入国内冲突;另一方面,恐怖袭击、金融危机、自然灾害、走私贩毒等非传统安全威胁加剧,成为影响国家、地区乃至世界安全的重要因素,从而给维和行动带来新的挑战。因此,冲突后重建,恢复法治和社会秩序,建设一种可持续的和平成为维和行动的新任务。维和行动的数量迅速增加,方式发生重大变化,维和行动进入一个新的阶段。

联合国对维和行动进行了重新审视并进行改革。1992年加利秘书长发表《和平纲领》,首次提出建设和平的思想。1998年12月,联合国安理会授权秘书长考察在联合国系统内设立建设和平专门机构的可行性。2000年《卜拉希米报告》将联合国"维和行动"称为"和平行动",包括预防冲突与促进和平、维持和平、建设和平这样三项主要活动。2004年,"威胁、挑

---

① 联合国维和网站,http://www.un.org/zh/peacekeeping/resources/statistics/factsheet.shtml。

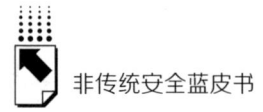

战与改革"高级别小组发布的《一个更加安全的世界：我们共同的责任》报告建议成立一个专门负责建设和平事宜的机构。① 2005年，秘书长在题为《大自由：实现人人共享的发展、安全和人权》的报告中，正式建议就建设和平问题在联合国系统内成立一个政府间国际组织，即建设和平委员会。② 第60届联大和安理会采纳了秘书长的建议，先后通过决议，决定成立建设和平委员会。建设和平委员会的成立，是"联合国建设和平理念的具体行动，扩大了联合国在和平与安全领域的作用"。③

从维持和平到建设和平，一方面反映了国际环境和安全威胁的重大变化，另一方面也体现了联合国对和平与安全的重新认识。

（二）联合国建设和平架构

2005年12月20日，联大和安理会分别通过第60/180号和第1645（2005）号决议，授权建立建设和平委员会（Peacebuilding Commission，PBC），履行政府间咨询机构的职能。决议同时请秘书长利用现有资源在秘书处内设立建设和平基金（Peacebuilding Fund，PBF）和建设和平支助办公室（Peacebuilding Supporting Office，PBSO）。④ 委员会、办公室和基金共同构成了联合国建设和平构架（Peacebuilding Architecture，PBA）。

建设和平委员会是联合国的一个政府间咨询机构，旨在支持冲突后国家的和平进程。建设和平委员会是联合国系统内首个协调冲突后重建的机构。根据大会和安理会的决议，建设和平委员会的宗旨主要有三方面：第一，调动所有相关的行为体，协力筹集资源，就冲突后建设和平及复原工作提供咨询意见和提出综合战略；第二，集中关注冲突后复原所必需的重建和体制建设工作，支持制定综合战略，为可持续发展奠定基础；第三，提供建议和信

---

① A/59/565, http://www.un.org/chinese/secureworld/reportlist.htm.
② A/59/2005, http://www.un.org/chinese/largerfreedom/.
③ 李东燕：《联合国与国际和平与安全的维护》，《世界经济与政治》2015年第4期，第7页。
④ A/RES/60/180, http://www.un.org/zh/documents/view_doc.asp?symbol=A/RES/60/180; S/RES/1645 (2005), http://www.un.org/zh/sc/documents/resolutions/05/s1645.htm.

息,改善联合国内外各相关行为体之间的协调效应,订立最佳做法,协助确保为早期复原活动筹措可预测的资金,使国际社会长期关注冲突后复原问题。①

建设和平委员会主要通过三种方式调集国际社会的资源和为摆脱冲突国家的冲突后建设和平提出综合战略。(1)组织委员会。它是建设和平委员会的常设机构,由31个成员组成。组织委员会为建设和平委员会制定工作议程,包括为建设和平委员会的广泛活动制定中期时间表,以及制定建设和平综合战略。(2)国别组合。讨论针对具体国家的问题,主要侧重于刚刚摆脱冲突、缔结和平协议并拥有最低程度安全的国家。目前,布隆迪、塞拉利昂、几内亚、几内亚比绍、中非共和国和利比里亚列入建设和平委员会议程。(3)经验教训工作组。从以往冲突后接触行动中的国家和国际经历中汲取经验教训,并提出冲突后战略及其执行的建议。

建设和平基金是由秘书长于2006年发起建立的,以支持冲突后国家为建立持久和平而开展的活动、行动和项目。基金优先用于支持履行和平协定和政治对话,促进冲突的和平解决,重振经济和产生直接的和平红利,重建基本的行政管理服务等。秘书长把基金的全部管理责任授权给建设和平支助办公室,包括批准项目和监督实施。在国家层面,基金由国家政府和联合国共同主持的联合指导委员会管理。秘书长还任命一个顾问小组为基金的使用提供建议和进行监督,该小组由10名具有丰富建设和平经验的知名人士组成。

建设和平支助办公室代表秘书长协助和支持建设和平委员会的工作,管理建设和平基金,帮助秘书长协调各联合国机构开展建设和平工作,包括收集和分析有关可用财政资源、联合国在当地的相关规划活动、实现中短期复原目标的进展情况、涉及贯穿各领域的建设和平问题的最佳做法的资料等。

建设和平委员会、建设和平基金、建设和平支助办公室三者相互合作,分别为建设和平提供咨询、资金和协助,形成联合国建设和平架构。由于安

---

① 联合国建设和平委员会网站,http://www.un.org/zh/peacebuilding/mandate.shtml。

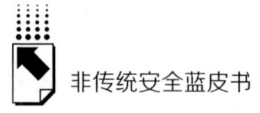

理会承担维护国际和平与安全的主要责任,建设和平的决定权在安理会,建设和平架构只是为安理会提供服务。同时,维和行动和特派团在任务区承担了大量建设和平的实际业务,上述架构也并不直接从事建设和平的实地考察活动。

（三）建设和平的实践与反思

迄今,联合国已在20多个国家开展建设和平活动。目前有六个国家在建设和平委员会的议程上,包括布隆迪（2006年）、塞拉利昂（2006年）、几内亚比绍（2007年）、中非共和国（2008年）、利比里亚（2010年）和几内亚（2011年）。

在建设和平开展十周年之际,联合国对建设和平进行了反思。2015年6月,应联大主席和安理会主席要求、秘书长指定的专家咨询小组就联合国建设和平架构10年来的工作进行审查,提交了题为《持久和平的挑战》的报告,其最主要的结论是:《宪章》规定的关键任务,即维护和平,在全球和在联合国系统内依然严重认识不足、不够重视并且资源不足。① 2016年4月,联合国安理会和大会分别通过决议,强调为实现持久和平须采取综合办法,建设和平本质上是一种政治进程,建设和平包含广泛的政治、发展和人权方案与机制。② 这是联合国迄今就建设和平工作通过的最全面的决议。

从联合国建设和平的实践和对建设和平的反思来看,建设和平是联合国在维护和平和安全治理上的一种新探索和新尝试。

首先,建设和平是对维持和平的一种后续和超越。建设和平是联合国和平行动的一个阶段。正如《和平纲领》所指出的,从预防性外交、缔造和平到维持和平,再到建设和平,这是一项整体的工作。"建设和平是冲突后重建和平部分,是整体系统中参与人员和机构最多,涉及领域最广,最为复

---

① 《维护和平的挑战》,建设和平架构审查专家咨询小组的报告,2015年6月,A/69/968 – S/2015/490,http：//www. un. org/en/peacebuilding/review2015. shtml&Lang = C。
② S/RES/282（2016） – A/RES/70/262。

杂的那部分工程。"① 事实上，建设和平既是维护和平行动在工作范围上的拓展，也是在职能使命上的升华。

其次，建设和平的目标是实现可持续和平。维护和平是联合国组织的共同责任，因此需要采取广泛全面的维护和平办法，从预防冲突，到建立和平和维持和平，直至冲突后的恢复和重建的全过程，并且将和平与安全、人权和发展的联合国"支柱"统一起来。建设和平更关注冲突的预防，以及从根源上消除冲突，并为实现持久和平而帮助建立政治、法律和社会秩序。

最后，建设和平是联合国非传统安全合作和治理的一种新理念。面对大量非传统安全威胁和挑战，传统的维持和平显然难以奏效。通过维持和平行动，一些冲突得到平息，但往往出现反复，重新陷入冲突。建设和平把冲突解决的过程前移（预防）和后续（重建），强调政治解决和以人为中心的安全，并且通过伙伴关系使多个利益攸关方参与到冲突解决之中，从而为非传统安全的合作和治理提供了一种新的理念和路径。

三 联合国与全球反恐合作

全球反恐是联合国非传统安全合作的一个重要方面，而联合国是国际反恐合作最理想的平台。

（一）从反战到反恐

联合国成立的初始目的是避免战争，防止发生新的世界大战。为此，联合国建立大国一致原则的集体安全制度，开展维持和平行动，通过一系列防扩散、裁军和军备控制的条约和决议，进行大量的政治调停、斡旋、调解和谈判活动。

冷战时期，对世界和平与安全构成威胁的主要来源是美苏争霸和东西方

---

① 孙洁琬：《联合国建设和平委员会：任重道远》，载中国联合国协会编《联合国70年：成就与挑战》，世界知识出版社，2015，第69页。

对抗，以及在此背景和格局之下发生的大量地区冲突。因此，反战——从防止战争的发生到避免战争的升级——成为联合国的主要任务。冷战结束后，发生世界大战的可能性大大减小，但地区冲突和国内冲突频繁发生，反战仍然是联合国的核心工作。

只是，即使在冷战时期，由于恐怖袭击的发生，反恐逐渐提上联合国的议事日程。为了防止特定领域的恐怖犯罪行动，联合国通过了多项公约。冷战结束后，恐怖主义作为非传统安全威胁逐渐上升为国际安全的主要挑战之一，特别是2001年"9·11"事件的发生，促使联合国在反恐观念、规范和制度上发生重大变化。联大和安理会通过一系列反恐决议，成立专门的反恐机构，制定全球反恐战略。联合国及其安理会在全球反恐斗争中处于主导地位，推动成员国在反恐领域达成广泛的国际共识，建立反恐国际统一战线。联合国引领成员国在政治、安全、经济、金融、情报以及思想领域综合施策，并在必要时采取制裁措施和军事行动。针对恐怖主义的新动向和新变化，联合国探索新思路和新举措，包括加大信息收集与分享、重点打击网络恐怖主义和暴力极端主义等。

（二）联合国全球反恐战略

"9·11"后，联合国安理会通过第1373号决议，首次设立反恐怖主义委员会（反恐委员会）。2006年9月，联合国大会又一致商定一份打击恐怖主义的共同战略框架，即《联合国全球反恐战略》（A/60/288）。

《联合国全球反恐战略》由一份决议和附带的一份行动计划组成，包括四大支柱：一是消除有利于恐怖主义蔓延的条件；二是防止和打击恐怖主义；三是建立各国防止和打击恐怖主义能力以及加强联合国系统在这方面的作用；四是确保尊重所有人的人权和实行法治作为反恐斗争根基。[1]

根据决议，大会每两年审查一次《联合国全球反恐战略》实施情况。2016年7月，《联合国全球反恐战略》进行了第五次审查。大会审议了秘书

---

[1] 《团结起来，消灭恐怖主义》，http://www.un.org/chinese/unitingagainstterrorism/。

长关于《联合国全球反恐战略》过去十年实施情况的报告（A/70/826），并一致通过联合国全球反恐战略审查的决议（A/RES/70/291）。

反恐执行工作队和反恐中心是执行《联合国全球反恐战略》的主要机构。反恐执行工作队由38个国际实体和国际刑警组织组成，其首要目标是，通过"一体行动"充分发挥各个实体的比较优势，帮助各会员国执行《联合国全球反恐战略》，目前共设立了11个专题工作组。[①] 联合国反恐怖中心（反恐中心）由沙特阿拉伯政府捐助支持、秘书处发起，在秘书长和政治事务部的管辖下运作，主要为会员国提供能力建设援助。反恐中心已在全球发起并执行了37个反恐项目，涵盖《联合国反恐战略》的四大支柱。

（三）联合国全球反恐行动

从《联合国全球反恐战略》实施十年的情况来看，联合国全球反恐行动主要有以下几个重点内容。

第一，建立反恐机构。2001年9月11日对美国的袭击事件促使安全理事会通过了第1373号决议，首次设立反恐怖主义委员会（反恐委员会），下设反恐执行局，以执行其政策决定以及开展会员国的专家评估。2005年，秘书长设立了反恐执行工作队和反恐中心，以便协调联合国系统的反恐工作。此外，安全理事会还设有1267/1989/2253伊黎"伊斯兰国"（达伊沙）和基地组织制裁委员会，以及关于核生化武器不扩散的1540委员会，提高会员国防止和应对恐怖主义行为的能力。

第二，实施防止暴力极端主义行动计划。近十年来，新型恐怖主义的出现给世界和平与安全带来威胁，其中最大的挑战是以伊拉克和黎凡特"伊斯兰国"（伊黎"伊斯兰国"）、基地组织和博科哈拉姆等为代表的暴力极端

---

① 分别是：有关反恐的边境管理和执法，消除有利于恐怖主义传播的条件，打击向恐怖主义提供资助，打击外国恐怖主义战斗人员，国家及区域反对恐怖主义战略，防止及应对大规模毁灭性武器恐怖袭击，防止暴力极端主义，在反恐的同时保护人权及法治，保护互联网等重要基础设施、易受攻击的目标及旅游安全，支持及重视恐怖主义受害者，反恐的法律和刑事司法应对。

主义。2016年1月15日，秘书长向大会提交了《防止暴力极端主义行动计划》（A/70/674），呼吁国际社会采取一致行动，并且向会员国和联合国系统提出70余条建议，防止暴力极端主义进一步蔓延。秘书长还提出实行"整个联合国"的办法，以支持国家、区域和全球防止暴力极端主义并协助各会员国制订《国家行动计划》。

第三，制定国际反恐文书。国际社会从1963年起制定了14份制止恐怖行为的法律文书和4份修正案。① 国际社会对恐怖主义还没有一个共同而明确的定义，但对制止恐怖行为有广泛的国际共识。目前，国际社会还没有一项具有约束力的反恐公约，以解决恐怖主义的界定、恐怖主义产生的根源、打击恐怖主义的方式等核心问题。联合国正在就国际恐怖主义的全面公约草案进行协商，以补充现有国际反恐文书框架，并引领推进联合国框架内的全球反恐合作。

四 联合国与网络空间治理

网络空间治理是联合国非传统安全治理的一个重要体现。

（一）从领土安全到网络安全

自1648年威斯特伐利亚体系确立主权国家原则后，领土安全成为国家安全的基本目标，也是国际安全的主题。此后300多年的国际关系发展过程中，和平与战争往往围绕领土安全而展开。

第二次世界大战后，信息技术革命使人类进入信息时代和信息社会。而互联网是信息技术革命的前沿和代表。信息网络构成了人类活动的新空间即

---

① 包括：航空器公约（1963年），非法劫持公约（1970年），民航公约（1971年），外交代表公约（1973年），劫持人质公约（1979年），核材料公约（1980年），机场议定书（1988年），海上航行公约（1988年），固定平台议定书（1988年），可塑炸药公约（1991年），恐怖主义爆炸公约（1997年），资助恐怖主义公约（1999年），核恐怖主义公约（2005年），民航新公约（2010年）。

网络空间,成为陆、海、空、天之后的人类"第五疆域",同时也成为一个国家的主权空间。网络空间具有空间规模"无限化"、空间活动"立体化"、空间效用"蝴蝶化"和空间属性"高政治化"的特质。①

21世纪是网络的时代,网络给人类带来巨大便利的同时,也会产生各种危机和威胁,如网络恐怖主义、网络攻击、网络战、网络犯罪等。非传统网络安全威胁已成为一个日益突出的全球性和战略性的问题,成为信息时代人类共同面临的挑战。

以互联网为核心的"无国界数字化空间"不仅创造出新的生活方式和价值观念,而且使传统国家安全的概念、内涵、范围产生重大变革。网络安全已上升到国家战略的高度。各国为了加强网络安全,纷纷成立新机构、制定新战略、出台新法令。2015年,美国总统奥巴马下令成立新的网络安全机构——网络威胁情报整合中心(CTIIC),国防部发布最新的网络安全战略,参议院通过《网络安全信息共享法》。日本于2014年颁布实施《网络安全基本法》,2015年制定了新的《网络安全战略》。2014年2月,我国成立了中央网络安全和信息化领导小组。2016年11月,全国人大常委会通过《网络安全法》,并于2017年6月1日起正式实施。12月,国家互联网信息办公室发布《国家网络空间安全战略》,提出建设网络强国的战略目标和我国网络空间安全战略的原则和任务。

一些国际组织也将网络安全纳入其合作和治理议程。联合国、北约、欧盟、经合组织、八国集团、上海合作组织都加强了成员国在网络安全问题上的合作。网络空间安全正发展成为一项新的全球议程。②

(二)国际电信联盟与全球网络安全议程

国际电信联盟(国际电联,ITU)是联合国负责信息通信技术事务(ICT)的专门机构,成立于1865年,是世界上历史最悠久的一个国际组

---

① 檀有志:《网络空间全球治理:国际情势与中国路径》,《世界经济与政治》2013年第12期。
② 郎平:《网络空间安全:一项新的全球议程》,《国际安全研究》2013年第1期。

织。国际电联主要开展无线电通信、电信标准化和电信发展三个领域的工作。①

国际电联的宗旨是树立使用信息通信技术的信心和安全。为此，国际电联于2004年推出"全球网络安全议程"（GCA），作为该领域的国际合作的框架。它包括五个战略支柱/工作领域：法律措施、技术和程序措施、组织结构、能力建设、国际合作。2008年9月，国际电联与国际打击网络威胁多边伙伴关系（IMPACT）合作，将全球网络安全议程设在该组织的马来西亚总部。ITU-IMPACT成为首个提供可用网络安全专业力量和资源的合作性全球联盟，帮助成员国发现、分析并对网络威胁做出有效反应。

2008年11月，国际电联发起"儿童网上保护"（COP）倡议，在全球网络安全议程的框架内，通过多利益攸关方的努力，为全球儿童和青少年提供安全的网络环境。

2014年5月，在信息社会世界峰会论坛上，国际电联与ABI Research共同推出全球网络安全指数（GCI），通过对各国在上述五个工作领域的发展水平的分析，衡量其在网络安全方面的承诺。此举的长期目标是在全球范围内进一步推动网络安全工作的开展和整合，并将网络安全问题融入信息通信技术的核心环节。

国际电信联盟的全球网络安全议程代表了联合国在网络安全领域的一项多边努力。面对非传统的网络安全威胁，除了加强安全监管和建立保护屏障外，其根本出路是网络安全治理。

（三）联合国网络空间治理面临的挑战与前景

根据联合国国际电信联盟的定义，网络空间是指"由以下所有或部分要素创建或组织的物理或非物理的领域，这些要素包括计算机、计算机系统、网络及其软件支持、计算机数据、内容数据、流量数据以及用户"。②

---

① 国际电联官网，http://www.itu.int/zh/about/Pages/default.aspx。
② "ITU Toolkit for Cybercrime Legislation," p.12, http://www.itu.int/cybersecurity。

作为最具普遍性、代表性和权威性的政府间国际组织，联合国是应对全球性挑战、处理全球性问题，因而也是开展网络空间全球治理的最佳平台。

网络空间治理是联合国的一项重要的非传统安全议题。近年来，联合国通过举办"世界电信和信息社会日"、召开信息社会世界峰会、成立互联网治理工作组、制订互联网安全公约、通过保护网络隐私权决议、打击网络空间主义等行动，大力推动网络空间安全的全球合作和全球治理。

但是，网络空间治理体系明显存在发展不均衡、不对称的弊端。以美国为代表的欧美发达国家凭借技术、制度、战略、政策、能力等综合优势，在全球网络空间治理中占据中心位置，而包括中国、印度和巴西在内的大量亚非拉发展中国家则处于边缘位置。由此造成网络空间治理机制"制度设计合法性和代表性不足、机制落实能力有限、机制运作巴尔干化和碎片化等特征"。①

当前，发达国家与发展中国家在网络空间治理模式、治理平台和治理路径上存在较大分歧和矛盾。西方发达国家坚持"多利益攸关方"治理模式，主张由技术专家、商业机构和民间团体来主导网络空间治理。以新兴国家为代表的发展中国家则更倾向于政府主导型的多边主义治理模式，主张在联合国框架下推动网络空间的全球治理，这就造成网络空间治理的难度。如2014年3月，美国宣布放弃对互联网名称与数字地址分配机构（ICANN）的监管，但前提条件是把管理权交给一个遵循"多利益攸关方"原则的私营机构，而发展中国家则推动 ICANN 的国际化，希望由联合国接手管理权。

近年来，新兴国家在网络空间治理中的作用越来越突出。2014年4月，巴西组织召开全球互联网治理大会，并创立全球互联网治理联盟。2014年11月，中国举办以"互联互通、共享共治"为主题的首届乌镇世界互联网大会，并推动大会的制度化。2015年12月，习近平在第二届世界互联网大会上提出关于推进全球互联网治理体系变革的"四项原则"和构建网络空间命

---

① 王明国：《网络空间治理的制度困境与新兴国家的突破路径》，《国际展望》2015年第6期。

运共同体的"五点主张"。① 这是为网络空间治理提供的中国理念和中国方案。

网络空间是国际社会共同面临的一个新课题,发达国家和发展中国家都需要在推动网络空间治理的"建章立制"、构建全球网络安全文化、共同打击网络恐怖主义等方面开展合作。在这一过程中,需要确立联合国的主导地位和发挥其作用。从长远来看,以联合国为主导的网络空间治理将是发展趋势。

---

① 《习近平在第二届世界互联网大会开幕式上的讲话》,2015 年 12 月 16 日,外交部官网:http://www.fmprc.gov.cn/web/ziliao_674904/zyjh_674906/t1324843.shtml。

B.3
非传统安全合作与亚太安全秩序的重建

卢国学*

摘　要： 非传统安全合作是区域合作中的一项重要内容。APEC作为当前全球最大的区域合作机制，显然也不能回避。然而，受国际政治经济关系及特殊历史条件的制约，APEC框架内的非传统安全合作经历了一个"从无到有""由少到多""由次区域上升到全区域"的发展过程。它一方面确实反映了全体成员对地区安全的共同关切，但另一方面也融入了各成员自身利益的战略思考。目前，加强非传统安全合作已成为APEC合作框架内的一项基本共识。尽管地区政治安全因素仍会对区域合作产生影响，但如果区域内各方能够以推动非传统安全合作为突破口，以东亚传统文化中的"和合"思想为理念，摒弃"冷战思维"、增强互信，本着互惠互利、合作共赢的原则，发挥域内各国在应对非传统安全威胁方面的优势将有助于实现亚太地区的长久和平与和谐发展。这将是我们重建亚太安全新秩序的一个基本路径。

关键词： 非传统安全　区域合作　安全秩序

非传统安全合作是区域合作中的一项重要内容。亚太经济合作组织（APEC）作为当前全球最大的区域合作机制，显然也不能回避在这一领域

---

* 卢国学，中国社会科学院世界经济与政治研究所国际战略研究室副研究员。

的合作。然而，受当时国际政治经济关系及特殊历史条件的制约，APEC 框架内的非传统安全合作经历了一个"从无到有""由少到多""由次区域上升到全区域"的发展过程。在这一过程中，APEC 框架下的非传统安全合作一方面确实反映了全体成员对地区安全的共同关切，但另一方面也融入了各成员自身利益的战略性思考。① 在区域内各种非传统安全问题频发以及经过各经济体成员的观念互动与政策磨合后，加强 APEC 内的非传统安全合作目前已成为 APEC 内的一项基本共识，因此，它必将在未来亚太安全秩序的重建中发挥积极的促进作用。

一 APEC 的基本职能以及围绕安全合作议题的争论

（一）APEC 成立的国际背景及职能

APEC 是冷战后世界经济全球化、区域经济集团化的产物。从国际组织机制所具有的基本功能来看，APEC 是一个以调整成员之间经济关系、促进区域经济协调发展的区域性磋商机制，它是一个"论坛"，而且在它成立之初就曾明确只讨论经济合作而不讨论地区政治和安全问题。在 1991 年第三届部长级会议通过的《汉城宣言》中，所确立的宗旨和目标是"为本地区人民的共同利益保持经济的增长与发展；促进成员间经济的相互依存；加强开放的多边贸易体制；减少区域贸易和投资壁垒"。② 确定了 APEC 的基本职能就是促进本地区的"贸易投资自由化、便利化"和"经济技术合作"，这是 APEC 成立的初衷。

（二）APEC 成立之初美国对 APEC 安全机能的期许与塑造

在第三次"亚太经济合作部长会议"后，随着苏联的解体美国国内出

---

① 卢国学：《APEC 安全议题与当前区域安全合作》，《亚非纵横》2007 年第 4 期，第 32 页。
② 卢国学：《APEC 新增合作议题的政策统筹》，《亚非纵横》2006 年第 6 期，第 54 页。

现了将安全议题引入该会议机制的声音,其主要动因就是企图通过参加亚太区域合作来推行美国的亚太战略和全球战略。很显然,对美国来说亚太地区有着与欧洲完全不同的战略环境,在文化上它与美国关系不大;在安全架构上也不存在像北约和欧盟那样的区域性组织,但它却是美国推行全球战略的关键区域,其重要性将不断增大。为此,为了实现美国的亚太安全战略目标,应对亚太地区可能出现的威胁与挑战,在对外政策上,美国一方面强化与盟国的军事关系,另一方面又积极推动"安全共同体"建设来整合地区内现有的各种安全机制。而强化 APEC 安全机能就成为美国亚太"安全共同体"设想中一个重要步骤。

继1991年老布什政府提出建立以北美为基点,以日本、韩国、东盟及澳大利亚为支柱的"太平洋共同体"的战略构想后,克林顿政府又对美国的亚太战略做了进一步的调整与补充,提出了以美军前沿存在为依托、以现有的双边军事同盟为支点、以多边安全机制为补充的以美国为主导的亚太安全体系,即所谓的"新太平洋共同体"构想。为此,克林顿政府于同年倡导并举办了第一届亚太经合组织领导人非正式会议。小布什政府上台后,仍把"亚太安全共同体"看作"最基于美国国家利益和地理位置"的亚太多边安全范式。[1] 提出把"安全共同体"作为吸纳亚太国家参与地区安全合作的"入口",将地区各个国家都囊括到这一"安全网络"之中,并突出这个"安全共同体"在处理地区安全事务中的"唯一性"。

"9·11"恐怖袭击事件后,针对美国在军事、情报、外交、金融和国土安全领域开展的反恐斗争,美国智库的代表人物亨利·基辛格明确指出:对恐怖主义的战争并非只是为了追捕恐怖分子,最重要的是它将成为"重塑国际体系的大好机遇"。[2] 美国甚至认为,APEC 所倡导的贸易、投资自由化可以通过世贸组织(WTO)和自由贸易协定(FTA)来推进,经济技术合作在国家利益中也不是特别重大的问题,因此亚太经合组织内的安全议题

---

[1] 《美中关系是"战略对话"关系——阿米蒂奇谈美国的亚洲安全战略》,日本《朝日新闻》,2002年2月25日。

[2] Henry Kissinger, "Where Do We Go from Here?" Washington Post, November 6, 2001.

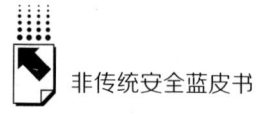

的重要性要胜过经济议题。①

不难看出，冷战结束后的美国三届政府尽管党派不同，但都希望通过赋予 APEC 安全机能来推行美国的亚太及全球战略。也就是说，在冷战结束后的初期，美国对 APEC 承担安全机能的考虑具有一定的政策连贯性。正因如此，自 2001 年上海峰会上通过《反恐声明》后，美国就极力主张将反恐议题制度化、长期化。在此后召开的 APEC 的多次峰会上，尽管 APEC 仍强调以推进区域经贸合作为主，但安全议题已经明显地进入了会议议程。

（三）APEC 其他经济体成员对安全议题的战略思考

从 1993 年西雅图峰会起，美国连续在几次峰会上都提出将建立"亚太共同体"确定为会议的首要目标，但均遭到了来自印度尼西亚、日本和澳大利亚等经济体的抵制，迫使美国不得不暂时做出妥协。之所以出现这种情况，主要是因为冷战刚结束时国际上普遍认为世界将向多极化方向发展，作为东北亚、东南亚以及大洋洲的三个有地区影响的国家，日本、印度尼西亚、澳大利亚都希望自己能够成为未来世界中的一极，如果在 APEC 内支持美国的"安全共同体"倡议，那么它们将继续被编织在美国主导的安全体制之中，从而不利于它们在亚太地区自身能动性的发挥。比如在日本外务省 1991 年向内阁会议提交的《外交蓝皮书》中就写道："日本已能对有关国际秩序的所有问题产生很大影响，必须在亚太稳定与发展方面起到中心作用。"②

二 安全议题的衍生及对 APEC 的影响

（一）APEC 安全议题的衍生与泛化

安全议题之所以能够在 APEC 中衍生出来，这其中除了美国的战略驱动

---

① 张声海：《亚太经合组织与地区安全问题》，转引自中国国际关系研究网：http://www.diplomacy.com.cn/content.asp?id=854&sortid=14&channel=3。
② 〔日〕外务省编：『外交青書』，1991，第 27~29 頁。

外，区域内的历史遗留问题和各种不安全因素的相继出现也是一个重要方面。

在亚太经济合作不断取得进展的同时，区域内的各种不安全因素也逐渐显露出来，主要体现在四大领域。一是地区内的边界、领土、领海权益争端和民族矛盾依然存在并不断突出；二是朝鲜半岛和台湾等冷战遗产问题长期得不到解决；三是一些新的不安全因素相继爆发；四是由于受到海湾战争的震动，亚太各国对提高军队的军备质量高度重视，甚至出现了"逆裁军""反裁军"的倾向。[①] 除此之外，各种非传统安全威胁也层出不穷，这些问题往往是区域性的、跨国界的，而应对这些威胁也不是靠一个国家或几个国家就能够解决的。而"区域安全""合作安全""共同安全"等安全新概念的提出，也从一个侧面反映了人们希望加强经济合作与安全合作的呼声。[②]

1997年亚洲金融危机的爆发，使APEC亚洲各经济体遭受重创，APEC成员的GDP平均增长率也随即从1997年的3.5%下降到1998年的1.5%。[③] 此次金融危机也使APEC成员认识到，在这个经济全球化时代，一个健康、安全的金融体系对国家、地区和社会的稳定是至关重要的。因此，如何在日益开放的条件下防范金融体系风险、维护经济安全，成为APEC各成员尤其是发展中成员普遍关心的问题。这样，自1997年APEC温哥华会议开始，经济安全议题就被纳入APEC的会议议程。

亚洲金融危机不仅使地区经济遭受巨大损失，也导致一些国家的政治危机和社会危机。如此次金融危机直接引发印度尼西亚发生了持续的社会骚乱和种族冲突。在印度尼西亚和澳大利亚的提议下，1999年的APEC外长会议就以非正式会议形式讨论了东帝汶局势，并要求东帝汶接受国际维持和平

---

① 据统计，从新西兰到韩国的整个亚太地区，自1988年以来，每年的防务开支约800亿美元，而且以每年3%至5%的速度增长，是世界军费开支最快的地区。据《简氏防务周刊》载文统计："覆盖亚洲、大洋洲的军事开支从1991年到2000年继续稳步增加，增幅为26%，而全球防务开支则减少了11%。不仅军事开支在全地区普遍增加，而且2000年4个亚太地区国家跻身世界上15个防务开支最多的国家行列。"
② 卢国学：《APEC安全议题与当前区域安全合作》，《亚非纵横》2007年第4期，第31页。
③ 陆建人、赵江林：《加强地区合作 共渡金融危机——评1998年亚太经合组织吉隆坡会议》，转引自中国社会科学院网站，http://www.cass.net.cn/chinese/s28_yts/wordch-ench-ddyt1999/1zl.htm。

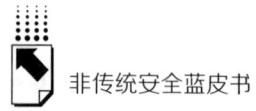

部队,从而形成了APEC讨论政治安全问题的先例。

2001年发生"9·11"恐怖袭击事件后,反恐随即成为APEC上海领导人峰会的焦点。在会议主办方中国的安排下,APEC以外长早餐会和领导人午餐会的形式对恐怖袭击事件及反恐合作问题作了非正式的讨论并在会后发表了《亚太经合组织领导人反恐声明》。在这一基础上,在次年的洛斯卡沃斯峰会上,APEC再次针对反恐发表新的、内容更为具体的声明。强调APEC应该采取切实措施,其中包括支持由美国提出的"APEC区域贸易安全"计划,在增加贸易的同时加强安全方面考虑。① 同年,由于朝鲜方面向到访的美国总统特使、负责东亚及太平洋事务的助理国务卿凯利承认了其"拥有秘密核开发计划",洛斯卡沃斯峰会也就朝鲜问题发表了声明,认为朝鲜可以通过积极参与亚太地区的事务来促进其经济发展,但前提是朝鲜半岛必须实现无核化。

在APEC的议题框架内,东帝汶问题与朝核问题、朝鲜半岛问题在性质和关联度上是不同的,因为东帝汶问题毕竟是由亚洲金融危机这一经济安全问题直接引发的,而朝核问题、朝鲜半岛问题则是一个纯粹的地区政治安全问题。APEC涉足朝鲜半岛事务,这对该组织也是一次功能上的冲击。不仅如此,在2003年亚洲地区暴发SARS疫情后,有些成员随即把流行传染病与生化恐怖活动联系起来,② 进而又向贸易安全、货柜安全、金融安全、武器扩散以及人身安全等领域扩展。安全议题就在地区内不断发生的一次次突发事件中逐渐地得到了"泛化"。

(二)安全议题对APEC的影响

如前所述,APEC成立的初衷就是协商、讨论区域内的贸易投资自由化、便利化与经济技术合作这三大经济合作议题。但安全议题的介入对

---

① APEC, "APEC Leaders' Statement on Fighting Terrorism and Promoting Growth," 2002, http://www.apecsec.org.sg/apec/leaders__declarations/2002/statement_on_fighting.html.
② See 2003 Leaders' Declaration: Bangkok Declaration on Partnership for the Future. 转引自: http://www.apecsec.org.sg/apec/leaders__declarations/2003.html。

APEC 的发展进程和自身的组织运作机制产生了深刻的影响，主要体现在以下两个方面。

一是安全议题的介入导致 APEC 正常的发展进程严重受阻。APEC 涉足安全议题后，其问题领域不断扩展、泛化，其范围不仅包括金融安全、公共卫生及能源资源安全、备灾合作等与地区经济关系密切的非传统安全议题，也包括反恐、武器扩散、反腐败等既关乎区域经济又关系地区政治的非传统安全议题，甚至还不时地涉足朝鲜半岛局势等这样的纯粹的地区政治安全问题。安全议题一度占据了 APEC 各层次会议的大部分议程。相比之下，对 APEC 的三大原始议题的讨论却日益减少，尤其是广大发展中成员普遍关注的经济技术合作问题更是越来越被淡化（见图1）。这种状况如果任其继续发展下去，必将会严重影响发展中成员参与区域合作的积极性和主动性。

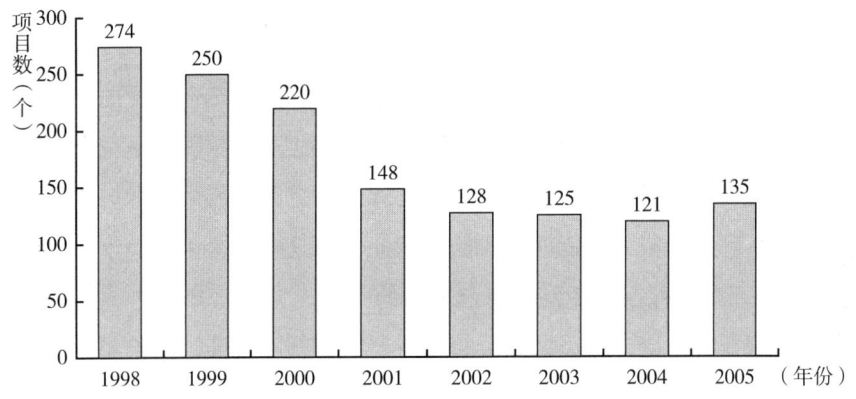

图1　APEC 经济技术合作项目总数变化情况

二是安全议题的衍生极大地冲击着 APEC 的内部运行机制。在1991年的汉城部长级会议上确定了亚太经济合作应坚持的多样性、互利性和开放性三原则和以承认多样性，强调灵活性、渐进性和开放性；遵循相互尊重，平等相处，协商一致，自主自愿的原则以及单边行动与集体行动相结合的"APEC 方式"是一套适合亚太地区现实情况和地区特点的合作原则。但由于安全议题的大量介入，一些成员开始不断提出动议：为加快 APEC 自由化进程、提高效率，APEC有必要强化机能、改变运作规则与决策程序。这些主张和动议共同构成了APEC改革的主要内容，它直接关系APEC今后还能否保持经济组织的特性以及发展方向。因此，维系多年的"APEC方式"一度也面临着严峻的挑战。

（三）对APEC安全议题的理性反思

不难发现，自1997年亚洲金融危机爆发后，APEC内的安全议题经历了一个"导入、扩展、升级、泛化"的过程，表现出"从金融、经济安全到政治安全；从非传统安全到传统的地区政治安全；从次区域安全上升到全区域安全"的演变规律。APEC安全议题的发展过程，某种程度上也体现了各经济体成员以及主要区域力量之间的观念互动、政策磨合与战略交锋的过程。然而，就是在这一进程中，APEC经济体成员逐渐地对安全议题达成了一些基本共识，大体包括以下五个方面：

第一，亚太区域合作无法回避安全问题。从APEC安全议题的产生与发展过程来看，APEC安全议题的衍生无疑是受本地区内一系列不安全因素相继爆发的影响，但这些事件都是多数经济体成员普遍关心的问题，也不是某个成员依靠自身的努力就能够解决的。因此，从这个意义上讲，安全问题在APEC框架下有其存在的必要性与合理性的一面。尤其是在当今的经济全球化时代，离开安全谈合作、抛开威胁谈发展似乎都不现实，无论是历史遗留的还是新出现的各种安全隐患都比较集中的亚太地区尤其如此。

第二，伴随着区域合作的不断深入，"经济与安全并进"也将是APEC的发展方向。安全是区域合作能否顺利推进的前提，但它同时也是区域合作的终极目标之一。冷战后我们都不乏看到上海合作组织正在从当初单纯的地区安全合作逐步地导入经济合作议题，而欧盟也经历了由煤钢联盟到经济共同体再到欧洲共同体直至今天这种融经济、政治、安全机能于一身的国家联合体（欧洲联盟）的发展路径。除此之外，无论是苏联解体后的独立国家联合体还是非洲联盟、阿拉伯国家联盟、东南亚国家联盟、南共体也都在努力地朝着经济与安全并进的综合方向发展。

第三，APEC如果过多地涉足安全议题，也会存在经济合作畸形化、碎片化的危险。一方面，各非传统安全威胁的大量涌现，国际社会不断发出加强国际合作的呼声。但是另一方面，也就是在这种安全观念发生改变的同时，世界经济、政治及安全格局也正在经历着一场历史性的变革。在主权国家特别是地区大国之间的相互制衡与合作中，我们明显地感受到，实力政治原则并没有因为非传统安全威胁的日益凸显而退出历史舞台，反而在某些场合一些应对非传统安全威胁的手段和理由，却不时地被某些大国当作其军事战略和对外政策。区域合作原本是谋求本地区的共同安全与发展，但在区域合作成为个体成员推行其国家战略、谋求自身利益的情况下，区域合作就会受到影响而出现畸形化、碎片化，甚至不排除会导致"阵营化"和"新冷战"的危险。

第四，企图通过赋予APEC安全机能来维护地区安全也是不现实的。亚太地区大国林立，热点和难题也比较集中，同时这一地区也是世界公认的经济发展潜力最大的地区。因此，亚太安全必然是全体成员的共同安全，寻求共同安全的途径也必将是通过合作才能实现。相反，如果某个经济体成员出于自身的战略考虑，片面地追求自身利益和个体安全，那么它非但不能为本地区带来持久的和平，相反还会进一步影响其他领域的合作。就亚太地区的现实来看，美国在亚太安全上依然采取了两种政策手段，即一方面强化和发展与传统盟国的双边军事关系，另一方面又积极推动建立"安全共同体"。在这种安全理念下，亚太地区建立任何安全机制的有效性都会受到质疑。原因是双边的军事同盟所追求的是同盟国利益，而合作安全强调的则是共同利益，尽管二者存在着交集，但毕竟是不同的。因此，只要军事同盟存在，指望通过赋予APEC安全机能来维护地区安全的想法都是不现实的。

第五，亚太安全合作体现在区域力量在具体问题上的建构过程中。尽管冷战后国家之间相互依存程度不断加深，但亚太地区各主要力量之间在历史传统、经济发展水平和政治体制、制度等诸多方面都存在着很大的不同。这就决定了在地区安全上除了各国共同关心的问题外，还存在着对其自身利益的关切。这是亚太地区具体的"域情"和"区情"，是一个不可忽视的客观

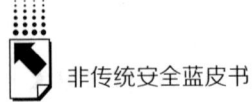

现实。因此,对于这样一个存在诸多复杂矛盾的地区和对于 APEC 这个论坛性质的国际机制来说,安全合作并不是"有"与"无"的问题,而是它涉足安全议题的广度与深度,更涉及对未来 APEC 的性质、功能和发展方向所产生的深远影响。

三 APEC 内的非传统安全合作与发展

(一)安全议题由泛化到理性回归

在 APEC 安全议题不断泛化的过程中,美国想把地区政治安全问题纳入 APEC 的努力一直没有停止过,特别是 20 世纪 90 年代以来经过海湾战争、伊拉克战争、科索沃战争、阿富汗战争后,美国在国际事务中的单边主义倾向愈加明显。此时,日本等国已经觉察到它们想成为多极世界一极的想法并不现实,转而做出了强化与美国的同盟关系,在地区政治安全问题上站到支持美国立场一边,在朝核问题、钓鱼岛问题、东海海域划界等问题上,更是企图借助美国强大的军事力量和国际影响力来制衡中国的崛起。与此同时,东南亚与我们有领土、领海争端的国家的立场也发生了相应的转变。特别是在美国推出"重返亚太"、"亚太再平衡"战略以及推动成立 TPP 后,APEC 内的安全合作出现了阵营化、碎片化的苗头。此时,APEC 非传统安全合作的一个显著特征就是与传统地区政治安全问题紧密关联,出现了相互交织、相互渗透、相互转化的密切关联,如岛屿和领土争端问题,表面上看它是传统的地区政治安全在地缘政治上的反映,但在其背后却是有关各方对海洋通道安全的担忧以及出于对资源、能源安全等非传统安全威胁的考量;原本是人们深恶痛绝的"三股势力",却在一些大国的双重标准考量下,或以"自由"、"民主"和"人权"等政治借口攻击他国,或被夸大渲染成为驻军、扩军的理由;原本是与人类生存息息相关的气候变化、环境污染问题,却被当成控制他国经济社会发展的外交谈判筹码;原本是代表科技革命和社会发展进步的国际互联网技术,却被用来窃取他国军事机密、掌控政府决策的工具；就连人类生活最起码的粮食和食品，也成为促进本国出口、打压别国发展的"政治武器"。地区政治安全问题对APEC的冲击引起了一些有识之士的关注。2012年，时任加拿大国防部部长的彼得·麦凯在香格里拉对话会上就明确指出："虽然世界各地仍可见区域和国与国之间的敌对状态，但最常见也最令人担忧的挑战实际上并非来自国家，也与传统意义上的安全威胁大相径庭。"[1] 此后，在日本"3·11"大地震、菲律宾遭受海燕飓风袭击以及恐怖主义向全球范围蔓延等一系列重大突发事件的不断冲击下，APEC成员都认识到当前地区内最应该也是最需要加强合作的是在非传统安全领域。

（二）APEC安全合作的范围和目标

APEC内的安全议题最终向非传统安全领域回归。这其中除了人们担心地区政治安全会对区域合作造成一定的干扰和冲击外，最重要的还是由亚太地区非传统安全问题的特殊性决定的。

亚太地区大多为发展中国家，有近41亿人口，其数量占全球总人口数的60%以上，其中40%以上的人口生活在城市且以每年2.3%的速度增加。这种人口稠密和迁移的趋势给各经济体内的城市基础设施带来巨大压力，不仅全球共同面临的恐怖主义、武器扩散、毒品犯罪、跨国犯罪、海盗、非法移民等安全威胁在本地区始终存在，而且该地区还一直面临诸如资源匮乏、环境破坏、地质灾害、金融危机、网络通信及公共卫生等方面的安全威胁。可以说，在非传统安全的多样性和普遍性方面，亚太地区是全球其他地区都无可比拟的。除此之外，亚太地区非传统安全问题的另一大显著特点就是高发性，这在地质灾害和传染病疫情方面表现得尤为突出。众所周知，亚太地区各国基本都处于环太平洋火山地震带上，这条火山地震带起于南美洲的奥斯特岛，向北经科迪勒拉山脉向西转向阿留申群岛、堪察加半岛，再向南延续至千岛群岛、日本、琉球群岛、台湾、菲律宾以及印度尼西亚群岛，全长

---

[1] 《香格里拉对话会讨论新出现的非传统安全挑战》，新华网：http://news.xinhuanet.com/2012-06/03/c_112104523.htm。

达4万余公里。在这条环太平洋火山地震带上，活火山数量多达500余座，占全球活火山总数的80%；地质条件差，世界90%的地震以及81%的强震都发生在这里（见图2）。另据有关方面统计，20世纪全世界地震死亡人数约170万人，直接经济损失4100亿美元，而在21世纪的前10年中，全球地震死亡人数就已达70余万人，是20世纪前10年地震死亡人数的5倍。地震活动不仅频率增大，震级和烈度也明显增强（见图3），地震造成的直接经济损失已超万亿美元，死亡人口大多集中于亚太地区发展中国家。

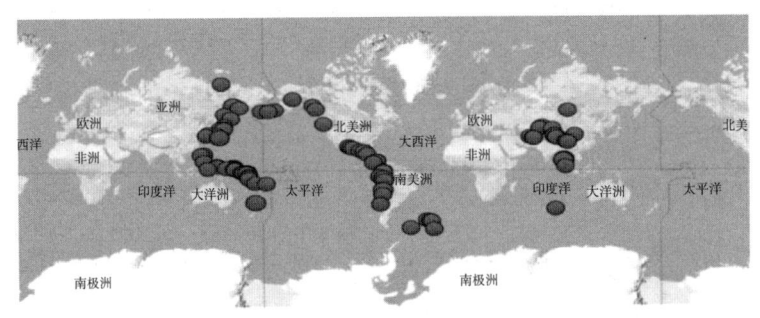

图2　2006~2016年十年间全球7.0级以上地震分布

资料来源：中国地震局网：http://www.ceic.ac.cn/onmap/id：0。

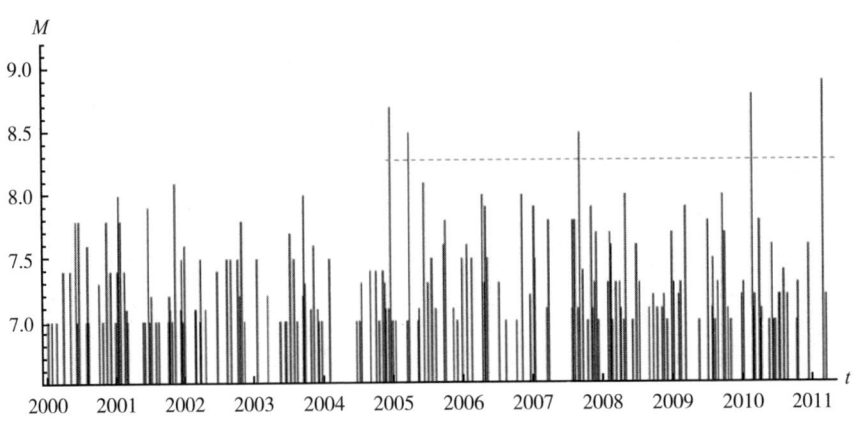

图3　2000年以来全球7级以上地震M-t图

资料来源：中国地震信息网：http://www.csi.ac.cn/manage/html/4028861611c5c2ba0111c5c558b00001/_content/12_05/10/1336644264917.htm。

而在传染病疫情方面，亚太地区也同样是全球范围内的高发地和重灾区。据世界卫生组织统计，近10年在全球暴发的十大传染病疫情中亚太地区就先后出现过6种，即SARS、禽流感、手足口病、疯牛病、登革热、猪流感。每一次疫情，不仅一次次地给本地区（特别是发展中国家）的经济带来巨大的损失，甚至还多次出现了向人群传染的情况，给本地区的社会稳定和生命安全带来巨大威胁（见图4）。

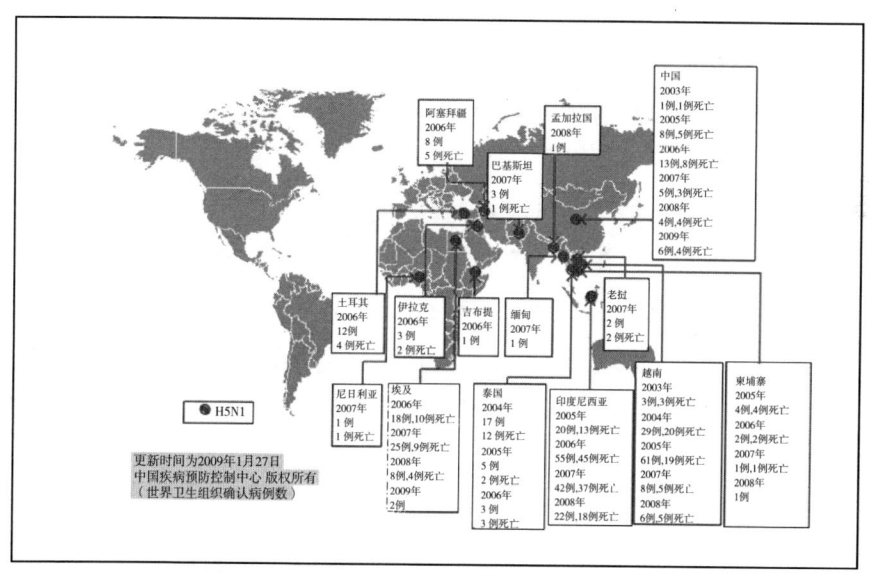

图4　全球人感染禽流感病例地理分布

资料来源：中国疾病预防控制中心网站：http://www.chinacdc.cn/jkzt/crb/rgrgzbxqlg/rgrqlgyq/200901/t20090109_ 24340.htm。

亚太地区非传统安全威胁的普遍性、多样性和高发性特点，不仅拓展了亚太区域合作的发展空间，也为APEC的非传统安全合作提供了诸多的机遇。主要表现在以下四个方面：

第一，加强非传统安全合作是区域内各国的普遍愿望。近年来亚太地区频繁发生的金融危机、资源能源危机、气候变化、地质灾害、飓风、海啸以及禽流感等传染病疫情，使亚太地区各国都普遍认识到，这些非传统安全问题靠一国之力无以应对，亚太地区建立相应的机制来开展有效国际合作不仅

是紧迫的，也是必要的。

第二，亚太地区公共产品严重欠缺。按照2000年联合国首脑会议通过的《千年宣言》以及次年发表的《通向实现联合国千年宣言目标的路线图》的倡议，各国在制定自己的发展规划和制定政策时，要考虑向全球公共领域集中供给公共产品。亚太地区虽然存在多个大国，但没有一个大国主动向地区内提供公共产品而让其他国家享用。尤其是在那些政局持续不稳以及仍处于经济危机状态下的国家，其国内用于基础设施建设的财政预算常常会受到来自国内在野党以及其他社会力量的制约，从而导致政府的公共财政支出面临各种掣肘，以至于到目前为止，亚太地区这些公共产品仍严重缺失。

第三，合作的机制化程度不高。虽说目前亚太地区已存在多种有关非传统安全的合作机制，但实质性和实效性还有待提升。在地区矛盾尚存、互信欠缺、利益关注点又存在较大差异的现实情况下，往往在涉及一些实质性合作时，又难免会受到地区政治、军事及经济等各种因素的冲击，合作关系很不稳定。这在应对大规模非传统安全威胁时确有力不从心之感。

第四，发展中国家经济体都希望区域内的大国能在应对非传统安全威胁方面发挥更大的作用。

四 亚太安全秩序的重建与中国

中国是APEC大家庭中的一员。对中国来说，APEC不仅是开展首脑外交和经济外交的重要平台，通过APEC合作中国学到了如何与世界发达国家打交道的经验，它同时也成为我们近年来推广一系列重大国际战略的重要场所。然而，亚太地区各种不安全事件的相继发生，不但影响到本地区的安全形势，也改变了中国的安全环境。随着中国经济实力和国际影响力的提升，中国对APEC内的安全议题的政策也做出了相应的调整。

（一）我国在APEC合作框架中的地位与作用

目前中国正处于全面迈向小康社会的关键时段，一个和平、安全、稳定的亚太安全环境对中国来说至关重要,而"一带一路"战略能否顺利推进,非传统安全问题也是一个重要的影响因子。与此同时,亚太地区,特别是我国周边地区的很多国家都希望中国能够在解决地区非传统安全威胁方面承担更多的大国责任和发挥更大的作用。因此,无论从自身发展的战略上考虑,还是从中国的国际地位、大国责任和地区作用上来看,我国对外政策的主题都应该是在不断深化非传统安全的国际合作中更好地塑造并维护亚太地区的安全与稳定,这将是我国参与 APEC 非传统安全合作的一个新的政策理念和战略转变。

（二）中国在亚太非传统安全合作中的优势与诉求

从总体上看,中国参与 APEC 非传统安全合作有其自身的条件与优势,具体表现在六个方面:

第一是人力资源优势。对于一个发展中国家来说,劳动力资源仍是生产力中最为活跃的部分。而作为人口大国,中国近 14 亿人口不仅能为 APEC 在应对各种非传统安全特别是灾后恢复经济、基础设施重建方面提供丰富的劳动力资源,而且作为全球的制造业大国,中国的劳动力更具备从事各项生产活动的丰富经验和专业技能,这在企业的前期投入和后期培养方面相较于其他亚太国家都具有一定的优势。

第二,物资储备、机械制造与技术管理方面的优势。2008 年汶川地震后,我国就在东北、华北、华中、华南、西南等地筹建了 10 个物资储备库。这些中央级的物资储备库由当地省级民政部门实行代储管理,承担全国特大灾害的物资救援。到了 2009 年,全国中央级的物资储备库又由 10 个增加到 24 个,而且仍在不断增建。这些应急物资储备库主要储备日常的生活用品,品类齐全,有很多是设在我国边疆地区,除了能够满足我国自身的灾害救援需要外,必要时也可以向周边国家提供及时的援助。这在近年来我国开展对外灾害救助方面也确实发挥了积极的作用,并且已经在一些国家产生了良好的社会反响。除了应急性的救援物资外,目前中国在能源、通信、铁路、公路、港口、机场等各个领域的建设方面都处于世界领先水平,已经成为国际

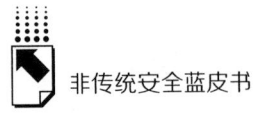

公认的、同时又具有强大供给能力的制造业大国。在灾后重建方面，可以说从项目的前期规划设计，到工程施工以及相关机械设备的安装、运营，再到善后机械设备的维护和技术人员的培训，中国的产业优势已经贯穿于基础设施建设领域的整个过程。不仅如此，在多年的企业开展海外工程建设的过程中，企业管理层也积累了丰富的国际合作经验。

第三，财力优势。作为当今世界第二大经济体，中国拥有雄厚的外汇储备。这不仅可以直接体现在应对金融危机、防范经济及金融风险方面具有一定的抵御能力，更重要的是在帮助相关国家从事灾后重建方面，资金依然是最关键的因素，这在当前全球面临经济危机、各国财政乏力的情况下不能不说是一个很大的优势。

第四，国内政治制度、行政体制与决策机制方面的优势。改革开放以来，中国的综合国力和人民的生活水平有了很大提高。很多发展中国家，甚至包括一些发达国家也都在探索"中国的成功之谜"，研究中国经验已成为当今世界新的热点。这种极具中国特色的政治制度，不仅在中央政府决策上容易形成统一意志，而且具有快速、高效和务实性的特点，在应对突发性、跨国性重大灾害方面显得尤为必要。

第五，幅员优势。从近年来应对各种非传统安全问题的经验上看，综合实力强、幅员辽阔的大国在抵御诸如地质灾害、金融危机、粮食安全等非传统安全威胁的能力方面要远比中小国家强。中国地域辽阔，而且向来有一方有难八方支援的文化传统，这使它不仅自身就具备了抗击各种非传统安全威胁冲击的水平，也具有很强大的对外实施抢险救援和灾后重建的能力和理念。这也是近年来国际社会强烈呼吁和期盼中国在国际事务中发挥更大作用的一个重要原因。

第六，地缘优势。从地理位置上看，中国地处太平洋西海岸，同14个国家陆路接壤、与8个国家海上相邻。而中国的周边地区向来又是地质灾害、公共卫生安全、粮食安全问题比较突出的地区。近年来我们也不乏看到，在我们周边发生地震、海啸、飓风等自然灾害时，很多大国也曾通过非传统安全合作为其提供帮助，但是在救援的时效性、便利性以及灾后重建的人力、物力供给方面都远不如中国，事实一再证明，在应对非传统安全威胁方面很多情况是"远亲不如近邻"。

当然，我们主张加强APEC内的非传统安全合作，也有我们自己的利益诉求。首先，通过APEC非传统安全合作，有利于我们营造良好的周边安全环境和发展环境。经过几年来的备灾合作和对外援助实践，中国在周边国家（包括日本）已经打下了一定的民意基础，对中国的国际形象也颇具好感，这是一些国家在制定对华政策过程中一个不可忽视的"正能量"。其次，加强与亚太地区的非传统安全合作，也有利于我们在这方面能力的提高。我们应该认识到，在应对非传统安全威胁的某些领域，如环境保护、地震、海啸、台风以及疾病控制和网络安全等方面，我们与亚太地区的某些国家，如美国、日本、澳大利亚等发达国家经济体在方法、经验以及技术装备、专业化水平方面还有很大差距。通过推动亚太地区的非传统安全合作，我们也可从中实现互惠互利、优势互补。此外，从更大目标上讲，由于非传统安全问题是区域内各经济体共同面临的问题，因此通过APEC的非传统安全合作可以凝聚共识，本着共建"大家庭"的和平、合作理念，为共同塑造亚太地区新兴国际安全体系打下良好的互信基础。

总之，尽管目前国际政治因素会直接影响区域合作的水平，但如果区域内各方能够以推动亚太非传统安全合作为突破口；以搭建一个长期、稳定、有效的非传统安全合作框架为手段；摒弃"冷战思维"，以东亚传统文化中的"和合"思想为理念；本着互惠互利、合作共赢的原则；发挥各国在应对非传统安全问题上的优势；提高亚太地区各国的互信程度就能够实现亚太地区的长久和平与和谐发展。这将是我们重建亚太安全新秩序的一个基本路径。

B.4
联合国和平行动与中国非传统安全

龚丽娜*

摘　要： 维持和平是联合国维护国际和平与安全的四类活动之一，通过预防和解决武装冲突来帮助遭受冲突战乱的国家创造持久和平的条件，对国际和平与安全有着重要意义。随着我国负责任大国的作用日益彰显，参与联合国维和行动等国际安全合作是我国履行国际责任的重要方式。自1990年首次派出维和人员以来，我国不断加大对联合国维和的支持力度，在投票、经费摊派和人员派驻等方面都有显著增加。目前，我国承担着联合国维和预算的10.29%，在所有国家中排名第二，仅次于美国。在人员贡献方面，我国在2007年首次成为五大常任理事国中派遣维和人员最多的国家，并保持至今。战争和武装冲突常常与非传统安全问题交织，并会加剧非传统安全问题对国家和人民的安全威胁。随着我国"走出去"战略的不断深化，我国在海外的经济安全、能源安全以及公民人身安全都更容易受到他国安全形势的影响。通过参与联合国维和行动，我国可以为战乱地区的和平与安全贡献一份力量，同时也间接地维护了自身的安全利益。

关键词： 联合国维和行动　非传统安全　海外安全利益

---

* 龚丽娜，博士，新加坡南洋理工大学拉惹勒南国际研究院非传统安全研究中心研究员。

数据显示，维持和平行动（以下简称"维和行动"）在冷战后将战火重燃的概率降低了86%①。因此，维和行动是国际社会维护世界和平与安全的重要有效手段，而联合国组织的维和行动则是其中最重要的一种形式。联合国维和行动是经安全理事会授权在冲突地区部署和实施的行动，其最终目的是帮助遭受冲突的国家创造持久和平的条件。三条基本原则是：得到冲突各方同意、公正、只出于自卫和捍卫职责才使用武力。维和行动人员构成包括维和军队、警察、文职人员，主要职责范围包括推进和平进程、保护平民、协助前战斗人员解除武装、复原及重返社会；支持组织选举、保护和促进人员以及协助恢复法治②。

维和是联合国维护国际和平与安全的四类活动之一③，通过预防和解决武装冲突来帮助遭受冲突的国家创造持久和平的条件。历史上第一次联合国维和是1948年在中东成立的联合国停战监督组织（停战监督组织）。此后，联合国在世界范围内共开展了68次维和行动。截至2017年3月，有16项维和行动在进行中，维和人员总数约为10万人，维和经费达78.7亿美元。

虽然冷战后武装冲突总体呈下降趋势，但近年来数量有所回升，如2014年全球共有40起武装冲突，比2013年增加6起，为1999年以后的最高值④。当代武装冲突的一些特点，如恐怖主义与其他非传统安全问题交织、非对称暴力、新科技应用等，对联合国和平行动的授权范围及维和部队的能力及资源配置带来新的挑战。联合国独立专家小组在2015年关于和平

---

① Alex J. Bellamy, Paul D. Williams, and Stuart Griffin, *Understanding Peacekeeping*, Cambridge: Polity Press, 2010.
② 《什么是维持和平？》，联合国网站，2017年5月12日，http://www.un.org/zh/peacekeeping/operations/peacekeeping.shtml。
③ 其他三类分别为预防性外交、缔造和平、建设和平。
④ 瑞典乌普萨拉大学的研究数据（Uppsala Conflict Data Program）表明，冷战后全球武装冲突数量在1991年达到峰值，共有52起，此后逐渐下降，2003年降至32起。Scott Gates et al., "Trends in Armed Conflict, 1946 – 2014", Conflict Trends 01/2016, Oslo: The Peace Research Institute Oslo, p. 1, http://file.prio.no/publication_files/prio/Gates,% 20Nyg% C3% A5rd,% 20Strand,% 20Urdal% 20 - % 20Trends% 20in% 20Armed% 20Conflict,% 20Conflict% 20Trends% 201 - 2016.pdf。

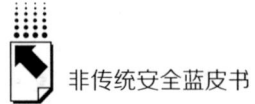

行动的评估报告①中指出资源不足是长期影响和平行动及时有效部署的主要因素之一。在2016年9月伦敦举行的联合国维和国防部长级年度会议中，联合国主管外勤支助部的副秘书长哈雷（Atul-Khare）指出，武装冲突的新变化超出联合国维和应对能力的范围②。因此，联合国官员在不同场合多次呼吁各国承担相应的责任，对维持和平提供有力的支持。联合国前秘书长潘基文在2013年1月安理会关于维和问题的会议上呼吁成员国为联合国维和提供关键性的贡献，如合格的维和军人和警察、军事资源及其他能力支持，从而使维和行动能更迅速地部署并有效地运行（S/PV.6903）。负责维和事务的副秘书长拉德苏（Herve Ladsous）2014年6月在美国布鲁金斯学会组织的会议中指出，增加维和的途径之一是扩大主要维和部队派遣国的数量，同时加深与现有派遣国的合作③。

在这一背景下，我国作为重要的新兴大国之一在联合国和平行动中发挥的作用受到越来越多的关注。联合国前秘书长潘基文在2013年6月访问北京时强调了我国参与联合国维和的重要性④。作为安理会常任理事国之一，我国积极支持联合国和平行动是其承担国际责任的表现之一。由于武装冲突出现了新特征，维和行动需要进行相应的调整和改革。如何在此过程中为我国争取更多的话语权，是我国参与全球安全治理的重要内容。此外，全球化以及我国国家利益的扩展及再定义，使我国安全更容易受到他国安全风险的

---

① "Report of the High-level Independent Panel on Peace Operations on Uniting Our Strengths for Peace: Politics, Partnership and People"（为和平团结力量：政治、伙伴关系和人民，A/70/95-S/2015/446），和平行动高级别独立小组评估报告，2015年6月17日，http://www.globalr2p.org/media/files/n1518145.pdf。

② "London Conference on UN Peacekeeping Sharpens Focus on Planning, Pledges and Performance"（伦敦联合国维和会议强调计划、承诺和表现），联合国新闻，2016年9月8日，http://www.un.org/apps/news/story.asp?NewsID=54886#.WQWNQlV96M8。

③ "New Challenges and Priorities for UN Peacekeeping"，联合国副秘书长拉德苏（Herve Ladsous）在布鲁金斯学会讲话，2016年6月17日，https://www.un.org/en/peacekeeping/documents/HL-remarks-brookings.pdf。

④ "At Start of Visit to China, UN Chief Highlights Partnership for Peace, Stability"（联合国秘书长访华时强调共建和平与稳定），联合国新闻，2013年6月19日，http://www.un.org/apps/news/story.asp?NewsID=45218#.WQWoSFV96M8。

影响。因此，从我国的角度出发，积极参与联合国维和对维护自身的安全利益也具有重要意义。

本文内容包括三部分：一是分析武装冲突与非传统安全之间的联系；二是回顾我国参与联合国维和的历史及现状；三是参与联合国维和对我国非传统安全维护的意义。

一 联合国维和与非传统安全

"安全"一词在传统上被定义为一个国家的主权和领土免于遭受他国侵害；安全主体则是国家；威胁通常源于别国的军事行动，如侵略战争和领土争端等。"二战"后，国与国之间的战争与冲突并不常见。冷战结束以后，军事威胁对国家安全的危害进一步降低，但与此同时，非军事安全问题的威胁明显增强。因此，国际社会对安全的理解和定义也随着安全环境的转变而变化。首先，国家不再是唯一的安全主体，人作为安全主体也进入政策和学术讨论范畴[①]。其次，安全主体增加也意味着安全威胁的多样化。自20世纪70年代石油危机以来，许多国家都开始意识到非军事安全问题，如能源、粮食、自然灾害、公共卫生、人道主义灾难、金融危机等会给国家安全、社会稳定和人民生命财产安全带来极大危害。因此，"非传统安全"这一概念在90年代后期也逐渐受到各国政府和学界的关注。与传统安全观和人的安全不同，非传统安全观认为安全主体同时包括国家和人，二者的安全相辅相成而非互相排斥。非传统安全视角下的安全威胁更为广泛，且各国的情况也

---

① "人的安全"这一概念在联合国开发计划署发布的报告《人类发展报告1994》中正式提出，此后西方和亚洲学术界都对此概念进行了广泛的讨论，如 Richard Ullman, "Redefining Security"（再定义安全），*International Security*, 1983年第8卷第1期；David Baldwin, "The Concept of Security"（安全概念），*Review of International Studies*, 1997年第23卷第1期；Roland Paris, "Human Security: Paradigm Shift or Hot Air?"（人的安全：范式的转变还是空谈？），*International Security*, 2001年第26卷第2期；Amitav Acharya, "Human Security—East versus West"（人的安全——东方与西方），*International Journal*, 2000/2001年第56卷第3期；Yukiko Nishikawa, "Human Security in Southeast Asia: Viable Solution or Empty Slogan?'"（人类安全在东南亚：可行之法还是口号？），*Security Dialogue*, 2009年第40卷第2期。

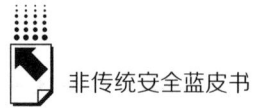

会不同。大致上，非传统安全问题包括粮食安全、卫生安全、经济安全、政治安全、水安全、环境安全、群体安全、个人安全、网络安全、核安全、气候变化、自然灾害和人道主义危机等。

在冲突战乱地区，非传统安全问题往往会加剧紧张局势，破坏建立持久和平的基础。平民是武装冲突中最大的受害群体，暴力侵害是最常见的非传统安全威胁。战乱中，平民的人身安全受到严重威胁，如屠杀、种族清洗、轮奸和酷刑等。20世纪90年代欧洲和非洲的一些国家爆发内战，曾出现多次残害平民的暴行，如1994年的卢旺达大屠杀和1995年的斯雷布雷尼察屠杀。为防止此类暴行再次发生，联合国各机构通过一系列措施加强保护平民的人身和财产安全。1999年，"武装冲突中保护平民"成为安理会的议事主题之一，每年进行两次专题讨论；此后，安理会还陆续将"妇女、和平与安全"及"儿童与武装冲突"纳入议事日程。2005年世界领导人峰会的成果性文件（A/RES/60/1）纳入"保护的责任"这一概念，强调各主权国家和国际社会都有责任防范和阻止四类暴行——大屠杀、战争罪、反人类罪和种族清洗。

2012年3月底马里爆发的武装冲突，在一年间造成47万人流离失所，其中18万人逃亡国外沦为难民。在2013年12月至2014年11月间，南苏丹内战共造成逾5万人伤亡，200万人流离失所。南苏丹的人道主义灾难远超国际社会的救援能力，导致许多南苏丹人面临饥荒和缺医少药的威胁。该国战乱地区1/3的儿童严重营养不良，呼吸道和消化道传染性疾病，如霍乱等病例明显增加。同时，由于人道主义救援物资不足，难民和国内流离失所者营地时常发生争抢食物、水和其他物资的暴力事件。

2014年初西非地区尤其是几内亚、利比里亚和塞拉利昂，暴发大规模埃博拉病毒疫情，该病平均致死率高达50%。世界卫生组织数据显示，截至2016年6月共确诊28616例，死亡11310人[1]。相关国家政府采取一系列

---

[1] "Situation Report: Ebola Virus Disease"（形势报告：埃博拉病），世界卫生组织，2016年6月10日，http://apps.who.int/iris/bitstream/10665/208883/1/ebolasitrep_10Jun2016_eng.pdf?ua=1。

措施控制疫情，如疫区隔离、商铺关门闭市、学校停课、航班停航、限制国内人口流动、暂停跨国贸易等。由于一些民众缺乏对埃博拉病毒的科学了解，政府的强制措施遭到民众反对甚至引发暴力骚乱事件。由于食品和水资源分配问题，利比里亚首都蒙罗维亚的隔离区爆发抗议并导致人员伤亡①。

世界银行预计埃博拉疫情导致西非三国2015年GDP损失至少达160亿美元②；联合国粮食计划署评估显示170万人的粮食安全受到威胁③。疫情最重的三个西非国家都曾经历过严重的武装冲突，处于和平重建的阶段，埃博拉疫情及其对社会经济的影响可能导致近十年建设和平的成果付诸东流。利比里亚诺贝尔和平奖得主莱伊曼·古博薇（Leymah Gbowee）称疫情将严重破坏该国十年来在和平与发展方面的进步④。联合国安理会于2014年9月召开会议讨论埃博拉疫情与非洲的和平与安全，会后通过2177号决议。该决议认为，埃博拉疫情此次在非洲暴发的规模空前，对国际和平与安全构成威胁。国际社会早在21世纪初便意识到公共卫生危机对和平与安全的威胁。安理会在2000年1月通过了关于艾滋病与国际维和行动的1308号决议。决议指出暴力与不稳定加剧了艾滋病的传播与蔓延；若不加以控制，这

---

① "Citing Ebola Outbreak's Profound Toll on Liberia, Top Official Tells Security Council Plauge must be Stopped in Its Track"（谈到埃博拉病毒在利比里亚造成的严重影响，高级官员告知安理会需阻止该病蔓延传播），联合国会议报道，2014年9月9日，http：//www.un.org/press/en/2014/sc11553.doc.htm。

② "Ebola：Most African Countries Avoid Major Economic Loss but Impact on Guinea, Liberia, Sierra Leone Remains"（埃博拉：大部分非洲国家免受重大经济损失，但几内亚、利比里亚和塞拉利昂无法幸免），世界银行新闻，2015年1月20日，http：//www.worldbank.org/en/news/press – release/2015/01/20/ebola – most – african – countries – avoid – major – economic – loss – but – impact – on – guinea – liberia – sierra – leone – remains – crippling。

③ "Special Focus：Ebola-How can We Estimate the Impact of Ebola on Food Security in Guinea, Liberia and Sierra Leone"（特别关注：埃博拉 – 如何评估埃博拉对几内亚、利比里亚和塞拉利昂粮食安全的影响），世界粮食计划署，2014年11月，http：//documents.wfp.org/stellent/groups/public/documents/ena/wfp268882.pdf?_ga = 2.67304401.13796405451493780088 – 807198148.1493778151。

④ "Nobel Peace Laureate Leymah Gbowee：Ebola Threatens to Derail a Decade of Peace"（诺贝尔和平奖得主伊曼·古博薇：埃博拉可能破坏十年和平），《英国卫报》2014年6月6日，https：//www.theguardian.com/commentisfree/2014/aug/06/ebola – liberia – health – funds – africa – summit。

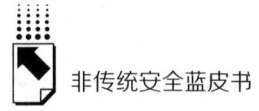

一疾病将会成为威胁稳定与安全的风险因素。

在一些国家和地区，冲突战乱加剧了自然灾害对粮食生产的影响，导致严重的粮食危机。2017年初，联合国宣布自然灾害和战乱导致非洲和中东的一些国家如也门、尼日利亚、索马里、南苏丹等面临严重的粮食危机，有可能发生大规模饥荒。粮农组织总干事达席尔瓦2017年4月表示，国际社会需要采取紧急措施应对这些国家的粮食危机，否则大约2000万人可能会在接下来的6个月内饿死。如不及时解决，饥荒与社会动荡和贫困将形成恶性循环①。联合国难民署发言人爱德华兹（Adrian Edwards）则指出饥荒将引发大规模的死亡并加剧平民流离失所的状况。在埃塞俄比亚的索马里难民中，5岁以下儿童营养不良的比例高达79%②。

鉴于此，非传统安全对联合国维和行动有着重要的影响，维和人员也担负着应对非传统安全风险的责任。保护平民如今已成为很多维和行动任务的一部分，第一个接到这项任务的维和行动是1999年在塞拉利昂展开行动的联合国援助团。安理会授权该行动维和人员在平民人身安全面临紧迫威胁时可采取必要措施以确保其安全。除了保护平民外，维和人员的使命还包括为人道主义救援行动创造稳定安全的环境，如为人道主义工作人员提供保护等。此外，非传统安全问题与维和人员自身的安危也息息相关。安理会的1308（2000）号决议提到有必要将艾滋病的防控教育纳入维和人员的培训内容。2014年埃博拉疫情暴发后，多个维和部队派遣国表达了对本国驻疫区部队人员安全的担忧和关注。菲律宾在2014年8月宣布撤回该国驻利比里亚的115名维和人员③。联合国维和行动是国际社会应对武装冲突及其所

---

① 《粮农组织：未来六个月可能会有2000万人因挨饿而死亡》，联合国新闻，2017年4月24日，https://www.un.org/chinese/News/story.asp?NewsID=27954&Kw1=%E9%A5%A5%E8%8D%92。

② 《联合国难民署：非洲之角地区、也门、尼日利亚饥荒导致死亡的风险增加》，联合国新闻，2017年4月11日，https://www.un.org/chinese/News/story.asp?NewsID=27885&Kw1=%E9%A5%A5%E8%8D%92。

③ S. E. Davies and Simon Rushton, "Public Health: The New Peacekeeping Mission? Lessons from the Ebola Outbreak in Liberia"（公共卫生：维和新使命？埃博拉在利比里亚暴发的教训），*Third World Quarterly*，2016年第37卷第3期，第422页。

引发的非传统安全威胁的重要手段，同时也为相关国家解决非传统安全问题创造了必要的安全环境。

二 我国参与联合国维和：历史与现状

自1971年重返联合国之后，我国关于联合国维和行动的立场，大致可分为五个阶段："三不"策略、原则上支持、象征性参与、建设性参与和主动参与。在安理会投票记录、维和经费摊派及人员派遣等方面，我国的立场都呈现越来越积极主动的趋势，如图1所示。

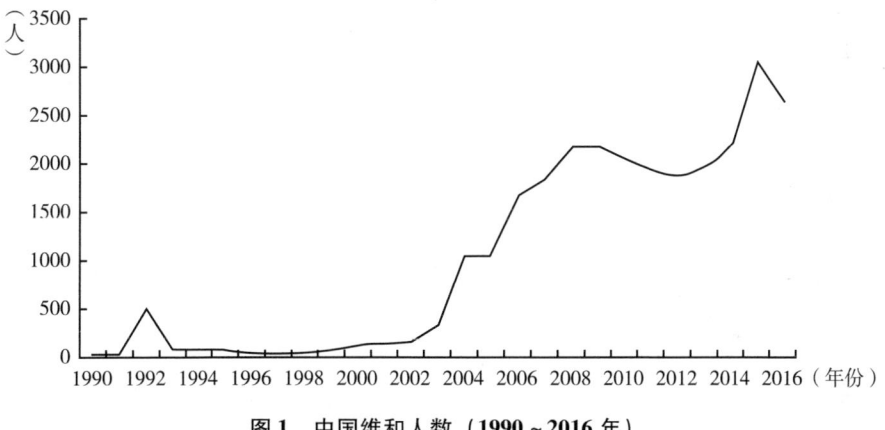

图1 中国维和人数（1990~2016年）

资料来源：联合国维持和平行动部。

1971~1979年，我国尚处于了解与学习联合国事务的阶段。在维和相关事务上，我国持负面怀疑的看法，代表团采取"三不"策略，即不投票赞成、不承担经费、不派遣人员。中方代表团认为维和行动是意识形态斗争的一个战场，因此不参加维和相关决议的投票或投弃权票，但会列席相关会议并发言表明立场。我国在这一时期将联合国维和视为大国尤其是超级大国干涉别国内部事务的工具。1973年10月，安理会召开会议讨论建立第二支联合国紧急部队以监督以色列和埃及的停火协议。会上，中国驻联合国大使黄华表示，"派遣紧急部队对局势没有帮助……中国一贯反对派遣所谓的

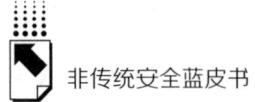

'维和部队'……这种做法只是为进一步的国际干涉和控制铺平道路,超级大国是幕后操控者"①。这一立场的形成主要是由于当时的冷战背景、意识形态分歧以及志愿军在朝鲜战争中与美国领导的联合国军队交战的历史。

改革开放实行后,我国开始加强参与各项国际事务,包括联合国维和。1980~1988 年,中国代表团放弃"三不"策略,转为原则上支持,对所有维和相关决议都投赞成票。在 1981 年 12 月安理会关于联合国塞浦路斯维和部队(United Nations Peacekeeping Force in Cyprus)的 495 号(1981)决议投票中,中国第一次投出赞成票;1986 年,第一次缴纳维和经费,且派出专家组访问联合国在中东的维和行动;1988 年成为联合国大会维和行动特别委员会的成员,并在 1989 年 10 月的特别政治委员会第十次会议上首次宣布将派遣人员参加联合国维和。由于 80 年代联合国的维和行动十分有限,在 1988 年前只有两项行动②在进行,我国尚未派遣维和人员。

冷战结束后,随着世界多个国家和地区爆发内战冲突,联合国维和行动的需求激增。1988~1993 年,联合国共部署 20 项维和行动,而整个冷战时期只有 13 项。与此同时,我国对联合国的立场也由原则性支持发展为象征性参与。1989 年,我国首次派出 20 名平民观察员参与联合国在纳米比亚的过渡时期援助团;1990 年,5 名中国维和军人作为军事观察员前往中东参加联合国停战监督组织,标志着中国正式加入联合国维和部队。总体来说,我国在 90 年代对维和行动的参与有限,绝大部分时间总人数低于 100 人,且派遣人员均为风险和争议小的军事观察员。联合国柬埔寨过渡时期权力机构(UNTAC)是这一时期唯一的例外③。1992~1993 年,两批次共 800 名中国

---

① Joel Wuthnow, *Chinese Diplomacy and the UN Security Council: Beyond the Veto*(《中国外交与联合国安理会:否决之外》), Oxon: Routledge, 第 30 页。

② 分别是 United Nations Disengagement Observer Force (UNDOF, 联合国脱离接触观察员部队, 1974 年至今);United Nations Interim Force in Lebanon (UNIFIL, 联合国驻黎巴嫩临时部队, 1978 年至今)。

③ 由于中国与红色高棉及西哈努克亲王关系良好,因此中国是柬埔寨和平进程中很重要的一方。在西哈努克亲王的请求下,中国政府决定派遣一支 400 人的维和工兵营以及 47 名军事观察员参加联柬机构,帮助当地战后重建。

维和工兵赴柬埔寨参加联柬机构，负责建桥修路及排雷等任务，承担了联柬机构90%的工程任务①。但在联柬机构任务结束后，中国的维和人员总数又降回100人以下并一直保持到21世纪初。此外，我国对维和行动的看法也有所转变，认为其是"联合国缓解和解决冲突、为和平解决争端创造条件的手段事宜"②。

20世纪90年代，我国对维和行动贡献有限，一方面要致力于国内经济发展，另一方面也反映出对维和行动某些方面仍持保留意见。这一态度体现在相关会议发言及决议投票上。中国在维和相关决议上一共只动用过两次否决权，分别是关于在危地马拉部署维和行动的决议草案（S/1997/18）和延长联合国驻马其顿维和部队授权的决议草案（S/1999/201）。这两次否决票都与台湾问题相关。在1997年1月的安理会辩论上，我国大使秦华孙指出危地马拉数年来对台湾分裂国家的活动给予无原则的支持，严重损害了中国的国家主权。鉴于此，中方无法与该国在维和行动问题上进行合作，任何国家的和平进程都不应以别国的主权和领土完整为代价③。虽然中国代表在否决马其顿相关决议的发言中并未提到台湾问题，但仅在表决前一个月，马其顿宣布与中国断交转而与台湾建立外交关系，这一情况被认为是中国行使否决权的重要原因之一④。

此外，中国也曾在一些决议中投弃权票，尤其是联合国宪章第七章⑤授权下的维和行动，因为尊重主权及不干涉别国内政是我国在维和行动中一贯坚持的原则。1995年6月，安理会就在联合国保护部队（UNPROFOR）内

---

① Miwa Hirono, "China's Charm Offensive and Peacekeeping: The Lessons of Cambodia—What Now for Sudan"《中国的魅力攻势与维和：柬埔寨的教训对苏丹的意义》, *International Peacekeeping*, 2011年第18卷第3期，第334页。
② 联合国安理会会议记录（S/PV.3611），1995年12月20日。
③ 联合国安理会会议记录（S/PV.3730），1997年1月10日。
④ Joel Wuthnow, *Chinese Diplomacy and the UN Security Council: Beyond the Veto*（《中国外交与联合国安理会：否决之外》），Oxon: Routledge，第44~45页。
⑤ 联合国宪章第七章第四十二条规定："安全理事会如果认为第四十一条所规定之办法为不足或已经证明为不足时，得采取必要之空、海、陆军行动，以维持或恢复国际和平及安全。此项行动包括联合国会员国之空海陆军示威、封锁及其他军事举动。"

建立12500人的快速反应部队举行辩论投票，我国代表团投了弃权票。秦华孙大使指出维和行动的目的是维持和平而非战斗，建立快速反应部队是为了强制执行。一旦维和部队成为冲突一方，这将改变联合国保护行动的性质①。虽然投票赞成了1993年联合国在索马里的维和行动，但中方代表强调索马里行动是个案，不可开启维和行动强制执行的先例②。

进入21世纪，我国对维和的态度更为积极，寻求建设性参与维和行动，并在投票及会议发言上也体现了这一趋势。在这一时期，我国代表团对所有维和行动相关决议都投票赞成。王光亚大使在2006年2月安理会维和专题会议上指出"维和行动是联合国维护和平实现集体安全的最有效的方法之一"③。2000年1月，15名维和民事警察被派往联合国东帝汶综合特派团执行维和任务，同年9月，人数增加55人。我国警察首次参加东帝汶维和行动，是参与联合国维和过程中的标志性事件之一。此后四年间，我国参与维和的人数由2000年的不足百人增至2004年的逾千人。2003年4月，中国派遣200人的工兵营参加联合国在刚果（金）的维和，这是首次向单个行动派遣人数超过百人；2004年我国首批成建制的防暴警察赴海地执行维和任务。到2008年，我国维和人员已达2000人，包括工兵、医疗、运输和警察，参与程度与90年代相比已有明显加强。

我国在90年代末已着手为扩大维和贡献做各方面的准备，如开始参与与维和相关的训练和国际交流活动、设立相关管理和培训单位。1999年1月，公安系统内部公开选拔维和民事警察；国防部维和事务办公室于2001年成立，负责管理、组织和协调与维和相关的事务；常驻联合国代表团中也配备了专门负责联络维和事务的武官④；公安部于2003年在河北廊坊成立维和民事警察培训中心；2007年，赵京民少将任联合国西撒哈拉全民投票

---

① 联合国安理会会议记录（S/PV. 3543），1995年6月16日。
② 联合国安理会会议记录（S/PV. 3188），1993年3月26日。
③ 联合国安理会会议记录（S/PV. 5376），2006年12月13日。
④ Bates Gill and James Reilly, "Sovereignty, Intervention and Peacekeeping: The View from Beijing"《主权、干预和维和：北京的观点》, *Survival*, 2000年第42卷第3期，第51页。

特派团部队指挥官,是我国军人首次担任联合国维和部队高级指挥官;国防部在2009年北京怀柔成立维和培训中心,是解放军首个专门用于维和培训与国际交流的机构。从维和人数、任务种类和能力建设等方面看,我国在这一阶段已逐步在联合国维和中发挥了建设性作用,并建立了相关程序和机构以支持维和人员发挥更大的作用。

随着维和实践的深入,我国逐步形成对于维护和平与安全的系统性观点,为将来对世界和平与安全做出更大贡献提供指导。一直以来,联合国和平行动的规范基础是西方的和平价值观,强调和平与国家政治体制的紧密联系,只有实现民主、人权和法治才能达到持久和平。结合历史经验和自身发展经历,我国对于和平与安全有着与西方不同的见解,更强调发展与安全之间的联系。我国代表在90年代末便在安理会相关会议上指出消除贫困、经济发展等是解决冲突根源的要素之一,并在此后安理会的专题辩论上反复强调经济发展对和平与安全的重要性。这种观点也体现在我国维和人员所承担的任务中。在对马里维和行动派出安全部队前,我国的维和人员主要执行非战斗任务,如工程、运输、医疗和警务等。他们的工作为缓解当地的冲突隐患以及战后重建奠定了各方面基础。在苏丹达尔富尔地区,除了民族和宗教原因之外,缺水是该地爆发武装冲突的重要原因。我国派往达尔富尔维和的部队在2008~2012年包括一支给水部队,负责帮助当地寻找水源和钻井取水。联合国前秘书长和达尔富尔维和行动前负责人甘巴里(Ibrahim Gambari)也曾表示中国维和部队的钻井工程为缓解当地用水困难做出重要贡献[1]。

2010年后,我国在维和问题上更为积极主动,在经费、人员和装备等方面为联合国维和提供重要支持。我国现在已经成为安理会常任理事国中派遣维和人员最多的国家;2016~2018年的维和预算中,经费摊派已占10.29%,仅次于美国。2013年6月,向联合国在马里的行动(MINUSMA)派遣一支395人的维和部队,其中首次包括了一支170人的安全部队,负责联合国营地的安全;2015年12月一支700人建制的步兵营赴南苏丹参加维

---

[1] 引自作者2013年与甘巴里(Ibrahim Gambari)在新加坡的个人交谈。

和行动,这标志着我国对维和行动的参与更为全面;2016年10月我国首支维和直升机分队被部署到苏丹达尔富尔,这支分队编制140人,配备4架直升机,将负责物资和人员运输及搜救任务①。习近平主席在2015年9月参加联合国大会时宣布,我国将考虑增派工程、运输和医疗方面的维和人员,加入新的联合国维和能力待命机制,组建常备成建制维和警队,并成立8000人规模的维和待命部队。此外,他还承诺我国在未来五年将为各国培训2000名维和人员,开展10个扫雷援助项目,并将向非盟提供总额为1亿美元的无偿军事援助来支持非洲常备军和快速反应部队的建设。我国将拿出10亿美元设立中国—联合国和平与发展基金,部分资金将用于支持联合国维和行动②。我国在维和上的突出贡献得到了国际社会的广泛肯定。前秘书长潘基文在2013年6月访问北京维和中心时高度赞扬了我国维和人员为世界和平与稳定做出的重要贡献③。

为在联合国维和中发挥更大作用,我国在维和管理、能力建设和国际合作与交流等方面进一步加大力度。国防部维和事务办公室在2009年11月主办了"2009北京国际维和研讨会",有来自21个国家和6个国际组织的一百多名代表参加会议④。2013年10月,我国在北京主办了第六届东盟地区论坛维和专家会,与会者包括来自本地区22个国家的80多名代表⑤。这类交流活动一方面有利于我国更深入地了解联合国维和的现状、挑战、需求和未来趋势,以便更好地为维和行动做贡献;另一方面,这也为我国向国际社会表明立场、阐述观点和原则提供了平台,从而促进相互了解和信任。除此

---

① 《我军首支维和直升机分队正式启动部署》,新华网,2016年10月11日,http://news.xinhuanet.com/mil/2016-10/11/c_129317140.htm。
② 《习近平:中国建8000人维和待命部队》,新华网,2015年9月30日,http://news.xinhuanet.com/mrdx/2015-09/30/c_134673981.htm。
③ 《联合国秘书长潘基文参观国防部维和中心》,新华网,2013年06月19日,http://news.xinhuanet.com/world/2013-06/19/c_116209489.htm。
④ 《中国国防部举办国际维和研讨会》,新华网,2009年11月20日,http://news.xinhuanet.com/mil/2009-11/20/content_12511403.htm。
⑤ 《东盟地区论坛第6届维和专家会在京召开》,新华网,2013年10月16日,http://news.xinhuanet.com/world/2013-10/16/c_117748850.htm。

之外，与维和相关的演练已成为解放军训练的常规内容之一。维和办公室委托济南军区在 2011 年 9 月组织了维和史上首次实装演习——"蓝盔行动-2011"，以演练部队在维和行动背景下应对和处置突发事件①。随着维和实践的丰富，我国人员的部署前加强培训已经由原来的半年缩短为三个月。在管理方面，中央军委在 2012 年 5 月 1 日实行解放军参加联合国维和管理条例，对涉及维和的各个方面和环节做出明确规定，如职责、选拔、训练、保障、派遣与回撤、奖励与处罚等②。由此可见，我国已经建立了相对完整的维和管理体系，从而在联合国维和中扮演了更加积极主动的角色。

三 联合国维和与我国非传统安全

随着综合国力的提高、国际安全环境及语境的演变，我国对国家安全的定义正在发生新的变化，安全利益的范围比从前更为多样和广泛。虽然国家主权、领土完整和军事安全仍然是重中之重，但非传统安全在国家安全战略中的重要性也明显提高。自 90 年代后期一系列非传统安全问题发生后，如亚洲金融危机、"非典"和汶川地震等，我国政府和学术界都意识到非传统安全问题可严重威胁国家安全。我国在 90 年代后期提出新的安全观，并在此后逐步完善丰富，最终在 2002 年的中共十六大报告中指出现阶段我国面临传统安全威胁和非传统安全威胁的因素相互交织，并在此后的十七大和十八大报告中不断明确我国面临的具体的非传统安全③；温家宝总理在 2003 年"非典"暴发期间曾提到"非典"的防控直接关系国家利益④；外交部

---

① 《我军举行维和史上首次实兵实装演练"蓝盔行动-2011"》，人民网，2011 年 09 月 15 日，http://military.people.com.cn/GB/15667303.html。
② "胡锦涛签署命令发布施行《中国人民解放军参加联合国维持和平行动条例（试行）》"，新华网，2012 年 03 月 22 日，http://news.xinhuanet.com/mil/2012-03/22/c_111691498.htm。
③ 刘跃进：《中国官方非传统安全观的历史演进》，《国际安全研究》2014 年第 2 期。
④ 温家宝：《加强领导落实责任 坚决打好"非典"防治硬仗》（本文是温家宝同志 2003 年 4 月 13 日在全国"非典"型肺炎防治工作会议上的讲话摘要），新华网，2003 年 4 月 22 日，http://www.china.com.cn/chinese/2003/Apr/317975.htm。

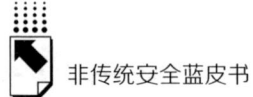

政策研究室在2003年12月发表的文章中指出没有将"非典"视为非传统安全因素是我国在"非典"初期防控扩散不利的重要原因①；胡锦涛主席在2008年汶川地震后参加亚太经合组织第十六次领导人非正式会议上发表讲话时提到，重大自然灾害这一非传统安全问题是亚太地区面临的不稳定因素之一②。

随着国际社会的交流与合作不断加深，我国除了国内的安全威胁多样化之外还更容易受别国安全风险的影响。2013年的国防白皮书《中国武装力量的多样化运用》首次提到"随着中国经济逐步融入世界经济体系，海外利益已经成为中国国家利益的重要组成部分，海外能源资源、海上战略通道以及海外公民、法人的安全问题日益凸显"。此后，在2015年的白皮书中，我国在海外机构和资产的安全也被列入这一范围。根据世界银行数据，我国在1993年就已经成为纯石油进口国并在2014年成为世界最大进口国。随着我国"走出去"战略的实施，国有大型企业在90年代中后期开始重视海外投资。我国的对外直接投资额由2000年的不足十亿美元增长至2013年的1010亿美元，并且会在未来五年保持10%的年增长率。其中，能源和矿产是主要投资领域之一。海外投资增长和扩大以及我国人民生活水平的提高也带来了我国海外公民人数的增加。根据商务部的数据，我国大约有90万人在中国企业的海外部门工作。此外，再加上前往海外创业经商、学习和旅行的个人，海外中国公民的数量快速增加。2015年中国公民出入境已经超过1.2亿人次③。

由于我国在局势动荡的国家有许多重要投资，这意味着经济发展以及人民群众的生命财产安全更容易受到国外安全形势的影响。2003年，14名在达尔富尔工作的中国工人被绑架，这是我国首次意识到外国安全形势会危及

---

① 外交部政策研究室：《外交：走向开放、透明与合作》，《世界知识》2003年12月。
② 《胡锦涛在亚太经合组织第十六次领导人非正式会议上的讲话（全文）》，新华网，2008年11月23日，http://news.xinhuanet.com/world/2008-11/23/content_10398335.htm。
③ 《责任与能力：2015年中国海外公民保护回顾》，环球网，2016年1月7日，http://world.huanqiu.com/hot/2016-01/8337914.html。

自身利益。此后，在巴基斯坦和阿富汗等地曾有 14 名我国工人在营地和工地遇袭而身亡。在 2006 年至 2010 年，我国从局势不稳定的国家如海地、乍得和东帝汶等撤回公民 6000 人。利比亚内战在 2011 年 2 月爆发后，中资企业在一周内损失高达 15 亿美元。当时，在利比亚的我国公民约有 3.5 万人，国家组织的撤离行动至少花费了 1.5 亿美元。苏丹和南苏丹是我国多元化石油进口的来源之一，也是我国能源企业投资的重要目的地。2011 年，从这里进口的石油占我国总进口量的 5%。南苏丹于 2012 年独立后，因为与苏丹关系不和及内战于 2013 年底爆发，这一进口比例跌至 2%。由此可见，其他国家的安全局势会对我国的海外利益造成直接影响甚至损失。

由于我国安全威胁和利益的变化，解放军作为国家安全最主要的捍卫者也随之进行战略调整。在《2004 年中国的国防》中，参加联合国维和行动作为军事交流与合作的内容之一首次出现在国防白皮书中。在汶川地震发生后，非战争军事行动如维和及抢险救灾等成为我国运用军事力量的重要方式。继 2012 年利比亚和 2015 年也门的撤侨行动后，"加强海外利益攸关区国际安全合作，维护海外利益安全"成为解放军的使命和任务。需要指出的是，中国参与联合国维和的人员受各自所在行动指挥官管理和指挥，不会直接参与我国维护海外利益的行动。但维和行动任务区通常环境复杂且需要应对突发情况，为解放军执行其他战争行动从应急流程到后勤保障等方面可以提供一定的借鉴。此外，通过参与维和行动为其他国家的和平与安全做出贡献也相当于为我国的海外利益创造安全环境尽了一份力。

B.5
"一带一路"——中国式的全球化与全球安全思维

林国治 罗雄荣＊

摘　要： "一带一路"倡议是中国式全球化与全球安全思维的重要体现，其定位于经济，借助于政治（外交），应对的是安全与发展，最终目的是打造"人类命运共同体"。"一带一路"的顺利实施必将产生和形成全球性的利益共同体、命运共同体和责任共同体，进而有效化解人类所面临的发展瓶颈和安全困局，确保人类的可持续安全与可持续发展。

关键词： "一带一路"　中国式全球化　全球安全思维

"一带一路"是中国在新的历史条件下提出的重要倡议。其汇聚海陆两大地缘空间，直面全球；直面世界的经济与贸易，着力推进世界的安全与发展；着手实现中华民族伟大复兴的"中国梦"，共同打造人类命运共同体。"一带一路"秉承"平等、互利、合作、共赢"的理念，坚持"共商、共建、共享"的原则，遵循和践行"五通"的要求，主张"一带一路"沿线国家以及域外国家积极参与其中，"共享机遇、共同发展、共创繁荣"。这既是中国对全球化的全新阐释，也是其全球安全思维的重要体现。

＊ 林国治，博士，中国计量大学马克思主义学院副教授；罗雄荣，硕士，浙江经贸职业技术学院基础部讲师。

一 "一带一路"——中国式的全球化

全球化发端于 15 世纪的西方，是社会生产力发展的必然结果，是不以人的意志为转移的客观现实和社会发展潮流。"不断扩大产品销路的需要，驱使资产阶级奔走于全球各地。……资产阶级，由于开拓了世界市场，使一切国家的生产和消费都成了世界性的了。……过去那种地方的和民族的自给自足和闭关自守的状态，被各民族的各方面的互相往来和各方面的互相依赖所代替了。"① 显然，这个发端于西方的全球化在一定程度上反映了生产力发展的要求，客观上为世界各国人民建立起经济与文化等方面的联系。然而，早期的全球化实质上是以殖民地开拓和资本扩张为主要方式的西式全球化。正所谓"资本来到世间，从头到脚都滴着血和肮脏的东西"。早期的全球化（西式全球化）实质上是西方列强通过殖民地战争和掠夺（自由竞争和垄断阶段）以及借助资本输出、技术垄断和不平等的国际贸易"游戏规则"（二战后）等方式推进的全球化。时至今日，西方国家依然主导着国际经济秩序，继续保持它们在金融、科技、贸易等领域的优势，攫取全球化带来的最大果实。与此同时，广大发展中国家更多的是依靠廉价的劳动力、广阔的市场、低廉的资源以及不平等、不合理的国际分工和交换体系等在全球化中长期处于劣势，并承受着西方发达国家转嫁而来的社会经济危机和环境污染等风险。故此，西式全球化不会也不可能给世界带来普遍的繁荣和共同富裕。

自 2008 年美国发生次贷危机并引发全球性金融危机以来，西方国家的经济复苏乏力，有的甚至处于负增长态势，国内贫富差距进一步拉大，② 这

---

① 《马克思恩格斯选集》（第一卷），人民出版社，2012，第 404 页。
② 2000~2014 年，美国中等收入家庭的平均收入下降了 4%。2014 年美国总收入的 49% 进入了富裕家庭，1970 年这一数字为 29%。同时，2014 年国家收入的 43% 进入到中产阶级的口袋，大幅低于 1970 年的 62%。在其他西方发达国家也出现了类似趋势。全球化起码从两个方面为收入差距的拉大提供了条件。一是资本的流动性增强，国家调控能力的不足，使得资本与劳动力的关系发生了严重失衡，税收政策、福利政策难以有效发挥调解收入分配的作用。二是资本增值方式增多。各种形式的金融创新、互联网创造出来的新业态等，打破了资本增值的传统方式，加剧了收入差距方面的"马太效应"。杨雪冬：《全球化并未发生逆转》，《南风窗》2016 年第 9 期。

不仅影响了西方社会结构的稳定,也加深了整个社会体制的矛盾。西方由此出现了"冷漠的全球化"现象,国内政策日趋保守,贸易保护主义抬头。譬如,美国新当选总统特朗普颁布"禁穆令",扬言要修隔离墙,高喊美国被世界"搭便车"日子一去不复返,美国是美国人的美国等。欧洲难民危机、英国的脱欧公投、法国等欧洲国家右翼政党力量上升、许多国家民粹主义思潮泛滥等。颇具讽刺趣味的是,这些在全球化中一直唱主角并从中获取最大利益的西方发达国家,竟然做起了"逆全球化"的勾当来了。究其原因,可归结为两点。一是在西式化的全球化过程中,广大发展中国家尽管是"被迫"加入全球化进程并遭受"不平等的待遇",但其中也有一些国家在全球化发展的过程中"脱颖而出",譬如"金砖四国"尤其是中国的经济得到了快速的发展,影响力不断增强,形成一股强大的力量并参与到全球化的进程中去,使得这个一直由西方长期主导的全球化正发生深刻的改变,并呈现多元化的态势。这显然是西方发达国家不愿意看到的。二是借"逆全球化"来掩盖资本主义经济危机爆发的根源是"生产社会化与生产资料私人占有"的资本主义社会的基本矛盾这一实质,并企图转移国内矛盾。2008年次贷危机所引发的全球性金融危机正是资本主义社会基本矛盾的集中体现,是资本主义制度深层次矛盾周期性爆发的必然结果。可见,这个发端于西方发达国家并由其主导的全球化正面临着新的挑战。但开弓没有回头箭,全球化面临的困难与挑战并不意味着我们要放弃全球化或者反全球化。"历史地看,经济全球化是社会生产力发展的客观要求和科技进步的必然结果,不是哪些人、哪些国家人为造出来的。经济全球化为世界经济增长提供了强劲动力,促进了商品和资本流动、科技和文明进步、各国人民交往。"[①] 这表明全球化并非"洪水猛兽",亦非某些人"刻意为之",而是生产力发展的必然结果。只不过我们需要的是一种更加公平、合理、共赢的全球化,而不再是西式的全球化。

---

① 习近平:《共担时代责任 共促全球发展——在世界经济论坛2017年年会开幕式上的主旨演讲》,2017年1月18日《人民日报》。

"一带一路"——中国式的全球化与全球安全思维

当前，国际上经济危机深层次的矛盾和影响持续显现，世界经济复苏缓慢，各国尤其是发达国家和地区的贸易保护主义有所抬头，国际政治、经济格局正面临着深刻的调整，世界各国的安全、发展面临着严峻挑战。发达国家经济总体疲软，战争、难民潮、海盗、恐怖主义等传统安全与非传统安全问题依然威胁着世界的安全与发展。欧盟的贸易保护主义势力有所抬头，日本加快了军国主义复活的步伐，美国为了应对中国的崛起而不断制造"中国威胁论"，在经济上日趋保守，在政治上积极实施"亚太再平衡"战略，在中国东海和南海不断挑起事端，妄图遏制中国的发展，还有中东问题以及朝核问题等。国内主要表现为中国社会经济的高速发展、综合国力显著提升、深化对外开放以及经济发展转型，中国面临着有效解决过剩产能的市场、资源的获取、战略纵深的开拓和国家安全等问题。故此，2013年中国提出了"一带一路"倡议，为全球化的健康推进，世界经济、贸易的可持续发展，人类的可持续安全，贡献出"中国方案"和"中国智慧"。

"一带一路"的提出和践行，顺应了时代发展的要求，彰显了"和平、发展、合作、共赢"的时代精神。当今世界的主题依然是和平与发展，求和平谋发展是当今各国人民的热切期盼和不懈追求，霸权主义和强权政治越来越不得人心。实践证明，作为唯一超级大国的美国所推行的"单边主义"[①] 和新保守主义政策，正遭受越来越多国家的质疑和反对。毕竟，其着手打造的阿富汗战争、伊拉克战争、利比亚战争，引发了地区性动荡、战乱、冲突、恐怖主义盛行、欧洲难民潮等恶果，正危及世界的和平与

---

① 对于何为"单边主义"，学界主要观点有：有的认为单边主义就是不顾当事的其他方的态度而一意孤行地推行自己的政策的行为。单边主义的主要特征：一是排除其他国家或国际组织；二是不妥协，也即在利益发生冲突时，往往只坚持自身利益而忽视甚至无视他人利益；三是否定国际组织的实质性作用。(陈玉刚：《单边主义与美国霸权》，《太平洋学报》2003年第3期。) 一般来说，单边主义指的是一国在处理国际事务时单独行事、不与他国合作的理念和做法，单边主义常常表现在蔑视国际组织和违反国际行为规则。(贾庆国：《单边主义还是多边主义?》，《现代国际关系》2003年第8期。) 所谓单边主义是指举足轻重的特定大国，不考虑大多数国家和民众的愿望，单独或带头退出或挑战已制订或商议好了的维护国际性、地区性、集体性和平、发展、进步的规则和制度，并对全局或局部的和平、发展、进步有破坏性的影响和后果的行为与倾向。储昭根：《什么是单边主义?》，《大国》2005年第3期。

发展。实质上，这个以"人权卫士"自居的"世界警察"正面临着"权威性危机"与"合法性危机"的双重挑战。中国所倡导的"一带一路"是其积极参与、构建和引领国际合作和全球治理的新模式，是中国式的全球化。其坚持"平等、互利、合作、共赢"的理念，遵循"共商、共建、共享"的原则，契合了世界各国人民追求和平与谋求发展的强烈诉求，明显有别于美国和西方大国的霸权主义和强权政治，同时也有别于西式全球化，并为当今世界全球化发展道路指明了正确的方向。实质上，要真正解决人类的和平与发展问题，我们需要和平、和解与稳定，需要构建一个更加公平、合理、共赢的全球化。为此，中国做出了不懈的努力与巨大的贡献。

首先，中国是全球化负责任的参与者与建设者。改革开放30多年来，中国实现了从封闭半封闭状态向全面开放状态的华丽转身。中国于2001年加入了世贸组织，与世界的联系和依存度日益紧密，在改革开放与经济全球化的实践中推动了自身的繁荣与发展。与此同时，中国又以自身的发展促进了世界经济繁荣和全球化的发展。在这一进程中，我们积累了丰富的经验，有效承受住亚洲金融危机以及美国次贷危机所引发的全球性金融危机的巨大冲击，在金融危机中和危机后都采取有效和负责任的措施，使中国经济继续保持高速增长，为金融危机中和危机后的世界经济发展注入了强劲的动力与信心。实质上，自改革开放以来，中国经济在全球经济中的比重不断增加，2010年中国GDP超越日本，跃居世界第二，为世界贸易和经济发展做出了重大贡献。① 此

---

① 根据世界银行统计数据，按照2010年美元不变价计算，1979~2010年，我国国内生产总值占世界经济的比重由1.2%提高到9.3%，年均提高0.3个百分点；2015年，占比进一步提高到11.9%，"十二五"期间年均提高0.5个百分点。按照当年价格计算，2015年我国占世界经济比重达14.8%，同年美国、日本、印度占世界经济比重分别为24.4%、5.6%、2.8%。"十二五"时期，按照2010年美元不变价计算，中国经济增长对世界经济增长的年均贡献率达到30.5%，跃居全球第一，同期美国和欧元区分别为17.8%和4.4%。2016年，中国经济增长对世界经济增长的贡献率仍居首位。按2010年美元不变价计算，2016年中国经济增长对世界经济增长的贡献率仍然达到33.2%。如果按照2015年价格计算，则中国增长的贡献率会更高一点，根据有关国际组织预测，2016年中国、美国、日本经济增速分别为6.7%、1.6%、0.6%，对2016年世界增长的贡献率分别为41.3%、16.3%、1.4%。郭同欣：《中国对世界经济增长的贡献不断提高》，2017年1月13日《人民日报》。

外，作为一个负责任的发展中大国，中国在致力于自身发展的同时，不仅与发达国家发展各种经贸往来，同时也积极发展与广大发展中国家的经贸关系，始终重视与发展中国家的合作，支持和帮助广大发展中国家的发展。①虽说中国是一个发展中国家，但中国作为一个负责任大国所发挥的作用，尤其是在全球化中的作用，越来越得到世人的认可和称赞。世界的发展越来越离不开中国。"世界那么大，问题那么多，国际社会期待听到中国声音、看到中国方案，中国不能缺席。"② 这既是世界对中国的认可与信任，也是中国作为负责任大国对世界的承诺、责任与担当。

其次，中国是新时期全球化的倡导者与引领者。在当今世界尚未走出经济危机的阴影，经济复苏缓慢，发达国家尤其是美国贸易保护主义有所抬头并出现"逆全球化"的境况下，中国顺应时代发展的要求，提出并践行"一带一路"倡议，为新时期全球化的发展指明了正确的方向。中国提出的"一带一路"，是一个跨越亚、欧、非海陆两大地缘空间，面向全球的开放体系，其主张与世界各国一道重点打造一个互利共赢的合作平台，推动和构建一个更加公平、正义、合理，促进世界经济可持续发展的新式"全球化"——中国式全球化。"一带一路"作为中国式全球化，其继续倡导和推进新的全球化进程，并使之有别于旧有的全球化。中国认为，"世界上的事情越来越需要各国共同商量着办"，"国家不分大小、强弱、贫富都是国际

---

① 60多年来，中国共向166个国家和国际组织提供了近4000亿元人民币援助，派遣60多万援助人员，其中700多名中国好儿女为他国发展献出了宝贵生命。中国先后7次宣布无条件免除重债穷国和最不发达国家对华到期政府无息贷款债务。中国积极向亚洲、非洲、拉丁美洲和加勒比地区、大洋洲的69个国家提供医疗援助，先后为120多个发展中国家落实千年发展目标提供帮助。习近平：《携手消除贫困 促进共同发展——在2015减贫与发展高层论坛的主旨演讲》，2015年10月17日第2版《人民日报》。1950~2016年，中国在自身长期发展水平和人民生活水平不高的情况下，累计对外提供援款4000多亿元人民币，实施各类援外项目5000多个，其中成套项目近3000个，举办11000多期培训班，为发展中国家在华培训各类人员26万多名。改革开放以来，中国累计吸引外资超过1.7万亿美元，累计对外直接投资超过1.2万亿美元，为世界经济发展做出了巨大贡献。国际金融危机爆发以来，中国经济增长对世界经济增长的贡献率年均在30%以上。习近平：《共担时代责任 共促全球发展——在世界经济论坛2017年年会开幕式上的主旨演讲》，2017年1月18日第3版《光明日报》。

② 《国家主席习近平发表二〇一六年新年贺词》，2016年1月1日《人民日报》。

社会的平等成员，一国的事情由本国人民做主，国际上的事情由各国商量着办"。故此，中国式全球化强调"全球化"是全世界的"全球化"，需要世界各国共同参与，共商共建，"商量着办"。"一带一路"是一个开放包容的体系，其坚持"平等、互利、合作、共赢"的理念，遵循"共商、共建、共享"的原则，倡导"一带一路"沿线国家与中国一道，同时也欢迎世界其他国家积极参与到"一带一路"建设中来，发挥各自的长处，优势互补，"共商、共建、共享"，一起来推动各国经济以及世界经济的健康发展，实现"全球化"成果分享的世界性与发展的可持续性。

最后，"一带一路"作为中国式的全球化，其直面"经济"与"贸易"，其最终目的是打造人类命运共同体。"一带一路"的提出和践行，受到了绝大多数国家的欢迎和积极响应。目前，"一带一路"已得到 100 多个国家和国际组织的欢迎和积极响应，其和中国签署合作协议的就有 40 多个。当然，这难免会引起少数国家的"忧虑"与"质疑"，甚至认为这是中国版的"马歇尔计划"。正如一些学者所言，"一带一路"面临的政治风险主要是中国与其他大国间的战略冲突和博弈。中国加紧推进"一带一路"实施的进程中，将面临美国的战略围堵、俄罗斯的战略猜疑、印度的战略不合作和日本的战略搅局等政治风险。显然，我们无法阻止别人怎么看待中国的"一带一路"倡议，但是，我们可以用我们的实际行动来让世人清晰地认识到中国式的"全球化"——"一带一路"的战略意图和终极目标是打造"人类命运共同体"。毕竟，"一带一路"坚持"平等、互利、合作、共赢"的理念，遵循"共商、共建、共享"的原则，其高度契合世界各国人民追求和平与谋求发展的强烈愿望。习近平指出，"人类已经成为你中有我、我中有你的命运共同体"，"国家不分大小、强弱、贫富，都是国际社会平等成员，理应平等参与决策、享受权利、履行义务"，"发展的目的是造福人民。要让发展更加平衡，让发展机会更加均等、发展成果人人共享"。[①] 实

[①] 习近平：《共担时代责任　共促全球发展——在世界经济论坛 2017 年年会开幕式上的主旨演讲》，《光明日报》2017 年 1 月 18 日第 3 版。

质上,"一带一路"倡议正是遵循以上理念和要求在不断积极推进,并取得了阶段性的重要成果。①"一带一路"强调和践行"五通"与"合作共赢",不仅为各国加强经贸联系与合作指明了方向,也为各国长期合作奠定了坚实的人文基础。事实上,中国倡导建立的为"一带一路"保驾护航的亚洲基础设施投资银行,已得到世界各国热烈响应和积极参与,成员国超过80个,远超过拥有来自67个国家和地区成员、由美日主导的亚洲开发银行。这足以证明世界各国对中国倡导的"一带一路"的认可和"合作共赢"理念的高度认同。

二 "一带一路"与中国的全球安全思维

"一带一路"不仅是中国式的全球化,而且也是中国全球安全思维的重要体现。"一带一路"虽说直面的是"经济"和"贸易",但核心是安全与发展,最终目的是打造"人类命运共同体"。安全是发展的基础和保障,"一带一路""聚焦"于安全,推动世界向更加具有包容性的方向发展,其所展现出来的是中国的全球性安全思维。求安全谋发展是世界人民的期盼,也是主权国家的应有责任。中国提出"一带一路"战略倡议,既立足于国内的安全与发展需要,同时又高度契合世界各国自身的安全与发展需要,是有效解决人类"安全困境"和摆脱"修昔底德陷阱"的重大战略举措。

(一)"零和"与"冷战",还是"合作"、"共赢"与"共享安全"?

长期以来在西方价值观的主导下,人们的安全与发展思维停留在"零

---

① 中国企业对沿线国家投资达到500多亿美元,一系列重大项目落地开花,带动了各国经济发展,创造了大量就业机会。可以说,"一带一路"倡议来自中国,但成效惠及世界。习近平:《共担时代责任 共促全球发展——在世界经济论坛2017年年会开幕式上的主旨演讲》,《光明日报》2017年1月18日第3版。

和"与"冷战"的状态,认为对立、对抗才是世界的本质,而合作只是暂时的权宜之计。"国与国之间的关系,没有永恒的敌人,也没有永恒的朋友,只有永恒的利益"。关键的问题在于这"永恒利益"是"零和"还是"共赢"与"共享"?这取决于我们以何种安全与发展思维去看待当今的世界。

在中国看来,和平与发展仍是当今世界的主题,求和平谋发展是世人的期盼。当前全球化已经使这个世界成为一个关系紧密、利益攸关的"系统",世界各国都是这个"系统"的重要组成部分,处于"一荣俱荣,一损俱损"的"人类命运共同体"中。这个时代发展潮流所形成的"人类命运共同体",客观上要求我们:只有"合作",才能"共赢"。实践证明,那些仍然抱着"冷战"与"零和"思维不放,处处奉行强权政治和霸权主义的国家,正越来越遭受世人的唾弃和反对。美国这些年来的中东、北非、阿富汗政策以及在朝核等问题上的所作所为,几乎都以失败告终。当前中东、北非、阿富汗地区的战乱、难民潮、恐怖主义盛行,美国显然难辞其咎。"朝鲜出于美国敌朝政策、缺乏安全保证而加紧发展核武,美国不从根本上解决朝鲜的安全关切,反而不断强化其军事恫吓,试图以多边和单边制裁'拖垮'朝鲜……事实已证明,奥巴马政府的朝核政策是失败的,它既阻止不了朝鲜继续核、导开发,又使半岛无核化进程长期陷于停滞,致使地区安全局势不断紧张升级。"[①] 历史与现实状况以其不可争辩的事实告诉世人,霸权主义和强权政治是世界不稳定的根源,"冷战"与"零和"思维无助于"全球化"问题的解决,也无助于人类的和平与发展。

世界是世界人民的世界,人类的和平与发展需要世界人民共同参与共同建设。"一带一路"既符合中国历史与安全文化传统(包括丝绸之路精神)、当前的安全与发展现实以及未来安全与发展战略的需要,又顺应世界历史发展潮流、人类社会发展规律,是合目的性与合规律性的有机统一。"一带一路"强调"共商、共建、共享",就是坚持和做到世界各国都能够平等地参

---

① 杜白羽:《朝核问题困境美国难辞其咎》,人民网,http://world.people.com.cn/n1/2016/1026/c1002-28810959.html。

与世界决策和享受相应的权利,并履行应有的义务。"一带一路"为新时期的"全球化"以及世界各国的合作勾勒了宏伟蓝图,为世界的可持续安全与可持续发展提供了新的方案。在全球化高度发展的当今世界,无论是传统安全还是非传统安全问题的解决,客观上都需要世界各国的共同参与和紧密合作,需要建立一个"平等、互利、合作、共赢"的"平台"和"机制",而"一带一路"就是这样的一个"平台"和"机制"。

"一带一路"直面的是"经济"和"贸易",核心是安全与发展。"一带一路"不仅聚焦安全,推动世界朝更具包容性的方向发展,而且也为世界的可持续安全提供了可靠的"平台"和"机制"。"一带一路"主张"一带一路"沿线国家以及域外国家积极参与其中,以亚洲基础设施投资银行等为重要依托,共同制定符合各方利益需求的合作机制与贸易规则,共享机遇、共谋安全、共同发展和共创繁荣。虽说"一带一路"由中国倡议,但其惠及世界各国人民,中国在其中并"不谋求主导地位、不经营势力范围、不干涉别国内政",当然这也不可能是中国版的"马歇尔计划"。"一带一路"是中国式的"全球化",其倡导和践行"五通",履行"道义为先、义利并举、多予少取、先予后取"的新型义利观,这必将有效推进沿途国家、地区乃至世界的共同安全与共同发展。这是中国基于自身发展和安全的需要,是中国"共享安全"[①] 理念的重要体现。"一带一路"倡议(战略)强调"利益共享"与"责任共担",强调"合作共赢"与"安全共享",倡导"共商、共建、共享",认为国家与国家间的利益与安全并非"零和博弈",而是"合作共赢"与"安全共享"。

(二)"单边主义"还是"人类命运共同体"?

自冷战结束以来,美国成为世界上唯一的"孤独的超级大国",综合国

[①] 所谓"共享安全",指的是以人类共同体作为安全的中心立场,以人的生命保护作为安全的价值基点,以社会的安宁繁荣作为安全的优先目标,以和谐共建与合作共赢作为国家间安全互动的至上原则。详见余潇枫《"共享安全":非传统安全研究的中国视域》,《国际安全研究》2014 年第 1 期。

力处于世界之巅。与此相对应的是美国国际政治舞台上愈发"随心所欲",处处推行"单边主义"、霸权主义和强权政治。这已成为现行国际体系的最大"挑战者"和不稳定的主要因素,不得不引起世人的忧虑和警惕。这也表明,"单边主义"在当今世界的发展潮流中是行不通的,而构建"人类命运共同体"将是我们唯一的选择。

"我们是为我们自己行动,不是为别人而行动的。"①(美国首任总统华盛顿的思想精髓)"美国被世界'搭便车'的日子一去不复返,美国是美国人的美国。"(美国第45届总统特朗普高呼)这两者尽管相距的时间甚远,但又是一脉相承的。这表明"单边主义"这个经历200余年而不变的思想深深地植根于美国精神的骨髓之中。"二战"后尤其是冷战结束后,美国在"单边主义"的快车道上越走越远。譬如建立北约和发动冷战对抗苏联等社会主义国家;对第三世界国家进行军事干预与政治颠覆,先后发动朝鲜战争、越南战争、科索沃战争,武力干预多米尼加,组织雇佣军入侵古巴,发动利比亚战争、阿富汗战争、伊拉克战争等;遍布全球的军事基地、单方面退出反导条约和强行建立导弹防御系统、恶意拖欠联合国会费、拒绝在《京都议定书》上签字、拒绝加入《国际刑事法庭条约》和《联合国海洋法公约》、在反恐问题上采取"合则用、不合则弃"双重标准、重返亚太制衡中国、挑起南海争端、对中国等国家进行抵近侦察、向叙利亚这个主权国家发射59枚战斧巡航导弹袭击等,举不胜举。可以说,美国为了一己私利,高举"胡萝卜与大棒",不断干预和插足国际事务,肆意践踏任何国际法和国际关系准则。美国的"单边主义"玩得如此"任性",可以说是举世无双。然而,随着时代的发展,全球化进程的加快以及世界多极化,这个在"世界警察"和"人权卫士"包装下的美国,其"单边主义"政策的推行再也不是那么"得心应手"了,其愈发遭到世人的唾弃和反对。事实证明,美国主导的"单边主义"已经走进了死胡同。美国发动和主导的伊拉克战争、阿富汗战争、利比亚战争不仅不能给地区带来和平与发展,反而加剧了

---

① 弗兰克·弗雷德尔:《美国总统小传》中译本,新华出版社,1982,第13页。

地区的动荡与冲突。战争、恐怖袭击、难民潮以及恐怖主义盛行,给中东、北非地区人民带来了深重的灾难,而地缘上与这些地区接近的欧洲,实质上正在经受着由此所引发的恐怖主义和难民潮的重大冲击。"回顾美国历史,美国最主要也最成功的政策产品是单边主义。它贯穿于华盛顿与疆域以外的其他国家间,是凌驾于世界规则之上的一种强权政策。……而对于不接受道德和军事领导的非美国人而言,强加于其主权上的种种束缚,是令人困扰而不爽的负担,在帝国主义萌芽之初就引起了怨愤。"① 实践证明,任何逆历史潮流而行的行为最终必定会被历史所抛弃,"单边主义"实质上与当今世界发展潮流背道而驰,必定会遭到世界人民的反对。事实上,2008年以来的金融危机依然影响着这个超级大国,其"单边主义"政策已越来越"力不从心",并走进了死胡同。"没有一个经济体存活在孤岛之上,同样不管是美国还是中国,没有一个国家能够只顾着复苏自己的经济。"② 毕竟,在和平与发展成为当今世界的主体和世界多极化、经济全球化、文化多样化和社会信息化的现实,以及传统安全与非传统安全都面临着严峻挑战的大时代背景下,各国的相互依赖性不断强化,任何国家无论其坚持何种社会制度和意识形态,都不可能独善其身、置身事外。实际上,世界各国已经处在一个命运与共的"人类命运共同体"中了。

为此,要有效解决人类面临的"安全困境"和摆脱"修昔底德陷阱",确保人类的可持续安全与可持续发展,就必须放弃"合则用、不合则弃"的"单边主义"安全思维和强权政治,共同打造一个以"合作共赢"为核心的"人类命运共同体"。这是中共十八大以来,以习近平总书记为核心的党中央在新的历史征程上,在人类正处于大变革、大挑战、人类共同面临的风险不断增多的情况下,为实现全人类求和平谋发展的共同愿望,所倡导和提出的中国模式与中国方案。"人类命运共同体"表明,我们需要"系统"

---

① 加文·奥图尔:《单边主义,一段时期可以,长期不行》,兰芯编译《拉美书评》,2012年5月1日第19版《中国国防报》。
② 苏利川:《"没有哪个国家能独自恢复经济"——英国央行前行长阐述"单边主义"危害》,2017年1月25日第2版《中华工商时报》。

地看待世界各国人民的利益与安全，力求打造一个世界范围内各国共同安全与共同发展的新模式与新秩序，强调"世界命运应该由各国共同掌握，国际规则应该由各国共同书写，全球事务应该由各国共同治理，发展成果应该由各国共同分享"①。也就是说，我们要迈向"人类命运共同体"，就必须做到世界各国相互尊重、平等相待，平等地参与地区和国际事务；就必须坚持合作共赢、共同发展，摒弃零和思维，树立合作共赢的新理念；就必须实现"共同、综合、合作、可持续的安全"。

为此，中国提出了"一带一路"倡议。"一带一路"不是单纯的经济与贸易发展倡议，其最终的使命是打造"人类命运共同体"的合作平台。"一带一路"是中国全球安全思维的重要体现，其成功践行必将有利于推动中国中西部地区与东南沿海地区发展的平衡，巩固边疆、海疆的安全，有效打击"三股势力"和海盗等，进而有效消解我国在传统安全和非传统安全上的威胁。"一带一路"从海陆两路经由东南亚、中亚、西亚到达欧洲和非洲，沿线地区的传统安全与非传统安全问题十分突出。"一带一路"定位于经济，借助于政治（外交），而解决的却是安全与发展问题。"一带一路"必将有效化解人类所面临的发展瓶颈和安全困局。"一带一路"的顺利实施必将产生诸多的共同利益，使得参与者（国家）最终能够形成利益共同体、命运共同体和责任共同体。这必将有助于世人更加清晰地了解中国"一带一路"的战略意图，减少国家间不必要的战略猜疑和对抗，增进彼此间的信任、交流与合作，进而正确引导人们在参与"一带一路"建设和制定相关政策、策略时，认识到这个战略意图的必要性与合理性，共同打造"人类命运共同体"。这样，由中国崛起所引发的所谓"中国威胁论"便不攻自破，周边国家以及某些大国对中国的安全战略疑虑也可以逐渐消除。对于参与"一带一路"建设的广大发展中国家而言，"一带一路"必将为它们的发展注入强劲的动力和创造良好的外部环境，这样由贫困、落后所引发的国家

---

① 《国家主席习近平博鳌亚洲论坛主旨演讲》（全文），http：//business.sohu.com/20150328/n410456929.shtml。

动荡、海盗、极端主义和恐怖主义等诸多传统安全和非传统安全问题也将得到有效的化解。

总而言之,"一带一路"作为中国的全球安全思维,其顺利实施必将打破人类面临的"安全困境"和"修昔底德陷阱"怪圈。毕竟,"一带一路"倡导的是"共享机遇、共同发展、共创繁荣",其最终目的是打造互利共赢的"人类命运共同体"。当然,"一带一路"也是中国有效承担大国责任(履行国际道义),实现中国梦和世界梦的必然选择。

专题报告
Special Report

·多源/元性非传统安全研究·

B.6
2016~2017全球恐怖威胁现状及未来发展趋势预测报告

樊守政**

摘　要： 本报告在分析2016年全球恐怖威胁现状的基础上，进一步分析了经合组织国家中独恐分子、国内恐怖群体和国外恐怖群体这三类主要恐怖群体的特征。在此基础上，基于"恐怖主义浪潮理论"，侧重于对未来5年、10年和15年的恐怖主义发展趋势进行预测：2020年，"伊斯兰国组织"将会和"基地"组织一样被受鼓舞的更易于传播的其他类型的伊斯兰极端组织取代；2025年，"伊斯兰恐怖主义浪潮"将走向衰落，

---

* 本文系国家社科基金重大项目"中国非传统安全威胁识别、评估及应对"（12&ZD099）阶段性研究成果。
** 樊守政，中国人民公安大学警务战略战术教研室主任、副教授。

并有可能在2030年终结。未来，随着与高科技相关的恐怖主义手段的应用，恐怖主义危害将从制造大规模伤亡转向网络、经济和金融领域的破坏。

关键词： 全球恐怖威胁　经合组织国家　恐怖主义浪潮　趋势预测

2016年，在包括经济（Economic）、环境（Environmental）、地缘政治（Geopolitical）、社会（Societal）和技术（Technological）在内的非传统安全领域，恐怖袭击（Terrorist attacks）与极端气候事件（Extreme weather events）、大范围非自愿移民（Large-scale involuntary migration）、自然灾害（Natural disasters）一起，成为造成区域不稳定、动乱甚至冲突的主要威胁因素。[①] 恐怖主义继续利用国家、区域和地方在政治、经济、社会、族裔和宗教等方面存在的问题扩大其影响力和势力范围。在阿富汗、伊拉克、马里、索马里、叙利亚和也门，武装冲突继续与恐怖主义交织在一起，造成大规模的人道主义危机和难民潮，暴力极端主义思潮助长恐怖团体的兴起成为另一个日益令人关注的问题。同时，国家内和国家间不平等、高失业率、全球性疾病威胁、自然资源枯竭等问题也不断加剧全球的动荡。未来，恐怖主义与传统安全和非传统安全领域各种问题的相互交错将继续威胁着全球安全局势。

一　全球恐怖威胁现状分析

2016年，影响世界和平最主要的因素是恐怖主义和冲突导致的政治不稳定。其中，有77个国家的恐怖威胁呈恶化趋势，集中在中东北非、欧洲、非洲（萨赫勒沙漠以南）、亚太和俄罗斯欧亚，恶化程度最严重的国家分别

---

① The Global Risks Report 2017.

是也门（15.1%）、比利时（7.2%）和利比亚（6.5%）①；48个国家的安全局势呈好转趋势，主要集中在中美洲和加勒比海、南美洲、北美洲和南亚地区；仅有37个国家没有受到恐怖威胁的影响（见图1）。

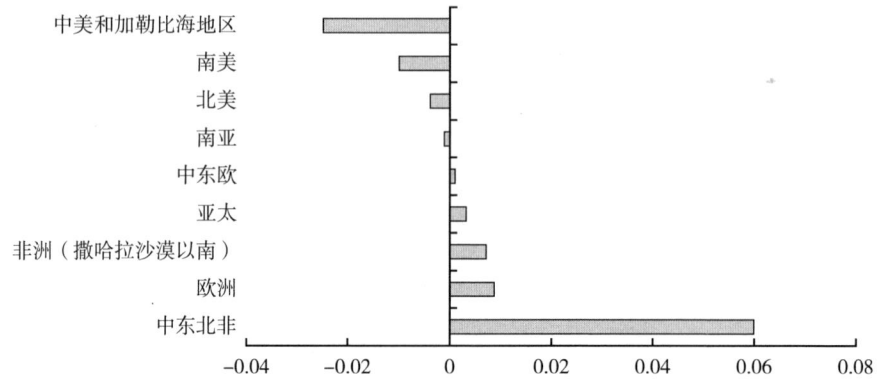

图1　2015～2016年区域范围内和平指数变化趋势（GPI）
（＋恶化；－好转）

资料来源：2016 GPI。

图1给出了2015～2016年区域范围内和平指数变化趋势，结果显示，安全状况恶化程度排名前三位的区域分别是：中东北非、欧洲和非洲（撒哈拉沙漠以南）。中东北非是安全状况恶化最严重的区域，这源于很多区域冲突的持续、恶化、相互关联以及新的区域冲突的卷入，这些冲突继续与全球恐怖主义交织在一起，使得地区安全状况持续恶化。比如叙利亚战争中俄罗斯的介入使得反恐战争影响范围进一步扩大②、沙特阿拉伯介入也门内战以及以美国为首的反恐联盟继续空袭"伊斯兰国"组织等③；欧洲依然是世

---

① 2016 GPI.
② "Over 160 Items of Advanced, Prospective Russian Arms Tested in Syria-Minister", Sputnik International, 27.12.2016, https://sputniknews.com/middleeast/201612271049029055 - russian - arms - syria/.
③ Micah Zenko Jennifer Wilson, "Scary Fact: America Dropped 26, 171 Bombs in 7 Countries in 2016", The National Interest, January 5, 2017, http://nationalinterest.org/blog/the - buzz/scary - fact - america - dropped - 26171 - bombs - 7 - countries - 2016 - 18961.

界上和平指数最高的区域之一，但恐怖袭击增多、难民涌入、民粹主义崛起等问题导致的社会犯罪急剧增加使得欧洲的和平指数排名大幅下滑，比如"伊斯兰国"组织先后在比利时、法国、德国和土耳其等国实施和推动实施了恐怖袭击或声称对这些袭击负责①；在非洲（撒哈拉沙漠以南），由于撒哈拉和西非地区的许多国家长期遭受博科圣地等恐怖组织威胁，使得撒哈拉沙漠以南的非洲地区整体安全局势出现小幅度下降。尽管安全威胁持续存在，终因部分国家重视并加强了区域安全多边合作，这些国家安全状况得以改善，如乍得、毛里塔尼亚和尼日尔等国家。在亚太和中东欧，尽管在很大程度上尽量避免区域范围内部的冲突，但零星的恐怖袭击持续地影响着区域的繁荣。

二 经合组织国家（OECD）的恐怖威胁趋势与特征分析

2016年，在全球安全状况呈现轻微恶化的大环境下，经合组织国家恶化趋势明显。在34个经合组织成员国中有21个国家声称至少遭受过一次高死亡人数的恐怖袭击，且发生在美国和欧洲发达国家的概率较高，图2给出了2000~2016年经合组织国家恐怖袭击死亡人数。图2显示，进入21世纪，就恐怖袭击导致的死亡数量而言，2001年成为近15年来死亡人数最多的一年（9·11事件死亡人数居多），经历了2013年的低死亡率后，2015年的恐怖袭击致死率激增，仅低于2001年，截至2016年上半年，这一数量接近2015年的全年水平（见图2）。②

2015年，经合组织国家因恐怖袭击导致的死亡数量一半以上来自"伊

---

① Report of the Secretary-General on the work of the Organization (2016), p. 13.
② Michael Holden, "Global terrorism deaths fall, but rise 650 percent in OECD countries: report", REUTERS, November 16 2016, http://www.metro.us/news/global-terrorism-deaths-fall-but-rise-650-percent-in-oecd-countries-report/Lmipkp---U68Zy4d0b93904DEebUP_g/.

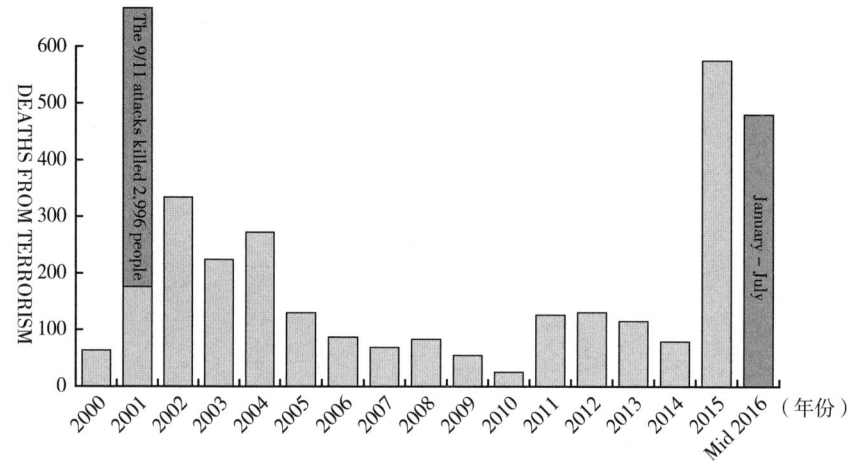

图 2 2000～2016 年经合组织国家恐怖袭击死亡人数

资料来源：2016 GTI。

斯兰国"组织的直接袭击，这一趋势一直延续到2016年。在布鲁塞尔、伊斯坦布尔、尼斯和奥兰多发生了大规模的"伊斯兰国"组织鼓舞下的恐怖袭击，这四次袭击共造成211人死亡，占到了2016年上半年因恐怖袭击导致的总死亡人数的44%。值得注意的是，土耳其是9·11恐怖袭击之后因恐怖袭击导致的死亡数量最多的国家之一，2014死亡20人、2015年死亡337人，截至2016年上半年死亡269人，恐怖袭击呈现较大幅度的递增趋势。

经合组织国家恐怖袭击的实施人群主要有三类：独恐分子、国内恐怖群体和国际恐怖群体，每类人群没有统一的界定标准，但是依然可以找到一些与之高度相关的因素。

（一）独恐分子（Lone actors）

独恐恐怖主义（Lone actor terrorism）是指没有恐怖组织支持的由个体单独实施的恐怖行为。独恐袭击不是一个新现象，近年来呈现波浪式递增趋势，归咎于恐怖主义行为在社会上的蔓延、传播和效仿所产生的负面影响。① 独恐分子倾向男性，受恐怖袭击意识形态影响进而效仿其行为模式。

2014年，"伊斯兰国"组织号召那些分享其意识形态且不需要指导和支持而单独行动的个体实施恐怖袭击后，掀起了新一轮的独恐袭击高潮。迄今为止，"除发生在2015年11月13日的巴黎恐怖袭击事件是由'伊斯兰国'组织组织并指挥外，像尼斯袭击事件和发生在法国、比利时和德国等经合组织国家中的一连串恐怖谋杀都是没有组织支持或者培训的极端分子所为。"且"欧洲大多数袭击者都是有犯罪记录的年轻人，他们觉得在社会中遭受歧视、羞辱和被边缘化，而且可能患有精神疾病。他们并不是严格意义上的穆斯林，无望和不满促使他们向极端宗教立场转变，或者仅仅是为了'伊斯兰国'组织意识形态。"② 独恐分子有如下特征：一是独恐分子没有明显的年龄界限、教育背景或被社会孤立等特征性；二是实施独恐袭击的犯罪嫌疑人大部分是男性；三是研究表明独恐分子的平均年龄在33岁，比国际恐怖分子的年龄稍大，比如"基地"组织成员平均年龄是24~25岁；四是独恐分子在受教育水平和富裕程度上没有明显特征，低教育水平的被孤立人群以及高教育水平的富裕人群都有实施恐怖袭击的可能性；五是针对2000~2014年在欧洲实施的独恐袭击研究发现，犯罪嫌疑人表现出患有轻微心理健康问题的比率高于普通人群。

（二）国内恐怖群体（Domestic terrorist groups）

国内恐怖群体形成的驱动因素有多种，其中最主要的是反政府情绪、民族主义、分离主义、种族主义、偏执或盲从，大量的研究表明当一个群体的反政府呼声越高，加入该群体的成本越低，这一恐怖群体越容易形成。经合

---

① Lone-Actor Terrorism: Literature Review, https://rusi.org/publication/occasional-papers/lone-actor-terrorism-literature-review.
② "Isis could unleash car bombs and chemical weapons on Europe as new terror tactics employed, Europol warns", INDEPENDENT, Dec. 2, 2016. http://www.independent.co.uk/news/world/europe/isis-terror-attacks-plots-europe-uk-britain-france-islamic-state-europol-report-car-bombs-chemical-a7451591.html.

组织国家恐怖群体形成的主要驱动因素是民族主义的意识形态或独立运动，比如北爱尔兰的爱尔兰共和军（IRA）、西班牙的埃塔（ETA）和土耳其的库尔德工人党（PKK）；另外一个主要形成方式是土生土长，比如2005年伦敦爆炸案的犯罪嫌疑人。

在经合组织国家中，最致命的土生土长的恐怖组织是库尔德工人党。2000~2016年中期，该组织共实施了569起恐怖袭击，导致529人死亡。对国内恐怖群体成员的家庭社会经济状态调查显示，58%的成员来自低收入群体，12%来自高收入群体，中等收入家庭占30%。对其受教育程度调查显示，大部分成员是高中或大学教育水平。[①] 可见，受过教育的低收入人群易成为国内恐怖群体的主要来源。

（三）国际恐怖群体（International terrorist groups）

2015年至2016年6月，从袭击次数和死亡数量看，"伊斯兰国"组织已经成为OECD国家危害最大的国际恐怖组织。至少有来自世界各地的3.1万人到达伊拉克和叙利亚加入"伊斯兰国"组织和其他极端组织。与"基地"组织类似，外国新成员的加入是出于自愿而非政治动机，驱使他们加入该组织的一个主要因素是对西方文化的不融合而产生的孤立感。

2016年初，一份"伊斯兰国"组织泄露的文档揭露了4600名在2013~2014年加入"伊斯兰国"组织的成员个人信息，在已知国籍的3244名成员中，12%来自17个OECD国家。美国国家反恐中心分析发现，"伊斯兰国"组织成员多为男性，平均年龄26岁，具有相对较高的教育背景，但对伊斯兰缺乏认知。其平均年龄与"基地"组织成员的平均年龄24~25岁相当，但有一个较大的区别是"伊斯兰国"组织成员年龄跨度较大，在被招募时有68岁的，也有41%的成员低于15岁。

对伊斯兰的认知不同影响了"伊斯兰国"组织成员在组织中的角色选择，12%的成员选择自杀式袭击方式，而对伊斯兰教和伊斯兰教法有着较高

---

① 2016 GTI.

认知的很少选择这种极端袭击方式。与土生土长的国内恐怖群体类似，教育和雇用机会对国际恐怖群体的影响很大，其成员一般拥有较高的教育背景和较低的收入，来自西方国家的被招募者教育水平比非西方国家成员稍高。①可见，OECD国家大多数被社会或文化边缘化的个体更易于被"伊斯兰国"组织招募。以比利时为例，莫伦贝克和哈尔贝克两个地区的居民参与策划恐怖袭击，年轻人加入"伊斯兰国"组织等好战组织。②

三 未来恐怖主义的趋势预测

未来，一种更加渗透于人们身心的不安全因素将普遍存在。心理方面的不安全因素主要来自对工作保障的担忧以及围绕人口迁移和移民的恐惧。同时，恐怖主义和内部冲突将很大程度上干扰全球化的进程，使得与国际商务相关的安全成本大大提高，包括更严格的边境控制政策、贸易模式和金融市场。另外，大国之间的冲突、潜在的大规模杀伤性武器（WMD）的扩散也将无处不在地增加世界的不安全感。

（一）2020年恐怖威胁变化趋势

1. 引发国际恐怖主义的关键因素在未来5年丝毫没有减弱的迹象

一是穆斯林身份认同的兴起将在中东内外创建一个传播激进伊斯兰意识形态的框架。专家评估认为，大多数的国际恐怖组织将继续认同伊斯兰激进组织，并随着穆斯林的团结继续卷入国家和地区中的分裂斗争，这一现象主要集中在西欧、东南亚和中亚。③

二是极端恐怖主义思潮助长恐怖组织的兴起成为另一个日益令人关注的

---

① 2016 GTI.
② Rick Noack, "The urban-rural divide that bolstered Trump isn't just an American thing; it's prevalent in Europe, too", November 27, 2016, https://www.washingtonpost.com/news/worldviews/wp/2016/11/27/the-urban-rural-divide-isnt-just-evident-in-american-politics-its-prevalent-in-europe-too/? utm_term=.a58e937d907b.
③ Report of the National Intelligence Council's 2020 Project, December 2004.

问题。"伊斯兰国"组织快速崛起,改变了国际恐怖主义的格局,其影响力不仅取代了"基地"组织,也加大了博科圣地、青年党等原有极端主义团体在该地区的蔓延,给其他恐怖组织带来信心——新哈里发的建立将不再是一个梦想。①

三是恐怖组织继续依附地区冲突和社会矛盾发展壮大。"大多数恐怖活动发生在有新老冲突交织的国家,凸显恐怖分子利用社会中的政治、社会和经济分裂来建立和推进他们事业的野心。恐怖分子在越来越多的冲突中造成大规模的人道主义危机和难民潮。"2020年之前的"武装冲突和恐怖主义相互交错的情况将继续对全球安全局势产生影响"。②

2. "伊斯兰国组织"同"基地"组织一样,将会被受鼓舞的更易于传播的其他类型的伊斯兰极端组织取代

特朗普上台有望实现的任务之一是与俄罗斯一道消灭"伊斯兰国"组织及其在伊叙控制领地。如果该组织失去这一领地,势必引发外国恐怖主义战斗人员从夺取领土转向传统的分散性的恐怖活动,并向原籍国回流扩散,③这种扩散将促进类似"基地"组织的伊斯兰活动与本土的分离主义活动相融合,从而导致更加致命的威胁。信息技术的发展给即时的通信联系、交流和学习提供了便利,使得恐怖威胁得以迅速扩散,由大规模的组织进化成为不需要统一指挥就可以计划并执行恐怖袭击的各种不规则的恐怖小群体、单元和个体,各类培训材料、袭击目标指南、武器使用和筹募资金都会通过网络虚拟的方式来实现。

"伊斯兰国"组织的核心成员将持续减少,但是因对政府和西方国家的仇恨而聚集在一起的受"伊斯兰国"组织鼓舞的其他群体、本土群体和个体将成为新的伊斯兰圣战者,取而代之将成为实施恐怖袭击的主流。

未来的伊拉克和其他冲突地带将成为新型恐怖分子招募、训练、实战、技术和语言培训的基地,新型恐怖分子将更加专业,并且以政治暴

---

① Report of the Secretary-General on the work of the Organization (2016).
② Report of the Secretary-General on the work of the Organization (2016).
③ Elcano Royal Institute, http://www.realinstitutoelcano.org/wps/portal/web/rielcano_en.

力为终极目标。

恐怖袭击将继续采用以常规武器为主,同时结合新式武器来对抗各种反恐策略。相对于技术和武器层面,恐怖分子更倾向于在恐怖活动的实施理念方面进行创新,例如目标选择、行动设计和战术配合等。

3. 2020年,恐怖组织使用核生化放射性大规模杀伤性武器成为可能

随着"伊斯兰国"组织被逐出伊叙控制地区,其袭击手段将由自杀式炸弹袭击、枪击、车撞和持刀砍杀转向化学和生物武器。多年来,恐怖分子对获得核生化辐射武器及其运载工具的强烈兴趣增加了其将大规模杀伤性武器作为主要武器实施恐怖袭击的危害性。[①] 其中,最让人担心的是如果恐怖分子获取生物药剂或者核装置,均能造成大规模的伤亡事件。生物恐怖主义模式尤其适合小恐怖团体,这类恐怖分子的实验室就像家庭厨房一样小巧,制成的武器比面包机还小,使得恐怖分子可能"在远程遥控飞机上携带和火箭弹上搭载这类武器,欧洲任何城市都可能成为袭击的目标"。[②] 随着简易核武器设计水平的提高,恐怖分子将继续寻求获取核材料制造核武器,当然,他们也会从拥核国家窃取和黑市购买。2020年前,不排除恐怖分子使用核武器的可能性。

(二)2025年恐怖威胁变化趋势

1. 2025年,"恐怖主义浪潮(Terrorist Wave)"可能会衰落

恐怖主义浪潮理论提供了对恐怖活动进行比较分析的基础。一个恐怖活动的周期最多可持续40年,一般会经历上升期、高潮期和衰退期三个过程。"基地"组织成立于1988年,研究"恐怖主义浪潮"理论的专家认为,"基地"组织已经"老化"——恐怖理念落后、战略衰退,导致其走向衰落和边缘化,从而缩短了伊斯兰恐怖主义浪潮的生命周期。

---

① Non-proliferation of weapons of mass destruction, Resolution 2325 (2016).
② Simon Osborne, "UK TERROR WARNING: ISIS plots 'chemical DRONE BLITZ capable of hitting ANY city in Europe'", EXPRESS, Jan. 3, 2017, http://www.express.co.uk/news/world/749804/ISIS-terror-group-plans-chemical-drone-blitz-city-Europe.

在每一个恐怖活动周期里类似的恐怖活动会发生在很多国家，并且会有多种因素驱动，比如无政府主义、民族主义和伊斯兰极端主义等。形成波峰的恐怖组织在恐怖活动衰退之前首先衰退，它们的衰退最终导致整个恐怖浪潮的衰落。目前，"基地"组织呈现各种衰退迹象——无法实现战略目标、无法吸引更广泛的支持、自相残杀，将会比人们想象的更快走向灭亡。①

"基地"组织致力于两个战略目标——建立全球范围内的穆斯林哈里发和消除美国以及西方国家的影响力。研究表明恐怖主义的战略目标在两个层面上表现得很失败：一个层面是明显挑战了现有的穆斯林政府和西方国家利益，从而招致更严厉的反恐措施；另一个层面是恐怖主义既不可行也不解决问题的做法，难以吸引社会精英和一般民众。有轻微的迹象显示，大部分的穆斯林相信"基地"组织的战略目标是非常现实的，如果实现了可以解决他们所面临的失业、贫穷、教育落后和管理失调等现实问题，像北非的马格里布组织这样的追随者也在增加。但是"基地"组织并没有实现在穆斯林世界的广泛支持，其严酷的泛伊斯兰意识形态和策略只是吸引了少数的穆斯林。一项针对极端主义暴力公共态度的调查显示：在所有被调查的国家里——阿尔及利亚、埃及、约旦、科威特、黎巴嫩、摩洛哥、卡塔尔、沙特阿拉伯、阿拉伯联合酋长国和也门，只有一小部分人支持"基地"组织，阿拉伯世界的大部分人反对任何组织在其领土上实施的暴力活动。

"基地"组织还通过杀害穆斯林的方式来离间以前的穆斯林支持者，尽管没有准确的数据支持，已有的证据表明至少40%的受害者是穆斯林这种不像哈马斯和真主党那样进行政治改革，几乎完全依赖于恐怖主义作为一种手段来实现其战略目标的策略很难成功。一项最新的研究表明：恐怖主义通过杀害平民的方式很少能实现其战略目标。在过去40年里只有6%的恐怖组织活动实现了其声称的战略目标。"基地"组织缺乏成功执行对"远敌"的攻击，意味着在很长一段时期内将表现出挫败感增加、组织力降低、不利

---

① David C. Rapoport, "Modern Terror：The Four Waves", https：//prezi.com/j5cptnaaxcsf/the - four - waves - of - terrorism - by - david - c - rapoport - 2004/？webgl＝0.

于吸收新成员。

2. 伊斯兰阶段恐怖主义可能消亡

很多事件的发生推动着目前伊斯兰阶段恐怖主义的消亡,但是恐怖主义不可能完全消亡,因为其驱动因素不是单一的。伊斯兰阶段的恐怖主义的消亡主要表现在四个层面:一是敌对面在减少。随着美军从伊拉克和阿富汗的撤军减少了恐怖组织对美军的敌对情绪,"基地"组织及其追随者将美国视作劲敌的呼声正在减弱,穆斯林仇视美国最后一个焦点是该国对以色列的支持。

二是非宗教民主主义的道德复苏(Moral Resurgence of Secular Democracy)。"阿拉伯之春"已经证明了非暴力性战争的道德力量和策略的合理性。抗议者更加崇尚民主主义价值观,而非宗教主义的价值观。

三是虚构战争的消失。尽管战争是很现实的,同时也是一种基于价值观的冲突和假想敌人的一种虚构状态。新生代价值观的改变以及对老一辈的事情不再感兴趣,这些想法有时候会很快改变。

四是被其他形态的宗教恐怖主义取代。从全球视野来看,未来的恐怖主义可能来自不同的宗教,包括基督教和印度教。最老的使用恐怖主义战术的左翼和右翼意识形态组织群体也可能会带来威胁。

(三)2030年恐怖威胁发展趋势

伊斯兰阶段的恐怖主义到2030年可能会终结,但恐怖主义不可能完全灭亡。随着国际合作的加强,尽管政权支持恐怖主义的成本增加,依然有很多国家会继续利用恐怖组织制造强烈的不安全感。

2030年,高科技将在全球范围内广泛传播,与高科技相关的恐怖主义手段的应用使得恐怖主义变得更加难以跟踪、控制。有两点趋势值得警惕:

一是未来面临的潜在威胁是"无人恐怖主义(unmanned terrorism)"。即利用无人飞行器和其他未知系统附带简易爆炸装置对西方国家的软目标和硬目标实施化学、生物或放射的恐怖袭击,几十架甚至上百架小型飞行器从美国空域袭击美国本土,这种隐蔽性强且代价低廉的混合袭击(hybrid attack)或集群袭击(swarming strategies)手段能够造成极大的社会恐惧。这类恐怖主义需要动员全社会力量予以应对,意味着恐怖主义与反恐怖主义酝酿出了社会战争(society at war)这一新理念。①

二是袭击目标出现转向。目前,大部分恐怖主义主要集中在制造大规模伤亡方面,未来这种情况可能会出现改变。随着致命的破坏性技术更为普遍的介入,相关领域(如网络系统、生化技术等)的公司和专家可能会将尖端技术卖给包括与恐怖分子有关联的出价高者,恐怖分子可能会将注意力从大规模屠杀转向网络战并制造大范围的经济和金融破坏。

结 语

2016年1月1日,联合国193个会员国领导人通过的《变革我们的世界:2030年可持续发展议程》正式启动实施。议程是今后15年的全球纲要,勾画出了"创建一个没有恐惧与暴力的世界"、"让每个人都有体面工作,都过上繁荣和充实的生活"和"决不让任何一个人掉队"的愿景。② 目标有了,风险和各种挑战相应增加。2016年的英国脱欧和特朗普当选总统使人们感受的是对现状的不满和愤怒。加之金融危机导致的"大西洋愤怒联盟"的形成、大量难民涌入和民粹主义崛起等问题促使人们强烈的怨恨情绪不断叠加,这些怨恨的群体成为各种社会问题根源的象征。③ 2017年,伴随欧洲两个重量级国家法国和德国的领导人大选,韩国总统被弹劾下台,

---

① Tobias BurgersScott Nicholas Romaniuk,"The Next Generation of Terror:Swarming,Flying Bomb Robots",The National Interest,December 21,2016,http://nationalinterest.org/feature/the-next-generation-terror-swarming-flying-bomb-robots-18817.

② "Transforming our world:the 2030 Agenda for Sustainable Development",UN,21 October 2015,http://www.un.org/zh/documents/view_doc.asp?symbol=A/RES/70/1&referer=http://www.un.org/zh/sections/what-we-do/promote-sustainable-development/index.html&Lang=E.

③ Martin Wolf:Euro zone needs to stop living dangerously,The IRISH TIMES,Wed,Dec.7,2016,http://www.irishtimes.com/business/economy/martin-wolf-euro-zone-needs-to-stop-living-dangerously-1.28 96925.

这种社会动荡和巨大的不确定态势将继续延续，使得议程目标的实现变得扑朔迷离。

未来几年，国际反恐的努力方向是打击与意识形态和高科技相关的恐怖分子，而不再局限于区域，这要比打击那些类似"基地"组织具有高度组织性的恐怖分子难度更大。分散的恐怖个体和单元使得他们的行踪更难以被发现，图谋更难以被瓦解。国际反恐可能出现以下情况：一是美国强权之下的世界安定和平。未来十年，美国依然是世界舞台上最核心的角色之一，在军事、科学技术领域依然保持领先地位。美国和欧洲的反恐合作将使得整体反恐强度势必加强。美国领导的全球反恐联盟的成功取决于个体国家在本土反恐的决心和能力，主要体现在支持其他国家安全部队的能力建设和致力于解决它们面临的主要问题，比如高犯罪率，只有这样才能增加它们之间的安全合作；二是中国目前对多边主义的承诺在促进联合国《可持续发展目标议程》方面发挥着关键作用。面对世界各地所出现的人口增长、气候变化、人口流动、粮食不安全、水资源短缺和恐怖主义叠加在一起所造成的不稳定、动乱甚至冲突，只有基于多边主义的全球化办法才有可能解决全球问题；三是面对新的哈里发，美国、俄罗斯、中国和欧洲的利益分歧可能会限制反恐合作。

B.7 反恐行动中的司法应对*

盛红生**

摘　要： 为了有效打击恐怖主义活动，西方主要国家近年来采取的剥夺国籍、交换旅客个人信息和司法判决剥夺监护权等办法，在产生积极作用的同时也引发了极大争议。从法国和英国等国的司法理论与实践来看，取消那些拥有双重国籍恐怖分子的一个国籍的做法本身未违反国际人权法，因为这样做并不影响"一人一籍"，而关于减少无国籍状况的国际公约的立法宗旨在于给予那些无国籍人士的子女某一国籍，避免出现新的无国籍情况，并不是鼓励通过拥有双重国籍的方式来规避有关国家的司法管辖以逃避刑事责任。另外，目前尚无国际公约要求缔约国不得取消某个人的国籍。在反恐过程中我们也应当积极利用司法办法，而西方主要国家的相关做法具有极为重要的参考和借鉴价值。

关键词： 恐怖主义　宪法　司法　双重国籍

近年来，在反恐领域里出现了很多新问题，大批恐怖分子出国进行所谓"圣战"大都是通过购买、伪造或者变造外国护照出境。目前在中东伊斯兰国参加作战的人员中，来自法国、德国和英国的人数各有上千人。从中国前

---

* 本研究得到上海政法学院"创新性学科团队支持计划"资助。
** 盛红生，法学博士，上海政法学院教授。

往该地区参加武装对抗行动的也超过了千人。这些人经过系统的军事训练掌握了基本军事技能和制作简易爆炸物的方法，他们返回其国籍国后将对国家安全和社会稳定构成更为严重的威胁。然而如何防范和惩治此类违法犯罪人员却绝非易事，因为身份的认定将直接决定其法律地位，并进而带来反恐国际刑事司法中的管辖权、引渡、遣返和移管等问题。例如2015年7月泰国遣返了一百多名涉嫌出国参加恐怖活动的中国公民，但是这些人却声称自己"不是中国人"，因为他们持外国护照。如何处理此类问题，涉及国内法和国际法，更与司法和安全措施密切相关。对于司法办法在反恐过程中的地位与作用展开系统研究，无疑将具有重大的理论价值和实践意义。

一　法国和英国的做法及其争议

关于能否取消从事恐怖主义活动的公民的国籍问题，在国际上存在不少争议。事实上很多国家的法律都有依法取消国籍的类似规定，如英国2003年修订的《2002年国籍、入境及庇护法案》规定，如果内务大臣确信英国国民有涉及对英国或任何海外领土的利益造成严重损害的行为，该人可以被剥夺英国国籍。在2015年1月7日法国巴黎发生对《查理周刊》编辑部的恐怖袭击后不久，法国政府也作出决定，取消一名拥有双重国籍法国公民的法国国籍。此案一出，一石激起千层浪，在法国国内甚至在国际层面引起了广泛争议。

（一）法国

1. 案情

法国宪法委员会2015年2月23日确认法国政府撤销1名法国－摩洛哥圣战分子法国籍的政令符合宪法。这一案件极有可能成为今后法国司法判决遵循的先例。法国总理瓦尔斯主张不管是在法国出生还是通过入籍获得法国国籍，但是当这个人反过来攻击法国时，剥夺他的法国国籍就合法。法国宪法委员会2015年2月23日确认了法国政府的政令有效，法国宪法委员会的成员指出，撤销艾合买德－萨努尼法国国籍所依据的法国民法典的规定符合法国宪法。就此这名圣战分子的法国国籍被取消。法国总理瓦尔斯和内政部长卡泽纳夫曾经签署政令，决定取消该名因恐怖活动被判刑的"圣战者"艾合买德－萨努尼的法国国籍。但萨努尼对该项政令表示不服，通过自己的律师向法国宪法委员会提出申诉。法国宪法委员会的这个决定正值伊斯兰恐怖分子攻击法国《查理周刊》，攻击犹太超市及袭警，造成17人死亡两周后，也是法国与摩洛哥关系紧张之际。法国政府非常关注宪法委员会的这个裁决，因为法国政府希望将撤销国籍当作与恐怖主义做斗争的一种武器。据法国总理说，法国近三年已经驱逐了28名外国圣战人士，对于双重国籍的圣战者萨努尼，法国政府2017年5月签署了撤销其国籍的政令，随后被萨努尼的律师告到法国宪法委员会。近一年来，由于针对摩洛哥高官涉嫌用酷刑的指控，法国与摩洛哥发生尖锐的外交危机。法国与摩洛哥的司法反恐合作也中断冻结。

1970年艾合买德－萨努尼出生在摩洛哥的卡萨布兰卡，他在2003年取得法国籍并在2013年因恐怖活动被判处7年有期徒刑。法庭指控此人在法国招募"圣战者"，输送到阿富汗、伊拉克、马里或非洲的萨赫勒地区作战。法国大概有1200多人在国内外参与伊斯兰圣战活动，成为法国的心腹之患。

然而，剥夺国籍修宪草案却在法国国内引发了广泛争议。法国人的2015年几乎在查理周刊恐怖袭击的震惊中开始，在巴黎法兰西体育场和巴塔克兰剧院恐怖袭击的重创以及围绕褫夺恐怖分子法国国籍的纷扰争议中结束。恐怖袭击没能让法国人退缩，反而激发了前所未有的全民大动员。1月11日，百余万巴黎人走上街头，捍卫新闻自由；11月13日的系列恐怖袭击事件后，尽管有政府的集会禁令，但形式别样的多种自发集会活动以及议会两院联席会议对延长紧急状态期限的一致支持仍然体现出国民上下一致的团结。但时至年底，作为政府应对恐怖活动措施之一的褫夺双国籍恐怖活动人士法国国籍的修宪提议却引发广泛争议，尤其是在左翼阵营。政府相关修宪的具体内容是什么？法国左翼阵营为何如此反对？

2. 争议

引发争议的修宪提案具体内容包括：法国政府 2015 年 12 月 23 日通过的修宪草案主要包含两项内容：一是将紧急状态以及共和国总统在危机状态下的特别权限写入宪法，另一项是将褫夺国籍的可能性扩大到生为法国人而同时拥有其他国籍的人士。连日来引发广泛争议的就是这后一项内容。其实褫夺双国籍者法国国籍的可能，在法国民法中已有规定。但这项规定目前只涉及那些在出生后通过婚姻等途径获得法国国籍的入籍者，而不涉及那些因为血缘或出生地而自然拥有法国国籍的人。需要说明的是，法国对于国籍的确定遵守血统和出生地两种原则。父母中至少一人拥有法国国籍者，无论出生地如何，都自然拥有法国国籍。在法国出生，至少父母一方也在法国出生者，或者至少父母一方在 1962 年 7 月前出生于阿尔及利亚者，也自然拥有法国国籍。在这些因为出生条件而自然拥有法国国籍的人之外，外国人可以通过婚姻等途径获得法国国籍，但需要满足居住、就业、社会融入等条件。在法国出生，但父母均为外国人者，可以自 13 岁起，在一定条件下，申请入籍。有关褫夺国籍的规定之所以只针对双重或多重国籍者，是因为联合国 1948 年通过的世界人权宣言禁止任何国家使某些人成为无国籍者，而法国是这项人权宣言的签署国。法国民法典关于褫夺双国籍者法国国籍的规定有明确的限制。首先，规定针对特定的违法行为，简而言之，一是破坏国家根本利益或从事恐怖活动；二是侵犯公权力机构执行公务者；三是逃避国民服务法（Code du service national）义务者；四是为他国服务，从事有损于法国利益者。此外，宣布褫夺国籍决定，必须是所指控行为发生在获得法国国籍之前或者是在自获得法国国籍之日起的十年以内。如果所指控行为是危害国家根本利益或恐怖活动的话，这项十年期限则为自获得国籍日起的十五年内。法国政府在 2015 年 2 月 3 日提交国民议会讨论的相关草案希望将目前只针对入籍拥有法国国籍的双国籍人士的规定，扩大到自然拥有法国国籍的双国籍人士，条件是当事人被确认犯有严重危害国家生存的罪行并被判刑。据估计，法国有 300 万到 350 万人拥有双重国籍。而在现行法律框架下，根据内政部的数据，自 1973 年以来，总共只有 26 例褫夺国籍的案例，其中只有13例是因为恐怖活动。

在支持者一边，2015年12月31日，法国总统奥朗德在年终讲话中，重申了要将扩大褫夺犯有恐怖活动罪行者国籍范畴写入宪法的决心。法国政府总理瓦尔斯12月28日也在其脸书上指出，通过入籍成为法国人与针对法国制造袭击行动，二者不能相容。他解释说，褫夺国籍象征着将那些犯有恐怖活动罪行者彻底排斥在国民契约之外。的确，在法国的入籍条件中，所谓社会融入不仅包含掌握法语语言，也包含接受共和国价值观。

但是这项修宪提议在左翼阵营中引起广泛争议。最支持这项主张的当数极右翼政党国民阵线党。共和党人等传统右翼政党中多数人虽并不反对，但鉴于这项主张由左翼政府提出，他们对投票支持提案也有些进退两难，态度暧昧。多数人着重强调的是这项措施的象征意义。中右翼政党独立民主联盟UDI国民议会议员团主席Philippe Vigier12月30日向法国媒体（Sud Radio）表示，应对法国遭遇的袭击，必须要有有效的和有象征意义的措施。强调法国主权思想的政党Debout la France的领导人Nicolas Dupont-Aignan向法国媒体表示，这是一项有强烈象征意义的举措，宣示着国籍的重要性。社会党中也有人支持这项主张，但各有各的理由。社会党议员团的一份内部文件强调，褫夺国籍的措施是国家针对那些国家的背叛者的正当惩罚。这份内部文件认为，相关措施的具体作用之一是可以将当事人转往他拥有国籍的国家，是剥夺他作为法国人应有的诸如政治权利以及部分入职权利。社会党内也有人提出，相关修宪提案可以改变目前相关规定中将双重国籍者区分为两类的事实上不平等现状，修改之后，褫夺国籍法案将不加区分，针对所有犯有恐怖罪行的双国籍者。法国民众对这项修宪提议则态度十分明确。最新民调显示，绝大部分法国人都支持这项措施，即使是左翼政党的支持者中，也有73%的受访者赞成这项主张。在接二连三的恐怖袭击重创下，法国民众的这种立场并不令人意外。那么左翼阵营内部为什么会有这么多的反对声音呢？他们反对的理由是什么？当然，投票支持一项右翼尤其是极右翼政党推崇的主张的确让左翼政党内外"左右"为难。反对者的理由可以分为三大类。最重要的理由是从价值理念出发，认为相关提案将法国人分为两类，将拥有双国籍者打入另册，让外国裔法国人成了二等公民，从而违背共和国是一个不可分割的整体的原则，也违背了法律面前人人平等的共和原则。瓦尔斯政府前任教育部部长阿蒙强烈反对这项措施，他表示，有些人挑动年轻人，说他们中有些人生在法国却并不被看作真正的法国人，出台这样的措施，等于在说他们说对了。历史学者和移民问题专家 Patrick Weil 指出，在君主制国家，国民以君王为核心团结在一起，但在像法国这样的共和国体制下，发挥凝聚作用的是公民之间的平等。反对者认为，奥朗德政府这项提案违背了左翼恪守的传统价值理念。一批左翼知识界人士 12 月 30 日在一份请愿书中指出，这样的措施将法国人分为"真正"的法国人和其他法国人，这将动摇国家归属的含义。请愿书强调，法国的根本价值中，首要的内容是平等与博爱。

面对政府的坚持，有人重新拿出了五年前也就是 2010 年 9 月，时任右翼政府提出扩大褫夺国籍权限时，一些媒体和民间团体在《解放报》发表的反对呼吁书。当时在野的奥朗德和瓦尔斯都签署了这份联名呼吁书，指责萨科齐提出的扩大褫夺国籍权限措施首次公开将法国人区分为两类：一类是自然获得法国籍者，另一类是入籍者，而国家应当有尊严地、平等地一视同仁。奥朗德本人当时还向媒体表示，这样的措施破坏了共和国的传统，而且对法国公民也无法起到保护作用。呼吁书认为萨科齐政府以保证安全为借口，试图传达一种简单而且不诚实的概念：那就是我们这个社会的问题是外国人和出生于外国的法国人造成的，当年的这些观点与如今反对奥朗德政府相关提案者的论据出奇地相似。

反对这项修宪提案的另一类理由是这项措施是否有效。其实政府总理瓦尔斯本人也承认，这项措施的实际效力有限，其意义更是象征性的。曾经担任反恐事务法官的特雷维迪克 Trévidic 也向法国媒体表示，那些坚定的恐怖活动分子根本不在意国籍问题。一个恐怖分子，无论他是什么国籍，都是危险的。

这里值得指出的是，2015 年 1 月和 11 月法国发生的两起恐怖袭击事件中，绝大部分凶犯都只有法国国籍。这意味着无论是否修宪，他们即使被活捉，也不能被剥夺国籍。从法律角度讲，被褫夺国籍者应当被遣送出境，转往另一个国籍所在地。但欧洲人权法院有权审查遣送裁决是否符合法国签署的国际公约。而且，法国里尔大学国籍法研究员 Jules Lepoutre 就此提出问题：从打击恐怖主义活动的角度讲，哪一种选择更好？是将这些人留在本国境内，还是驱逐出境，让他们逍遥于一切监控之外？

还有一些人站在法律的角度反对这项修宪提案，一方面，认为将拥有双重国籍的法国人概念写入宪法十分危险，因为这将分类概念合法化了。历史学者及移民问题专家 Patrick Weil 认为，在国家的根本大法中区别出两类法国人，会对需要营建的国民和谐共处产生破坏性的后果，而且很可能对打击恐怖主义也没有实际效果。另一方面，有人提出，目前的民法典中已经有关于褫夺国籍的规定，政府只需要修改相关法律规定即可，完全不必大动干戈去修宪。这种说法虽然不错，但法国宪法委员会对法律条文是否违宪有发言权，奥朗德政府在一定程度上可能担心修改法律条文中关于褫夺双国籍者国籍的规定会被裁定为违宪，而走修宪渠道则可以绕过这样的可能。

剥夺国籍的做法很容易引起法国人对战争年代的历史记忆。在种种争议声中，如今又出现了新的提议：比如将褫夺国籍的可能扩大到所有法国人，无论是否拥有双重国籍的恐怖活动分子，左右翼阵营中近日都出现了同样的声音，希望借此走出目前的争议，但这意味着需要修改此前法国签署《世界人权宣言》时的承诺。总理瓦尔斯近日已经明确排除了这种可能性，他表示，法国不会制造无国籍者。另一项提议是恢复 Iindignité nationale 罪来取代褫夺国籍。所谓 Iindignité nationale 罪是法国在二战结束后的 1944 年 8 月 29 日推出的一项法令，旨在剥夺那些曾与纳粹占领军合作者的部分公民权利。当事人被剥夺公民权利，也不能进入某些职业和岗位，不能担任公职，但仍然保留法国国籍。在法国刚刚走出德军占领的背景下，这项罪名旨在既惩治那些曾与占领军合作者，又同时避免已经饱经战争苦难的国家再因为报仇心理而撕裂。无论是褫夺国籍，还是 Indignité nationale，都带着一种战争年代的痛苦记忆。以褫夺国籍作为惩罚措施在法国历史上早有先例，但在一战期间的 1915 年才明确写入法律。当时涉及的是那些在一战中参加德军或奥匈军队对法国作战的、拥有法国和德国，或者法国和奥匈帝国双重国籍者。二战期间，维希政府重新拿出这项措施，戴高乐将军等一些重要人物都因此变成了无国籍者，但这项措施尤其针对犹太人群。二战期间大约总共有一万五千人失去了法国国籍，其中40%是犹太人。二战结束后，很多曾与德国占领军合作者也被剥夺了国籍。此后，法律中虽然仍然有褫夺国籍的条文，但很少适用。一名不愿披露姓名的历史学者向法新社表示，第三共和国（1870~1940年）制定的涉及国籍问题的政令，为维希政权此后滥用这些权力提供了可能。Indignité nationale 罪名在法国解放后涉及大约十万人。专门研究这段历史的法国国家科学研究中心研究员 Anne Simonin 指出，这是一项十分沉重的刑罚，被定罪者因此而成为二等公民。1951年，政府推出大赦令，这项罪名被废除。

连续的恐怖袭击事件震惊了法国人，但共同的价值理念还是让法国人在惊恐之中团结起来。如果说查理周刊袭击事件后万人空巷的大游行体现出团结一致捍卫新闻自由的决心的话，如今围绕扩大褫夺国籍规定权限的纷纷扰扰的争议也是法国社会对其核心价值的审视与思考，争议的核心是恐怖威胁重压之下，如何在安全考量与多元、平等、自由、和睦共处这些核心价值之间找到平衡。法国国民议会2016年2月10日下午表决宪法改革案，引发全国关注。在这个宪法改革案中，争议较大的是褫夺恐怖分子法籍。这是2015年11月13日巴黎恐袭3天后法国总统奥朗德向两院宣布的。提交国会的宪法修改案需获五分之三多数支持才能通过。

本次法国宪法改革的条款还包括延长紧急状态持续时间，旨在使当局拥有更多法律手段和时间打击恐怖主义，各党派对此的争议不大。据法新社报道，宪法修改案中有关褫夺司法判刑的恐怖分子和危害国家重罪者法国国籍的条款目前在国会获得通过。宪法修正案全部在国会通过后，需提交参议员审议。

法国左翼和极左翼及生态党派均反对修宪褫夺双国籍恐怖分子的法籍，认为一方面这是法国极右翼党派一直以来的要求，有碍法兰西意识形态理念，且对恐怖分子并没有真正的威慑力。原先表示支持夺籍法案的法国右翼

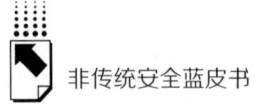

阵营出现了裂缝，前总统萨科齐依然表示支持，但前总理菲永则指出这次社会党政府的宪法改革仅仅是应景做样子。法国总理瓦尔兹呼吁反对夺籍法案的社会党议员们，团结一致，对法国民众负责。法国总统奥朗德曾表示，不排除采取全民公投方式通过该法案。据法媒报道，法国目前有数千拥有双国籍的圣战人员，这些人大多是在法国出生的阿拉伯移民后代。

法国议会2016年2月10日就剥夺与恐怖主义有关双重国籍者的国籍进行投票，投票结果为317票赞成、199票反对、51票弃权。首次投票之后，还需参议院的审核。爱丽舍宫在公报中表示，此次投票在议会中获得多数，迈出了第一步。这是一件好事，但我们还没有达到目标。我们的目标是完成本次的修宪，不提前揣测参议院的投票，说服每一位参议员支持修宪文本。法国总理瓦尔斯表示，经过长期的辩论，议会获得了第一步，也是至关重要的一步。但是前司法部部长托比拉反对剥夺双重国籍者国籍的做法，毅然提出了辞呈。

根据政府的计划，宪法修正案已于2016年2月3日提交议会进入辩论环节。按照现行宪法规定，修正案须获得三分之二多数票通过，亦即参、众两院共925名议员中，至少要获得555票赞成。分析家认为，在左、右两大阵营分歧如此之大的情况下，如想顺利最终通过"夺籍法"是一件非常不容易的事情。法国社会党政府本次修宪计划主要有两项，一是增列"紧急状态"，把这种例外状态的法律渊源提升到宪法级别（不仅仅是普通法律）；二是规定"剥夺国籍"条款，具体而言，针对同时拥有双重（含多重国籍）国籍的法国公民，如果其行为"对民族存续造成严重危害"，政府可以剥夺其法国国籍。

法国总理瓦尔斯2015年12月23日宣布：犯下恐怖主义罪行的双重国籍人士将被取消其拥有的法国国籍，这一新规定仍然被列入法国宪法修改草案当中。法国总理是在23日政府会议后对媒体宣布的以上决定，据法国右翼媒体《费加罗报》的网上调查：91%的人赞成这个决定。11月13日巴黎恐袭案130人丧生后，法国总统奥朗德对参众两院提出：那些威胁到国家安全，犯下恐怖主义罪行的双重国籍公民，有可能被取消法国国籍，这一点将作为宪法修正案的内容之一。而依现行规定，唯有通过归化加入法籍的公民才可被取消法国国籍。

新规定扩大适用到所有双重国籍公民，法国左、右两派政治人物最近一段时间就此产生分歧。部分左翼人士要求不将此内容列入宪法修正案，理由是与法国国籍法有悖。左翼政府内部也产生争论，司法部部长杜比拉Christiane Taubira 22 日在对阿尔及利亚访问时回答媒体提问时说：法国政府放弃把有争议的这一内容列入宪法修正案。引发法国右翼反弹，指责总统对参、众两院撒谎。在法国总理作出以上澄清后，右翼要求司法部部长杜比拉下台。

法国总理瓦尔斯还出人意外地宣布：要将有关宪法修正案从 2 月 3 日起交由议会辩论，并否认法国国会逐渐脱离"紧急状态法"。瓦尔斯总理还非常严肃地指出：从法国前往叙利亚和伊拉克参加"伊斯兰国"圣战组织的人数已经超过了 1000 人，其中 600 人还在那里，250 人回到法国，148 人死亡。

3. 后续影响

因对政府政策不满，2016 年 1 月 28 日法国司法部部长杜比拉女士愤而辞职。这一事件持续发酵。在左派眼中，这是一位偶像人物：对抗总统推动的对双重国籍犯恐怖罪将褫夺国籍。这位当年推动立法通过同性恋婚姻法的司法部部长同时也招致右派和极右派的憎恶。对这样一位爱憎分明的政治人物，刚刚出炉的一则民调显示：超过 80% 的法国人对她的辞职表示赞许。

杜比拉是法国右翼和极右翼的眼中钉，她以其坚定的性格度过一次次政治风暴，然而，法国政府推动修宪，取缔犯下恐怖罪的双重国籍人士的法国国籍这件事，最终迫使杜比拉告别左翼政府。杜比拉辞职时在新闻发会上称："我离开政府是因为在重大政治问题上存在分歧"，取消犯下恐怖罪人士的法国国籍，这触动了杜比拉最敏感的神经，侵犯了她对"共和精神的信念"，她担心此举会把本国人分成不同类型。杜比拉在告别新闻会上说，"对恐怖主义斗争寸土不让，不容他们得到任何胜利，无论是政治的、外交的、军事的，或者是象征性的胜利"。象征性的胜利，杜比拉这里没有明说，但包括她在内的多位政治人物承认，取缔恐怖主义分子国籍只有象征性的意义。既然只有象征意义，何必大动干戈？杜比拉使用"象征"一词，显然有意敲打全力促成此法的左翼政治领袖的神经。杜比拉告别政府后在社交网络发文称："有时候留下来就是抵抗；有时候为了抵抗就要离开。"杜比拉在这里为自己告别政府做注。杜比拉即使在辞职的时候，也不愿低下骄傲的头颅。法国前内政部长舍维勒芒有一句名言，一位部长与总理或总统的政策有分歧，"或者闭嘴或者辞职"。杜比拉破例，许多时候，她在意见不一致的时候从不闭嘴。考虑到她在左翼中的代表性，动她不易，这使她罕见地留在了内阁。然而，这一次这一关她无法度过。杜比拉辞职，多次要求她辞职的法国极右翼国民阵线主席玛丽娜称赞"这对法国来说是一个好消息"，共和党发言人称杜比拉"是第五共和国最糟糕的司法部部长"。社会党前部长、左翼激进人物哈蒙表示"尊重杜比拉的信仰"。号称社会党左派的波梅尔则批评奥朗德"再次让左派分裂"。反同性恋婚姻法的组织"人人游行"听到杜比拉辞职后，组织了数百人参加了庆祝酒会。一些左翼议员担心，距离总统大选还有一年多时间，左翼阵营再次"收窄"，在前面几位比较激进的左翼部长陆续辞职后，本来，杜比拉留在政府内，或许能够更多地凝聚左派。不少左翼人士批评说，杜比拉辞职，等于正式承认左翼政府"右派化"。一个深受左翼喜爱和深受右翼憎恶的人物走了。有关奥朗德总统 2017 总统大选采取的战略引起多方质疑。政治分析人士普遍认为，未来几周社会党内阁改组，似乎越来越难向左翼开放。为了赢得下次总统大选，观察家分析奥朗德在中间派身上押注，可是这样一来，奥朗德在自己的左翼让开了一个政治缺口。杜比拉辞职，让奥朗德的政府重新找到了"协调"，但奥朗德同时失去了"左翼的担保"。杜比拉有无可能成为左翼激进派的领袖？杜比拉在回答记者提问是否愿意竞选总统的问题时回答："为什么不。"

4. 评论

法国的上述做法引起了巨大争议。除了批评剥夺国籍的做法在法国人中分出了"三六九等"，造成法国社会的严重撕裂之外，重点还在于如果当事人先通过出生获得法国国籍再通过加入的方式获得另一个国籍时如何处理，特别是如果当事人只有一个法国国籍，如何处理，能否剥夺他这个仅有的国籍。如果可以的话，那势必使他成为无国籍人。而《世界人权宣言》第十五条之规定:"人人有权享有国籍";"任何人的国籍不得任意剥夺,亦不得否认其改变国籍的权利"。① 然而,可以商榷的问题是,在不至于使当事人成为无国籍人的情况下,国家可以剥夺他双重或者多重国籍中的一个,因为他未能尽到对国家效忠却反而用武力方式攻击该国和该国公民,剥夺行为既合法又正当。

(二)英国

2014 年 8 月底,英国恐怖主义威胁等级突然提高,当时英国议会就曾经讨论是否应当禁止到中东参加恐怖主义活动的英国国民回到英国,此事引起巨大有争议,因此尚未作出决定或者制定法律。2015 年 2 月 23 日,又有 3 名英国女中学生经过土耳其前往叙利亚参加伊斯兰国组织,事件震惊了整个英国。

1. 剥夺监护权案例

2015 年 8 月 22 日,英国高等法院称一个中学女生由于家庭环境原因接触大量伊斯兰国组织宣传"被洗脑而变得非常激进",因此她必须离开其家庭而进入另一个社区生活。这个女生的案子其实是来自同一地区的很多同类案件中的一个,而这些案子涉及的女孩相信"到叙利亚成为圣战者的新娘对她们自己和她们的家庭都是有些激进和光荣的"做法。法庭被告知这名现在只能匿名被称为"B"的女孩去年 12 月份登上飞机,试图飞往土耳其,但被警察带下飞机,受到法庭监护。她的父母答应阻止她和她的兄弟姐妹接触到网上有关恐怖主义的宣传,但法官说,2014 年 6 月警察搜查了这个家庭的房子后,发现了"大量电子设备"。这名女孩要求待在她的家里,即使这将意味着她将佩带电子监视器。但法官认为"B"待在自己家里的话,因为她的父母狡猾的欺骗性,将"无法保护她的心理、情感和智力的健全性。"②

---

① 《世界人权宣言》第十五条:(一)人人有权享有国籍。(二)任何人的国籍不得任意剥夺,亦不得否认其改变国籍的权利。参见联合国中文网:"《世界人权宣言》全文",http://www.un.org/zh/universal-declaration-human-rights/,最后访问日期:2017 年 4 月 24 日。
② 《英国高法:"被洗脑"女孩须离开其家庭》,80 视点网讯,http://www.80sd.org/guoji/2015/08/22/86119.html,最后访问日期:2017 年 2 月 28 日。

2. 非法出境案例

2015年7月4日，英国贝德福德郡警方公布失踪一个穆斯林家庭的照片。据称是伊斯兰国发表的声明说，日前失踪的英国家庭一家12口人现在已经"安全抵达"伊斯兰国。声明说，此前所指曼南一家人是遭到绑架被迫投奔伊斯兰国的说法"极其无耻"。据称是伊斯兰国发出的声明还公布了两张照片，声明说照片上的人是曼南一家人。但是目前还无法确认这份声明及其内容和照片是否属实。居住在伦敦以北50公里鲁顿镇（Luton）的曼南一家人自从5月17日就"失踪"，其中有3名年龄介于1岁至11岁的儿童。如果得到证实，这将是近来最大宗的一次英国公民集体投奔伊斯兰国的案例。近年来英国经常发生南亚或中东裔公民投奔伊斯兰国的事件。据伦敦大学国王学院研究人员2014年底的统计，先后投奔伊斯兰国的英国公民已经高达500~600人，而且这个数字仍在继续增加。据称是伊斯兰国发表的声明公布了这张照片。鲁顿所属贝德福德郡警方之前表示，他们很可能前往叙利亚投奔伊斯兰国。失踪的是75岁的穆罕默德·阿卜杜拉·曼南及其妻子，还有他们的孩子和孙子等12人。警方表示，他们一家人4月10日飞往孟加拉国，5月11日飞往土耳其的伊斯坦布尔。他们原本预计3天后返回伦敦希思罗机场，但最后没有回来。据警方了解，他们其中有人与鲁顿当地被禁的伊斯兰团体有联系。

3. 拦截非法过境案例

2015年5月5日，带着四个孩子前往叙利亚的一对英国夫妇从土耳其被送往摩尔多瓦羁押。在英国警方寻人启事发出两周后，现年31岁的阿斯福·马利克和29岁的妻子萨拉·基兰在土耳其被捕。据土耳其官员透露，他们要求送他们到摩尔多瓦而不愿回到英国。

4. 评论

长期以来，英国社会都是以多元和包容而著称，这也是英国长期吸引外来移民的主要原因。但是2001年美国9·11恐怖袭击事件发生后，特别是2005年7月5日伦敦获得2012年奥运会举办权之后伦敦地铁发生的连环爆炸事件，彻底改变了这一传统。2016年6月23日英国脱欧成功，主要原因也是因为反对欧盟的移民政策,经济利益因素反而居于次要地位。从近年来的恐怖袭击事件中吸取沉痛的经验教训,英国开始收紧移民政策,更加关注自身的安全问题。

二 欧洲联盟的实践

据中国之声《新闻纵横》报道,欧盟28国内政部长2015年12月4日在布鲁塞尔总部召开会议,批准了欧洲议会提出的关于分享民航乘客信息的妥协方案。[①]当天的欧盟内政部长会议主要讨论了欧盟在打击恐怖主义方面所采取的行动,以及维护欧盟内部安全的战略。会议发表的新闻公报说,欧盟各成员国内政部长一致通过了欧洲议会提出的关于分享民航乘客信息的妥协方案,也就是说,为了预防、调查和起诉恐怖主义犯罪和严重犯罪,各成员国可以分享民航乘客的信息。另外,当天的会议还通过了欧洲议会有关欧洲刑警组织执法合作与培训相关规定的草案。如果这项法规在几个月后得到通过,将使欧洲刑警组织为各成员国在打击恐怖主义和严重犯罪方面提供更有效的支持。

国际上一般把民航旅客姓名记录简称为PNR。根据欧盟相关资料,乘客信息是由航空公司获取并保存的关于旅客个人的相关信息,包括旅客姓名、证件号码、旅行日期、行程、订票渠道、付款方式以及座位号码、托运行李等。欧盟提出的分享旅客信息的指令主要包括这些内容:只有在预防、侦破、调查和起诉恐怖主义罪行和严重犯罪时,才能使用收集到的有关旅客信息的数据。所有航空公司必须向欧盟各成员国提供出入欧盟的航班的旅客信息;各成员国可以,但不是必须收集选定的欧盟内部航班的旅客信息;每个成员国都将按要求建立一个旅客信息单位,用于接收航空公司提供的旅客信息数据。在数据交换方面,可以在欧盟各成员国之间进行,也可以在成员

[①]《欧盟批准关于分享民航乘民客信息妥协方案》,中国民航网,http://www.caacnews.com.cn/newsshow.aspx?idnews=278145,最后访问日期:2016年12月28日。

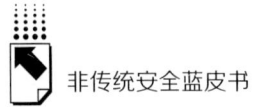

国与第三国之间进行。另外,数据至少需要储存6个月,此后再经过处理可以保存四年半的时间。

根据欧盟的立法程序,在欧盟内政部长会议通过有关民航旅客信息的指令后,欧洲议会的公民自由、司法和内政事务委员会预计将很快对相关法案进行投票。然后经过修改,再提交欧洲议会进行表决,最后再提交欧盟峰会通过。一旦欧盟峰会通过,各成员国将有两年的时间将这项指令付诸实施。虽然听起来可能还需要两年的时间才能使欧盟国家分享旅客信息,但这的确算是欧盟为反恐迈出的重要一步。可以预见,随着反恐的需要,欧盟内部有关安全与自由的辩论也会越来越多。①

欧洲联盟终于就航空乘客安全检查资料建档达成协议,欧盟最快从2018年1月1日起,协调航空乘客安全检查情报合作共享机制生效。但对欧盟航空乘客安全检查情报机制只适用于欧盟以外的航班乘客出入境登记建档,而欧盟境内的航班包括便宜航班乘客安全情报资讯,不在协议之内。欧洲面临恐怖主义袭击的威胁压力巨大,迫使欧盟各方放弃前嫌和各执己见,一致对航空实行乘客安全检查并将情报建档的争议做出妥协,欧洲联盟承认,建立航空旅客安全检查机制,目的就是防堵激进的伊斯兰恐怖分子进出欧洲。直至目前,欧盟被批评缺乏安全机制,激进的伊斯兰恐怖分子进出欧洲如入无人之境,多名涉嫌巴黎恐袭案以及稍早其他多次欧洲恐怖袭击案的凶犯都大摇大摆出入欧洲,并在制造恐怖袭击之后安全逃出欧洲。关于航空旅客安全检查的问题,早在2001年美国发生9·11恐怖袭击事件之后就在欧洲提出。欧洲以保护人权和公民隐私为由完全拒绝讨论。建立新的安全检查机制的要求,于4年前再次纳入讨论,但欧洲议会继续加以反对,讨论陷入僵局。2015年1月,法国发生查理周刊遭恐怖血洗事件,法国方面向欧盟再次提出欧洲建立航空安全检查的要求。但除了欧洲议会,欧洲联盟各国左派及人权团体继续反对建立欧洲航空安全检查

---

① 《欧盟批准关于分享民航乘客信息妥协方案》,中国民航网,http://www.caacnews.com.cn/newsshow.aspx?idnews=278145,2016年12月28日访问。

机制以及情报共享。只是在巴黎恐袭案后，欧洲各国都面临前所未有的恐怖威胁现实局面下，欧洲各国才接受坐下来认真讨论。法国要求尽快达成协议并付诸生效。

根据欧盟协议，欧盟将在全境出入欧盟的航班实行乘客安全检查情报建档，并在28国之间共享。不过欧盟的协议妥协要求，乘客安全检查信息适用范围以及留档时间，应当是局限于边境安全以及半年限制。欧盟各国政府要求建档至少一年，而议会则坚持不得超过一个月，双方妥协的结果是六个月。接下来，应当由欧洲议会表决通过方能生效。法国内政部长卡泽纳夫表示，面对恐怖主义的威胁，民主的欧盟也应当作出保证安全的选择。

三　其他国家的实践

（一）加拿大

据媒体报道，有大约60名曾在国外与恐怖组织并肩作战的加拿大人2017年初已经回国，参加恐怖组织并在海外作战的加拿大人总数已达约180人，其中100人在伊拉克和叙利亚。加拿大安全情报局局长麦克－科隆布（Michel Coulombe）指这60人回国后没有被起诉，是因为展开调查与刑法起诉不同，要证明一个人在伊拉克或叙利亚作战或资助恐怖组织，是一项艰巨的任务，仅仅获得相关信息并不意味着加拿大能够起诉他们。科隆布相信从2016年11月至2017年2月进入加拿大的25000名叙利亚难民不构成潜在威胁，因为进入加拿大的难民与涌入欧洲的难民完全不同，后者在进入欧洲前没有经过任何筛选，而获准进入加拿大的叙利亚难民在入境前经过严格筛选。在参议院同一会议上，加拿大军队总参谋长乔纳森·万斯将军（Jonathan Vance）表示虽然从法律上说加拿大并没有向伊斯兰国宣战，但这不妨碍加拿大的反恐使命。加拿大自由党政府已经把加拿大军队的任务由轰炸和空中支援调整为人道主义援助及培训。

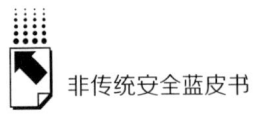

（二）德国

在德国，一些持叙利亚假护照的移民"失踪"。巴黎恐袭案的两名恐怖分子拥有相似系列的护照。德国内政部长指出，可以怀疑这些人有可能是伊斯兰国恐怖组织派到欧洲的成员，因此有必要进行调查。但是，遗憾的是，德国政府目前并不知道这些人的行踪。路透社指出，2015年大约有一百万难民进入了德国。

（三）土耳其

2016年4月6日，土耳其司法部部长博兹达称土耳其将制定新规，发现支持恐怖主义的土耳其人将被剥夺公民资格。[①]

（四）吉尔吉斯斯坦

据中新社阿斯塔纳2016年8月5日电，据吉总统府官网消息，吉尔吉斯斯坦总统阿坦巴耶夫当地时间4日签署了一项新法案，该法案明确规定将剥夺参与恐怖组织和极端主义团体的吉尔吉斯公民所具有的公民权和国籍。[②]

四 应借鉴他国有效做法强化司法反恐功能

目前西方主要国家限制恐怖分子出入境的几种做法包括：第一种禁止出境，在英国、法国和德国，参加恐怖活动的人被列入黑名单禁止出境。第二种通过外交途径或者国际司法协助，在这些人到达土耳其或者中东其他国家转道去伊斯兰国的时候，不允许过境，而是把他们直接遣返回英国、德国和法国等国家。第三种禁止出国参加圣战的本国公民回国。

---

① 《土耳其拟出新规：支恐者将被剥夺公民资格》，中国新闻网，http://www.chinanews.com/gj/2016/04-07/7825799.shtml，2016年4月8日访问。
② 《吉尔吉斯斯坦新法案将剥夺涉恐公民国籍》，环球网"国际新闻"，http://world.huanqiu.com/article/2016-08/9273454.html，2016年9月8日访问。

具体到反对恐怖主义问题上,我们应通过媒体向国际社会表明中国政府的立场。强调国民通过非法途径出国从事恐怖主义活动是很多国家普遍存在的国内问题,如法国、英国等国,不是国际问题,而是涉及国际因素的国内问题,和在国内从事恐怖活动在法律性质上没有区别。各国都不得利用此事干涉他国内政,更不应为了一己私利而违反国际法给予他国公民难民身份或者非法庇护从事犯罪活动的人。国民出国参加恐怖活动本质上是犯罪问题,是法律问题,而不是政治问题,因为它涉及国家和个人的权利与义务。非法出国违反了国家的出入境管理方面的法律,严重的伪造证件行为也是犯罪行为。随意将非法出境从事恐怖活动的人认定为"难民"是违反国际法的,因为难民在国际法上有严格的认定标准,一般指由于战争、自然灾害和迫害等原因不得不离开其国籍国的人,其他因素不是能够获得难民身份的理由。近年来,西方国家也屡次受到恐怖主义困扰,例如前一阶段澳大利亚恐怖袭击事件的肇事者就是当初被澳大利亚政府放宽标准认定为合法寻求庇护的伊朗人。此事发生后,澳大利亚全国都要求政府反思和检讨以往做法的错误,以避免今后发生类似问题。

目前世界各国仍处在不同的发展阶段,建立多元、包容的社会都必须有底线,那就是不能用暴力反对自己的国家,公民或者团体有政治分歧可以也必须通过和平方式表达,诉诸暴力最终形成恶性循环。在这个国际大环境下,我国西北省区等地更要严加防范,加强控制防止有暴力倾向的人前往土耳其或者经过东南亚前往中东。对于实施了严重恐怖主义犯罪行为的具有"双重国籍"的中国公民,剥夺其中国国籍是正当的。当然,必须修改相关的国内法,而目前的国籍法中没有关于"剥夺"的规定,而仅有"退出"和"丧失"的规定。①

近十多年来,恐怖主义分子出国到中东地区特别是"伊斯兰国"进行所谓"圣战",为了逃避打击又利用双重国籍来规避我国和有关国家法律。

---

① 参见《中华人民共和国国籍法》,中华人民共和国政府网,http://www.gov.cn/banshi/2005-05/25/content_843.htm,2016年12月2日访问。

为此，对于那些本为中国公民却坚称自己拥有另一国国籍并持有外国护照的恐怖分子，一旦确认其从事了恐怖主义活动，就应通过行政或者司法手段坚决剥夺其中国国籍，禁止其回国从事恐怖活动，或者将其驱逐出境。这样做并不违法或者侵害当事人的人权，而且在这方面法国和英国等西方大国的成功做法和有益经验都值得借鉴。在反恐过程中我们也应当积极利用司法办法，而西方主要国家的相关做法具有极为重要的参考价值。

B.8
论海盗及海上恐怖主义威胁与中国海军建设[*]

杨 震 郑海琦[**]

摘 要: 冷战结束后,中国开始将地缘政治重心从陆地转向海洋。政治、经济、防务、外交等方面的需要推动中国发展海权。随着两极格局的瓦解,原先被掩盖和压制的诸多矛盾集中在海洋这个地球表面最大的公共空间爆发,其中最为突出的就是海盗问题和海上恐怖主义问题。海盗和海上恐怖主义严重威胁着世界海上航道的安全。作为中国海权的关键组成要素,中国海军是维护海上安全的主力。经过多年发展,中国海军已经具备了一定的实力。为了有效应对海盗和海上恐怖主义威胁,中国海军在建设的过程中有必要充分考虑上述威胁。

关键词: 中国 一带一路 海盗 综合治理

冷战结束以后,作为地球表面最大公共空间的海洋其战略地位不断提高。中国是世界上最大的陆海复合型国家,在地缘政治环境改变、国民经济转型等种种因素共同作用的前提下,其海权潜力开始得到坚定而长久的释

---

[*] 本文为国家社科基金 2011 年度重大项目"当代国际核政治和我国国家安全研究"(11&ZD181)和上海交通大学文理交叉海洋专项基金项目"以国际法为中心的南海法律战研究"(16JCHY09)的阶段性成果。

[**] 杨震,国际关系专业博士,北京大学海洋战略研究中心特约研究员,浙江大学非传统安全与和平发展研究中心兼职研究员;郑海琦,中国人民大学国际关系学院硕士研究生。

放，中国有成为世界海洋强国的前景与可能。随着两极格局的瓦解，原先被掩盖和压制的诸多矛盾集中在海洋这个地球表面最大的公共空间爆发，其中最为突出的就是海盗问题和海上恐怖主义问题。海盗和海上恐怖主义严重威胁着世界海上航道的安全。作为中国海权的关键组成要素，中国海军是维护海上安全的主力。经过多年发展，中国海军已经具备了一定的实力。为了有效应对海盗和海上恐怖主义威胁，中国海军在建设过程中有必要充分考虑上述威胁。

一　中国建设海权的动力

中国是世界上最大的陆海复合型国家，是东亚地缘政治板块的主体国家，更是连接太平洋和世界岛心脏地带的战略枢纽国家，拥有发展海权的地理优势。然而，地缘因素仅仅是发展海权的外因，而事物发展的主要因素是内因。这里所讲的内因就是海权发展的动力。中国发展海权的动力源于以下几个方面：

一是经济方面的需求。1979年中国开始了举世瞩目的改革开放，这场改革开放很大程度上改变了中国的社会生活方式。而这种社会生活方式的改变来源于经济结构方面的一系列根本性的变化，这种变化主要体现在中国国民经济赖以生存和发展的能源、市场、原材料和效益等严重依赖国际经济体系。换言之，中国经济的对外依存程度达到一个前所未有的高度。规模巨大的进出口贸易使得中国越来越多地融入经济全球化浪潮中。对于全球化来说，畅通无阻的海上物流由于其运量大且廉价可靠变得不可或缺。为了保证海上物流带的畅通无阻，也是为了保卫日益增长的海外利益，中国需要一支多功能且具备远洋作业的大海军。

二是地缘政治格局转变的需要。在冷战时期，中国的地缘政治环境恶劣：北方有来自苏俄长达两百多年的陆权威胁；美国在越南从中南半岛形成对中国的海陆复合威胁；此外，中国和印度与越南也爆发过边境战争。从方向来看，威胁来源基本上是北方和南方。冷战结束后，苏联解体，来自北方的陆权安全威胁消除；美国大幅度削减在东南亚的军事存在，来自东南亚的海陆复合威胁也随之减少；与越南和印度的关系也得以大幅度改善，可以说，南、北两个方向的安全威胁虽然没有完全消除，但是也已经大大消失。然而这并不意味着中国的安全威胁就此消除，只是换了一种存在方式而已——中国在东西方向面对的地缘政治威胁明显增长。美日安全同盟加强、中日海洋争端不断升温以及朝鲜半岛局势动荡不安使中国来自东方的安全威胁显著增加；北约东扩、苏联解体以及中东成为恐怖主义重要滋生地并借道中亚进入新疆使中国来自西方的安全威胁也在同样显著增加。由此可见，中国来自南、北两个方向的安全威胁大幅度减少，局势相对缓和；而来自东、西两个方向的安全威胁则显著上升，地区局势曾经为此几度紧张。① 从客观角度来说，中国发展海权的条件已经成熟，机会窗口期已经来临。

三是外交方面的需求。冷战后的中国正日益成为一个大国，中国距离世界舞台中心从未这么近。提供公共产品是大国责任的重要体现。海洋领域也存在公共产品，如世界海洋公共性、开放性的维护，航海自由，打击和抑制海盗，海洋良好秩序的保持等都属于海上公共产品，而国际社会需要海洋公共产品的提供者。随着全球涉足和国际利益的增多，中国军事现代化建设已更加重视保障中国周边之外各种任务的投入和基础设施，如力量投送、海上航线安保、打击海盗、维和行动和人道主义援助/救灾（HA/DR）。解放军2015年的全球行动包括反海盗巡逻、人道主义救援或救灾、演习和海上航线安保。② 上述行动被认为是中国提供海上公共安全产品的举措，不仅有利于中国树立正面的国际形象，而且有力地反驳了荒谬的"中国威胁论"和"中国海军民族主义"。更重要的是，中国通过提供上述海上公共安全产品给地区带来了和平稳定与繁荣，为中国推行"21世纪海上丝绸之路"奠定

---

① 刘新华：《海权优先：当代中国的地缘战略选择》，《社会科学》2008年第7期。
② Office of the Secretary of Defense. *Military and Security evelopments Involving the People's Republic of China 2016*. April 2016. pp. i–iii. http://www.defense.gov/Portals/1/Documents/pubs/2016_China_Military_Power_Report.pdf, 2016年10月4日访问。

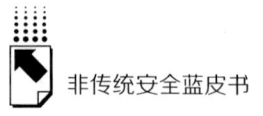

了雄厚的道义与物质基础。

最后是安全方面的需求。如前所述,海洋这个地球最大的公共空间在冷战后成为各种矛盾的爆发地,传统安全与非传统安全威胁突出。美国国防部据此认为,几十年来,亚太地区一直没有发生大规模的冲突,这使得许多国家一直享受着海洋所带来的福利。然而,安全环境正在发生变化,这给亚太地区的持续稳定带来了挑战。经济与军事现代化的加速发展,还有不断增长的资源需求,加剧了在长期的领土纠纷问题上爆发冲突的可能性。此外,非传统安全问题,比如武器扩散、人员和其他非法走私、海盗、自然灾害,这些也给安全局势带来了巨大的挑战。在亚太地区存在众多的、复杂的海洋和领土争端。中国东海和南海中蕴藏着物种丰富的鱼类和大型油气资源,这加剧了各国对这两个海域的权利声索。联合国的一份报告估计,仅中国南海就占有超过全球10%的渔业产量,尽管现在数据可能有些变化,但能源情报署估计在中国南海大约有110亿桶原油储量和190万亿立方英尺的已探明天然气,在中国东海有1万~2万亿立方英尺的天然气储量和2000万桶油。各国通常在争夺捕鱼权方面发生冲突。① 日本正在提高日本自卫队的威慑力并将其军事和海事执法力量调往与中国有争议的钓鱼岛附近地区。日本正在计划在该地区重组情报、检查和侦察(ISR)机构,升级海上巡逻舰、陆基雷达以及导弹部队,并提高联合自卫队的两栖作战能力。日本内阁已经批准了适当增加日本海军军费预算,部分原因是为了资助钓鱼岛永久巡逻舰队。在东南亚,越南正在雄心勃勃地推行一项海洋现代化计划,这可以从其连续购买6艘俄制"基洛级"潜艇、护卫舰和轻巡洋舰的行为中显现出来,并且越南也长期秘密购买海防巡航导弹。2014年,日本为越南提供了6艘退役的海岸警卫监测船,越南政府正增强其海岸警卫队执行海事法规的能力。② 因此,海洋安全问题也成为中国发展海权的重要动力。正是在上述几

---

① U. S. Department of Denfense: *The Asia-Pacific Maritime Security Strategy: Achieving U. S. National Security Objectives In a Changing Environment*, 2015, p. 5.
② U. S. Department of Denfense: *The Asia-Pacific Maritime Security Strategy: Achieving U. S. National Security Objectives In a Changing Environment*, 2015, p. 11.

重动力的推动下，中国这个世界上最大的陆海复合型国家开始将地缘政治重心转向海洋。

二 海盗及海上恐怖主义对海上航运的威胁

世界海洋对全球贸易的重要性无可争议，90%的贸易依赖海上航线。然而，尽管海上贸易航线是繁荣和财富的来源，它们也存在各种高层次的犯罪活动。从毒品到武器到人口，违法贩卖的各种货物也依赖海运。[①] 对于中国来说，海运显得尤其重要——巨大的对外贸易量已经使海洋成为中国的经济生命线。对于中国来说，海上航道的最大非传统安全威胁来自海上恐怖主义和海盗。亚太安全合作理事会（CSCAP）对海上恐怖主义的定义是："在海洋环境内采取的恐怖主义行为和活动，使用或针对海上或港口的船只、固定平台，针对它们的乘客或船员，针对沿海设施或定居点，包括旅游度假区、港口地区和港口城镇或城市。"但是这一定义没有说明恐怖主义是什么，以及是否包括针对民用（商用）船只或军用船只的袭击。因此海上恐怖主义可以定义为出于政治目的，针对船只（民用和军用）及乘客或船员、货物、港口设施或仅仅一个平台使用或威胁使用暴力。这一定义包括使用海上运输系统运送恐怖分子或恐怖袭击的武器进入目标国。海上恐怖主义是政治目标驱动的行为，而不仅仅是直接攻击海上目标。[②] 有七个主要因素促成了恐怖团体在海上的有效行动：法律和管辖权漏洞；地理的必要性；安全不足；保卫活动基地；海洋传统；魅力和有效的领导；国家支持。[③]

海上恐怖主义的威胁甚至蔓延到了陆地。美国学者哈维·M. 萨波尔斯

[①] Sarah Percy. "Maritme Crime and Naval Response". *Survival: Global Politics and Strategy*. 2016. Vol. 58（3）.

[②] Maritime Terrorism Research Center, "Defining Maritime Terrorism," http://www.maritimeterrorism.com/definitions/, 2016年10月4日访问。

[③] Martin N. Murphy. *Contemporary Piracy and Maritime Terrorism: The threat to international security*. London: Routledge. 2007. p. 46.

基等人认为，每天都会有成千上万个标准海运集装箱进入美国港口，里面装着食品、纺织品、电子产品以及其他我们能想到的各种物品。实际上，20英尺集装箱和多式联运的发明都是20世纪后期全球化中涌现出的那些关键性技术：由于减掉了劳动密集和耗费时间的解包、打包等环节，船只、火车和卡车都可以更有效率地装载。现在从海外运来的货物装在集装箱里，可以直接从船上卸到重型卡车上，运往目的地（如沃尔玛超市配送中心）。但现在码头工人已经不能看到进入美国的全部货物，人们自然会担心，某些人会不会把一些不好的东西塞在集装箱里运进美国。我们知道，走私犯有时会利用集装箱进行非法移民，因为他们被逮到过。那么恐怖分子是否也会利用集装箱走私武器呢？只要货物到达美国，恐怖分子甚至不用取回这些货物。那些邪恶的大脑里可能会设计出许多种方案。其中，有一个被经常提到的噩梦般的场景就是恐怖分子可能会把原子弹，或仅是爆炸时能散布放射性物质的脏弹，放进集装箱并设定引爆时间。这类爆炸事件可能造成大量伤亡，因为许多集装箱码头靠近美国大城市（包括纽约和洛杉矶）。当然，这种假设的前提是恐怖分子能够获得核材料、真想使用核炸弹、能够正确地组装，并把核炸弹放进启程的集装箱里。而所有这些步骤都不是轻而易举就能实现的。但人们还是担心最后一步实现起来可能易如反掌。"9·11事件"后，美国海关和边境保卫机构（国土安全部的组成部分）已经与海外重要港口运营商协作，以加强安全工作，特别是要确保那些目的地为美国的集装箱的安全。这种做法的考虑是，尽可能将安全保卫工作放在远离美国港口的地方进行，使危险远离美国海岸。现在，大多数发往美国的货船要在装货前24小时将货物清单发给美国相关主管官员；这些货物清单须列出集装箱内的物品清单，美国海关人员会据此决定把哪个集装箱挑出来进行检查。但远程完成这些工作非常困难，成本更高，而且并非每个外国港口或船主都很容易配合美国的请求。美国的代理商在外国工作期间，不可能一味要求驻在国服从。此外，其他国家的行政机构通常也讨厌美国人在他们自己主权责任和权利范围内指手画脚、插手安保工作。还有一些发展中国家的港口安保工作非常粗疏，无论美国政府人员怎么努力也改变不了这一现实情况：例如港口可能缺乏护栏或其他基本保护措施等。美国政府不可能在每一个地方建造新设施,而且如果拒绝美国人认为不安全的集装箱进入美国港口,可能将直接影响约20%的美国贸易。要是考虑到集装箱货船在最终抵达目的地国家之前往往会停靠多个港口,那么情况就更复杂了:你不可能知道船上藏着什么东西,即使在行程中最后几个港口是"安全的",但此前它可能曾在"不安全的港口"停靠过。美国人一般会寻求技术解决方案来应对这类问题。在上述情况下,美国安检人员会使用放射探测仪、X光和伽马射线扫描仪来检查集装箱内的东西,而不必开箱检查。美国公司在努力解决集装箱检测问题(往往是花纳税人的钱),但这些设备昂贵、效率低、性能有缺陷,也没有想象中的那么有效。如同对待战斗机和其他防务技术一样,美国政府寻求近乎奇迹的创新:它希望扫描仪能看到各种类型的所有物品,不论这些物品外面包裹着什么东西,还希望凭借扫描仪就能区分非常低的信号特征。与那些略有放射性但无害的物品相比,核炸弹的放射性非常小,因而进行这种甄别非常困难。无论是技术性困难还是涉及主权的问题都阻止不了政客们呼吁强化集装箱安全法规和检查。当然,他们从来也不愿意为某个重大倡议掏钱,并且一直对船运企业和进口商的游说很敏感,这些企业往往担心这类政治倡议会导致效率严重降低等问题。①

  相比海上恐怖主义,海盗尽管没有其政治目的,却同样在客观上造成危害。根据国际海事组织提供的数据,马六甲海峡2000年共发生海盗和海上武装抢劫112起,2001年发生了51起,2002年发生了34起,2003年发生了38起,2004年发生了52起,2005年发生了18起,2006年发生了19起,2007年发生了12起,2008年发生了2起,2009年发生了2起,2010年发生了3起,2011年发生了2起,2012年发生了24起,2013年发生了17起,2014年发生了81起,2015年发生了134起;印度洋地区2000年共发生海盗和海上武装抢劫109起,2001年发生了86起,2002年发生了66起,

---

① 〔美〕哈维·M.萨波尔斯基、〔美〕尤金·戈尔兹、〔美〕凯特琳·塔尔梅奇:《美国安全政策溯源》,任海燕等译,国防工业出版社,2016,第22页。

2003年发生了96起,2004年发生了41起,2005年发生了51起,2006年发生了53起,2007年发生了40起,2008年发生了21起,2009年发生了27起,2010年发生了77起,2011年发生了63起,2012年发生了33起,2013年发生了31起,2014年发生了44起,2015年发生了18起;东部非洲沿岸2000年共发生海盗和海上武装抢劫29起,2001年发生了21起,2002年发生了33起,2003年发生了22起,2004年发生了13起,2005年发生了49起,2006年发生了31起,2007年发生了60起,2008年发生了134起,2009年发生了222起,2010年发生了173起,2011年发生了223起,2012年发生了61起,2013年发生了20起,2014年发生了3起,2015年发生了4起;非洲西部沿岸2000年共发生海盗和海上武装抢劫33起,2001年发生了59起,2002年发生了47起,2003年发生了67起,2004年发生了57起,2005年发生了23起,2006年发生了31起,2007年发生了60起,2008年发生了50起,2009年发生了46起,2010年发生了47起,2011年发生了61起,2012年发生了64起,2013年发生了54起,2014年发生了45起;全球海域2000年共发生海盗和海上武装抢劫471起,2001年发生了364起,2002年发生了383起,2003年发生了452起,2004年发生了330起,2005年发生了266起,2006年发生了240起,2007年发生了282起,2008年发生了306起,2009年发生了406起,2010年发生了489起,2011年发生了544起,2012年发生了341起,2013年发生了298起,2014年发生了291起,2015年发生了303起。①

从上述数据中,我们可以归纳出几个特点:第一,与我国利益相关的海域往往是重灾区。在中国的海外航线中,印度洋、南海、东非海域等是重点区域,而这些海域恰恰是海盗及海上抢劫等暴力犯罪的重灾区。中国海上航运面临的非传统安全威胁呈上升趋势。

第二,个别海域的海盗及海上抢劫等暴力犯罪的变动较大。这里以东非

---

① International Maritime Organization. *Reports on Acts of Piracy and Armed Robbery Against Ships*:*Annual Report 2015*. 2016. p. 18. http://www.imo.org/en/OurWork/Security/SecDocs/Documents/PiracyReports/232_ Annual_ 2015.pdf,2016年10月4日访问。

海域为例，2007年发生了60起，2008年就暴增到134起，而2009年更是增加到222起，此后一直维持在高位，一直到2012年降低到61起，至2015年已经降到4起。之所以降到如此低的程度，是因为2008年6月以来，联合国安理会先后通过了1816、1838、1846和1851号决议，授权世界各国到亚丁湾海域打击海盗，并授权各国经索马里政府同意可以进入索马里领海。① 其中，中国海军至2017年1月已经派遣25批次的护航编队前往亚丁湾，护送了至少5000多艘船舶安全通过该海域，不仅有力地驳斥了"中国威胁论"，还提供了海上公共安全产品。

三 中国海军概况及实力

按照美国五角大楼的年度中国军力报告分析，过去15年来，中国雄心勃勃的海军现代化计划造就了一支技术更加先进灵活的海军力量。解放军海军现在拥有300多艘水面舰船、潜艇、两栖舰和巡逻艇，数量位居亚洲第一。中国正在加快退役老式作战舰艇，代之以大型多任务舰船，并配备先进的反舰、对空或反潜武器及传感器。正如最新国防白皮书所称道的，中国继续逐步从"近海"防御向"远海"卫护转变，解放军海军拥有强大的多任务、远距离、可持续海军平台，具备健全的自我防御能力，可在所谓"第一岛链"外执行作战任务。解放军海军高度优先潜艇部队的现代化建设，目前拥有5艘核动力攻击潜艇（SSN）、4艘核动力弹道导弹潜艇和53艘柴动力攻击潜艇。到2020年，该部队可能增至69～78艘潜艇。除了1990～2010年从俄罗斯采办的12艘"基洛"级常规动力潜艇之外，中国已建造13艘"宋"级常规动力潜艇（039型）和13艘"元"级常规动力潜艇（039A型），计划共建造20艘"元"级常规动力潜艇。中国继续增强核攻击潜艇力量，最终将有4艘"商"级核攻击潜艇（093型）加入现役2艘核攻击潜

---

① 陈昌明、王修良：《亚丁湾水域海盗的分析及防范措施》，《第四届广东海事高级论坛论文集》，2012年。

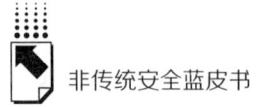

艇队伍。"商"级核攻击潜艇将取代老式"汉"级核攻击潜艇（091型）。这些改良的"商"级核攻击潜艇特有垂直发射系统，能够发射先进反舰巡航导弹"鹰击"-18。未来10年，中国可能建造一种095型核动力导弹攻击潜艇，不但提高解放军海军的反舰作战能力，也可为其提供更隐秘的陆攻选项。最后，中国继续制造"晋"级弹道导弹核潜艇（094型），配备射程约7200公里的CSS-N-14（"巨浪"-2）型潜射弹道导弹。该平台体现了中国首次具备可信的海基核威慑能力。中国可能在2016年的某个时候开展首次弹道导弹核潜艇核威慑巡逻。4艘"晋"级弹道导弹核潜艇目前正在作业，未来10年，在中国开始研制列装下一代096型弹道导弹核潜艇之前，服役数量会增至5艘。096型据报道会携带"巨浪"-2的继承者，"巨浪"-3潜射弹道导弹。自2008年以来，解放军海军一直稳健保持各类水面战斗舰艇的建造计划，包括导弹驱逐舰和导弹护卫舰。2015年，最后两艘"旅洋"Ⅱ级导弹驱逐舰（052C型）服役，使该类舰艇总数达到6艘。此外，另一艘"旅洋"-Ⅲ级导弹驱逐舰（052D型）于2015年开始服役。该舰拥有多用途垂直发射系统，能够发射反舰巡航导弹（反舰导弹）、对地攻击巡航导弹（LACM）、舰对空导弹（SAM）和反潜导弹。中国还可能着手建造一艘更大型055型"驱逐舰"，与其说是导弹驱逐舰，其特征更像导弹巡洋舰。中国一直在建造"江凯"-Ⅱ级导弹护卫舰（054A型），已有20艘列装舰队，另有5艘建造进度不一。这些新型导弹驱逐舰和导弹护卫舰显著提升了解放军海军的防空能力，随着其作战行动进入岸基防空系统射程以外的远海区域，这一点将至关重要。新一代小型水面战斗舰艇增强了中国海军的濒海作战能力，尤其是在南海和东海的濒海作战能力。25艘"江岛"级（056型）轻型护卫舰正在服役，新近列装的配置拖曳式阵列声呐，已经升级为反潜变型。中国可能建造60多艘此类舰船，最终取代解放军海军旧型驱逐舰和护卫舰。中国还拥有60艘用于中国"近海"作战的"侯北"级穿浪双体导弹巡逻艇（022型）。中国人民解放军海军继续强调反舰作战为首要任务，包括实现先进反舰导弹及相关超视距瞄准系统的现代化。旧型水面战舰携带"鹰击"-83型反舰导弹（65海里，120公里）变型，而"旅洋"-Ⅱ等新型水面战舰装备"鹰击"-62型（120海里，22公里）。"旅洋"-Ⅲ型导弹驱逐舰和055型导弹巡洋舰将装备中国最新"鹰击"-18型（290海里，337公里）反舰导弹，这是中国水面反舰能力迈出的重要一步。中国12艘"基洛"级舰艇装备了从俄罗斯购买的SS-N-27型反舰导弹（120海里，222公里）。

中国的潜艇部队也在增强反舰巡航导弹能力，用远程"鹰击"-18代替"宋"、"元"和"商"级潜艇上的旧型"鹰击"-82反舰巡航导弹。中国之前制造的潜射反舰导弹，"鹰击"-82，是C-801型的改版，射程更近。中国人民解放军海军认识到，远程反舰导弹需要强大的超视距瞄准能力来实现其全部潜能，因此中国在战略、战役和战术各级投入发展侦察、监视、指挥、控制和通信系统，为水面和水下发射平台提供逼真的观瞄信息。中国在两栖舰队的投入标志着中国旨在发展远征与超视距两栖攻击能力以及人道主义救援/救灾和反海盗能力。2005年起，中国已经建造3艘大型"玉昭"级（071型）两栖运输舰，且第4艘很快将服役，同老型登陆舰相比可提供更强大更灵活的"远海"作战能力。"玉昭"能够搭载至多4艘"玉义"新型气垫登陆艇，至少4艘直升机以及装甲车和海军陆战人员，实现远距离部署。近期有望建造更多"玉昭"，作为改进型两栖攻击舰，不但更加庞大，而且包含一个完整的直升机飞行甲板。正在建造的2艘"玉亭"-Ⅱ级坦克登陆舰将取代即将达到服役年限的旧型坦克登陆舰，可用于支援尤其是南中国海的后勤行动。2015年，中国人民解放军海军第一艘航母"辽宁"号毕业了第一批国内培训的歼-15飞行员。飞行联队有望2016年部署在该航母。中国着手建造第一艘国产航母，并且未来15年内可能建造多艘航母。即使全面运行，"辽宁"号也不能像美国"尼米兹"级航母那样进行远程兵力投送。"辽宁"号较小的体型限制了搭载飞机的数量，而滑跃式配置限制了飞机燃料和弹药载荷。"辽宁"号可能用于舰队防空任务，为远离陆基防区的舰队拓展空中掩护范围。尽管它拥有全套武器和作战系统，但"辽宁"号可能会继续在中国航母舵手、甲板人员训练以及研究战术方面发挥重

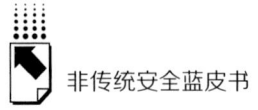

要作用,用于今后更先进的航母。①

中国对海洋的重视和维护海外利益任务使解放军离中国边疆及其周边近邻越来越远。解放军海军的重点正在变化——从"近海防御"型向"近海防御"与"远海护卫"结合型转变——反映出高层正在更广泛的作战范围拓展利益。② 2015 年,中国开始建造第一艘自行研制的航母。中国下一代航母可能具备更持久续航力,可起飞更多型号的飞机,如电子战、预警和反舰作战飞机,从而增强解放军海军"航母战斗群"的潜在打击力量,维护远离中国周边地区的中国利益。这些航母最有可能执行的任务是巡逻经济上重要的海上航线,开展海军外交、地区性威慑和人道主义救援/救灾等。实现"蓝海"海军能力。中国军队致力于将其作战范围拓展到东亚以外直至中国所谓的"远海",而解放军海军仍然处于这些努力的最前列。在上述地区的任务包括:保护重要的海上航线免遭恐怖主义、海盗和外国的阻断;提供人道主义救援/救灾;开展海军外交和地区性威慑;开展相关训练,以在台湾应急及东或南中国海冲突中阻止美国等第三方妨碍中国的海上行动。解放军海军执行上述任务的能力一般化,但随着从远海行动中获取更多的经验和拥有更大、更先进的平台,这种能力正不断提升。③

从以上资料看,中国海军具有几个特点。首先是发展速度快。从中国海军 1949 年 4 月 23 日建军开始,其本质上就是大陆军的附属。海军军种经历的几个发展阶段沿岸防御、沿海防御和近海防御都是以陆权思想来指导建设的。而在海权思想的指导下,中国海军开始实施近海防御、远海护卫的军种战略,其发展速度开始提升。001 型航空母舰、052C/052D 型驱

---

① Office of the Secretary of Defense. *Military and Security evelopments Involving the People's Republic of China 2016*. 2016. pp. 27 - 30. http://www.defense.gov/Portals/1/Documents/pubs/2016_China_Military_Power_Report.pdf, 2016 年 10 月 4 日访问。

② Office of the Secretary of Defense. *Military and Security evelopments Involving the People's Republic of China 2016*. 2016. p. 43. http://www.defense.gov/Portals/1/Documents/pubs/2016_China_Military_Power_Report.pdf, 2016 年 10 月 4 日访问。

③ Office of the Secretary of Defense. *Military and Security evelopments Involving the People's Republic of China 2016*. 2016. p. 60. http://www.defense.gov/Portals/1/Documents/pubs/2016_China_Military_Power_Report.pdf, 2016 年 10 月 4 日访问。

逐舰、039/039A型常规动力潜艇、093型核攻击潜艇、094型弹道导弹核潜艇、071型船坞登陆舰、056型轻型护卫舰、054A型护卫舰等、歼-11歼击机、苏-30MKK歼击轰炸机等先进装备陆续装备部队，且数量巨大，仅056型轻型护卫舰就装备了数十艘。可以说，中国海军在先进程度上已经追上日本海上自卫队，而火力投射能力、联合作战能力以及舰队规模方面犹过之。

其次是结构不尽合理。海军的舰队结构是一个非常重要的战斗力生成因素。中国海军拥有1艘航空母舰，潜艇数量却达到53艘。后者所占比例过大。潜艇是一个功能单一的舰种，其主要用途是海上封锁、破坏海上交通线以及阻止对手自由使用海洋，并不具备护航、保交等功能，因此在应对海盗和海上恐怖主义威胁时用处不大。而不合理的舰队结构在很大程度上限制了海军的用途。

最后是远洋作战能力不足。规模亚洲第一的解放军海军拥有300多艘舰艇，然而具备远洋作战能力的仅有1艘航空母舰、6艘052C驱逐舰和数量更少的052D驱逐舰、3艘071型船坞登陆舰、20艘054A护卫舰和5艘核潜艇而已。25艘"江岛"级（056型）轻型护卫舰和60艘"侯北"级穿浪双体导弹巡逻艇（022型）只能用于近海防御而不具备远洋作战能力。这极大限制了中国海军维护海外利益的能力。而海外基地的缺乏和远洋综合补给舰的数量稀少使这种缺陷更加雪上加霜。

有鉴于此，中国海军尽管速度发展很快，并且规模巨大，其装备的先进程度和人员素质处于不断提升的过程中，但是仍然有不少短板以及值得改进的地方。作为一个建设周期漫长、建设风险大的战略性军种，海军的建设具有全局性、长期性等特点，因此必须予以高度重视。

四　对中国海军建设的建议

如前所述，中国海军发展速度较快，具备较为雄厚的实力。然而作为一支成长中的海上武装力量，中国海军远非尽善尽美，尤其在反海上恐怖主义

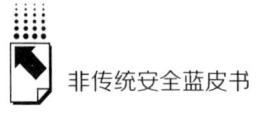

及海盗方面仍然存在一些亟待改进的地方。就海军建设而言，中国海军需要做好以下几方面的工作。

首先，优化舰队结构。从前述中国军力报告中可以看出，中国海军的舰队结构呈现两多一少的特征，即潜艇多，尤其是常规动力潜艇数量多（仅次于朝鲜人民军海军，位居世界第二），小型舰艇多，大型水面舰艇数量少。而在海上反恐和反海盗行动中，大型水面舰艇恰恰是最关键的舰种：大型水面舰艇搭载设备，特别是传感器数量多，可以实施有效的海洋监控，在更远的距离上发现海盗和海上恐怖主义分子，这是潜艇无法做到的；大型水面舰艇航程远，作战半径大，可以前往更远的海域执行任务。由于种种原因，威胁中国国家利益的海盗行为和海上恐怖主义行为往往是在远离中国海岸的公海远洋，这就需要海军舰艇拥有更大的自持力，而小型舰艇明显不符合需要；更重要的是，在海上反恐和反海盗行动中，舰载直升机是非常关键的装备：舰载直升机可以搭载突击队员消灭劫持大型船舶的海盗或者恐怖分子；可以快速机动，对海盗船实施打击；可以远程警戒，对海盗船实施侦察。常规动力潜艇无法搭载直升机，小型舰艇即便勉强搭载，也只能搭载数量有限的小型直升机，只有大型水面舰艇才能搭载满足反恐与反海盗行动所需要的直升机。

其次，设立海外补给基地。在中国海军2008年10月首次实施亚丁湾护航行动之后不久，有军方人士就开始建议为解决保障难题而有必要设置海外保障基地。多次实施持续3个月的海外部署对解放军海军维持战备状态所需的士气以及能力产生不利影响。此外他还描述了海军官兵在执行此类任务期间所面临的困难，如缺乏新鲜水果、蔬菜和饮用水，与国内直接进行通信联络存在难度以及医疗保障不足等。如果允许解放军海军在靠近前沿部署行动的区域设置海外基地，那么上述难题都将得到解决。解放军前总参谋长陈炳德上将也指明了解放军海军在执行地区外任务时所面临的困难。2011年5月，他在位于华盛顿特区的美国国防大学发表演讲时指出，解放军海军持续实施的亚丁湾反海盗护航行动不仅对该军种造成了一定压力，而且使"中国面临严重困难"。他还表示，由于这些护航行动有助于维护中国的海外利益，因此中国计划继续实施此类行动。①

再次，增加补给舰的数量。补给舰船是在航行状态下利用专门的补给装置和直升机为作战舰艇提供燃油、航空煤油、润滑油、淡水、弹药、粮食、冷藏食品、各种备品备件的后勤保障舰船，使作战舰艇延长了活动半径，提高了在航率，能够长时间在海上执勤，避免了对固定基地的依赖，是远洋型海军的必备舰种。② 远洋行动的关键是能让海军分遣队在海上长时间作业的补给舰。这历来是中国海军的弱点之一。为提高舰队的后勤保障能力，解放军海军部署了两艘新的油料补给舰，升级改进了"千岛湖"级903S补给舰，并且正在计划建造更多的综合补给舰。这两艘油料补给舰能够给"辽宁"号航母提供保障支援。然而，随着解放军海军不断向远海拓展，后勤保障补给舰数量不足的劣势会逐渐凸显出来。③ 从国际海事组织提供的数据看，海盗等犯罪行为基本集中在离中国本土较为遥远的海域，比如印度洋，这就对海军远洋作业提出了更高的要求。而补给舰质次量少的局面必须得到改进。

最后，在海军日常训练中也应该增设海上反恐与反海盗的科目，提高海军官兵应对此类行动的能力。按照马克思主义的观点，人与武器装备是决定作战能力的两大基本的物质因素，人在其中又起着决定性的作用。在战争中对人的素质的要求非常广泛，包括政治素质、军事素质、文化素质、体能素质和心理素质等，而在各个时代起关键作用的素质是各不相同的。海上反恐和反海盗行动也是如此，应对此问题加以重视。

---

① Christopher D. Yung and Ross Rustici with Scott Devary and Jenny Lin. *Chinese Overseas Basing Requirements in the 21st Century*. Center for the Study of Chinese Military Affairs Institute for National Strategic Studies China Strategic Perspectives. No. 7. Institute for National Strategic Studies National Defense University. p. 11. http：//ndupress.ndu.edu/Portals/68/Documents/stratperspective/china/ChinaPerspectives-7.pdf，2016年5月2日访问。
② 王道伟、荆博、聂昕阳：《战争胜败的强力杠杆》，蓝天出版社，2011，第203页。
③ Michael S. Chase, Jeffrey Engstrom, Tai Ming Cheung, Kristen A. Gunness, Scott Warren Harold, Susan Puska, Samuel K. Berkowitz. *China's Incomplete Military Transformation Assessing the Weaknesses of the People's Liberation Army*（*PLA*）. 2015. p. 99., http：//www.rand.org/content/dam/rand/pubs/research_reports/RR800/RR893/RAND_RR893.pdf，2015年11月6日访问。

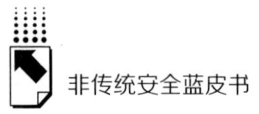

结 论

冷战结束后的中国出于种种因素的推动与考虑，开始将其地缘政治重心转向海洋。然而，中国在走向海洋强国的进程中面临着较为重大的非传统安全威胁，其中海盗和海上恐怖主义是较为突出的两类威胁。海军作为国际性、战略性和综合性的军种，成为应对上述两类威胁的主要国家工具。中国海军是一支迅速发展的海上武装力量，但是仍然存在一些有待提升的空间。就反海盗和海上恐怖主义而言，需要做好优化舰队结构、设立海外补给中心、增加大型综合补给舰以及提升人员素质等方面的工作。

B.9
土耳其军事政变的根源及其对中土关系的影响

李 昊*

摘　要： 土耳其作为"一带一路"倡议中的重要国家，其国内安全形势对于中、土双边关系与地区和平稳定具有一定的影响。当前，土耳其国内政局正处于重要转型时期，多种传统与非传统安全问题交织，内部与外部安全威胁并存，甚至一度引发了"7·5未遂军事政变"等严重后果。修改宪法引发的政治危机是政变的根本原因，2015年以来的系列内政外交危机使军方反对势力认为获得了可乘之机，土耳其政府对俄政治让步激发了土耳其军政矛盾全面爆发。政变深刻地影响着土耳其内外政策的走向，在后政变时代，中土在经贸、反恐及地区安全领域的合作空间依然很大。

关键词： 土耳其　宪政危机　军事政变　中土关系

近年来，中土关系发展迅速，双方深化安全与反恐合作，发展战略合作关系，并将在"一带一路"框架下加强投资、交通运输网络、基础设施建设等广泛合作。当前，土耳其国内局势正处于重要转型时期，多种传统与非传统安全问题交织，内部与外部安全威胁并存，甚至一度引发了"7·5未

---

* 李昊，博士，四川大学中国西部边疆安全与发展协同创新中心副教授。

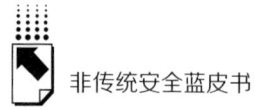

遂军事政变"等安全危机。作为"一带一路"战略布局中的重要节点,土耳其国内政治、社会安全稳定对于中国具有一定的影响。客观分析并正确理解土耳其"7·5军事政变",成为解读后政变时代土耳其内政外交政策走向,以及对中土关系展开前瞻性、建设性研判的关键所在。

一 土耳其政局发展对中国非传统安全的影响

(一)土耳其局势对中国反恐形势具有潜在影响

基于历史、民族、宗教等因素考量,土耳其对中亚国家和我国新疆维吾尔地区社会有着一定的影响。新疆问题是影响中国与土耳其双边关系的重要因素,中土在新疆问题上分歧与共识并存。一方面,新疆问题是影响中土关系的敏感因素。土耳其境内具有"疆独"分裂组织活动,土耳其社会在新疆问题上也存在一些不和谐的声音。2015年,新疆"斋月禁令"的传闻导致土耳其出现反华抗议,"土耳其外交部对'斋月禁令'表示关切。2015年7月2日,有173名维吾尔人从泰国来到土耳其,土耳其政府申明,将继续向逃离迫害的维吾尔人敞开大门。"[①] 另一方面,双方在反恐问题上总体合作态势良好,合作空间较大,合作仍是主流。近年来中土高层频繁互访,在多领域交换意见,其中反恐合作与打击民族分裂主义、宗教极端主义与暴力恐怖主义三股势力是双方讨论的重点议题之一。

目前,土耳其国内存在持不同意见的反对党,土耳其大国民议会第三大党民族主义行动党有着较为激进的泛突厥主义思潮,"该党曾是2015年反华游行的主要组织者之一。"[②] 此外,有相当一部分土耳其民众对中国的新疆政策存在误解,2015年土耳其多城市爆发的大规模抗议活动便是表现之一。

---

① 《中国官媒指责土耳其右翼势力袭击中国游客》,BBC,2015年7月15日,http://www.bbc.com/zhongwen/simp/china/2015/07/150706_china_turkey_protest#orb-footer。
② 《独家:土耳其发生反华游行示威的背后》,新华网,2015年7月6日,http://news.xinhuanet.com/world/2015-07/06/c_127989266.htm。

但是在埃尔多安所领导的正发党执政下,土耳其当局在配合中国反恐与打击三股势力方面有着基本的立场,双方在多个场合协调政治立场,达成基本共识。

2010年习近平会见土耳其外长达武特奥卢时,指出"'东突'恐怖势力与恐怖主义影响新疆发展稳定。中方坚决维护国家主权、领土完整等核心利益,赞赏土方在'东突'问题上的正确立场,愿与土方加强在打击'三股势力'方面的合作"。[①]

2012年4月,土耳其正发党副主席阿克苏访华时中方表示,本月初埃尔多安总理成功访华,推动了中土战略合作关系发展。埃尔多安访华期间专程到新疆,并向中方重申坚持一个中国原则,不允许任何人在上从事危害中国主权和领土完整的活动,我们对此表示赞赏。中方愿与土方一道,加强经贸合作、人文交流,共同打击"三股势力",促进两国和本地区和平、稳定、发展。

2015年9月,习近平接见埃尔多安时说,"埃尔多安总统和土耳其政府多次重申坚决反对任何人在土耳其境内从事任何破坏中国主权和领土完整的活动,反对一切形式的恐怖主义,中方对此表示赞赏。埃尔多安强调,土耳其政府坚持一个中国原则,坚定支持中国的主权和领土完整,反对'东伊运'等针对中国的恐怖主义行径,愿就此加强同中方的合作,绝不允许土中战略合作关系受到破坏势力的干扰。"[②]

2015年11月,习近平会见土耳其总统埃尔多安时,埃尔多安表示"土方决不允许任何势力在土从事反华和破坏土中关系的活动"。[③]

2016年4月,"王毅会见土耳其外长查武什奥卢时表示,反恐安全合作是中土政治互信的重要内容,双方应密切配合,共同打击包括'东突厥斯坦

---

① 《习近平会见土耳其外长》,新华网,2010年11月1日,http://news.xinhuanet.com/2010-11/01/c_12726472.htm。
② 《习近平同土耳其总统埃尔多安举行会谈》,中国驻多伦多总领馆,2015年7月30日,http://toronto.china-consulate.org/chn/zgxw/t1284995.htm。
③ 《习近平会见土耳其总统埃尔多安》,外交部,2015年11月15日,http://www.fmprc.gov.cn/web/zyxw/t1314913.shtml。

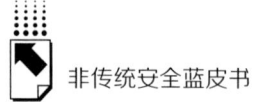

伊斯兰运动'在内的恐怖主义组织,反对极端主义,遏制非法移民。土方表示:中国的安全关切就是土耳其的关切,土方将采取一切必要措施,切实加强两国反恐安全合作,打击非法移民,打击'东突厥斯坦伊斯兰运动',继续重视中方安全关切,不允许任何人在土从事危害中国安全的活动。"①

2016年9月习近平会见埃尔多安时表示,"中方赞赏土方强调不会允许在土耳其发生损害中国安全的事情,希望双方反恐安全合作取得更多实质性成果。"②

长期以来,中土双方建立了互信合作机制,在此情况下,土耳其局势的剧烈动荡可能影响中国利益,政局的变化有可能导致外交政策的调整,进一步增大了中国面临的民族分裂主义、宗教极端主义与暴力恐怖主义威胁的不确定性。

(二)土耳其政治局势波动增强了"一带一路"建设和中土经贸安全风险

首先,中土经贸合作正处于关键时期。中土双边贸易体量不断增长,中国对土耳其出口总额总体增长迅速,从2007年的99.1亿美元增至2016年的254.3亿美元,至2016年中国为土第十九大出口市场和第一大进口来源地(见表1)。中国在土耳其的经济利益不断扩张。

其次,土耳其处于"一带一路"关键节点。"'一带一路'战略的总框架下,中国正通过加强对土投资,携手土耳其共建'丝绸之路经济带'。仅2015年投资额就超过16亿美元,相当于改革开放以来中国对土投资总额的两倍左右。"③ 土耳其经济部部长曾表示:"就土耳其而言,我们与中东、高

---

① 《王毅会见土耳其外长查武什奥卢》,外交部,2016年4月27日,http://www.fmprc.gov.cn/web/zyxw/t1358955.shtml。
② 《习近平会见土耳其总统埃尔多安》,新华网,2016年9月3日,http://news.xinhuanet.com/politics/2016-09/03/c_1119505466.htm。
③ 《中国加强对土投资携手土耳其共建"丝绸之路经济带"》,中国国际广播电台国际在线,2016年2月4日,http://news.cri.cn/201624/4754dff9-669d-4314-66d3-f31ec72d2638.html。

表1 近年来中土经贸数据

单位：亿美元

年份	双边贸易总额	中方出口额	中方顺差	贸易地位
2007	103.9	99.1	94.3	中国为土第三大贸易伙伴、第十八大出口目的地和第二大进口来源地
2008	170.6	156.2	141.8	中国为土第二十三大出口目的地和第三大进口来源地
2009	142.6	126.5	110.5	中国为土第二十大出口目的地和第三大进口来源地
2010	192.6	170.2	147.8	中国为土第十四大出口市场和第三大进口来源地
2011	241.7	217.0	192.3	中国为土第十五大出口市场和第三大进口来源地
2013	283.2	247.1	192.3	中国为土耳其第十一大出口市场和第二大进口来源地
2014	277.4	248.8	220.2	中国为土第十九大出口市场和第二大进口来源地
2015	272.4	248.2	224.1	中国为土第十八大出口市场和第一大进口来源地
2016	277.6	254.3	231.1	中国为土第十九大出口市场和第一大进口来源地

注：《贸易报告》，中国商务部国别报告，http://countryreport.mofcom.gov.cn/asian110209.asp?p_coun=%CD%C1%B6%FA%C6%E4。

加索、中亚和巴尔干半岛国家有强烈的历史和文化联系，我们称这些地区为我们的'文化内陆'。所以，这将有助于我们成功地增加潜在的投资。土耳其设定了2023年远景和目标，旨在成为世界十大经济体之一。要达成此目标，在接下来的10年间，仅能源和交通部门的拟投资额就总计超过2400亿美元。"① 由于土耳其在中东地区具有文化辐射效应，土耳其已经成为中国企业打开中东市场的重要根据地，其国内市场具有庞大的外资需求量，"目前，伊斯坦布尔领区共有60多家大中型中资企业，一些国内知名的民营企业也开始在土耳其大展拳脚。"②

近年来，中土高层频繁互访，在"一带一路"建设、经贸合作领域达

---

① 《土耳其外商投资的成长与机遇》，中国投资，http://www.chinainvestment.com.cn/type_hwtz/3662.html。
② 《中国加强对土投资携手土耳其共建"丝绸之路经济带"》，中国国际广播电台国际在线，2016年2月4日，http://news.cri.cn/201624/4754dff9-669d-4314-66d3-f31ec72d2638.html。

成共识。2015年，习近平访问土耳其期间表示双方将共同签订政府间《共同推进"一带一路"建设谅解备忘录》。中土首次外长磋商机制会议上，"中方表示全面落实两国元首达成的重要共识，推动中土战略合作关系不断向前发展。通过共建'一带一路'，充分挖掘彼此潜力优势。双方一致同意，全面落实去年以来两国元首三次会晤共识，落实中土政府间合作委员会机制首次会议成果，推动两国战略合作关系取得更大发展，深入对接'一带一路'和'中间走廊'倡议。"① 在"一带一路"的战略机遇下，土耳其在中国的对外贸易中将占据越来越重要的地位，中土贸易关系在可以预见的未来会更加紧密，土耳其局势的变化会直接影响中国在土经济利益与"一带一路"建设的推进。

二 土耳其军事政变及其原因分析

（一）土耳其的军事政变及其结果

在土耳其共和国早期政治实践中，军方享有特殊的宪法地位，军方发动政变实际上相当于宪法惯例。土耳其自1946年施行多党民主后，军队主导了多次政变，分别于1960年、1971年、1980年以及1997年实行了军事干预。土耳其时间2016年7月15日晚间，土耳其军方发动军事政变，"军方组织发表声明，称已掌控国家政权。"② 当地时间16日凌晨，土耳其政府宣布局势"基本上得到控制"，军事政变被挫败。政变结束后，土耳其总统埃尔多安称土耳其将实施3个月的紧急状态，政变肃反阶段大量军、政、司法、教育人员被逮捕或解职。此次军事政变只持续短短数个小时，但其根源则是长期积累的一系列深层政治危机。由于土耳其军方在历史以及现实中的

---

① 《王毅与土耳其外长查武什奥卢举行中土外长磋商机制首次会议》，外交部，2016年11月14日，http://www.fmprc.gov.cn/web/wjbz_673089/zyhd_673091/t1415136.shtml。
② "Turkey's coup attempt: What you need to know," BBC New, July 17, 2016, http://www.bbc.com/news/world-europe-36816045.

特殊地位，政府长期处于被军方监护的地位，在一定条件下，军政矛盾由激烈的政治斗争升级为武装冲突。

（二）土耳其军事政变的原因分析

1. 宪法问题是军事政变的根本原因

作为现代国家，土耳其政治斗争的主场是议会而非街头，政治斗争的利器是宪法而非坦克。在2016年7月15日政变发生之前，埃尔多安政府与政变集团围绕着1982年宪法修改问题，展开了多轮激烈的政治攻防。截至2013年，1982年宪法已经经历了17次修改。土耳其现行的1982年宪法是军事政变的产物，确立了军方势力"共和国监护人"与"世俗主义捍卫者"的特殊地位。2001年，埃尔多安领导的正义发展党（正发党）经选举上台执政后，与军方势力围绕1982年宪法修改问题进行了政治缠斗。

正发党2001年正式成立，2002年就以363席成为议会第一大党，该党获得执政地位后较好地适应了土耳其1982宪法确立的议会民主制政体，充分运用议会政治规则巩固执政地位，积极发起修宪政治攻势。从2004年至2010年，正发党逐步瓦解了军方对总统、内阁、最高军事委员会、宪法法院、最高法官检察官委员会、高等教育委员会的控制。在此过程中，正发党与军队内外的反对派展开了尖锐的政治斗争，重要修宪活动始终伴随着政变风险。

军方通过的1982年宪法设定的宪政规则存在漏洞，无法适应议会民主制的发展变化。根据1982年宪法确立的宪政原则，军队、司法、教育系统应当保持政治中立，尤其是武装力量不能参与党派活动，军队实际上选择控制重要国家权力而让出了议会。这种政治安排在军方控制权巩固时期尚能维持政治平衡，但是，在议会民主制获得空前发展，且正发党等草根政党获得了议会控制权之后，军方势力实际上就失去了在议会民主规则下开展议会政治斗争的能力。尤其是经2010年的26条宪法修正案，改组宪法法院等重要权力机构，军方势力已经无法在宪法框架下合法抗衡正发党。

2. 土耳其主要政党之间存在严重的政治分歧

首先，执政党与在野党未能就重大宪法问题达成政治共识。在2016年之前的十年间，土耳其大国民议会内部始终对修宪活动存在严重分歧，历次重大修宪活动均非通过议会党派联合的方式实现。尤其是2015年的组阁政治危机，使议会党派政治分歧达到了历史峰值，导致了二次组阁的政治危机。2016年2月以来，各党派在总统制问题上形成尖锐分歧，议会党派分裂进一步加深。

正义与发展党提出了21条实施总统制的主要理由：（1）总统制有利于克服议会民主制的内在缺陷。议会内阁制政党联合执政的局面，往往因为政党分歧导致内阁垮台，总统制可以避免这种国家政治危机。总统制有利于提高执政党的包容性进而克服党派私利。总统制有利于克服议会内阁制带来的严重官僚主义等。（2）总统制并不必然破坏民主制度。国际政治实践表明总统制可以和民主制度和谐共存，总统制并不必然破坏权力分立原则，其采取的普选方式更好地体现了人民主权等。（3）总统制符合土耳其紧迫的政治需要。总统制有利于提高国家行政效率、粉碎各种政变企图、应对外部安全威胁，为国家经济发展奠定了基础。（4）总统制在土耳其已经具有政治基础。土耳其多位前领导人均主张实施总统制，且土耳其的政治实践实际上已经处于议会制向总统制的过渡之中，如不全力推进总统制将导致总统与总理之间的结构性矛盾。最后，以往的总统制过渡实践保障了土耳其的稳定与发展，且有力地粉碎了军事政变。①

其次，土耳其议会主要政党对于正发党要求实施总统制的理由并不认同，并进行了针锋相对的斗争。共和人民党认为当前的总统制方案具有破坏民主制度的重大危险：总统权力不成比例的扩大将导致人治，总统制方案没有体现国际社会民主实践中的权力分立原则，总统权力缺乏具体的制衡机制，议会与司法对行政权的制衡遭到了严重削弱，上述问题决定了总统制将

---

① "The AK Party's arguments for a presidential system in Turkey," TRTWORLD, Apr. 16, 2017, http://www.trtworld.com/referendum/the-ak-partys-arguments-for-a-presidential-system-334862.

导致独裁。① 人民民主党同样坚决反对总统制方案，认为目前的总统制将导致独裁，尤其是在部分 CHP 议员被拘留期间通过重大修宪活动推行总统制，是对民主制度的破坏，为此，本党宣布将在议会及可能的全民公投中投反对票。②

3. 正发党推动总统制受阻

正如正发党在推行总统制的政治声明中所言，土耳其已经事实上开始了向总统制过渡的政治实践。埃尔多安担任首届全民直选总统之后，内阁总理的权力已经开始向总统转移，且总统与内阁总理同属于正发党，党内协调也加剧了这种权力转移，总统的地位与权力实际上超越了总理。

实际上，上述事实上的总统制改革实践亟须获得宪法的确认，然而，由于议会主要政党在总统制问题上的尖锐对立，且 2002 年之后正发党议会席位始终低于独立启动公投的 363 席，导致通过修改宪法确认总统制改革实践的法律进程始终难以启动。这种局面，不仅不利于国家权力结构的稳定，而且给了军方和反对派以埃尔多安总统破坏法治的口实。正发党基于紧迫的政治需要，逐步加强了修宪确认总统制的尝试，甚至提出彻底废除 1982 宪法制定新宪法的路线图和时间表，在此过程中各方政治矛盾开始尖锐化。至 2016 年，埃尔多安政府明显加快了制定新宪法的步伐，1982 年宪法的存废和军方势力的命运取决于正发党的利益评估与战略规划，这种人为刀俎我为鱼肉的局面，是军方冒险发动政变的重要原因。

4. 较好的经济形势与"零问题"外交局面等重要政绩为埃尔多安政府赢得了民心

埃尔多安担任总理的 13 年间，政府的高民意支持率很大程度上得益于土耳其较好的经济形势与睦邻友好的外交局面。国内外较好的经济和政治局

---

① "The CHP's arguments against constitutional changes in Turkey," TRTWORLD, Apr. 16, 2017, http://www.trtworld.com/referendum/the-chps-arguments-against-constitutional-changes-334914.

② "Why the HDP doesn't support the proposed amendments in Turkey," TRTWORLD, Apr. 13, 2017, http://www.trtworld.com/referendum/here-is-why-hdp-doesnt-support-amendments-in-turkey-334893.

势，顺应了土耳其作为新兴经济体的增长需要，也满足了土耳其作为凯末尔民族主义国家的民族自尊心，从而将广泛的社会群体团结在正发党的周围。

经济上，数据显示，"正发党执政的2002~2012年度，土耳其城市化程度急剧上升，外贸和金融进一步开放，国年均经济增长率为7.5%，并与欧盟（EU）标准协调了许多法律法规，大大扩展了公共服务机构。土耳其也从2008/09年度的全球危机中恢复过来。在此期间土耳其国内贫困人口减少一半，极端贫困人口快速下降。"（见图1）①

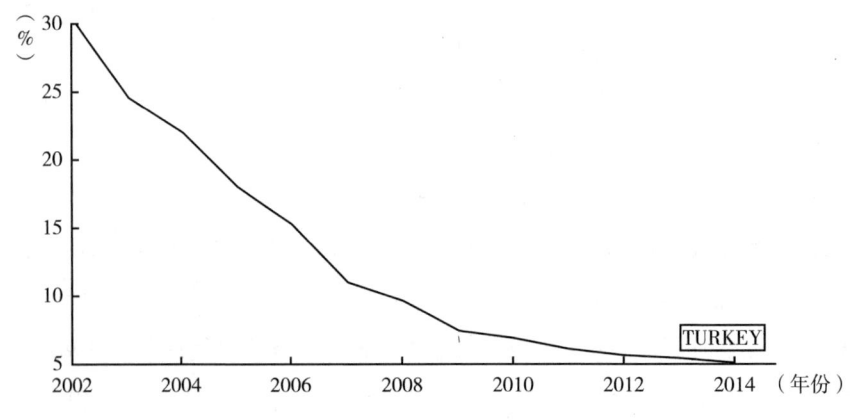

图1 近年来土耳其人口贫困率

资料来源：World Bank。

2002~2011年，土耳其国内生产总值由232.535亿美元达到823.257亿美元（见图2）。人均收入从2002年的3470美元达到2013年的10800美元。良好的国内经济形势为正发党赢得了丰厚的政治资本。

外交方面，在2002年埃尔多安上台后，政府开始改变外交政策，化解与周边国家之间的矛盾，实行"零问题外交"策略。2009年之后，土耳其政府在不同程度上改善了与伊拉克、伊朗、叙利亚的关系，与塞浦路斯和亚美尼亚的合作关系进一步加强，多领域深化交流合作。

---

① "Country Context: TURKEY," World Bank, Apr. 20, 2017, http://www.worldbank.org/en/country/turkey/overview.

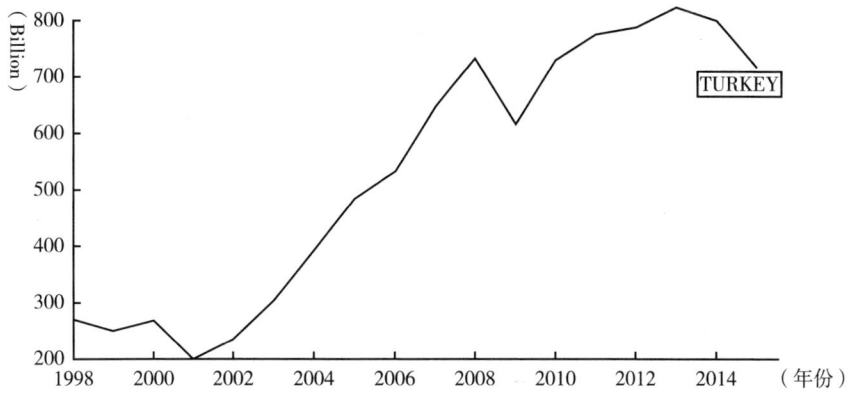

图 2　土耳其近年来国内生产总值的变化

资料来源：World Bank。

5. 土耳其国内、国外安全形势同步恶化

从 2015 年下半年开始，土耳其内外安全形势出现逆转。首先，国内安全形势恶化。恐怖袭击与武装冲突频发，繁荣与稳定的社会局面遭遇挑战。2015 年 10 月，安卡拉车站附近的和平集会受到"伊斯兰国"袭击，有 100 多人死亡；分裂组织"库尔德自由之鹰"进行了一系列血腥袭击，在安卡拉造成重大平民以及警察和士兵伤亡。据统计，"2016 年土耳其境内遭受 269 次袭击事件。土耳其人自己已经害怕去购物中心，但是面对暴力，土耳其人仍然坚持反对。"[①]

其次，遭遇周边外交危机。一方面，土耳其的叙利亚政策遭遇挫折。叙利亚战争初期，土耳其在一定程度上与欧、美协调叙利亚政策，在政治上将推翻巴沙尔政权作为重要目标，在行动上对叙北地区反对派提供了多种支持。随着战事的持续，特别是"伊斯兰国"的崛起，欧美开始调整叙利亚政策，将叙利亚政策的首要目标调整为打击和消灭"伊斯兰国"。对于美欧而言，叙利亚政策只是其全球反恐战略的一个组成部分，可以伴随全球战略

---

① Paul Kirby, "Turkey violence: How dangerous is Turkey's instability?," BBC News, January 5, 2017, http://www.bbc.com/news/world-europe-34503388.

利益适时调整。对于土耳其而言，调整叙利亚政策则关乎国内安全的全局性和战略性问题，可谓牵一发而动全身，其政策灵活性远不及美欧。土耳其被动调整叙利亚政策的过程中，导致国内诸多安全和政治问题。另一方面，俄罗斯强力介入叙利亚战场，"击落战机事件"引发土俄双边外交危机。2015年11月4日"击落战机事件"后，土耳其贸然陷入与俄罗斯的全方位地缘政治对抗，且遭受俄罗斯多重经济制裁，"直接导致'土耳其对俄罗斯的出口在2016年1月下滑三分之二，另外还有一些'不可见出口'——建筑、旅游、运输等，这些领域的年度总额为150亿美元，其中旅游业约为45亿美元。"①

6. 埃尔多安政府与居伦运动矛盾尖锐化

正发党与居伦运动同属于温和派伊斯兰复兴运动力量，居伦运动是一个以居伦为核心的松散的宗教团体，在土耳其教育、金融、出版、文化等行业占据重要地位。在早期参与社会运动的过程中，都借助伊斯兰宗教挑战军人政权的世俗化原则。正发党采取温和伊斯兰政党的议会斗争路线，居伦运动采取伊斯兰团体的社会运动路线，2002年前后，正发党占据了议会，成功成为执政党；居伦运动占领了社会，拥有大量的教育资源和精英群体。2012年之后，正发党与居伦运动由分歧、分裂走向公开对立。居伦运动的重要社会力量如教育、司法、安全等系统根据法治原则秉承党派政治身份中立，恰恰成为正发党影响力的薄弱环节。

7. 埃尔多安对俄政治让步引发土耳其军方强烈不满

土耳其军政矛盾长期存在，政府与军队内部的反对势力缺乏政治互信，政府加快向俄罗斯政治让步，激化了政府与军队之间的矛盾。土耳其军政矛盾早已超越了法律斗争，军队多次策划政变，政府则多次以图谋政变的罪名逮捕、清洗军队高层。例如，"在2010年，土耳其当局以涉嫌策划军事政变为由，逮捕了包括原空军司令、原海军司令在内的多名退役或在职军方高

---

① 《俄驻土大使：俄在等土对击落战机道歉严惩肇事者并赔偿损失》，俄罗斯卫星网，2016年2月9日，http://sputniknews.cn/politics/201602091018012217/。

官；2011年，土耳其检察机关以密谋推翻政府为由对众多现役和退役军官进行调查，其中包括将军和上校等高官，检察机关还以涉嫌通过互联网发起反政府活动的罪名下令逮捕22名高级军官。"①

埃尔多安与军方在处理"击落战机事件"上的尖锐分歧成为政变导火索。"击落战机事件"发生后，俄罗斯总统普京为双边关系正常化设定了"道歉、赔偿和惩处凶手"三原则。进入2016年，土耳其政府基于紧迫的政治需要，加快了与俄罗斯恢复关系正常化的努力。6月27日，埃尔多安单方面做出重大政治让步，正式向俄总统普京致道歉信。6月29日，埃尔多安与普京举行电话会谈，宣布计划8月初访问俄罗斯。但埃尔多安政府向俄罗斯作出重大政治让步的举动，造成了军方的强烈不满，可能遭受的惩处也引发了军队相关人员的极大不安。军方反对势力遂即仓促启动了政变。7月28日，"土耳其前总理达武特奥卢声明对击落事件负政治责任"②，扫清了埃尔多安访俄的最后障碍。

三 后政变时代土耳其宪政现状及对中国的影响

（一）后政变时代土耳其的宪政现状及对中国的影响

1. 宪法修正案公投虽获通过但社会分歧依然明显

2007年正发党宣布推动制定新宪法，2014年埃尔多安通过大选成为首任直选总统，宣布推行总统制改革。2017年1月21日，土耳其大国民议会投票通过对宪法修正案进行公投；2017年4月27日，土耳其最高选举委员会正式公布公投以51.41%的支持率通过包括总统制改革的

---

① 李艳枝：《试析土耳其文官政治与军人政治的博弈——基于正义与发展党的执政实践》，《西亚非洲》2012年第2期，第106页。
② "I ordered military to down any jet coming from Syria: Former PM Davutoğlu," daily news, July27, 2016, http://www.hurriyetdailynews.com/i-ordered-military-to-down-any-jet-coming-from-syria-former-pm-davutoglu.aspx? PageID=238&NID=102153&NewsCatID=338.

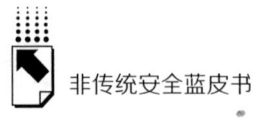

宪法修正案。①

在4月16日的公投中,"高级选举委员会(YSK)在投票结束之前在网站上公布了一份声明,表示会将其官员没有盖章的选票计数为有效,除非他们被证明是欺诈性的。"② 因此,围绕着YSK这一决定的合法性之争在公投结束后持续至今日。

土耳其议会第二大党共和人民党是对公投结果的主要反对者,并向国内相关机构和欧洲人权法院提出上诉,"土耳其总理比里尼·耶尔德里姆(BinaliYildirim)领导的主要反对党共和党人民党(CHP)4月18日开始争取取消全民投票。土耳其最高选举委员会主席4月19日发表短讯,表示将对4月16日的全民投票作出反对。律师协会表示,选举委员会最后决定在全民投票中允许无盖章选举的选票显然违反了法律。"③"土耳其选举委员会(YSK)和土耳其法院、国务委员会已经拒绝听取CHP呼吁。"④

宪法修正案及总统制改革以微弱的优势通过,进一步加剧了土耳其社会和党派政治共识的撕裂,目前,宪法公投的余波依然波动着土耳其政局,党派对抗仍在继续。

2. 总统开始全面掌控土耳其军政大权

依照修正案,总统埃尔多安已经在法律上和事实上成为国家军政权力的掌控者,总理职位将被撤销,军方在司法系统的权力遭到全面缩减,正式从国家司法系统退出,包括军事法院只能处理军事人员;军方成员从宪法法院

---

① "Turkey's constitution:18 current and proposed changes," TRTWORLD, Apr. 13, 2017, http://www.trtworld.com/referendum/the-constitutional-amendment-18-changes-334921.

② "Turkey's CHP questions electoral board decision on unstamped ballots," TRTWORLD, Apr. 16, 2017, http://www.trtworld.com/turkey/turkeys-chp-questions-electoral-board-decision-on-unstamped-ballots-337370.

③ "Turkey's main opposition party seeks annulment of referendum," TRTWORLD, Apr. 19, 2017, http://www.trtworld.com/turkey/turkeys-main-opposition-party-seeks-annulment-of-referendum-338767.

④ "CHP lawmaker appeals to European court over Turkey's referendum," TRTWORLD, Apr. 28, 2017, http://www.trtworld.com/turkey/chp-lawmaker-appeals-to-european-court-over-turkeys-referendum-344985.

撤职，其成员人数从17人减少到15人；军事上诉法院，军事高级行政法院和法院武装部队都被废除。此外总统权力将及于议会，修正案规定总统可以为议会政党成员。"此前，总统直接隶属于一个政党是不符合宪法的，然而，4月16日的全民投票允许总统成为一个政党的成员，贝利尼·耶尔德里姆总理表示，总统埃尔多安将于5月21日在特别大会上被提名成为AK党的主席。"①

（二）土耳其进一步加强与中国的交往和合作

土耳其总统制改革时间处于中国"一带一路"建设关键机遇期，实行总统制后的土耳其将进一步加深与中国的合作与交往。

在经济上，中国与土耳其共同主张"'一带一路'建设项目与'中间走廊'项目进行对接"②，在土耳其通过总统制改革的一个月后，中国在北京举行"一带一路"高峰论坛，该论坛被有关国家认为是"重要的分水岭，可将其称作转向实际落实项目的'截止点'。"③ 2017年5月14日，"一带一路"论坛上习近平宣布"中国已经确立'一带一路'建设六大经济走廊框架，"④ 其中包括涵盖土耳其在内的中国—中亚—西亚经济走廊。在5月13日两国领导人的会晤中，"中方表示继续推进'网上丝绸之路'经济合作，促进双方政策沟通、设施共建、产业合作，推动两国贸易平衡发展。土方愿同中方在'一带一路'建设框架下加强投资、交通运输网络、基础设施建设等合作，欢迎中国企业赴土耳其投资。"⑤ 在未来几年，中土双方在

---

① "Erdogan rejoins Turkey's governing AK Party," TRTWORLD, May 2, 2017, http://www.trtworld.com/turkey/erdogan-rejoins-turkeys-governing-ak-party-347856.
② 《王毅与土耳其外长查武什奥卢举行中土外长磋商机制首次会议》，外交部，2016年11月14日，http://www.fmprc.gov.cn/web/wjbz_673089/zyhd_673091/t1415136.shtml.
③ 《俄专家："一带一路"论坛将加速落实丝路经济带与欧亚经济联盟对接的具体项目》，俄罗斯卫星网，2017年5月11日，http://sputniknews.cn/economics/201705111022596661/。
④ 《习近平在"一带一路"国际合作高峰论坛开幕式上的演讲》，新华网，2017年5月14日，http://news.xinhuanet.com/2017-05/14/c_1120969677.htm.
⑤ 《习近平同土耳其总统埃尔多安举行会谈》，新华社，2017年5月13日，http://news.xinhuanet.com/politics/2017-05/13/c_1120967607.htm.

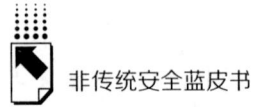

上述领域达成的共识将逐步落实，经济联系会进一步加深。

在反恐合作上，2017年5月14日，埃尔多安在"一带一路高峰论坛会议"上表示："这个倡议将终结恐怖主义，这种合作模式将惠及各方。"① 在已有的合作机制之下，双方再次在5月13日的会议上强化了深化安全反恐合作的共识。在"一带一路"建设的基础上，双方共同利益将逐渐扩大，反恐共识将更加牢固，双方将会有更多的合作契机。

在地区安全上，中土双方在维护叙利亚地区稳定上达成基本共识。中国一贯主张在联合国政治和谈进程主导下解决叙利亚问题，在2017年5月13日中土两国领导人会晤中，"习近平指出，一个和平、稳定、发展的中东符合国际社会共同利益。中方愿同有关各方加强沟通，推动中东早日实现和平稳定。埃尔多安也表示，土方愿就中东局势同中方保持沟通。"② 2016年年底，叙利亚各方在俄罗斯和土耳其的斡旋下达成叙利亚停火协议，土耳其、俄罗斯和伊朗成为叙利亚停火担保国，截至2017年5月20日，叙利亚和谈进行到第六轮。2017年5月4日，俄罗斯、土耳其和伊朗三个担保国签署了在叙设立4个冲突降级区合作备忘录，土耳其方面欢迎达成的协议。联合国叙利亚问题特使德米斯图拉表示，"签署设立4个冲突降级区合作备忘录是迈向实际停火'方向正确的一步'。"③ 土耳其对叙利亚停火进程所做的努力符合联合国有关解决叙利亚问题的决议精神，中国在此基础上与土耳其进一步凝聚共识，促进中东地区和平进程的空间是存在的。

（致谢：感谢四川师范大学法学院2015级学生陈攀为本文所做的资料整理工作。）

---

① 《土耳其总统雷杰普·塔伊普·埃尔多安表示，"一带一路"倡议还有助于战胜恐怖主义》，俄罗斯卫星网，2017年5月14日，http：//sputniknews.cn/economics/201705141022615373/。
② 《习近平同土耳其总统埃尔多安举行会谈》，新华社，2017年5月13日，http：//news.xinhuanet.com/politics/2017-05/13/c_1120967607.htm。
③ 《德米斯图拉：签署设立4个冲突降级区合作备忘录是迈向停火的一步》，俄罗斯卫星网，2017年5月4日，http：//sputniknews.cn/politics/201705041022536851/。

·外源性非传统安全研究·

B.10
中国周边水资源安全问题的现状与解决对策*

李志斐**

摘　要： 水资源是国家生存和发展的基本保障条件，是一种具有稀缺性的战略资源。随着经济发展、人口增加和气候变暖的影响，水资源安全问题开始在中国周边密集爆发，成为影响中国周边安全与周边关系构建的一个重要的安全性问题，如何推动水资源安全事关亚太地区的稳定与发展。本文从中国周边安全的视角，系统分析水资源安全问题的非传统安全特性与国际效应，探索中国如何一方面发挥地区性负责任大国的作用，进行水资源安全战略与机制的构建，提升水资源治理能力；另一方面发挥水资源的外交"抓手"作用，在周边安全环境构建中发挥中国的战略优势，为总体国家安全战略服务。

关键词： 水资源　非传统安全　周边关系

---

* 本文系国家社会科学基金一般项目"气候变化与亚太水资源治理"（项目批准号：16BGJ057）、教育部人文社会科学研究青年基金项目"中国与周边国家之间的跨境水资源安全问题研究"（项目批准号：15YJC810008）的阶段性成果。
** 李志斐，博士，中国社会科学院亚太与全球战略研究院副研究员，北京大学国际关系学院博士后。

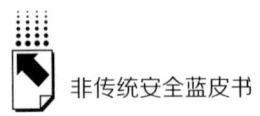

一 水资源安全的复合性非传统安全特性

（一）水资源安全的含义

水资源是一种创造生命、维持生命和提高生命质量的资源，因为其具有不可替代性以及不能像石油、天然气和稀有矿石那样进行国际贸易，所以会对其他自然资源形成挑战。① 水资源安全，是一种确保维持生命和生活足够用水，防范来自水的威胁，以及对水形成威胁的一种能力。水资源安全是捍卫经济发展和人类利益的关键，是一个国家力量和稳定的基础。② 国际现实已经证明，水资源安全是和国家安全、地区与国际和平捆绑在一起的。根据美国沃尔夫（Aaron. T. Wolf）等学者的研究，国家之间的水资源安全议题涉及水量分配、基础设施、合作管理、水力发电和水质等，其中大约45%的事件是关于水量分配的；其次是基础设施，大约占19%，关于合作管理和水力发电的事件的比例分别是12%和10%，有关水质的是6%。③

中国周边地缘政治环境复杂，水资源问题常常与政治、经济、社会文化、生态环境、国家安全等议题联系在一起，演变成一个复合性的非传统安全议题。当前，中国周边的水资源安全问题主要涉及水质污染、水量分配、水力开发、水域生态环境保护、水资源治理和区域发展五个方面。

（二）水资源安全问题的内源性非传统安全特性

1. 经济发展与水质跨境污染

中国的水污染状况普遍比较严重，东北地区60%以上的河流都已经遭

---

① Brahma Chellaney, *Water, Peace, and War*, Rowman&Littlefield, 2014, Pxi.
② The Center for Water Security and Cooperation, "Advancing Water Security", download from, http://www.ourwatersecurity.org.
③ Aaron. T. Wolf, Shira B. Yoffe and Mark Giordano, "International Water: identifying basin at Risk," *Water Policy*, Vol. 5, No. 1, January 2003, p. 41.

受污染。① 一些矿产开发和化工厂沿河而建,不断进行工业排污,导致河流污染严重,由于边境河流纵横交错,很容易造成连带污染,影响周边邻国的民生用水安全,引发中国与周边国家的水资源安全问题。此类问题在东北亚的松花江、东南亚的澜沧江—湄公河流域都存在。

比较典型的案例是2005年的松花江污染事件。松花江是黑龙江在中国境内的最大支流,2005年11月13日,中国石油天然气集团公司吉林石化分公司双苯厂(101厂)的苯胺车间发生爆炸,导致大约100吨的苯和硝基苯等污染物流入松花江,江水受到严重污染。6天之后,污染带汇入黑龙江,进入俄罗斯境内。12天之后,俄罗斯城市哈巴罗夫斯克(中国名为伯力)宣布切断水供应。俄罗斯方面认为,中国工厂排污与监管机构的失职给俄罗斯居民带来了灾难性的后果。哈巴罗夫斯克边疆区政府要求在抚远水道黑龙江一侧修筑围堰,防止污染水进入乌苏里江流域,以保障哈巴罗夫斯克市自来水系统取水口免受污染。

2. 水力开发与水资源分配争论

中国的跨国界河流多处于边界地区,水量和水力资源丰富,是流经地区经济发展和民生需求的主要水源来源。为了推动边界地区的经济发展和满足日益增长的国内电力需求,中国适度地加强了对跨国界水源的开发利用工作,在科学规划的基础上,修建了一定数量的水利基础设施,主要用于生产用水、蓄水发电等。但中国在上游河流段的水力开发行为引发了下游一些国家的忧虑,担心中国的开发利用会减少下游的水流量,并破坏生态系统的天然平衡,从而影响下游国家的用水安全和国家发展。较为典型的案例见表1。

(三)水资源安全问题的外源性安全特质

1. 气候变化与地区性水资源危机的加剧

相较于其他大陆(南极洲除外),亚洲国家的人均水资源占有率最

---

① Daming He, Ruidong Wu, Yan Feng, "China's Trans-boundary Waters: New Paradigms for Water and Ecological Security Through Applied Ecology", *Journal of Applide Ecology*, 2014, No. 51, p. 1162.

表1 中国周边的水资源分配问题分布

国家	河流名称	中国水力开发行为	周边国家态度(代表性言论)
中国与哈萨克斯坦、俄罗斯	额尔齐斯河 伊犁河	"635"引水工程、"一枢两渠"拦河引水枢纽工程	哈萨克斯坦首任驻华大使穆拉特·敖艾佐夫:"在中国的新疆维吾尔自治区,政府有目的地安排汉人定居……而汉人是传统的农耕人,他们大量使用水和除草剂。那些流到我们这里的水,已经都是被污染过的了。中国在额尔齐斯河上修建了庞大的水库,现在任何时候都能停止向哈萨克斯坦供水,或者只是供给他们认为合适的数量。这是真正意义上的'水敲诈'"①
中国与缅甸、泰国、柬埔寨、越南和老挝	澜沧江—湄公河	修建8座大型水电站,其中包括漫湾、大朝山、景洪、小湾、糯扎渡、功果桥、橄榄坝和(孟)力松水电站	"中国在上游修建水坝,调节水流量,可以控制其他国家的经济和政治。中国可以把对跨国界水资源的利用和'对水资源利用形成的威胁'作为一件有效工具,来牵制南亚、东南亚等亚洲国家"②
中国和印度	雅鲁藏布江—布拉马普特拉河	修建藏木等水电站	"中国在雅鲁藏布江筑坝蓄水,一旦开闸放水,江水奔腾而下倾泻到印度平原,印度必将成为沼泽之国,中国的藏木水电站就像悬在印度头上的一颗水炸弹,其威力超过中国的二炮部队"③

资料来源:①《俄罗斯对中国中亚的看法》,2009年12月31日《共青团真理报》,http://www.docin.com/p-128952533.html。

②"River Runs Through it",http://timesofindia.indiatimes.com/home/opinion/edit-page/River-Runs-Through-It/articleshow/6320762.cms,最后访问时间:2010年12月20日。

③"River Runs Through it".http://timesofindia.indiatimes.com/home/opinion/edit-page/River-Runs-Through-It/articleshow/6320762.cms。

低。① 受气候变化的影响,水资源安全问题给亚洲国家的安全压力正日益加重。澜沧江—湄公河流域在过去的30~50年,极端天气现象增多。② 2010年发生的罕见大旱一度使澜湄水资源安全问题成为国际热点,湄公河一些国

---

① Moore Scott, "Climate Change, Water, and China's National Interest," *China Security*, May, 2009, pp. 25-39.

② Intergovernmental Panel on Climate Change (IPCC), "*Working Group II Contribution to the IPCC Fifth Assessment Report, Climate Change 2014: Impacts, Adaptation, and Vulnerability*", downloaded from, http://www.ipcc.ch/report/ar5/wg2/.

家的民众和社会组织"谴责"大旱是中国在澜沧江修建大坝所致,美日等西方媒体趁机"跟进",炒作中国"大坝单边主义",炮制出"中国水武器论",中国的国际压力激增。

而在南亚和中亚地区,气候变暖加快了喜马拉雅冰川和帕米尔高原冰川以及天山雪山的融化和消失,联合国政府间气候变化专门委员会(IPCC)预测,喜马拉雅山的冰川规模至2050年可能减少大约25%。① 南亚地区近10亿人面临着失去水源供应的危险,② 中亚地区的水资源在15~20年后将减少1/3,五千多万人口将面临灾难性缺水③。在此种大背景下,南亚和中亚地区人口膨胀与社会经济需求和水资源短缺性危机的矛盾将日渐尖锐,不仅严重影响地区经济的发展,更会激化国家之间的水矛盾和水问题,一旦管控不好,水冲突发生的可能性将大大增加。

2. 周边国家的水资源相对短缺与依赖程度差异

以瑞典斯德哥尔摩国际水资源研究所(SIWI)学者马林·法尔肯马克(Malin Falkenmark)制定的"水稀缺指标"作为参考标准,通过统计中国周边国家的淡水资源量和对外部水资源的依赖率,可以看出,南亚地区的印度、中亚地区的哈萨克斯坦、东北亚地区的朝鲜这三个国家的年人均可使用淡水资源量都低于1700立方米,属于典型的水资源紧张型国家。而人均淡水量丰富的孟加拉国、柬埔寨、泰国和越南等国的水资源多来源于跨国界河流,对外部水资源的依赖率普遍超过40%(见表2)。周边邻国的这种先天条件,很大程度上决定了其在水资源安全认知上的敏感性,对于中国在上游的用水和开发行动非常"警惕",或者在舆论上发动"攻势",制造国际舆论向中国施压,或者呼吁和推动与中国的双边合作,力图通过机制建构制约中国的单边行动,确保自身的水资源安全。

---

① "The Regional Impacts of Climate Change: An Assessment of Vulnerability," *Intergovernmental Panel on Climate Change*, 1997, p.14.
② 《喜马拉雅冰川加速融化南亚十亿人恐失水源》,http://www.china.com.cn/news/txt/2008-11/26/content_16832644.htm,2014-05-06。
③ 琳达:《中亚水资源纠纷与由来》,《国际资料信息》2009年第9期,第26页。

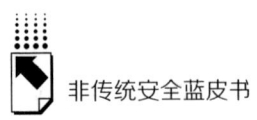

表2 中国与周边国家的淡水资源使用情况

国家	年人均可使用更新淡水资源量（m³/人/年）	对外部水资源的依赖率（%）
阿富汗	2242.4	15
孟加拉国	8651.8	91
不丹	109859.2	—
柬埔寨	31634.5	75
中国	2011.2	1
印度	1573.5	34
朝鲜	1437.1	—
老挝	51801.2	—
蒙古国	12888.9	0
缅甸	23128.7	16
尼泊尔	7041.9	6
泰国	6436.7	49
越南	9929.2	59
俄罗斯	—	—
塔吉克斯坦	3097.6	—
土库曼斯坦	4787.6	—
哈萨克斯坦	—	31
吉尔吉斯斯坦	4252.3	—
乌兹别克斯坦	1759.6	77

资料来源：The World's Water，http：//worldwater.org/。

（四）水资源安全的复合性安全特性

水文地理的整体性、政治界限的分属性、水源与鱼类等资源的自由流动性，决定了流域国在水资源的使用上会存在利益诉求差异和冲突发生的可能性。尤其是一旦水资源问题和领土争端等问题交织在一起的，就具有了一定的传统安全特性，成为一个复合性的安全问题。

中国和印度之间共享有几十条跨国界河流，同时存在领土纷争。"藏南地区"是中印边界东段的争议领土，被印度实际占领并于1986年在此设立"阿鲁纳恰尔邦"。流经藏南地区的河流包括雅鲁藏布江、卡门河、丹巴曲、察隅河等，水力资源丰富。在印度看来，全国40%的可开发水电资源蕴藏于"阿鲁恰尔邦",①其可以被打造成全国的发电站,②水能资源开发潜力高达50328兆瓦,印度计划在该"邦"修建几百个水电站,开发93.78%的水能资源,其中上泗昂水电站的规模堪比中国的三峡大坝。③

印度的水资源开发行为会不断加强其对藏南地区争议领土的实际占有,与此同时,印度近些年一直在致力于提升该地区的军事武装能力,组建"阿鲁纳恰尔侦察营",在中印边界的空军基地部署大批战斗机。印度这种"软""硬"兼施的占有行为,增强了与中国的水源争夺力量,④强化了对争议地区的实际控制能力。

二 水资源安全的周边认知与国际效应

(一)威胁认知与国际舆论

从20世纪90年代开始,随着中国综合国力和国际影响力的不断提升,"中国威胁论"就产生并不断发酵,逐渐"细化"成名目繁多的"威胁论",其中"中国水威胁论"就是一个"著名代表"。现在,"中国水威胁论"的传播范围已经国际化,但主要市场还是集中于周边地区与中国共享跨国界水资源的国家。它们的主要论据是:中国利用上游国家的地理优势,不顾下游国家的利益诉求,"毫无顾忌"地在跨国界河流的境内河流段上修建水坝、水渠等水利基础设施,加大对共享河流取水量和水利开发力度,导致了下游国家水流量减少、水质污染以及生态环境和渔业农业遭受破坏。中

---

① "Hydropower project facing problem of clearances", The Shillong Times, 2012.9.10. http://www.theshillongtimes.com/2012/09/10/hydropower - projects - facing - problem - of - clearances/.
② "Arunachal moots dam policy", The Telegraph, http://www.telegraphindia.com/1120802/jsp/northeast/story_ 15792767. jsp#. UldSMTWS0dV.
③ 李香云:《从印度水政策看中印边界线中的水问题》,《水利发展研究》2010年第3期,第70页。
④ 《汉和称印度向边境增派重兵强化对中国的军事部署》,http://news.xinhuanet.com/mil/2010 - 05/27/content_ 13568530. htm。

国的"单边主义"行为严重地威胁了下游国家的水资源安全、农业安全和能源安全,甚至国家安全。在某种程度上,水会成为中国实现国家利益的"生态武器",通过水资源的利用来牵制南亚、东南亚等国家,① 对此,下游国家应联合起来共同反对"中国水霸权"。②

"中国水威胁论"从本质上说是周边国家面对与中国在综合实力和地理位置双重的不对等,面对自身在水资源问题上的脆弱性和敏感性,而炮制出的一个向中国施压的"舆论武器"。这些国家企图通过制造损害中国积极正面形象的国际舆论,来施压和牵制中国的水资源开发利用行为,促使中国在水资源安全治理中担负责任。"水威胁论"的产生和发展,严重地破坏了中国负责任地区大国的形象,影响了社会大众对中国的客观认知,从长期看,非常不利于中国周边关系的发展。

(二) 机制利用与联合牵制

在水资源安全关系上,中国和周边国家之间是一种"非对称性相互依赖"的结构关系,加上中国在水资源问题上一直采取"低合作"态度,所以,一些周边国家认为有必要通过借助国际机制来制约中国的跨国界水资源利用行为,减少权力非对称性带来的脆弱性。

1. 在国际机制层面

《国际水道非航行使用法公约》(Convention on Law of Non-Navigational Uses of International Watercourses) 是迄今为止关于国际水道利用与保护方面最具影响力的公约,它由国际法委员会(International Law Commission)起草,于1997年联合国大会通过并发给各国批准和签署。自越南2014年5月19日成为该公约的第35个签约国之后,该公约于2014年8月17日正式生效,成为世界上首个国家间水资源合作的全球性法律框架。

---

① "River Runs Through it," http://timesofindia.indiatimes.com/home/opinion/edit-page/River-Runs-Through-It/articleshow/6320762.cms, 2014-02-05.

② Brahma Chellaney, "*Water: Asia's New Battleground*", Washington, D.C.: Georgetown University Press, 2011.

中国是仅有的三个投反对票的国家之一（另外两个是土耳其和布隆迪），中国反对的理由是该公约过分强调了上游国家的责任，要求一国将"计划采取的措施"通知他国并进行协商和谈判，以及在存在争议的情况下允许调查委员会强制介入调查。公约的这些规定会约束上游国家对共享水源的开发。所以，国际社会普遍认为，中国作为跨国界水资源丰富的国家，应该加入《国际水道非航行使用法公约》，遵守并按照公约的相关规定来使用共享水源。

2. 在地区机制层面

除了2015年底成立的澜沧江—湄公河合作机制（Lancang-Mekong Cooperation Mechanism），中国一直没有加入与水资源管理相关的区域机制，但是周边国家不断呼吁中国能够加强多边性的水资源合作，希望借助机制化力量，在权利和义务上牵制中国行为。以中国和湄公河委员会（Mekong River Commission，以下简称湄委会）的关系为例。湄委会是湄公河地区专门致力于水资源管理与可持续发展的机制，自1995年以来，就一直力邀中国加入，但中国始终是拒绝的态度。在中国看来，湄公河国家因国家财政能力有限，湄委会的运行资金很大一部分需要依赖美日等域外国家的捐助。因为委员会实行捐赠人驱动机制，因此湄委会的很多日常活动会体现捐赠人的意图，在这种情况下，湄委会就不可能充分代表流域国对于本流域的管理意志。另外，中国一旦成为湄委会成员国，就势必需要遵守其相关规定与原则，就必须与其他国家分享流域以及水利开发的相关技术信息，开发行动不可避免地会受到制约和干预。为此，中国一直以来都作为观察员国，有限地开展与湄委会的互动。

（三）域外介入与战略影响

水是一个事关社会发展、外交和国防的战略性资源，[①]在水资源安全问题不断凸显的情况下，水资源安全治理成为亚洲各国政府和民众关心的重要

---

① Marcus DuBois King, "Water, U. S. Foreign Policy and American Leadership", October 15, 2013. https://elliott. gwu. edu/sites/elliott. gwu. edu/files/downloads/faculty/king - water - policy - leadership. pdf.

议题。基于亚洲重要的地缘价值和全球战略需要,美国和欧盟等域外主体纷纷将介入亚太地区,尤其是中国周边地区的水资源安全治理作为亚太外交的重要内容。这些域外实体介入的背后是其全球战略的综合考量,力图抓住关乎亚太发展的关键领域——水,通过影响水资源安全治理模式和规则建设,推行其价值观"落地生根",从长远获得和提升在亚太地区的存在感和影响力。

水一直是美国全球发展战略和外交的重要内容,[①] 亚太地区是水发展援助的第二大地区,美国国会公布的信息显示,从2008年到2011年,美国用于亚太水资源治理的资金高达40.6亿美元,集中于水资源供应和水环境卫生两大领域,通过提升当地的水资源治理能力来推动农业可持续发展和粮食安全,改善民众健康状况。[②] 2009年奥巴马入主白宫之后开始实施"重返亚洲"战略,"美湄合作"是实现"重返"的重要行动,启动了"湄公河下游行动计划"(Lower Mekong Initiative,LMI),协助柬埔寨、泰国、老挝、越南等湄公河国家更好地管理湄公河系统宝贵的自然资源[③],并于2010年向四国提供1.87亿美元支持[④],用于加强湄公河流域的相关水资源治理合作。在未来的相当长一段时间内,LMT会继续作为湄公河国家的水资源合作方,持续介入湄公河地区的水资源开发管理工作。笔者访谈美国相关人士得知,美国会持续推动湄公河国家的水利开发工作,在技术、人员和资金上给予大力援助和支持,寻求水资源的开发利用与可持续保护的平衡。

欧盟一向把水外交作为对外政策的重要支柱之一,中亚地区和湄公河流域是欧盟水外交战略的重点区域。欧盟通过统筹政治对话、架构建设、机制完善,建设了完整的水外交战略体系,力图基于欧洲水框架指令(WFD)

[①] Marcus DuBois King, "Water, U. S. Foreign Policy and American Leadership", October 15, 2013. https://elliott.gwu.edu/sites/elliott.gwu.edu/files/downloads/faculty/king-water-policy-leadership.pdf.

[②] USAID, "Water and Development strategy (2013-2018)", download from https://www.usaid.gov.

[③] Bureau of Public Affairs of the U. S. Department of State: "The U. S. and the Lower Mekong: Building Capacity to Manage Natural Resources", http://www.america.gov/mgck, Jan, 6th, 2010.

[④] Simon Roughneen, "US Dips Into Mekong Politics", http://www.atimes.com/atimes/Southeast_Asia/LH14Ae01.html.

的水立法的原则、规则和框架,向亚太国家提供一个如何建立水治理的地区联合的样板。①

2007～2013年,欧盟共援助中亚6738万欧元②。2012～2015年,欧盟援助中亚地区环境项目920万欧元,用于建设跨国界水治理地区合作与伙伴关系,内容包括分享欧盟水资源管理和流域组织建设经验,培养专业和高级别的水事人才等。③ 欧盟及其成员国目前已经成为湄公河流域最大的发展援助提供者,湄公河委员会公布的信息显示,其2011～2015年65%的战略计划预算来自欧盟及其成员国的捐助。欧盟2014～2020年对湄公河国家的双边资助提升到了17.07亿欧元,以帮助湄公河国家更好地应对水资源挑战。④

三 中国应对水资源安全的现实困境、认知发展与战略对策

(一)中国应对周边水安全的现实困境

1. 管理机制滞后

从整体上看,中国缺乏对跨国界性质的水资源管理进行足够的上层设计与战略规划。在中国,对于水资源管理的工作"分割"于十几个国家行政

---

① Tatjana Lipiainen, Jeremy Smith, "Interntional Coordination of Water Sector Initiatives in Central Asia", *EUCAM Working paper* 15, November 2013, P9. Available at: EUCAM_ WP15_ Water_ Initiatives_ in_ CA. pdf. 2016 - 03 - 22.

② Tatjana Lipiainen, Jeremy Smith, "Interntional Coordination of Water Sector Initiatives in Central Asia", EUCAM Working paper 15, November 2013, P9. Available at: EUCAM_ WP15_ Water_ Initiatives_ in_ CA. pdf. 2016 - 03 - 22.

③ "Regional Environment Program for Central Asia (EURECA)", http://ec. europa. eu/europeaid/node/1337_ en. 2016 - 06 - 01.

④ Ambassador Gerhard Sabathil, "Europe-Asia Dialogue on Water Management Policies Overview of Possible Future Common Action," http://eeas. europa. eu/asem/docs/20140602_ speech_ sabathil_ final_ en. pdf.

部门之中（见表3），管理部门的职能权限存在交叉，且权责不清，彼此之间在污染防治、防洪减灾、生态环境保护等水事务上缺乏充分、有效的沟通与协调，这一方面很容易造成与周边邻国的水资源问题的发生，另一方面很难高效地协调处理发生的水资源纷争事件。

表3 中国水资源管理体系

国务院系统	主要职能
全国水资源与水土保持工作领导小组	流域/地区水资源综合规划
水利部	全国水资源的统一管理,以地表水管理为主
环境保护部	水域环境保护
农业部	农业用水管理
能源局	水电开发管理
林业局	流域林业用水和资源保护
住房和城乡建设部	城市水资源开发与保护建设
国土资源部	地下水管理、保护流域的工程项目管理、海水管理
国家发展和改革委员会	水电项目审批
交通运输部	河流航运管理
卫生和计划生育委员会	居民日常饮用水监测与保护
财政部	防洪资金审批
气象局	大气降水预报与管理
科学技术部	水资源科学研究管理

资料来源：中华人民共和国中央人民政府网站，http：//www.gov.cn/guowuyuan。

2. 战略互信不足

周边与中国共享水资源的国家中，有三个"拥核国家"——俄罗斯、印度和巴基斯坦，四个军事大国——俄罗斯、印度、巴基斯坦和越南，有五个国家在第二次世界大战之后与中国发生过战争——印度、巴基斯坦、越南和柬埔寨。[①] 在如此复杂的地缘政治环境中，中国和周边国家之间的战略互信严重缺失。尤其是随着中国快速崛起，综合国力之间的差距日益拉大，很

---

① 参考 Robert G. Wirsing, Daniel C. Stoll, Christopher Jasparro, "International Conflict Over Water Resources In Himalayan Asia", England：Palgrave Macmillan, 2013, p.4.

多周边国家认为中国是一种安全威胁，需要借助美国等外在力量来平衡中国的影响力，最大限度地保障自身安全，同时又接受中国的投资和援助，推动与中国建立双面性水资源合作机制。周边国家这种"两面下注"的策略选择，反过来使中国在制定水资源合作政策的时候更加谨慎，注重从国家整体发展和安全的角度进行统筹考虑。

因此，战略互信的缺失是中国和周边邻国水资源合作水平较低的重要原因之一，目前的合作内容还基本上停留在局部河流段水文信息的有限分享上，涉及水资源开发利用以及水量分配等实质性合作还几乎没有展开。

3. 水外交与战略缺失

水外交是一个系统性、统筹性的对外交往事务，涉及一个国家的政治、经济、社会等诸多领域，水外交的执行主体需要综合外交、水利、环保、农业以及国家和地方的对外投资等多个部门与机构，并且有相关机构从国家层面对执行主体的对外行为进行统一协调。相较于美欧等国，中国目前还没有明确而系统的水外交战略，水外交的开展缺乏统一和长远的设计，外交策略上还多属于应急式、临时性的行为。每当中国和周边国家发生水争议时，通常是外交部门对外进行"简短"的回应和表态，其说服力有限，很难有效地回应周边国家的质疑，"驳斥""中国水威胁"的论调。

另外，中国在解决与周边国家的水资源安全问题上，倾向于双边方式解决，通过开展双边对话和协商，制定双边合作机制来解决共同面对的问题。在东北亚地区，中国和俄罗斯从2005年开始开展水质保护和防污染的合作；在中亚，中国和哈萨克斯坦在霍尔果斯水利联合开发、额尔齐斯河与伊犁河水量分配和科研技术等方面开展合作，建立了中哈利用和保护跨界河流联合委员会等机制性框架；在南亚，中国和印度、巴基斯坦、孟加拉国等国家开展关于雅鲁藏布江－布拉马普特拉河和朗钦藏布江－萨特累季河两条河流汛期水文资料信息共享合作；在东南亚，中国和湄公河国家在澜沧江－湄公河的汛期水文信息、湄公河水利开发、航运等方面开展了机制化的合作。从整体上，中国和周边国家的水资源合作还处于起步阶段，目前的机制架构尚不足以有效地解决和应对周边的水资源安全问题。

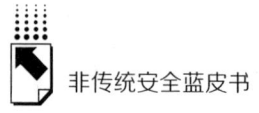

（二）中国对周边水安全的认知发展

1. 认知向复合化发展

中国国内对于水资源安全问题的认识，经历了一个从被动认识到主动认知的过程，从原来的简单认为水议题是一个国内议题，到现在意识到水事务是一个综合安全、发展和战略的综合性议题。

从安全性角度来讲。中国无论是在政府层面还是在政策分析与研究领域，普遍认为水资源安全问题已经日益发展成为一个事关国家关系和周边安全环境构建的非传统性安全议题。从2005年开始，中国注重从水资源安全维护的视角，同周边国家在水质污染、水量分配、水利开放等方面展开对话、协商与合作，努力推动水成为构建稳定周边的积极因素。

从发展性角度来讲。亚洲地区有30亿人口生活在跨国界河流流域，60%的人口生活与发展都依赖于跨国界水资源，水资源安全涉及一国的生活与生产用水、农业灌溉、渔业发展和生态环境保护等诸多发展议题，像东南亚的湄公河和南亚的布拉马普特拉河与恒河，都是该地区的"生命之河"，承担了80%的区域人口的生活与发展用水。现在，中国已经开始从区域合作发展与水资源安全议题集合在一起推动，代表性例证是2015年11月中国倡导建立的澜沧江—湄公河合作机制（以下简称"澜湄机制"），为东亚区域合作打造新的引擎"，[1] 并将机制的方向确定为在政治安全、经济与可持续发展以及社会人文领域开展务实合作，在地区综合治理中扮演重要角色。

从战略性的角度讲。中国正在逐渐认识到水资源安全与"一带一路"建设的具体推动息息相关。很多"一带一路"沿线国家面临着水资源污染和短缺等环境安全问题，这些问题已经成为影响中国海外投资能否成功的重要影响因素。在投资对象国政治状况不稳的情况下，中国的对外投资

---

[1] 《外交部部长王毅在2016年国际形势与中国外交研讨会开幕式上的演讲》，http://www.fmprc.gov.cn/web/zyxw/t1421108.shtml。

项目很容易成为其国内政治力量博弈的牺牲品，缅甸密松水电站以及柬埔寨等多个中国投资项目就在"影响当地环境安全"的理由下被政府叫停。"一带一路"建设在周边地区的实施，会涉及大量的资源开发与大型基础设施建设项目，为此，中国国家发展改革委、外交部、商务部联合发布《推动共建丝绸之路经济带和 21 世纪海上丝绸之路的愿景与行动》，强调生态文明理念的实施，加强生态环境、生物多样性和应对气候变化方面的合作，推动共建绿色、共赢的"一带一路"。① 可以看出，中国政府已经开发从国家战略的高度看待包括水资源问题在内的环境安全问题。

2. 主导机制构建与规则主导权建立

水是一国生存与发展的最基础资源，在亚太地区，水资源是一种具有巨大开发潜力同时足以影响国家安全与区域稳定的战略资源，同时面对美国、日本等域外国家在湄公河流域的战略部署，中国开始重视到水是建立与周边地区流域国家更紧密合作关系的天然纽带，是建立流域共同体的自然优势，只有更广泛、更活跃、更积极地参与流域的水资源管理与合作，主动建构自己可以主导的规范合作的规则，才能最大限度地降低或避免外界因素对周边事务的干涉与影响。澜湄机制是体现中国认知变化的一个典型事件。

澜湄机制是中国在周边地区倡导的第一个包括且只包括全部流域国的次区域级多边机制，也是中国参与的所有周边多边机制中，第一个明确地将水资源合作列为合作内容，并且是优先合作领域的机制。该机制推动流域国家之间在政治安全、经济与可持续发展以及社会人文领域的务实合作，推动中国从周边治理的参与者逐渐转变为主导者和设计者。

除了在澜湄流域，中国在周边地区还与其他国家存在不同程度和类型的水资源问题，因此，澜湄机制的诞生，不仅是中国意识到水资源问题对于周边关系影响的重要性，是一种处理与湄公河国家水问题的一种新方法和新思

---

① 《推动共建丝绸之路经济带和 21 世纪丝绸之路的愿景和行动发布》，新华网，2015 年 6 月 8 日，http://news.xinhuanet.com/gangao/2015-06/08/c_127890670.htm。

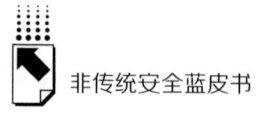

路,更是一个处理其他区域水问题的样板,体现了未来中国将日益注重在不同流域和地区层面的水资源规则主导权的建设与提升。

(三)未来中国应对水资源安全的战略与对策

1. 制定国家水资源安全战略

在全球水危机日益严重的背景下,中国在水资源安全议题上应加强顶层设计,站在国家战略和安全的高度,制定国家水资源安全战略。

(1)设立国家级的统一协调机构

中国应改善目前的跨国界水资源管理体制,设立一个针对跨国界水资源的综合性的国家级协调机构,明确其职能定位,用于整体协调各管理机构、部门的有关跨国界水资源开发利用的行为开展和政策制定、实施。

(2)明确水资源安全战略的核心是合作管理

基于水资源跨越国界的天然特性,中国制定水资源安全战略时首先要树立"合作"的思想,通过合作的方式,推动水资源的公平合理利用。水合作管理的模式根据合作国家的数量和范围的不同,分为双边模式、多边模式、流域管理模式和区域管理模式四种。水合作管理的形式,通常包括三种,即签订条约、构建合作机制、成立常驻性管理机构等。中国与周边国家可以根据不同的流域及地缘政治环境特点联合决定流域和区域层面的水合作管理内容和模式。

(3)水资源安全战略的内容侧重"流域"和"区域"两大层面的综合管理

"流域层面"和"区域层面"的综合管理应该从合作管理的目的、主体、行动和机制构建四个纬度来推动和实现。在合作目的上,从预防和解决矛盾冲突到追求和扩大共同利益,再到流域优化开发与可持续发展;在合作主体上,从双边发展到多边,从部分流域国发展到大多数乃至全部流域国;在合作行动上,从未合作时的单边行动发展到双边交流(信息交流、技术交流、知识论坛),然后再发展到磋商(通知与协商、分析研究、达成备忘),进而协调(调整国家政策/规划/计划/活动、达成协议）以及多边联合行动（联合检测与共享数据、联合实施项目、联合规划/管理）；在合作机制上，由单一机制发展到不同层次、不同领域多个机制相互协作，机制的权威性和约束力不断增强，合作效应由小到大。[①]

2. 建立复合型的水资源安全机制

（1）协调机制

协调合作是水资源安全机制的首要内容，中国应该一方面利用好现有的地区、区域等多边和双边合作机制，适当地纳入水资源议题，使其成为协调水资源事务的重要平台；另一方面，可以根据区域和流域的特点，主导性地建立更多类似澜湄机制一样的合作机制，将水资源安全作为优先对话领域，协调流域国的开发利用行为，推动层次化的水资源合作机制的建立。

（2）监管机制

监管机制是保证水资源安全机制可持续存在的基础。在"十三五"期间，中国势必会加强对跨国界水资源的开发利用，因此，作为上游国家，加强对境内水资源开发利用的监管就成为重要任务。中国应将防污治污作为重要的水资源管理内容，在开发利用过程中，注重对水质、水量、水域环境保护标准的制定与执行。与此同时，加强与其他流域国家的技术信息交流，对共享水域的水质、流量变化与生态环境等方面进行长期机制化的检测和监督。

（3）冲突预防与解决机制

防范冲突与解决争端是水资源合作机制的重要功能。首先建立早期预警机制，及早发现和识别潜在冲突，及时预警和制订预案，采取措施"防患于未然"；其次建立突发应急机制，一旦发生突发性水资源事件，第一时间启动预案，与相关国家协商应对之策；最后建立后续责任机制，对于水问题

[①] 胡文俊、简迎辉、杨建基、黄河清：《国际河流管理合作模式的分类及演进规律探讨》，《自然资源学报》2013年第12期，第2039页。

产生的政治、外交和经济等外溢影响,进行及时修补和合作机制的后续完善。在冲突的解决过程中,还要充分发挥专业组织或机构的协商谈判的平台作用,如中哈跨国界河流联合委员会等,最大限度地确保信息交流和协商沟通的顺畅与可持续。

3. 完善周边水资源外交战略

中国应该借鉴美国和欧盟等国家和组织的经验,将水事问题放在外交事务的重要位置,重视水资源外交战略的规划和制定,应该从目前的被动、应急性水外交发展为积极主动、长远谋划、功能多元的水外交,使其在冲突预防、危机管理、促进区域合作中扮演重要角色。在冲突预防方面,中国水资源外交应注重从根除冲突产生的根源着手,将冲突预防与对外发展与合作政策、周边政策以及对外援助政策紧密联系起来,将这些政策的实践作为预防冲突的手段。在危机管理方面,中国与周边国家对水资源安全问题引起的各种危机应及时反映,快速介入与有效遏制,包括平息争端,开展协商与对话,重建友好关系等。① 在促进区域合作方面,将水资源合作作为拓展和深化多边合作的优先或重要内容。

中国的水资源外交还应推动实现参与主体的"多元化",活动开展的"多轨化"。国家政府相关部门是水资源外交活动开展的"第一轨道"主体,智库与科研学校为代表的科技界和学术界通过开展科学技术交流、学术研讨等方式作为水资源外交的"第二轨道",而"第三轨道"的主体应该是内容更广泛的"社会性力量",包括企业、民众和社会组织等,此类外交活动的开展方式更加灵活,也更接"底气"。中国政府应积极推动"第二轨道"和"第三轨道"机制的建设,使之成为政府有力的"帮手"。可以说,多元化的参与主体及多样性的外交活动有利于让周边国家和国际社会更深入、更客观地了解中国的立场与态度,理解中国的政策与行为,消减国际误解,减少国际压力,构建积极正面的中国形象。

---

① 李志斐:《水资源外交:中国周边关系构建新议题》,《学术探索》2013年第3期,第33~34页。

结　语

　　水是连接中国和周边国家的生命基础,是中国在周边地区构建"命运共同体"的基础资源。中国处于亚洲"水塔"的位置,在区域性水资源安全机制的构建上具有先天的"主导性"地理优势。在气候变暖、水资源稀缺性危机不断加重的时代背景下,中国一方面应承担负责任大国的责任和义务,重视周边地区的跨国界水资源的制度性治理安排,提升亚太地区的水资源治理能力,推动亚洲的绿色可持续发展;另一方面,中国应充分借助水这个命脉性的因素,发挥水的抓手作用,有意识地注重对水治理规则主动权的把握,实践中国周边战略,从长远提升在亚太地区的存在感与影响力,保护在亚太地区的发展利益。

B.11
国际移民问题与移民研究的现状及趋势

章雅荻*

摘　要： 2016年以欧洲难民危机为代表的移民安全问题仍是国际社会关注的焦点之一。9月19日，联合国总部举行了解决难民和移民大规模流动问题的高级别会议并正式通过了《难民和移民问题纽约宣言》；同时，国际移民组织正式加入联合国系统。尽管国际社会在不同程度上都尝试解决难民问题，但至今未有突破性的进展。本文旨在回顾2016年发生的与移民相关的重大国际事件与国际移民的现状。并对中外学术界关于移民问题的研究进行总结与对比。值得一提的是，中国在2016年正式加入国际移民组织。这意味着中国将积极参与移民问题的全球治理，在移民领域内增进国际合作并为促进世界的和平繁荣贡献中国智慧与中国力量。

关键词： 难民　移民研究　现状

2016年1月6日，德国科隆市中心火车站附近跨年夜发生的90名女性遭受性侵的案件震惊了整个德国乃至欧洲；涉案嫌疑人中包括寻求庇护的难民；1月20日，在瑞士召开的第46届世界经济论坛年会提出当前世界面临的最大挑战就是移民问题；3月8日，欧盟领导人与土耳其总理在布鲁塞尔举行峰会，就共同解决难民危机达成了6项基本原则；4月20日，美联社

---

* 章雅荻，浙江大学公共管理学院非传统安全管理专业博士研究生。

关于泰国海洋水产品捕获行业里非法劳工移民的调查揭露了该行业里存在了几十年的罪恶行径，呼吁各国政府立法；5月23日，在土耳其的伊斯坦布尔举行了首次"世界人道主义峰会"，125个国家的元首和政府首脑出席；6月30日，中国正式加入国际移民组织，成为第165个成员国；9月19日，联合国在纽约举行解决难民和移民大规模流动问题的高级别会议，正式通过《难民和移民问题纽约宣言》，同一天，国际移民组织正式加入联合国系统；10月18日，菲律宾总统杜特尔特对中国进行访问，推广其退休移民计划；10月25日，联合国难民署对2016年难民和移民死亡的情况发出了警报：2016年已成为死亡情况最严重的年份；12月21日，英国《卫报》发表一篇《"空气末日"笼罩5亿人，"雾霾难民"逃离都市》的报道，该报道将暴露在雾霾中的人们称为雾霾难民（smog refugee）；等等。

2016年，移民问题持续引起国际社会、学术界的大量关注与广泛讨论。国际社会，难民问题持续发展，不断考验着各治理主体的智慧，挑战现有的国际难民制度。学术界，移民问题与其他问题的相互交织所产生的新型移民群体也成为研究对象。在这个"移民的时代"，几乎每个国家都在不同程度上受到移民的影响。由于各国相互依赖的程度日益上升，国际移民已经成为政治、经济、文化存在差异的国家之间具有重要意义的联系纽带，由此带来的诸多移民问题也日益凸显，需要国内外学界加强研究。

一 国际移民的定义及分类

关于移民的定义，国际组织与学术界已有许多相关论述，各国政府又根据自身的情况将移民进行重新定义。但因为国际移民这样一个流动的群体，随着国际形势的发展不断变化与发展，因此这一概念长期处于模糊状态。

1922年，第四届国际劳工大会首次提出世界各国应当就如何界定"国际移民"制定一个统一的衡量标准。1953年，联合国经济社会事务统计局第一次以联合国的名义对国际移民提出了标准化建议，具体为：移民包括两类人，一是以长期居留为目的并在该国住满一年以上的人；二是原居民中的长期外移者。① 这是联合国第一次提出以在外国居住"一年以上"作为国际移民的标准。② 1976年，联合国经济社会事务统计局对其定义进行修订：国际移民包括"以长期居留为目的，并且已经在移入国住满一年以上，并且仍然居住在该国，也包括有意在移入国长期居留但并未连续居住满一年者，或曾经居住过一年以上但目前并不住在该国的人群"。但此定义过于冗长。1998年，联合国经济社会事务统计局公布的《国际移民数据统计建议》里对国际移民的内涵定义修改为：跨越主权国家边界，以非官方身份在非本人出生国居住达一年以上的群体。不包括因娱乐、度假、商务、医疗或宗教等原因而短期出国者。③ 尽管对于国际移民的定义各不相同，但是可以总结出国际移民三大最重要的因素是：空间（跨越边境）、时间以及移民的动机。

关于国际移民的分类，迄今为止，学术界仍有不同的界定与划分。有的以迁移的数量为标准，将移民分为个别迁移、小群体迁移、大规模迁移；有的以迁移的距离为标准，将移民分为短程迁移、长途迁移等；有的以迁移的动机为标准，可分为生存型迁移、发展性迁移或自愿迁移、被动迁移等；有的从法律角度衡量，将移民分为：合法迁移、非法迁移等；有的以时间为标准，将移民分为短期迁移、长期迁移等；有的以迁移者的身份为标准，将移民分为独立迁移、依附迁移、工作迁移、家庭团聚等；有的以移民自身的意愿为标准，将移民划分为自愿移民和强迫移民。④

值得注意的是，各类移民的区别较模糊，常常重叠。比如，有些劳工移民也属于非法移民；有些自愿移民也可能属于经济移民等。各国际组织就跳出将移民划分类型的主导思维罗列出国际移民的不同形式，比如，国际移民组织列出的移民形式有：经济移民、合法移民、非常规移民、技术移民、短

---

① Introduction of International Migration，http：//unstats.un.org/unsd/Demographic/sconcerns/migration/default.htm.
② ESCAP (Economic and Social Commission for Asia and the Pacific)：Expert Group Meeting on ESCAP Regional Census Program：Country Paper on International Migration Statistics-India, 2006：2.
③ Georges Lemaitre, *The Comparability of International Migration Statistics：Problems and Prospects*, OECD Statistics Brief No9. 2009，p.2.
④ 李明欢：《国际移民的定义与类别》，《华侨华人历史研究》2009年第2期。

期移民劳工。① 联合国教科文组织列出短期劳工移民、高技术及商业移民、非常规移民、被迫移民、家人团聚、回归移民等主要移民形式。② 目前，学术界以及国际社会比较关注的移民种类大概有：劳工移民、难民、环境移民、非常规移民、人口贩卖与拐卖等。

二 2016年国际移民现状

2015年以来爆发的难民危机使全球难民数量达到了"二战"以来的最高值。2016年，全球范围内因受迫害、冲突、普遍暴力和侵犯人权等行为而被迫移民的人数比2015年增加580万人，总人数已达6530万人。在此情况下，任何一国、一区域都无法单凭一己之力妥善解决移民问题。这要求移民的来源国、中转国及目的国在难民管理、难民庇护与申请等领域加强协调与合作。

（一）国际移民领域的核心国际规范与法律框架

目前，联合国有5个相关的国际移民法律文件，分别是1951年的《关于难民地位公约》，1967年的《关于难民地位的议定书》，1990年的《保护所有迁徙工人及其家庭成员权利国际公约》，2000年的《联合国打击跨国有组织犯罪公约关于预防、禁止和惩治贩运人口特别是妇女和儿童行为的议定书》以及2000年的《反对海陆空偷渡移民议定书》。这些法律文件与国际劳工组织保护劳工移民权利的文件一起构成了关于国际移民的国际规范与法律框架。

其中，《关于难民地位公约》及《关于难民地位的议定书》分别被145个和146个联合国成员国批准。约三分之二的国家批准了两个关于以人口走私与贩卖形式出现的非常规移民的公约。但是只有四分之一的国家批准了

---

① IOM, Glossary on Migration, International Migration Law Series No. 25, 2011.
② Migration and Inclusive Societies, http://www.unesco.org/most/migration/glossary_migrants.htm.

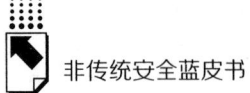

《保护所有迁徙工人及其家庭成员权利国际公约》。截至2015年10月,只有36个成员国批准了所有联合国关于国际移民的法律文件,14个国家一个公约都没有批准。

(二)2016年难民的死亡率不断上升

2016年移民的死亡成为各方关注的焦点。自1995年以来,全球超过6万名移民死亡或失踪。① 据国际移民组织失踪移民项目报道,有7763名移民在抵达目的地的过程中死亡。相比2015年,2016年有记载的移民死亡率上升27%,超过5000名移民在地中海地区死亡;相比2015年,2016年非洲移民的死亡率上升83%。② 2016年,超过5000名移民在地中海地区丧生,称为移民死亡率最高的地区。国际移民组织在2016年发布了《致命旅途第二卷:辨认与追踪死亡及失踪移民》(Fatal Journeys Volume 2: Identification and tracing of dead and missing migrants),第三卷将于2017年8月发布。

(三)未成年难民日益成为焦点

全球难民中有超过半数的难民是18岁以下的未成年人,主要包括来自阿富汗、叙利亚和索马里等地区。未成年移民的种类较多,包括非独立的(与家人一起)和没有父母的监护独自抵达目的国的未成年人。后者在法律上被定义为"无人陪伴"的未成年人,他们为了能够继续逃难,往往谎称自己是成年人。前往欧洲的未成年移民具有隐蔽性,在数据以及政策上都处于隐形状态,因此很难得出具体数据。2015年,非法入境意大利和希腊的未成年移民约有25万人。在意大利16500名未成年移民中,有超过12000(72%)的属于"无人陪伴"的未成年移民。联合国难民署估计,有至少

---

① Brian, T. and F. Laczko (eds.) Fatal Journeys Volume 2: and Identification and Tracing of Dead and Missing Migrants. IOM, Geneva.
② Global Migration Data Analysis Center, Data Briefing Series No. 8, March 2017, http://publications.iom.int/system/files/pdf/gmdac_data_briefing_series_issue_8.pdf.

10%抵达欧洲的未成年移民没有父母或家人的监护。

未成年移民的来源国家、入境路线、身份、权利都大不相同,比如,抵达希腊的未成年移民大多来自阿拉伯、阿富汗、巴基斯坦和伊朗;而前往意大利的未成年移民大多来自尼日利亚、苏丹等国家,这使得该问题更为复杂。

未成年移民的教育问题也成为国际组织的关注点。2015年,"拯救儿童"国际组织最新报告指出,叙利亚平均入学率已降至50%;2016年5月20日,在首次世界人道主义峰会即将召开之际,联合国难民署和联合国教科文组织发表报告,呼吁相关国家和国际社会采取紧急措施,将青少年难民纳入教育计划,确保他们的受教育权利。2016年9月,联合国难民署在《失落:难民教育危机》(*Missing Out: Refugee Education in Crisis*)的报告中指出,在全世界经登记的难民中,有170多万儿童没有上小学,近200万儿童没有上初中;难民儿童的辍学率是全球平均水平的五倍。① 在叙利亚阿勒颇等冲突最严重的地区,入学率仅6%。国际人权组织警告称,叙利亚未受教育的孩子可能早婚、成为童工或者被当地武装组织吸收。

(四)气候变化与移民

气候变化早已成为国际社会关注的焦点,而环境恶化与人口流动之间的关系日益明显,从而形成一类新的移民群体——环境移民。但是因为环境因素仅仅是移民的众多复合型因素之一,因此关于环境移民的数据很难统计。粗略估计,全球有2亿到10亿的人因为环境因素而移民。② 关于环境移民的有效数据主要来自对在国内因自然灾害而迁移的人群的统计。挪威难民理事会境内流离失所群监控中心在2016年5月11日发布了关于全球各地由于冲突和自然灾害而离乡背井的人的详细报告。该报告称,2015年的数据达

---

① UNHCR, Missing Out: Refugee education in crisis, 2016, http://www.unhcr.org/en-my/missing-out-state-of-education-for-the-worlds-refugees.html.
② Global Migration Data Analysis Center, Data Briefing Series, IOM, Issue No.2, March 2016, http://publications.iom.int/system/files/pdf/gmdac_data_briefing_series_issue2.pdf.

到新高为4080万人；仅在2015年就有2780万人在自己国家内流离失所；平均每天有6.6万人离开家园。① 在860万因冲突而背井离乡的人中有60%来自中东和非洲地区的也门、叙利亚和伊拉克。

由于数据搜集、研究方法以及研究框架的不成熟，对于这一移民群体的研究并不深入。最近，由欧盟资助的《移民、环境与气候变化：为政策提供依据》报告指出，对这一群体的关注与深入研究可以增强国家的抗灾能力。② 2015年联合国发布的《2015～2030年仙台灾害危险降低框架》研究了移民在防灾中的积极作用及弱势群体逐渐增强的恢复能力。③

目前看来，因环境恶化而迁移这一现象已经在很多国家中存在，并且有可能会不断上升。各国已经开始逐渐意识到在自然灾害和环境恶化的背景下进行有组织、有计划的人员重置将会为平民保护带来许多挑战④。

（五）国际劳工移民

2016年4月，美联社的一份新闻报道揭开了泰国海洋水产品捕获业存在了几十年的奴役、虐待非法劳工移民现象，让美国和欧洲政府开始考虑立法。该报道解救了2000多名被囚禁、被虐待了几年甚至数十年的非法劳工移民。2014年开始，美联社的记者得知一些泰国渔业公司在缅甸、柬埔寨、老挝等贫困的邻国通过欺骗的非法手段招募劳动力上船作业。他们大多被关在笼子里，经常超负荷工作，全年无休。由于近年来应召的人越来越少，雇主开始招收儿童和残疾人，甚至进行绑架。泰国海洋捕鱼行业每年的产值高达70亿泰铢，其中20%出口至美国，雇用的外来渔工数量达到10万名。

---

① IDMC, Global Estimates 2016. People displaced by disasters. July. IDMC, Geneva, 2016.
② Migration, Environment and Climate Change: Evidence for Policy (MECLEP), 2017, http://www.uni-bielefeld.de/(en)/tdrc/ag_comcad/research/MECLEP.html.
③ United Nations, 2015-2030 Sendai Framework on Disaster Risk Reduction, 2015, http://preparecenter.org/sites/default/files/43291_sendaiframeworkfordrren.pdf.
④ Susan Martin, 2014, Taking stock of human mobility in initial National Adaptation Programmes of Action and Plans. In: K. Warner et al., Integrating Human Mobility Issues within National Adaptation Plans. United Nations University_ Nansen Initiative Joint Policy Brief No. 2, Policy Brief No. 9, June, 2014.

这篇报道引起了国际社会对于非法移民及劳工移民安全的广泛关注。美国政府开始向缅甸政府施压，要求他们解救缅甸渔工。这篇报道里还包括一篇对泰国海虾加工工业的调查文章，同样揭露了童工和女工被奴役的现象。

与其他类型的移民问题一样，国际劳工移民问题也是一个全球性问题。2016年国际劳工组织出版的《全球就业与社会展望：转变工作以结束贫困》一书探讨了社会保护、社会对话以及国际劳工标准等议题。《全球就业社会展望：2016年趋势》提供了全球与区域最新的就业、失业、劳工生产力等领域的数据。与国内劳工问题不同的是，国际劳工移民问题涉及各国的贸易进出口量、移民政策及产业结构等。国际劳工移民问题通常通过区域组织或双边协议得以解决。

三 2016年与国际移民相关的国际会议及宣言

国际移民组织在2001年发起了国际移民论坛（International Dialogue on Migration, IDM），其目的是为各成员国及观察员国提供认识与讨论在移民领域内的重大事件及挑战的常设性的对话平台，会聚各地区相关领域的专家，分享重点讨论地区和领域的解决办法或有效政策，促进各国更好地理解移民、增进关于移民领域的合作。IDM是一个综合的、非正式的机制，为移民政策的讨论提供一个开放性的空间，旨在树立各国信心，最终达到更有效、更人性化的国际移民治理。[①]

2016年IDM召开了两次特别会议，第一次于2月29日在纽约举行，第二次于10月11日在日内瓦举行，其主题是"在2030年可持续发展议程下回顾移民问题"（Follow-up and Review of Migration in the Sustainable Development Goals, SDGs）。该次会议吸引了68位发言者及600多位来自政策制定、学术、私营部门、国际组织与移民领域内的与会者。第一次特别会议讨论的是

---

① International Dialogue on Migration, No. 26, Follow up and Review of migration in the sustainable development goals, P. i, http：//publications. iom. int/system/files/pdf/rb26_ en. pdf.

帮助成员国在移民相关领域达到可持续性发展目标的方法及机制；会议上有32位发言者分享了他们的经验、实践。第二次特别会议回顾了一年来的移民政策，与会者就提高数据搜集能力、项目监管能力以及合作作用等方面开展了讨论。

《2030年可持续发展议程》于2016年1月1日正式启动，包括17个可持续发展目标及169个计划。其中，移民及移民事宜在一些目标中被明确提到。比如，第8条的劳工移民的出境、经济发展与有尊严的工作；第10条的减少各国发展的不平衡是移民问题的关键；第16条的走私贩卖人口。最终目标是各国通过有计划、有组织的移民政策的实施，确保有序、安全、正常的人口流动与迁移。

2016年4月29日，中国外交部部长助理沈国放在国际移民对话高级别论坛上进行发言并与其他国家就移民问题交换看法。此次高级别论坛的对话主题是"寻求移民问题的政策一致性"。

2016年5月23日，由联合国倡议组织的首次"世界人道主义峰会"在土耳其的伊斯坦布尔召开，峰会呼吁各方在冲突预防和解决、加强平民保护、结束人道主义需求等领域加强行动，为人道主义救援行动积极筹措资金。来自125个国家的国家元首和政府首脑出席峰会。

2016年6月30日，国际移民组织在日内瓦举行特别理事会会议，会议一致通过批准中国、所罗门群岛和图瓦卢三个国家正式加入国际移民组织的决议。新形势下，我国正从移民来源国向移民来源国、过境国和目的国的多重角色转变。仅2015年，中国出境人员2.5亿人次，外国人入出境5192万人次，海外华侨华人达6214万，是全世界最大的海外侨民群体。[①] 中国自2001年成为国际移民组织观察员以来，就在移民管理能力建设、海外领事保护等方面开展了大量务实合作。成为正式会员后，标志着我国将更加积极地融入移民管理，更深入地参与全球治理，深化国际移民合作。

---

① 《中国正式加入国际移民组织》，环球网，2016年7月1日，http://world.huanqiu.com/hot/2016-07/9108923.html。

2016年9月19日，联合国在纽约举行了"解决难民和移民大规模流动问题的高级别会议"，这是联合国历史上首次召开国家元首和政府首脑级别的高峰会议以应对难民、移民问题。第71届联大主席汤姆森在开幕式上说，"我们正面临二战以来最严重的人道主义危机，成千上万寻求庇护的难民和移民却遭遇敌意和仇视的言行。"[①] 汤姆森承诺在任期内推动在2018年召开解决难民和移民问题的政府间会议。此次峰会的成果是联合国193个成员国正式通过《难民和移民问题的纽约宣言》。宣言强调确保人性化、有尊严、促进性别平等地迅速接受抵达本国的人员，确保他们的人权、尊严及基本自由。该宣言列举了世界各国对难民和移民的一系列承诺，设立难民问题全球响应框架，规定接受和接纳难民等措施，争取在2018年通过一项难民问题全球契约。同时，在2016年启动政府间谈判进程，举行国际移民问题政府间会议，通过一项安全、有序和正常的移民全球契约。全球契约在移民治理和完成与移民相关的可持续性目标方面都具有重要意义。

此次会议上，潘基文与国际移民组织总干事斯温在现场共同签署了《联合国同国际移民组织间关系协定》，国际移民组织由此正式加入联合国系统。

四 2016年国际移民研究趋势综述

（一）2016年国际学术界移民问题研究综述

关于国外学界的移民研究，本文主要以学术期刊和专著作为考察对象。学术期刊则以《国际移民期刊》（International Migration Journal）与《移民研究》（Migration Studies）两本权威期刊为代表，回顾2016年国际上有关移民问题研究的情况。《国际移民期刊》是国际移民组织下的一份双月刊，

---

① 《联合国大会通过难民和移民问题纽约宣言》，中国新闻网，http://www.chinanews.com/gj/2016/09-19/8008121.shtml。

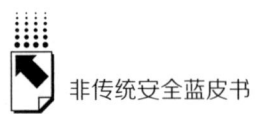

主要从经济学、社会学、人口统计学三个方面来研究移民问题。2016年一共发表64篇学术论文，分别讨论了不同地区与国家的难民、非法移民、劳工移民、回归移民、移民政策、移民与发展、移民与安全等多个领域问题。

《移民研究》是由牛津大学主办的一份国际学术期刊，旨在全方位地理解移民的决定因素、过程及结果；吸引全球关于移民研究的优秀学术成果。2016年发行3期，目前一共发表19篇文章，关注了移民政治、国内移民、汇款、人口走私、移民社会网络、移民控制等多个领域。

关于移民的专著比较多，作者通过两条路径进行搜索：一是通过对Migration（移民）这一关键词在亚马逊（Amazon）英国网站进行搜索；二是在国际移民组织（IOM）、联合国难民署（UNHCR）、国际劳工组织（ILO）的网站上就发表刊物（Publication）一栏进行检索。但受到个人技术与时间的限制，无法将2016年关于移民的学术著作一一列举，难免挂一漏万。

2016年1月，牛津大学出版社出版了 Migration in Political Theory：The Ethics of Movement and Membership；The Oxford Handbook of Refugee and Forced Migration Studies 两本关于移民的著作。其中一本关注政治理论中的移民，另一本是重新再版的牛津难民研究手册。5月，Guaidian Faber 出版社出版了 The New Odyssey：The Story of Europe's Refugee Crisis，这是一篇由记者撰写的关于欧洲难民迁徙之路的著作。8月，罗德里奇（Routledge）出版社出版了 Migration Borders Freedom；10月再版了 Migration and Security in the Global Age：Diaspora Communities and Conflict。两本书都关注移民与安全、自由的议题。10月，Hodder&Stoughton 出版社出版了 The Great Spiritual Migration：How the World's Largest Religion is Seeking a Better Way to Be Christian。这本书的议题非常前沿，触及移民与宗教的关系。11月，Hodder Education 出版社出版了 Migration，Empires and the People。

2016年国际劳工组织共出版10本关于劳工议题的专著。[①] 国际移民组

[①] 详细内容及书目参阅：http://www.ilo.org/wcmsp5/groups/public/dgreports/dcomm/publ/documents/publication/wcms_ 493350.pdf。

织在土耳其政府的支持下与学术界联合发布了 *Migrant Smuggling Data and Research: A global review of the emerging evidence base*,[①] 该报告展示了 IOM 对移民走私现象的回应与解决方案：为走私的移民提供保护及帮助；关注移民走私的原因；增强国家打击移民走私的能力；促进关于移民走私领域的研究及数据搜集。

这一年，联合国难民署发布了 *Global Appeal*，对 2016~2017 年全球难民情况进行了回顾，还覆盖了难民保护、危机回应、解决方案等多个方面。

2016 年 3 月，国际移民委员会向联合国提交了《互相关联的世界中的移民：新的行动方向》的报告，报告分析了世界移民的现状，提出了相关的全球行动框架。

2016 年 10 月，经济合作与发展组织（OECD）发布《2016 国际移民展望》报告，数据显示国际移民人数再次呈现明显的增长态势，目前已经回归到金融危机前的高水平，中国仍然是最大的移民输出国。

总的说来，国际上对移民问题的研究具有三个特点：（1）研究对象广泛。除传统的劳工移民、难民等群体外，还增加了生活方式移民（lifestyle migration）、回归移民（return migration）、移民群体中的残疾人等较新的研究对象。（2）研究议题深入。关注移民群体的心理健康、不平等现象、政治参与和认同等领域。（3）研究方法逐渐综合。传统的移民研究方法论主要集中在经济学、社会学与人口学上，这显得移民研究停留在微观层面。2016 年一些专著开始注重引进国际关系、国际安全等学科以拓展移民研究。（4）重视移民的基础研究，不跟风。关注方法论的更新、新形式移民概念的定义等，并没有过多关注难民问题。

（二）2016年国内学术界移民问题研究综述

在国内学术界，本文主要以学术期刊和研究报告为研究样本。学术期刊

[①] 电子版参阅：http://publications.iom.int/books/migrant-smuggling-data-and-research-global-review-emerging-evidence-base。

包括专门性学术期刊与其他综合性学术期刊。遗憾的是，到目前为止还没有一本专门以国际移民问题为主的学术期刊，研究移民的文章大多被收录在与民族、华侨华人相关的学术期刊里。

中国社会科学院民族学与人类学研究所主办的《世界民族》期刊下设"国际移民论坛专栏"。2016年《世界民族》共发行6期，其中"国际移民论坛专栏"收录19篇关于国际移民的学术文章。研究内容主要涉及华侨华人在当地社会的融入与认同，一些国家的移民政策，海外中国留学生，跨境婚姻等领域；研究国家主要涉及柬埔寨、越南、英国、巴西、印度尼西亚、美国、意大利等。

暨南大学东南亚研究所主办的《东南亚研究》期刊也下设"华人华侨研究专栏"。2016年《东南亚研究》共发行6期，其中"华人华侨研究专栏下"收录18篇关于移民的文章。研究内容主要集中在海外华侨华人的参政议政模式、社会融入、当地移民与中国的关系等方面。

中国华侨华人历史研究所主办的《华侨华人历史研究》期刊主要以历史学的角度研究对华侨华人的发展、政策进行研究。2016年共发行4期，一共41篇文章。其中与国际移民领域联系较为紧密的共有四篇：《2015年俄罗斯移民政策变化与在俄中国公民的情况》《华侨华人相关概念的界定与辨析》《"里斯本条约"后欧盟移民权利政策及对中国移民权利保护的思考》《移民网络、本土适应与俄罗斯华裔新移民——基于莫斯科的实地分析》。

广西华侨历史学会主办的《八桂侨刊》同样是一本关于华侨华人研究的专业期刊。2016年共发行4期，共有40篇文章。其主要研究议题集中在华裔的作用与现状、移民社会融入、华侨权益的保护、移民政策调整与中国新移民等领域。

同时，还有一些综合类期刊也载有与移民问题相关的文章。比如，中国社会科学院西亚非洲研究所主办的《西亚非洲》在2016年第1期就开设了专题研究"跨国主义视角下的中东非洲移民问题"，该专题收录了5篇文章：《穆斯林移民在欧洲：身份认同及其冲突》《当代穆斯林移民与法国社会：融入还是分离？》《试论马格里布移民问题及其治理》《国际政治话语中的中国移民:以非洲为例》《土耳其对叙利亚难民危机的应对及其影响》。

中国社会科学院欧洲研究所主办的《欧洲研究》在2016年刊登了3篇关于移民/难民的学术文章:《欧盟共同避难制度的发展与反思——以"都柏林规则"为中心的考察》《欧洲难民危机政治影响的双重分析》《共同化的困境——从叙利亚难民危机论欧盟共同庇护体系的局限性》。

国际关系学院主办的《国际安全研究》在2016年第1期刊登了《全球难民统计(2009~2014)》。

上海外国语大学中东研究所主办的《阿拉伯世界研究》刊载了《埃及国际劳工移民与社会流动问题刍议》一文。上海国际问题研究所主办的《国际展望》载有《"一带一路"与中国海外劳工保护》一文,讨论海外劳工移民的安全保护问题。

除学术期刊上的论文之外,还有一些相关的研究报告。比如,社会科学文献出版社的《华侨华人研究报告》,至今已经发布了5期,主要考察海外华侨华人社会的新动态和新问题,探索海外华侨华人数据库建设、华侨华人与国家软实力的建设等。中国与全球化智库自2012年开始,每年都会出版一期《中国国际移民报告》,从全球角度出发,结合国际移民发展的新特点、新趋势,对中国国际移民的发展概况进行全面系统的分析,迄今已经出版了四期。

综上所述,就国内的移民研究而言,具有三个特点:(1)研究对象不够广泛。国际移民与华侨华人不可互相取代,目前的研究主要集中在海外华人华侨上,而忽视了国际移民的丰富内涵。许多值得研究的移民群体,并未纳入。(2)议题以国际形势为导向,不够深入。尤其是一些与国际关系、区域研究相关的学术期刊,关于移民的文章大都针对难民这一热点问题进行讨论,并不深入。(3)研究基础不够扎实。对于移民研究的方法、目的、工具等基础性问题几乎无人涉猎。(4)视野不够宽阔。将国际移民的研究局限于难民研究或华侨华人的研究十分狭窄。若将研究对象拓展至环境移民、流离失所者、无国界者、儿童难民等群体上,研究的视野会更加广阔。

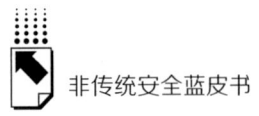

结　语

　　移民问题总是与发展、安全和治理相联系。我们面临的问题与挑战诸多，有些是迫在眉睫的，有些是长远性的，但都同样重要。在过去一年里，备受关注的是因战争而流离失所的难民，移民的社会—文化融入、未成年移民的教育、环境移民等都成为国际社会的焦点。尽管2016年，国际社会、区域组织、民族国家、国际组织、非政府组织等在各个层面都在为移民问题解决、移民问题研究做了不同程度的努力，但是由于受到西方模式与民族国家的局限，到目前为止，仍没有突破性的进展，许多问题依旧存在，比如移民问题全球治理程度不够深入、移民领域合作动机不足、移民公约约束力较弱等。[①]另外，大量难民如得不到及时、有效的治理与控制，民众对于移民群体的恐惧、右翼势力的迅速崛起而带来的社会分裂，以及英国脱离欧盟、西方国家以民族国家为单位，各自为阵的逆全球化现象都告诉我们形势不容乐观。

　　当然，移民问题内容丰富，横跨多个学科领域，不仅仅包括难民，还可以拓展至环境、安全、卫生、教育等不同的议题。它所延伸出的是对移民有效管理、各国团结合作、责任分担、难民申请、审核、庇护政策统一等多方面的要求。

　　移民，作为一个全球性难题，需要的是国际社会共同努力、协调合作。中国加入国际移民组织意味着我国在全球移民事务管理中将发挥更大作用，为推动移民领域国际合作贡献中国智慧。在可预见的未来，移民问题由于自身的综合性、复杂性、跨国性、不对称性等特点将依旧成为国际社会的热点。正确对待移民，积极迎接移民所带来的挑战是我们处理移民问题的正确途径。

[①] 移民问题的全球治理面临着来自哲学、国际关系、国际法以及技术层面的四大挑战与困境。详见章雅荻《国际移民问题全球治理的现状、困境与展望——以欧洲难民危机为例》，《国际关系研究》2017年第1期。

B.12
中国国门有害生物威胁：识别与治理*

——基于质检总局2016年数据的统计分析

廖丹子　王玉伊　钱显明**

摘　要： 2010年以来我国连续成为全球第一大货物贸易国和第二大经济体，我国国门上的人员、货物、信息等要素流的活动极为丰富多样，我国经贸大开放和国门大通关的深化改革逐步推进，而国门截获的外来有害生物也是复杂多样，国门有害生物防控成为我国国门安全和总体国家安全的重要内容。本文基于对质检总局2016年相关数据的统计分析，对国门外来有害生物的种类、来源地域、发生时段、传播媒介的状况进行横纵向比较，并提出国门安全相关部门应建立"大安全"观，健全"大国门"网络，强化"大防控"体系。

关键词： 国门外来有害生物　跨域治理　安全防控体系

2016年我国进出境旅客达5.7亿人次，各类交通工具进出境2899万次，进出境快递6.25亿件，快速增长趋势显著。随着"一带一路"建设、自由贸易试验区和跨境电商等开放性举措的逐步深化推进，人员、物品、资

---

* 本文为国家社会科学基金青年项目"中国国门非传统安全威胁识别与跨域治理研究"（15CZZ043）、质检总局科技计划项目"总体国家安全观下的中国质量安全战略研究"（2016IK166）的阶段性成果。
** 廖丹子，博士，浙江财经大学公共管理学院副教授、硕士生导师；王玉伊，浙江财经大学公共管理学院硕士研究生；钱显明，宁波出入境检验检疫局通关处处长。

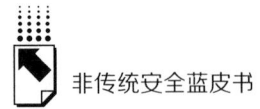

源、信息、文化等要素的复杂联通呈现了前所未有的量级、频率和面貌,极大地促进了国门大开放和要素大流动。与此相随的是,国门在生态环境、公共卫生、食药品安全、产品质量等重要社会民生领域受到的非传统安全威胁成倍增加,其跨国、跨领域、跨层次、跨部门的"跨域"特征极为显著,国门安全防控压力愈发突出。目前,已确认有544种有害生物入侵我国,其中大面积发生、危害严重的有100多种,在全球100种最具威胁的有害生物中,入侵中国的有一半之多,① 年损失达2000亿元②,国门外来有害生物安全③的防控压力巨大,急需防控新思路、新方法。

一 中国国门有害生物安全面临极大挑战

(一)全球外来有害生物的挑战日益严峻

在自然界,由于地理、地貌和气候等因素的影响,每一个物种都被限制在一定的生态区域内生存发展,这些物种即本地物种。外来物种是指在一定区域内历史上没有自然发生分布而被人类活动直接或间接引入的物种。生物入侵是指外源生物(包括微生物、植物和动物)被引入本土,种群迅速蔓延失控,造成本地物种种类濒临灭绝,并引发其他危害的发生。一旦这种外来物种在当地自然繁殖,形成对当地生态或者经济的破坏,这种物种就可称为外来入侵物种或外来有害生物,可能该物种在本土时并非有害生物。外来生物入侵的生态代价是造成本地物种多样性不可弥补的消失以及一些物种的灭绝,构成对生物多样性保护与持续利用及人类生存环境的重要威胁因素,其经济代价是农林牧渔业产量与质量的惨重损失以及对外来有害生物高额的

---

① 余潇枫、赵振拴、廖丹子编《从"国门安全"到"场域安全"——出入境检验检疫的非传统安全分析》,中国社会科学出版社,2015,第139页。
② 《中国每年因外来生物入侵经济损失超两千亿元》,人民网,2014年9月21日,http://politics.people.com.cn/n/2014/0921/c70731-25701560.html。
③ 本文中的"国门有害生物"特指"国门外来有害生物"。

控制费用。21世纪以来，海陆空交通日益发达，国际交往愈加便利，因自然和人为因素而导致的物种跨境跨国传播的种类和数量不断增加，方式更加多样化、隐蔽化，构成的综合性危害也逐步增加。澳大利亚因人为引进兔子导致兔子泛滥成灾：外来兔子大面积啃食植被，几乎使陆地上的植被难以恢复，对生物多样性造成巨大危害，且由于兔子的无节制繁殖，导致澳大利亚本土灭绝的动物就超过几十种。① 葛藤被引入美国后在美国境内"走南闯北"，凭借其惊人的生长速度抢夺美国本土植物生存空间，演变成一场意想不到的绿色灾难；地中海实蝇常年盘踞在我国出入境检验检疫一类危险性病虫害的名单上，源于非洲热带地区，现已分布在世界上80多个国家和地区，能对经济作物造成严重危害。我国国人眼中鲜美的大闸蟹在德国被视为导致其淡水水产量急剧缩减的罪魁祸首，致德损失8000万欧元。②

针对外来有害生物的有关国家和全球行动也逐步推进。自1992年的生物多样性公约（CBD）签署以来，国际植物保护公约（IPPC）、生物安全卡塔赫拉协议（BS-Protocol）、外来入侵物种预防与控制的指导原则（GEF）等40多个国际公约、协议和指导准则呼吁所有缔约国组织杜绝引入威胁生态系统或物种的外来物种，并控制或根除那些已有的外来物种。世界自然保护同盟（IUCN）、联合国环境发展署（UNEP）、环境问题科学委员会（SCOPE）等国际性组织则致力于保护生物多样性以及保障生物资源利用的可持续性。美国联邦政府针对来自外来物种的管理始于1999年颁布的第13112号总统令，并成立了国家入侵物种委员会（NISC）和国家入侵物种咨询委员会（ISAC），强化国家入侵物种的管理规划③。澳大利亚1996年制定《澳大利亚生物法多样性保护国家策略》，1997年发布《国家杂草战略》，2005年制定植物安全计划以减轻突发性植物有害生物导致的农作物危害。④

---

① 《澳大利亚野兔成灾的启示》，红色军事网，2016年10月9日，http://www.hsmil.com/pages/147599437926645.html。
② 《中国大闸蟹入侵德国水域致德损失8000万欧元》，网易新闻，2012年9月3日，http://news.163.com/12/0903/03/8AESOCH300014JB6.html。
③ 万方浩编《入侵生物学管理篇》，北京科学出版社，2008，第64~65页。
④ 万方浩编《入侵生物学管理篇》，北京科学出版社，2008，第70~71页。

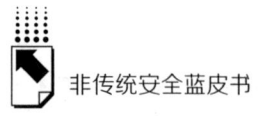

（二）中国国门有害生物防控压力日益加大

我国国门有害生物威胁极为复杂，国门有害生物安全防控压力日益加大。首先，国门有害生物数量多、增长快。2016年截获有害生物6305种、122万次，其中首次截获的检疫性有害生物26种，相比于2014年，2016年全国口岸截获有害生物种类增长了19%，有害生物数量增长了52%，国门有害生物防控的任务任重道远。其次，国门有害生物种类繁多且复杂。大体包括危害植物的各种害虫、有害动物（蜗牛、螨类等）、病原微生物（真菌、细菌、放线菌病毒、类病毒、立克次体、类菌质体、线虫）和寄生性种子植物（菟丝子、槲寄生、桑寄生、列当）等；田间杂草因具有对栽培植物的侵害性，也包括在内。从2016年质检总局发布的相关数据看，全国口岸截获的有害生物种类基本涵盖了上述所有类型。再次，2016年还在国门截获非法携带、邮寄进境的植物种子种苗2万多批次，其中包括外来物种。最后，外来物种、国门外来有害生物对入侵地造成难以逆转的综合性危害甚至是灾难（disaster）。外来有害生物缺少天敌威胁，因此能够快速抢占本地物种生长空间，掠食本地物种，通过化感作用抑制其他植物生长，影响生物多样性，对生态环境、经济发展、社会稳定和人民生命健康造成难以逆转的危害。

二 中国国门有害生物的险情与特征识别

（一）险情识别

本文依据来源地域、发生时段、种类、传播媒介四个维度进行国门外来有害生物的险情分析，其中，基础数据来自2016年国家质检总局发布的旅/邮检截获禁止进境物具体情况统计表（12期）、2016年进境植物检疫截获有害生物月度通报表（12期）。

1.地域分布

对国家质检总局在全国31个省（自治区、直辖市）设立的35个直属出入境检验检疫局的地域分布进行5个区域划分，每个区域包括7个直属局，分别为东北地区（包括黑龙江、吉林、辽宁、北京、天津、河北、山东）、东中部地区（包括湖北、河南、安徽、上海、浙江、宁波、江苏）、东南地区（包括广东、深圳、珠海、福建、厦门、海南、江西）、西南地区（四川、云南、贵州、重庆、广西、西藏、湖南）和西北地区（宁夏、新疆、青海、甘肃、陕西、山西、内蒙古）。我国国门外来有害生物的地域分布具有以下特点（2016年35个直属局截获有害生物量的地域分布如图1所示。）：（1）东南地区有害生物截获批次和种类都居首位，其次分别是东中部地区、东北地区、西南地区、西北地区，东南地区有害生物截获批次总量几乎与其余四个地区截获批次总量相当，有害生物截获种类之多也远高于其他地区的总截获种类数量。这与深圳、珠海、厦门三市作为珠三角经济特区城市所具有的国门要素流活动量大面广有关。（2）东中部地区覆盖长江经济带，浙江、上海、江苏又是长三角经济圈的主力经济单元，沿海港口货物吞吐量巨大，其有害生物截获总量仅次于东南地区。（3）东北地区有正值全面振兴的东北老工业基地，又有京津冀三地作为其依托，有害生物截获的批次和种类的总量在五大区域中居于第三位。（4）由于对外开放程度相对较低，西北地区有害生物截获的批次和种类总量在五个地区中是最少的，且批次和种类分别约占东南地区截获量的1/6和1/5。

2．发生时段分布

国门外来有害生物的截获具有明显的季节性，即有害生物的输入数量与某些特定时期呈强正相关关系。2016年35个直属局截获有害生物时段分布汇总如图2所示。数据统计发现有两个明显特征：第一，外来有害生物大部分集中在第三季度，其主要原因可能是：我国大部分区域处于季风气候，第三季度暖热多雨，雨热同季，为有害生物的繁殖、传播和生长提供了适宜的环境，同时第三季度正值我国学生暑假假期，出境游玩旅客相对平时增加，回程时通过各种方式携带入境的有害生物也相应增多。第二，前三季度出现明显增长的趋势，且截获批次和种类数量的增长率都达10%以上。相比于前三季度的明显增长，第四季度则呈下降趋势。

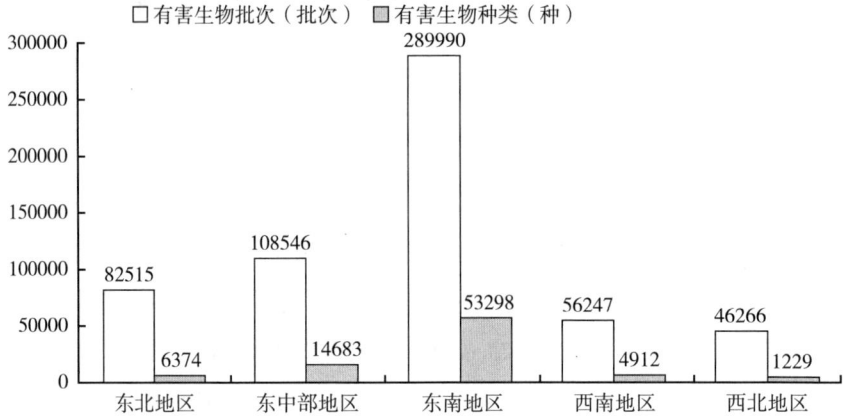

图1　2016年35个直属局截获外来有害生物量的地域分布

资料来源：作者根据2016年国家质量监督检验检疫总局发布的数据整理。

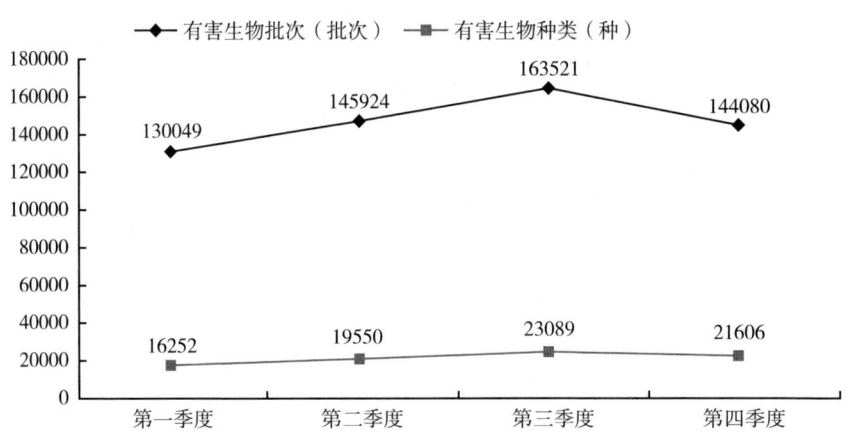

图2　2016年35个直属局截获有害生物时段分布汇总

资料来源：作者根据2016年国家质量监督检验检疫总局发布的数据整理。

3. 种类分布

根据国家质检总局2016年公布的12期外来有害生物信息的汇总分析，有害生物种类大致包括昆虫、杂草、真菌、线虫、细菌、螨类、病毒、其他8类。其中昆虫类有害生物主要包括桔小实蝇、咖啡果小蠹等；杂草类有害生物主要有具节山羊草、长芒苋等；真菌类有害生物主要有小麦印度腥黑穗病菌、美澳型核果褐腐病菌等；线虫类有害生物主要有短体线虫属、根结线虫属等；病毒类有害生物主要有菜豆荚斑驳病毒、小麦线条花叶病毒、李属坏死环斑病毒等；细菌类有害生物主要有柑橘溃疡病菌等。2016年质检总局35个直属局对不同有害生物种类的截获总量分布汇总如表1所示。研究发现，国门外来有害生物的种类中，昆虫和杂草类数量最多，两者将近占了所有国门外来有害生物的75%；其次是真菌和线虫，这两者占比大致为20%；细菌、螨类、病菌和其他类占5%。

表1 2016年35个直属局对不同有害生物种类的截获总量分布汇总

有害生物类型	种类（种）	批次（批次）	种次占比（%）
昆虫	13238	434542	36.85
杂草	7992	457102	38.20
真菌	3812	186447	15.66
其他	1009	50577	4.24
线虫	940	47346	4.0
细菌	312	8394	0.72
螨类	162	2692	0.23
病毒	130	1054	0.1

资料来源：作者根据国家质量监督检验检疫总局发布的数据整理。

4. 传播媒介

我国外来有害生物的传播媒介主要有5类（2016年35个直属局不同传播媒介下进境植物性有害生物统计如图3所示）：（1）运输工具，包括集装箱和各类海陆空运输工具。国际贸易蓬勃发展，货物、人员运输工具及其携带的有害动植物、病原体等在国际口岸间传播。近年来，我国出入境检验检疫系统已经开展国际航行船舶有害媒介生物的监测、评价工作，如秦皇岛出入境检验检疫局对来自不同国家和地区的入境国际航行船舶进行监测，携带蚊类、蠓类和蝇类的船舶比例分别为76.64%、75.86%和72.73%，捕获具有传播疾病意义的输入性蚊类达13种，蝇类46种，吸血

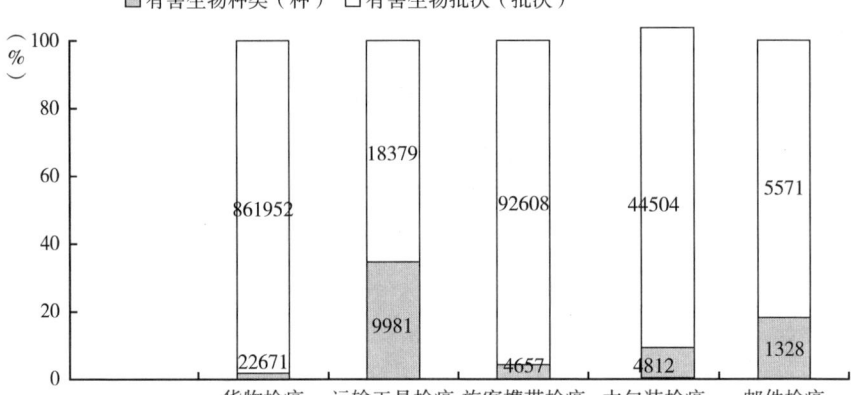

图 3 2016 年 35 个直属局不同传播媒介下进境植物性有害生物统计

资料来源：作者根据 2016 年国家质量监督检验检疫总局发布的数据整理。

螨类 3 类 12 种。①（2）货物。有害生物往往通过生产、储存、装运等环节藏匿在货物中，并随货物流通而被运往各地。据统计，在 2003～2013 年的十年间，经阿拉山口出入境检验检疫局检疫入厂加工的皮张总数达 688 万余张、原毛近 3 万吨，从中检出禁止入境的检疫性有害生物 6 种、330 批次。②（3）旅客。入境旅客规模巨大，来源地多样，入境后流向广泛而分散，这些特殊的原因使入境旅客携带的有害生物具有疫情隐蔽、传入后难以及时发现的特点。③（4）货物包装。如昆虫类有害生物能随着货物的木质包装的空间转移而进行非常规的位移。2017 年 3 月 6 日，广东检验检疫局从来自印度尼西亚承载橡胶木的木质包装上截获较多数量的活体检疫性有害生物双钩异翅长蠹。④（5）电商邮件。近年来，随着电商及现代物流的快速发展，进境邮寄物数量飞速增长。进境邮寄物具有来源广、种类杂、批次多、流向分

---

① 王包麟：《中国国境口岸媒介生物检测与控制策略》，《中华卫生杀虫药械》2007 年第 3 期。
② 魏宁、牟琨：《"拉风"皮业活十年——新疆阿拉山口检验检疫局助皮毛加工企业发展侧记》，中国质量新闻网，2013 年 10 月 18 日，http：//m.cqn.com.cn/zggmsb/content/2013 - 10/18/content_ 1968628.htm。
③ 李喜阳：《浅析入境旅客携带物传带植物有害生物的风险》，《植物检疫》2008 年第 6 期。
④ 蔡眸：《加强进境木质包装检疫监管工作》，《中国检验检疫》2014 年第 1 期。

散、监管难等特点,与此伴随的有害生物携带频率也日益增长,严重威胁我国农业生产安全、生态环境安全和公共卫生安全。如2014年,宁波空港检验检疫部门在对入境快件实施查验时截获一只肚子里装有薰衣草种子的小熊,检测后发现其还有许多种有害的活虫。①

(二)特征分析

1. 入侵方式多样化

外来有害生物入侵我国国门主要有三种方式:第一,有意引入,是指被当作观赏动植物、食物资源或本地生物天敌等特意引入我国进行养殖,但后来被丢弃或逃逸到野外进而在自然环境中泛滥成灾。如珠江上的水葫芦,原产于南美洲,原本作为观赏植物引入,而水葫芦繁殖能力极强,一株水葫芦90天可繁殖25万株,一段时间内就迅速覆盖了整个珠江水面,形成了珠江生态环境的公害,每年打捞费用就达一亿多元。② 第二,无意引入,是指有害生物随着交通工具、旅客、货物、邮件等流通媒介而"无意"地被带进我国境内。如2017年宁波检验检疫局甬港办工作人员在查验入境包裹时,发现市民网购的日本菖蒲草携带有害生物③,而这样的例子十分普遍。第三,自然扩散,是指风雨等常规天气现象、江河湖海等水域流动,以及有害生物自身的位移等自然原因,造成有害生物的跨国、跨境流动。

2. 隐蔽性强

外来有害生物威胁的隐蔽性主要体现在三方面:第一,某些外来有害生物在货物中数量不多,一般常规的抽样检测可能未被抽到,或因检测技术不够未被发现,成为漏网之鱼。第二,所有外来有害生物入境后,都会像某些疾病一样有一段时间的潜伏期,等到最终暴发时已经对入侵地造成不可挽回

---

① 《薰衣草小熊在宁波首次被截获》,网易新闻,2015年5月22日,http://news.163.com/15/0522/01/AQ6C6J8H00014Q4P.html。
② 《中国每年因外来生物入侵经济损失超两千亿元》,人民网,2014年9月21日,http://politics.people.com.cn/n/2014/0921/c70731-25701560.html。
③ 《网购日本菖蒲草携带有害生物,多为市民无意引入》,凤凰网宁波,2017年4月15日,http://nb.ifeng.com/a/20170415/5579389_0.shtml。

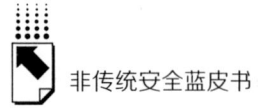

的损失。第三,有些外来有害生物威胁的形成过程极为"静悄悄",无法及时运用针对性的措施对其加以控制,最终造成巨大损失。2013 年 9 月的一篇报道称,在广西出入境检验检疫局检验检疫技术中心实验室的标本室里,梧州的非洲大蜗牛标本采集时间为 2006 年,南宁的非洲大蜗牛标本采集时间为 2012 年 2 月 22 日,按此计算,至该事件被报道之日算起这位"不速之客"至少已经"潜伏"南宁一年半了。①

3. 危害性大

外来有害生物给我国生物多样性、基因安全以及生态环境带来巨大破坏,从而对总体国家安全构成结构性的挑战,而这些危害都是关涉面极广、传播性复杂、代际累积性强且难以跟踪或逆转的。2006 年,椰心叶甲入侵海南并迅速扩散至海南全省 18 个县市,染虫植物多达 320 万株,感染椰心叶甲的椰子树、棕榈树、枝叶枯萎、树冠变成褐色,严重时整株死亡,每年给海南造成高达 1.5 亿元的损失。我国现在是世界上遭受外来有害生物损失最大的国家之一,年经济损失超 2000 亿元。②

4. 转化性强

外来有害生物威胁具有传统与非传统安全相互交织、转化的特点,不仅直接威胁到生态环境,更重要的将转化升级为社会、政治、经济危机。如进口粮食中夹带的杂草种子、植物疫病可致粮食减产,危害粮食安全,一旦情势严重甚至有可能引发大规模社会恐慌。日内瓦生物武器谈判将农业上能导致粮食大面积绝收的植物病原菌列为"生物武器",并将严重影响农业产出的病害列为"农业恐怖生物"。③ 外来生物入侵也正逐渐成为国家间利益博弈的新领域。在国际贸易活动中,动植物检疫等技术性贸易壁垒越来越成为国与国之间贸易保护的关键方式,如我国北方出口日本的稻草、稻草产品因

---

① 《广西半年截获有害生物289种,大蜗牛已"潜伏"一年半》,中国经济网,2013 年 9 月 24 日,http://district.ce.cn/newarea/roll/201309/24/t20130924_1544909.shtml。
② 《中国每年因外来生物入侵经济损失超两千亿元》,人民网,2014 年 09 月 21 日《人民日报》,http://politics.people.com.cn/n/2014/0921/c70731-25701560.html。
③ 万方浩编《入侵生物学管理篇》,北京科学出版社,2008,第 143 页。

为受到水稻疫情的限制曾经被日本限制进口。

5. 治理难度大

外来有害生物安全治理难度主要体现在三个方面：第一，法律相对滞后。当前国际贸易领域不断涌现新型业态，新产品也层出不穷，相比之下，我国大多与检疫相关的法律形成时间较早，且修订进程较慢，导致一些法律规定滞后于国门生物安全检测与防控的现实新问题。第二，国门有害生物的检疫工作较难取得外贸企业和进出境人员的认可。有相当一部分企业和进出境人员对口岸检验检疫和相关监管工作的重要性和必要性还没有充分理解，相关执法被误解为是"可有可无""碍手碍脚""自娱自乐""自惠自利"。[1] 第三，各类技术性贸易壁垒更加隐蔽多样，贸易保护主义更加普遍且日益坚固，口岸日常的安全查验和检疫工作难度增加。[2]

三 "跨域治理"：国门外来有害生物安全防控体系的新思路

国门外来有害生物的入境过程、传播与危害的特征，倒逼国门生物安全防控体系亟须突破过往封闭、线性、静态的防控思路，而需一种高度集成、协同能力强、响应迅速精准的新的防控体系。据此，本文提出"跨域治理"。

"跨域治理"是一种以问题治理为基础的应对理念，重点在于对传统层级分割、部门分离、难以联动的状态的突破，而重在整合与集成。关于"跨域治理"，研究界已有多种界定。如张成福阐述了"跨域治理"的模式、机制、困境及其超越思路，提出了短期中央政府主导阶段、中期平行区域协调阶段和长期多元驱动网络阶段三种模式[3]。丁煌提出地方政府间、地方政

---

[1] 《提升执法公信力塑造质检好形象》，中国质量新闻网，2015年11月30日，http://www.cqn.com.cn/news/zggmsb/disan/1100523.html。

[2] 廖丹子、叶东辉、钱显明：《"质量时代"口岸进出口产品质量安全：挑战与规制》，《中国非传统安全研究报告（2014~2015）》，社会科学文献出版社，2015，第240~257页。

[3] 张成福、李昊城、边晓慧：《跨域治理：模式、机制与困境》，《中国行政管理》2012年第3期。

府与企业间、地方政府与非营利组织间、地方政府与社会公众间、非政府治理主体间建立合作伙伴关系。① 还有研究者以长三角信用体系建设过程中的合作与治理过程、主体及机制为对象，从垂直面向、水平面向、公私面向三个维度分析了合作机制的6个影响因素。②

本文将国门外来有害生物安全理解为一个"安全场域"。"安全场域"是由不同安全因素叠加而成的、凸显安全特性与功能的、覆盖大多数社会心理活动领域、摆脱整体不安全的时空状态，如"地缘安全场域""利益安全场域""社会心理安全场域"等。因此，"安全场域"更多的是指称安全的领域或范围。③ 在"安全场域"的视角下，跨域治理可分为物理意义上的跨域和心理文化意义上的跨域。物理意义上的跨域分为四个方面的联动，即跨部门、跨层级、跨领域、跨代际，心理文化意义上的跨域是安全观、安全认知、安全理念的融合与共识。"安全场域"中的"安全"不仅是单一事物的没有危险的状态，而且是与其他事物关联的动态、整体、总体的安全状态，是一种复合、非线性、整体、技术与价值相互混合的安全。在具体实施中，基于"跨域治理"的国门生物安全维护需要进行"大安全""大国门""大防控"三种新体系设计。

（一）"大安全"：建立总体安全体系

国家安全委员会的成立为我国社会公共安全体系的新构建提供了顶层设计的体制保障。④ 2014年国安委首次会议提出构建集政治安全、国土安全、军事安全等十一种安全于一体的总体国家安全体系。因此，从"安全场域"的视角看，国门安全把关要从立足于"部门安全"到立足于"总体安全"，要充分研究国门外来有害生物安全威胁与相关领域威胁的相互影响和相互转

---

① 丁煌、叶汉雄：《论跨域治理多元主体间伙伴关系的构建》，《南京社会科学》2013年第1期。
② 申剑敏、陈周旺：《跨域治理与地方政府协作——基于长江三角区域社会信用体系建设的实证分析》，《南京社会科学》2016年第4期。
③ 余潇枫、赵振拴、廖丹子编《从"国门安全"到"场域安全"——出入境检验检疫的非传统安全分析》，中国社会科学出版社，2015，第40~41页。
④ 余潇枫、赵振拴、廖丹子编《从"国门安全"到"场域安全"——出入境检验检疫的非传统安全分析》，中国社会科学出版社，2015，第52页。

化，要建立涵盖生态环境安全、公共卫生安全、食品安全、产品质量安全、社会安全、核生化安全、科技安全的"大安全"体系，这是将传统安全与非传统安全相结合的一种高级形态的广义安全观。在大开放、大通关的新形势下，国门安全监管的相关部门要积极融入国家安全治理体系和治理能力现代化的全面深化改革中，着力提升基于"大安全"的中国国门安全治理能力。

具体而言，首先，要切实转变狭义的国门安全理念，要从总体国家安全的目标认识国门外来有害生物防控的经济发展功能和国防性功能，即国门外来有害生物检疫不仅是服务外贸经济发展的必要工作，也是维护国家安全、保障民生不可或缺的重要保障，要高度重视国门外来有害生物检疫工作之于国家社会、环境、政治、经济、外交和军事安全的综合性地位。其次，要将外来有害生物防范作为事关国门安全与外贸发展两大方面的基本问题，片面强调进出口贸易便利化，希望放宽把关标准，甚至追求放弃安全的直放直通，是存在较大隐患的，甚至可能造成"先威胁后治理"的有害生物安全困境，国门安全与促进外贸应该平衡发展。最后，将外来有害生物防范纳入应对技术性贸易壁垒、口岸公共卫生体系建设、口岸核生化防控、跨境电商监管等常规工作之中，对于潜在的重大外来有害生物要通过大数据系统性地对源头、危害性、传播过程和发生、发展规律进行风险因子收集，不断加强数据分类与分析，为国门外来有害生物防控决策提供科学依据。

（二）"大国门"：建立跨域的"国门安全网"

"大国门"指的是要超越当前只限于进出境（口）这一狭隘环节的国门，而应将国门进行内外前后的延伸，要从"国门"到"场域"，建立"场域安全"意义上的"大国门"。"国门安全"转到"场域安全"的现实动力是基于我国向"大安全""大防控""大质检"转型，以更好地服务于"大开放"战略，实现"保国安民"与"质量强国"的宏大目标的需要。[①] 要

[①] 《筑牢国门安全防护网》，中国质量新闻网，2016年2月5日，http://m.cqn.com.cn/zgzlb/content/2016-02/05/content_2643578.htm。

建立场域安全意义上的"大国门",必须确立"前伸、后延、中转、外联、应急、反恐"的思路。①

"前伸",即从"源头"对外来有害生物进行防控,要健全外来有害生物的源头性安全监管制度,将对外来有害生物威胁的防御扩展到威胁源的发生地。加大数据和信息的收集,随时掌握国内外生物发展动态,一旦出现重大外来有害生物及相关突发事件,立即追溯源头并进行过程管控。"后延",即对外来有害生物安全的防护延展到国内(境内),由于外来有害生物安全威胁从入侵到产生危害具有一定的潜伏期,加上检验检疫工作中可能存有的疏漏,因此,定期开展开放口岸外来生物种类的调查和监测十分必要。"中转",即以政府购买服务引入具有相对资格与技术的第三方检测机构进行外来有害生物的监测工作,国门检验检疫部门要加大对第三方监测机构的培育与规制。这是弥补官方监测力量不足和完善有害生物检疫监管模式改革的新方向。"外联",即与外来有害生物防范相关机构配合,形成部门、行业、区域互动的有力体系。加强与地方农业、林业和渔业部门和海关、边检、海事等相关机构的协调合作,共建有害生物信息共享、资源共有、机制共联的联合预警、防范与处置机制。"应急"与"反恐",指在对外来有害生物开展监测过程中,一旦发现有外来危险性有害生物入侵迹象,或因外来有害生物引发突发性疫病疫情事件,或发现外来有害生物及可能存在的"生物恐怖"风险时,要及时进行联合响应、及时应对,必要时开展基于生物恐怖的"反恐"行动。

(三)"大防控":建立六防一体的智慧治理

要探索建立技防、人防、信防、物防、网防、文防"六防"一体化的国门外来生物安全"大防控"体系。

技防,即借助特定的科技手段进行有害生物安全防控。黄超、杨跃杰认

---

① 余潇枫、赵振拴、廖丹子编《从"国门安全"到"场域安全"——出入境检验检疫的非传统安全分析》,中国社会科学出版社,2015,第43页。

为技防是指运用科技手段,预防、延缓、制止各类违法犯罪行为,维护社会公共安全活动。① 汪光华认为技防是以安全防范技术为先导,以人力防范为基础,以技术和实体防范为手段所建立的一种安全防范服务保障体系。② 外来有害生物防控最需要的就是快速而又准确的技术手段和操作平台,兼顾准确与效率。要加强生物安全的各类专项实验室建设,为检疫工作提供坚实的技术平台,如新型仪器、检测检疫方法、"DNA 条形码技术"等。要进一步研究新型外来有害生物防控的预警、智能检测以及风险处理的全链条技术,扩展动植物检疫关键技术的覆盖面。要进一步完善国家级检疫鉴定中心或企业机构,实现检疫机构的整合重组,资源共享。

人防,即通过专业人员进行外来有害生物防控。"人防"是指专家、第三方、工作人员凭借专业知识和技能来进行指导、检测、具体落实。人才是生产力中最活跃的因子,同时是外来有害生物防控过程中最核心的一环,也是提高检疫水平的关键。可以在生物安全管控领域直接引进高级人才,提高专业技术人员的知识和技术水平,提高国门外来有害生物安全防控的专业化、科学化和精准化。开展高校与检验检疫部门的双向交流,加强学生实习基地建设,加大力度培养相关专业储备人才。还可以招揽专业人才组建国门外来有害生物防控的专家委员会、专业检测检疫委员会等。

信防,即通过现代信息的搜集与分析而进行外来有害生物安全防控。在信息技术领域,信防是指通过全面的信息流通交互实现信息共享,获得关于安保防范的关键信息,从而进行直接或间接防范。2017 年中国电子检验检疫主干系统全面运行,该系统采用全国集中式业务数据库,将检验检疫业务信息、产品监测信息、企业监管信息、风险预警信息等数字化,实现数据应用大集中③,依托信息化建设的工作平台在提高检疫工作效率的同时也节约

---

① 黄超、杨跃杰编《安全技术防范》,北京群众出版社,2009,第 5 页。
② 汪光华编《安全防范技术基础》,北京高等教育出版社,2008,第 6 页。
③ 《中国电子检验检疫主干系统即将正式运行》,中国质量新闻网,2016 年 12 月 1 日,http://www.cqn.com.cn/zggmsb/content/2016-12/01/content_3656656.htm。

了成本。据统计，全国35个省直属局及868个分支机构实现了基于信息整合的整体化运作①。对于国门外来有害生物防控的信防来说，就是要以信息流为载体，实现外来有害生物检测结果在系统内的实时共享，建立一个开放的、数字化、智能化的外来有害生物数据库与信息系统，通过大数据对外来有害生物及时进行风险分析和风险评估，采取措施进行预防与控制。

物防，即通过实体屏障进行外来有害生物安全防控。王远平等认为物防是用于安保防范、能延迟恐怖袭击事件发生的各种实体防护手段（包括加固建筑、构筑物、增设屏障、器具、设备，改进防护系统等）。②对于外来有害生物防控工作来说，无论是事前监测预警还是事后应急处置，都要具备实体防控的支撑条件。为满足国门生物安全维护的准确度，就要求精密度达到较高水平的相关硬件设施，并做好检疫设备的更新和后续维修工作。要基于动植物检疫的大数据库建设，逐步建立具有较高水准的国门生物安全维护设备、平台等。

网防，即通过现代网络进行外来有害生物防控。外来有害生物层面的网络防御，是指通过动态的持续的信息传输、接收、共享，将多个孤立的网络系统连接起来，从而达到资源共享的目的。运用"互联网+质检"的思维与行动，利用网络的扩散功能，扩大外来有害生物数据的国内外来源，全面覆盖"前伸""后延""中转""外联""应急与反恐"全过程的数据。对外要通过网络收集全球各地疫病疫情发生的信息，及时分析，制定对策。对内要打破各部门相对封闭的局限，将官方各部门的外来有害生物信息进行各个网络系统之间的整合与共享，并积极推动民间网络数据的整合。可以借鉴欧盟建立覆盖各成员国的欧洲传染病监控网络的经验，建立我国国家级的外来有害生物监控中心和突发事件紧急处理中心。

文防，指打造国门生物安全维护的思想与文化体系。尹斌洪认为"文

---

① 《中国电子检验检疫主干系统推进"互联网+质检"建设》，新华网，2016年12月11日，http://news.xinhuanet.com/fortune/2016-12/11/c_1120095362.htm。
② 王远平、陈景新等：《全面创新东深供水工程人防、物防、技防新的警务建设标准》，《中国公共安全·学术版》2014年第3期。

防"即是有关文化的安全防御事务,是为了捍卫与扩大组织(如国家、民族、党派、企业、团体等)和人的利益,用文化影响精神世界和物质世界,既通过文化进行占领、抵制、消除、消灭,又通过文化进行保护、捍卫、引领、稳固。[1]

在国门截获的外来有害生物中,除了小部分为故意携带外,有相当一部分是旅客对于相关法律法规的不了解而无意携带,社会大众对"外来有害生物"的知识还较为缺乏。因此,社会对于外来有害生物的公共认知显得极为重要。要利用当前现代信息媒介的多样化传播方式,加大宣传和教育,提升社会的公共认知水平,如利用微博、微信、短信等信息平台,以更加生动灵活的形式让广大群众了解外来有害生物的相关知识与基本防控技能,还可以开展生物安全"进校园""进社区""进企业""进单位"等实践活动,逐步通过提升社会认知水平来提升国门外来有害生物的综合防控能力。

---

[1] 《打造"文防"新理念护助文化强国大业》,搜狐网,2012年10月7日,http://roll.sohu.com/20121007/n354369339.shtml。

B.13
外来有害生物入侵的非传统安全分析*

吴新华　叶东辉　邹海燕　廖丹子**

摘　要： 在当前深度全球化和经济一体化的背景下，外来有害生物入侵作为非传统安全的一种表现形式，对被入侵地区的生态环境、生物多样性、人类健康以及经济发展等产生严重威胁。我国是生物多样性和生态系统丰富的国家，也是生物入侵较为严重的国家。本文从生态环境安全、经济安全、国民安全、社会安全、文化安全、国家安全等方面，阐述我国外来有害生物入侵的威胁领域及其产生的影响，分析我国目前遭受外来有害生物入侵的严峻形势，从国家安全战略、健康中国和生态文明建设视角论证防控国门生物安全威胁、防范外来有害生物入侵的意义，并基于国家安全战略和健康中国战略高度考量，提出重视和加强口岸动植检规范化建设、加强各方联动与综合治理、加强生态安全教育以及国际合作等政策建议。

关键词： 外来有害生物入侵　非传统安全威胁　国门生物安全

---

* 本文为质检总局科技计划项目"总体国家安全观下的中国质量安全战略研究"（2016IK166）、国家社会科学基金青年项目"中国国门非传统安全识别与跨域治理研究"（15CZZ403）的阶段性成果。
** 吴新华，江苏出入境检验检疫局动植物检疫处处长；叶东辉，宁波出入境检验检疫局办公室调研员；邹海燕，宁波出入境检验检疫局风险处主任科员；廖丹子，博士，浙江财经大学公共管理学院副教授。

党的十八大以来，以习近平总书记为核心的党中央十分关注国家安全。在中央国家安全委员会第一次会议上，习近平总书记第一次提出"总体国家安全观"，指出"保证国家安全是头等大事"，要"既重视传统安全又重视非传统安全"。非传统安全是指区别于传统军事武力冲突的来自经济、社会、环境、生态、文化、信息等更宽泛领域的新安全威胁。生物入侵是指生物从原来的生存地区经过自然或者人为的因素入侵到另外一个地区，严重危害入侵地区的生态系统以及人类健康的一个过程，具有明显的非传统安全的特征，是非传统安全的一种表现形式。[①]"外来有害生物"或"外来入侵有害生物"或"外来入侵种"或"入侵种"是指对生态环境、生物多样性、人类健康以及经济发展带来严重威胁的外来生物。在全球经济一体化的背景下，以外来物种这种不确定因素而带来的非战争危害逐步以非传统安全危害的形式表现出来，它的破坏力会带来跨国家、跨区域甚至全球性的灾难，事关国家的生物安全，是一种非传统安全，在国家安全中占有举足轻重的位置。[②] 保证国家生物安全，必须加强进出境动植物检疫，预防外来物种随国际贸易和人员流动入侵。[③]

一 外来有害生物入侵的非传统安全威胁

外来有害生物入侵，在生态上会破坏入侵地的生态系统结构和功能，造成本地物种多样性消失和物种灭绝，构成对自然资源和人类生存环境的严重威胁；在经济上会因农林牧渔业的重大损失和高额的防治费用，以及危害人类健康，影响交通、贸易、旅游等行业，造成重大的经济损失。有研究报道，美国每年因生物入侵造成的直接和间接经济损失高达1300多亿美元。

---

① 蔡超：《基于Web的江苏省重要外来有害生物管理信息系统的构建》，扬州大学硕士学位论文，2008，第5页。
② 余潇枫：《非传统安全治理能力建设的一种新思路——"检验检疫"的复合型安全职能分析》，《人民论坛·学术前沿》2014年第9期，第80~89页。
③ 支树平：《贯彻总体国家安全观筑牢国门生物安全防护网》，《中国质量报》2017年4月17日。

2001~2003年，我国曾组织了我国外来入侵物种调查，得出外来入侵物种每年造成的直接和间接经济损失达1198.76亿元，占当年GDP的1.36%。①根据《2012年中国环境状况公报》，我国主要林业有害生物灾害面积1176.87万公顷，其中松材线虫、美国白蛾、红脂大小蠹等均为典型的外来入侵生物，不仅造成重大经济损失，也对森林生态服务功能造成严重影响。科学家们已达成普遍共识，入侵性外来物种与环境污染等一起列为导致生物多样性丧失的五大主要和直接诱因。

（一）外来有害生物入侵的特征

我国是世界上生物多样性和生态系统最为丰富的国家之一，同时也是生物入侵最为严重的国家之一。世界自然保护联盟（IUCN）向全世界发布的100种最具危害性的外来生物中有一半以上已入侵中国。②

1. 外来生物种类繁多

有关我国外来入侵物种数量目前尚无权威数据，许多科研院所和有关部门都发布了关于我国外来入侵物种的情况。据《人民日报》报道，2013年，根据第二届国际生物入侵大会披露的信息，当前侵入我国的外来物种得到确认的就有544种，有100多个物种造成了大规模的危害。在我国34个省、自治区和直辖市，或多或少都能找到外来入侵物种，而且几乎所有的生态系统如森林、草原、农田、湿地、水域以及城市都能发现外来入侵物种。中国外来入侵物种数据库数据显示，目前入侵中国的外来物种已经由2013年的544种增长到754种，五年增幅达38.6%。

2. 已入侵生物扩散蔓延迅速，损失惨重

根据万方浩等人的评估，仅紫茎泽兰、豚草、稻水象甲、美洲斑潜蝇、松材线虫、美国白蛾等13种外来入侵物种每年给我国农林牧渔生产造成的经

---

① 刘婷婷等：《生物入侵造成的经济损失评估研究进展》，《生态经济》2010年第2期，第173~175、178页。

② 高岚、赵铁珍：《中国外来有害生物入侵的环境影响及举措》，《北京林业大学学报》（社会科学版）（增刊）2006年第9期，第29页。

济损失就达570多亿元。① 生物入侵产生的影响极其复杂，不同的研究者采用不同的方法得出的经济损失结果不尽相同，但毫无争议的是生物入侵能够造成巨大经济损失。例如，原产于南美洲的美洲斑潜蝇（Liriomyzasativae）在海南省之初，该省冬春瓜菜被害面积就达120万亩，造成直接经济损失约3亿元。

3. 新的外来入侵生物不断出现，且频率急剧升高

随着我国经济尤其是外向型经济的发展，我国国际贸易总量增长很快，随之带来的外来生物入侵的概率也在增加。据不完全统计，外来有害生物的入侵频率在20世纪90年代以前为每8～10年发现1种，而到了90年代以后，每年都新发现入侵生物1～2种，入侵频率急剧升高。②

（二）外来有害生物入侵的非传统安全威胁

1. 对生态安全的威胁

外来入侵物种是生态系统最大的生物威胁。外来种成功入侵后大爆发，将对生态系统产生不可逆转的破坏，最终形成优势种群，危及本地物种的生存，引起本地物种的消失与灭绝。

（1）对生态系统的直接破坏

外来入侵生物对生态系统的影响是多方面的。一是对本地物种产生的威胁。外来物种与本地物种竞争食物、直接扼杀或抑制其他物种的生长，减少当地物种的种类和数量，甚至导致其濒危或灭绝。如禾草、灌木侵入一个地区之后，会抑制其他乔木的生长；藤本植物侵入之后可能会损坏本来发育良好、层次丰富的森林。二是改变系统内的营养结构，如固氮植物火树入侵夏威夷后通过固氮而影响贫瘠的火山土里的生物演替进程，而土壤含氮量的增加促进了矿物质营养的循环，为新的入侵物种提供了沃土。三是改变干扰、胁迫的机制，例如来自欧洲的禾草在北美和夏威夷的许多草原占据优势，通

---

① 余潇枫：《非传统安全治理能力建设的一种新思路——"检验检疫"的复合型安全职能分析》，《人民论坛·学术前沿》2014年第9期，第80～89页。
② 《我国确认544种外来入侵生物几乎所有生态系统均遭入侵》，http://news.xinhuanet.com/tech/2013 - 10/25/c_ 125595422. htm。

过极大提高火灾的强度与频率而排挤或降低了本地物种的丰度。四是在资源获取和利用上不同于本地物种,如紫茎泽兰这种植物,对肥料的吸取能力强,可消耗大量的氮、磷、钾等营养,造成土壤肥力下降,对群落中其他植物的生长造成很大影响。通过上述各类途径,许多外来入侵物种就能够直接或间接破坏当地生态系统,改变生态过程[①]。

(2) 造成生物多样性的丧失

生物入侵已被公认为除生态环境破坏外造成生物多样性丧失的最大威胁,其影响主要表现在以下几个方面:一是成为优势物种。物种入侵到一个新的环境中后,可能因为失去了在原生境地所受到的限制而迅速繁衍,进而在当地的物种中形成一定的优势,破坏当地的生态平衡。侵入的生物可以通过各种方式威胁原来地区的生物,比如捕食、寄生、分泌、竞争水分、阳光等,从而对生物多样性造成影响。二是通过对生态环境的影响间接地影响生物多样性。例如,外来草食动物不仅啃吃山坡上的青草,还造成了滑坡和水土流失,破坏了溪流生态系统,造成一些物种生长不适或物种变异。又如入侵火山岛的固氮植物通过固氮和增加土壤中可利用的氮素而改变本身缺氮的土壤,使得岛上原来适应缺氮环境的植物和微生物灭绝或发生根本变化。三是通过基因渗透、杂交形成更强入侵能力的杂合体基因型入侵生物。通过造成本地物种斑块化,切断基因流动,使本地物种不能很好地进行种的繁衍,影响野生种群的遗传,使野生种减少,从而使物种灭绝,造成野生种质资源的减少,破坏了生物多样性。

(3) 造成本地物种的灭绝与丧失

外来侵入的物种能够从种群、群落、生态系统等各个方面威胁本地区的生态平衡,促使本地区生物种类的减少。根据相关报道,20世纪,美国濒临灭亡的鱼类当中大概有68%与外来物种入侵相关。[②] 我国云南地区的432

[①] 蔡超:《基于Web的江苏省重要外来有害生物管理信息系统的构建》,扬州大学硕士学位论文,2008,第11页。

[②] 蔡超:《基于Web的江苏省重要外来有害生物管理信息系统的构建》,扬州大学硕士学位论文,2008,第13页。

种土著鱼当中，因为外来鱼种的引入，有130种鱼在最近几年中都没有搜集到标本；150种鱼类由20世纪60年代的常见种变为偶见种；余下的152种鱼类种群数量均比60年代明显减少。如云南星云湖中的"纯种大头鲤"因为外来鲤鱼入侵而灭绝；云南大理洱海中本土的鱼种有17个，后引入了13个鱼种，由于这些鱼种和本地区的鱼种竞争食物、产卵场所等，造成原来的17种土著鱼类已有5种陷入濒危状态；云南泸沽湖内生长的数种裂腹鱼，在20世纪90年代后期人为投放养殖银鱼以后，水质出现严重污染，原有的土著鱼种趋于灭绝。[1]

（4）破坏景观的自然性和完整性

通过以上几种方式，生物入侵对生态系统的影响包括破坏本地景观的自然性和完整性。例如，在华南沿海地区和西南干热河谷地段，原有的天然植被景观已经荡然无存，原有的植物被我国大约在明朝末期引入仙人掌属的4个物种基本取代。又如凤眼莲原产于南美，大约在20世纪初作为花卉引入中国，后曾作为猪饲料大量推广，此后大量逸生，几乎遍布大半个中国。云南昆明滇池内的凤眼莲作为一种外来入侵植物，不仅破坏了原有的水生生态系统，甚至堵塞水上交通、污染了水质，给当地的渔业与旅游业造成很大损失。很多入侵杂草如豚草属、小白酒草、反枝苋、飞机草、小花假泽兰等，可分泌有毒化合物从而阻止其他植物的成长，压缩了本地区植物的生长空间，抑制当地植物的自然恢复。[2]

2. 对环境安全的威胁

（1）破坏土壤环境

如今，在世界各地都能看到由于外来入侵植食性动物的采食和践踏而加速土壤流失的情况，尤其是岛屿地区。在塔玻山脉自然保护区，南非的喜玛拉雅塔儿羊（*Hemitragusjemlahicus*）就产生了较强的危害。根据Lloyd的研

---

[1] 蔡超：《基于Web的江苏省重要外来有害生物管理信息系统的构建》，扬州大学硕士学位论文，2008，第13页。
[2] 韦胜灵：《生物入侵对广西生态系统的影响及其防治对策》，《中国农业信息月刊》2014年第12期，第68~69页。

究，330头圈围羊每年亏损的牧草占到每公顷牧草量的73%；11个月中流失了8cm表层土壤。①

外来侵入的植物从不同程度上影响着当地的土壤。对于某些生长迅速的植物来说，其在一定程度上有利于阻碍雨水的冲刷，根茎的深入，可以很好地缓解土壤的侵蚀。但有些外来物种则加重侵蚀，比如密集型的本地种、矮生种易被一些分散型生长的外来入侵树种取代，而多年生的本地植物则易被一年生的外来植物取代，②一些外来植物在进行营养代谢时会沉积一些物质，转变了本地区土壤的化学成分，造成本地区植物不能正常生长而丧失竞争力。比如美国引入的柽柳，其具有泌盐的特质，特别是在干旱区域其泌盐能力更明显，落叶促使土壤盐渍化，造成本地区的杨树和柳树等难以生存而被取代。

（2）改变水资源环境

当地水文循环被外来入侵植物影响的主要原因是外来入侵植物与本地植物用水的程度不同。例如水葫芦引入昆明滇池后，一方面，大面积生长使得枝叶覆盖水面，影响了当地居民的生活用水；另一方面，由于这种植物能够吸收重金属等物质，下沉到水下以后会污染水质。在南非，由于海岸松等外来入侵植物生长消耗了大量降水，大片山地水源保护区的山溪流量显著降低。

除此之外，外来植物严重影响到本地区的水分均衡，主要表现在以下几个方面，其一，外来物种蒸发的速度或者叶子的面子比较大，对水分的需求会大于本地区的生物，还会在水资源较缺乏的地区吸取更多的水；其二，外来植物可以挖掘出本地区物种不用或者少用的水资源，威胁到水均衡，比如根部比较深的植物入侵湿草地；其三，转变了栖息地的地貌，危害到景观水分均衡，比如外来植物形成的各种林冠结构，形成含水量较多的落叶层，影响渗透；其四，外来物种改变物候进程表，会改变水分平衡。③

---

① 安志兰、郭笃发、褚栋等：《生物入侵对我国生态环境的影响及其控制策略》，《山东农业科学》2007年第1期，第87~91页。
② 安志兰、郭笃发、褚栋等：《生物入侵对我国生态环境的影响及其控制策略》，《山东农业科学》2007年第1期，第87~91页。
③ 安志兰、郭笃发、褚栋等：《生物入侵对我国生态环境的影响及其控制策略》，《山东农业科学》2007年第1期，第87~91页。

（3）影响大气环境

相对于对土壤或水的影响，外来物种对大气环境也存在微弱的影响。假如外来植物，特别是水生植物，在其迅猛增长死亡以后如果不及时处理，那么会溃烂产生很多危害气体，会严重威胁到大气环境。比如云南滇池地区的水葫芦，因为遍布面积较大，其存在的水域，表面几乎都被覆盖了，阳光、空气等难以进入水中，而且它们死亡腐烂以后会发出恶臭，危害到当地的大气环境。[①]

3. 对经济安全的威胁

外来生物入侵除了对入侵国家的生态环境造成不可逆的灾害性问题之外，也会对该国的经济方面造成重大影响。

（1）对农林牧渔业的直接经济危害

外来入侵生物特别是外来入侵动植物病虫草对农林牧渔业造成巨大的经济影响。一方面，外来入侵生物可以造成这些农产品产量下降、品质降低，直接造成巨大的经济损失。如20世纪30年代随棉种进入我国的棉花枯萎病和黄萎病，该两种病害原产自美国，但却对我国棉花种植造成了巨大的危害。据统计，1982年我国曾经有628个县被这两种病害影响，波及省份达16个之多，148.2万公顷的棉田受灾，其中绝收的达到2.07万公顷。[②] 另一方面，为控制这些外来入侵有害生物的发生和发展，用于这些外来入侵有害生物的防治的费用也是十分巨大的。例如美洲斑潜蝇，该虫可寄生22个科的110种植物，最早于1993年在海南被发现，是严重危害我国蔬菜生产的入侵有害生物。到目前为止，我国29个省区市均有广泛分布，发生面积273万公顷以上，为防治该虫害，我国目前所需费用在4.5亿元以上。[③]

---

① 安志兰、郭笃发、褚栋等：《生物入侵对我国生态环境的影响及其控制策略》，《山东农业科学》2007年第1期，第87~91页。
② 蔡超：《基于Web的江苏省重要外来有害生物管理信息系统的构建》，扬州大学硕士学位论文，2008，第16页。
③ 任桂芳、王建红：《美洲斑潜蝇简介》，《北京园林》2001年第2期，第31~32页。

(2) 对旅游业的影响

外来入侵有害生物破坏本地生态系统，损害本地自然景观，对一些风景名胜区和自然资源造成极大威胁。例如，椰树是海南独特而重要的树种，特别是在海口、三亚两市，椰树构成了城市绿化最主要的景观。椰心叶甲作为危害椰树的外来生物，在2002年首次在海南岛被发现，三亚的旅游胜地天涯海角、亚龙湾、南山等著名景区及亚洲论坛会址博鳌镇的椰林都深受其害，对生态景观造成极大破坏，从而造成旅游方面的经济损失。黄山以"奇松、怪石、温泉、云海"享誉海内外，而"奇松"又是四景之首，但近年来，黄山之奇松一直处于危险之中，对其构成威胁的就是著名的外来入侵有害生物——松材线虫。一旦松材线虫突破进入黄山，则黄山的旅游资源和自然景观会遭受重大破坏，黄山的旅游业可能因此遭受灭顶之灾，对当地的经济发展构成严重影响。

(3) 对国际贸易的影响

进口国以防范外来有害生物入侵为名采取多种多样的技术性贸易措施，使得贸易相关方成本增加，通关速度减慢，阻碍了国际贸易的正常发展，对国际贸易造成重大影响。1998年，美国以中国货物木质包装可能携带光肩星天牛为由，要求中国出口货物木质包装必须实施检疫处理。因为上述法令，一时间我国上百亿美元的货物通关受到影响。同样在木质包装方面，2001年10月1日起欧盟委员会对来自我国的针叶树木质包装强制采取紧急检疫措施，理由是我国部分地区发生松材线虫病，要求所有出口欧盟的针叶树木质包装，必须经检疫合格并随附植物检疫证书，否则就销毁、除害处理或退运。输往美国、欧盟的木质包装必须经熏蒸和热处理并随附官方证书，导致出口成本显著增加，通关速度受到严重影响，成了国际贸易正常发展的障碍。

(4) 其他方面的影响

除了农林牧渔、旅游以及国际贸易，外来入侵生物还会对交通运输业等行业造成不同程度的影响，产生一定的经济损失，如水葫芦繁殖力极强，能覆盖水面、堵塞河道、影响航运。以上所述的只是外来入侵有害生物造成的直接经济损失,而其造成的间接经济损失尽管难以准确计算,但却不容忽视,甚至可能比直接经济损失更大。由于外来有害生物对生态系统产生了破坏,在水土、气候等方面的影响会间接地产生经济损失,不可估量。仍以水葫芦这种植物为例,由于植株繁殖茂盛,其死亡后沉入水底,一方面由于其吸附了大量重金属等有毒物质,构成对水质的二次污染,另一方面当与泥沙等物质混合后,会将河床抬高,相关水域如河道、池塘、湖泊等逐渐沼泽化,有些甚至完全失去原有功能,周围气候以及自然景观都会受到危害,大大增加了旱灾、水灾等发生的概率[1]。此外,由于缺乏对生态环境和经济之间复杂关系的深入了解,同时在控制、防治过程中使用农药的影响也难以估计,对生物入侵造成的经济损失往往难以作出精确估计。

4. 对国民安全和社会安全的威胁

外来入侵有害生物甚至还是人类健康的潜在威胁者,有些甚至会危及人类的生命安全,对社会安定造成影响。如入侵杂草豚草和三裂叶豚草所产生的花粉是人类花粉过敏症的主要病原物,大名鼎鼎的"枯草热"症就是这种花粉引起的,对人类的健康影响巨大,可以说近年来北方地区"枯草热"症逐年上升与豚草肆虐密不可分。[2] 再如2006年8月北京发生大面积食用福寿螺中毒事件,中毒病例达131例,究其原因是福寿螺携带广州管圆线虫,食用者因此而患广州管圆线虫病,其中扮演重要角色的福寿螺就是一种外来入侵有害生物。

一些重大人畜共患病,如口蹄疫、禽流感、疯牛病和重要入侵生物如红火蚁等,会严重威胁人类健康和社会稳定,造成不同程度的恐慌。如1997年我国台湾省爆发了猪口蹄疫,影响了猪的饲养、猪肉销售等相关行业,导致70万人失业。[3] 近年来东南亚一带屡次发现人感染高致病性禽流感而死

---

[1] 孙冠英、陈学新、程家安:《基于网络的进出境植物检疫信息管理和辅助决策系统》,《浙江大学学报》(农业与生命科学版) 2003年第4期,第407~412页。

[2] 蔡超:《基于Web的江苏省重要外来有害生物管理信息系统的构建》,扬州大学硕士学位论文,2008,第17页。

[3] 蔡超:《基于Web的江苏省重要外来有害生物管理信息系统的构建》,扬州大学硕士学位论文,2008,第17页。

亡的事件引起了国际社会的强烈关注,各国纷纷采取措施严防死守防止疫情传入。我国广东等南方局部地区发生红火蚁疫情,曾导致当地"谈蚁色变"。

5. 对文化安全的影响

一个地区的自然生态系统和物种多样性,对当地的文化有着潜在而深入的影响。外来入侵物种一旦对侵入地的生态系统产生了改变,就会对当地的社会和文化内涵具有间接的作用。我国民族较多,分布地区较广,比如苗族、傣族、白族等区域,其物种具有不同的特点和特有的生态环境系统。这些资源和系统,深刻影响了当地特殊的民族文化和生活方式的形成。例如由于紫茎泽兰等外来入侵植物不断竞争,本地重要的植物资源如中草药资源等被逐渐取代,生物入侵的后果,就是民族文化的依存根基正被悄无声息地削弱。①

6. 对国家安全的威胁

农业生物恐怖是生物恐怖的新内容和重要内容,根据美国农业生物恐怖国家报告,农业生物恐怖在美国的不安全因素中的份额为14%。专家认为,有近1400种生物适宜于农业恐怖袭击。而外来生物入侵就可能被作为农业生物恐怖的重要战略方式之一。外来生物入侵隐蔽性较强、破坏性发作相对缓慢,使得一些发达国家可能将生物入侵作为对发展中国家实施生态侵略和生态破坏转移的重要手段,从而使生物入侵更具明显的政治目的,对国家安全构成较大威胁,具有较强的政治意义。

二 防范外来有害生物传入亟须提高非传统安全维护能力

全球化的快速发展使物种迁移的速度和跨度逐渐加大,入侵我国物种截

---

① 高岚、赵铁珍:《中国外来有害生物入侵的环境影响及举措》,《北京林业大学学报》(社会科学版)(增刊)2006年第9期,第34页。

获频次急速增加，据检验检疫部门统计，2016年全国各口岸共截获外来有害生物6305种、122万种次，同比分别增长1.8%和15.97%，创历史新高，其中首次截获的检疫性有害生物就有29种。尤其值得引起重视的是，随着跨境电子商务和城市宠物热的兴起，非法携带、邮寄生物进境的现象逐年增加，且手段愈发隐蔽，传入境外动植物疫病疫情的风险也随之加大，甚至很多本身就是入侵的有害生物。2016年4月，北京口岸在入境国际邮件中查获活体箭毒蛙，云南口岸在网购荷兰多肉植物中发现大量有害生物大洋臀纹粉蚧；5月，成都口岸在入境国际邮件中首次查获"巨型蟑螂"；9月，宁波检验检疫局驻国际邮件互换局工作人员在来自英国的进境邮件内置DVD光盘包装盒内连续截获2批次7个品类共计30粒大麻种子；2017年4月，河南检验检疫局在进境快件中截获6袋重1斤的美国老鼠粪便。为有效应对非法携带、邮寄植物种子种苗多发高发的情况，2015年以来，质检总局连续组织开展专项打击的"绿蕾"专项行动，仅2016年专项行动便截获非法携带、邮寄进境的植物种子种苗2.05万批次、7.68万公斤，从中检出有害生物21249批次，其中包括南方菜豆花叶病毒、仙人掌胞囊线虫、咖啡果小蠹、玉米褪绿斑驳病毒等重要有害生物。

外来生物入侵正成为国家利益博弈的新领域。在国际贸易活动中，动植物检疫等技术性贸易壁垒越来越成为国和国之间进行贸易保护的关键方式。比如我国北方出口日本的稻草、稻草产品因为受到水稻疫情的限制曾经被日本限制进口；1980年，美国加州发现地中海实蝇，34个国家和地区中断了与美国的水果、蔬菜贸易；1996年，美国得克萨斯和亚利桑那等州发生小麦印度腥黑穗病，严重影响了28个国家对美国的小麦贸易往来。1997年，使各国人民惊恐不安的疯牛病在英国流行时，几乎所有国家都断绝了与英国的牛肉贸易，采取紧急措施禁止其牛肉进口。万方浩认为，在技术贸易壁垒当中，"外来物种是把双刃剑，完全能够用来维护国家利益"。

外来生物入侵问题如被恶意升级，还可被利用成为"生物武器"，对国家安全产生更大威胁。浙江大学非传统安全与和平发展研究中心主任余潇枫教授认为，"非常规战争"是"非武力、非军事、甚至是非杀伤、不流血

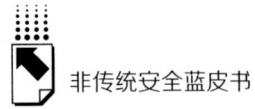

的",这类战争的目的并非是"领土之争"或"主权之争",却是利益安全与社会心理安全中的"软边疆"方面利益上的争夺以及综合实力上的争夺,更有甚者是以危害对方全体国民的安全来击败对方。① 日内瓦生物武器谈判场上,就牵涉到了生物武器这一论题,在争论中,小麦条锈病菌、稻瘟病菌、赤霉病菌等几种危害农产品的物种被列入其中,将它们称为"农业恐怖生物"。

习近平总书记提出的总体国家安全观指出,不仅要注重传统安全,又要注重非传统安全,建立一整套的安全系统,包含政治安全、国土安全、军事安全、经济安全、文化安全、信息安全、生态安全等。国家生物安全是非传统安全中关键的组成部分,以防范外来生物入侵为主要内容。对此,必须着眼国家总体安全,提高此类安全的保障能力。因此,要从国家战略高度重视国门生物安全维护,防控国门生物安全威胁,防范外来有害生物入侵,无论是从国家安全战略角度,还是从生态文明、健康中国建设角度,都具有十分重要和必要的意义。应从以下方面强化国门生物安全的保障。

一是应从国家安全战略和健康中国战略高度加以重视。在总体国家安全观视域下和"健康中国2030"纲领中具体落实国门生物安全防控工作,在国家利益博弈中担当起"隐形武器"的作用,在国民安全保障中履行起"国门卫士"的职责。为此,要特别加强法律体系建设,修订完善出入境动植物检验检疫的相关法律法规,全面开展口岸动植物检验检疫规范化建设,参照西方发达国家经验,对非法携带外来物种等行为提高其违法成本,依法防控外来生物。

二是加强口岸动植检规范化建设。加大口岸检疫工作的科技投入和人员培训,完善检疫官队伍培育机制,在旅邮检现场推广先进的"检疫官—检疫犬—查验CT机"查验模式,特别是强化物联网和互联网技术的应用,构建国门生物安全监测预警体系,在全国口岸筑起一道有效防控外来生物入侵

---

① 余潇枫:《非传统安全治理能力建设的一种新思路——"检验检疫"的复合型安全职能分析》,《人民论坛·学术前沿》2014年第9期,第80~89页。

的屏障。

三是加强各方联动与综合治理。加强农业部门、林业部门、海关等与检验检疫部门的联防联控，加强高校、科研院所与政府部门间的科研合作，重点开展以生物防治为核心的综合治理。同时也要将动植物疫病疫情防控纳入口岸公共卫生体系，推进"健康中国"建设，保障国民安全。

四是倡导安全文化和安全教育，广泛发动全民参与。加强生态安全、生态文化、生态道德教育，通过科普宣教、媒体宣传、生物安全进社会等手段，提高群众对国门生物安全的认识，号召全民从自身做起，主动防范外来有害生物，不做有害生物物种传播者，增强公众参与维护国家安全的行动自觉性。

五是加强国际合作，实现有害生物的全球共治。秉持全球化时代构建人类命运共同体理念，加强信息沟通，交流防治技术，互相帮助，共同采取行动，加强地区间、国家间有害生物信息和技术的高水平交流与合作。同时，也可以通过巧设技术性壁垒倒逼出口国做好出境检疫，以达到全球共治的目标。

·双源性非传统安全研究·

B.14
毒品问题与中菲关系：
两国反毒合作及其影响

李开盛　周汇慧*

摘　要： 毒品问题是一项典型的非传统安全议题，但在中菲关系中产生了一定的传统安全后果，需要引起我们的更大关注。毒品泛滥问题在菲律宾十分突出，已经成为菲律宾经济、社会中的一大"公害"。一些涉华因素的存在，如部分毒品来自中国、部分毒贩来自中国以及华人毒贩十分活跃等，使得华人社区甚至是中国的形象以及中菲关系也因此受到负面影响。在这种政治化影响之下，中菲关系与两国间的毒品合作总体来说是相互联系在一起的。随着杜特尔特出任菲律宾新总统，两国在毒品问题上的合作也迈入新阶段，同时中国仍然面临如何审慎对待杜特尔特严厉反毒政策以及保护中国公民合法权益的挑战。除了克服这些挑战之外，两国还有必要在立法合作、缉毒合作以及司法合作等方面深入拓展，有效克服菲律宾毒品泛滥问题，并维护中菲关系的长期稳定发展。

关键词： 毒品　中菲关系　政治化

---

* 李开盛，国际关系博士，上海社会科学院国际问题研究所研究员；周汇慧，上海社会科学院硕士研究生。

毒品问题与中菲关系：两国反毒合作及其影响

自 2016 年 6 月杜特尔特就任菲律宾总统以来，中菲关系发生了从对抗到合作的戏剧性转变。当前，中菲政府都在为培育、巩固并发展新的友好关系进行各种努力与探索。杜特尔特已两次访华，南海局势暂时缓和，双边经贸合作正在"一带一路"倡议的框架下大力推进。但是，两国关系的基础仍然薄弱，菲律宾国内对发展对华关系仍然存在很多疑虑。其中影响因素很多，南海问题当然是重中之重，但不可忽视的是，一些非传统安全议题也在影响菲律宾人对华认知甚至整个中菲关系，毒品问题就是其中一例。在菲律宾毒品问题十分严重、反毒成为杜特尔特政府优先任务但又引发争议的背景下，我们需要慎重对待任何可能涉及中国的因素，在政府与社会两个层次与菲律宾进行良好沟通。可以说，中菲如何在反对毒品方面开展良好合作，不但直接影响到反毒这一重要议题本身，还攸关两国总体政治安全关系能否得到持久改善。

一 菲律宾的毒品问题及其中的中国因素

毒品泛滥问题在菲律宾十分突出，已经成为菲律宾经济、社会中的一个"公害"。如何有效地预防毒品泛滥和打击毒品犯罪，一直是令历届菲律宾政府十分头痛的问题。与此同时，由于一些特殊的历史与现实原因，毒品问题不只是菲律宾的国内问题，还成为中菲需要共同面对的一个挑战。

（一）菲律宾毒品问题的危害

在当代国际社会中，迅猛发展的全球化促进了国家间合作，有利于经济与科技的发展。但同时也带来了许多问题，毒品泛滥就是其中之一。正如有学者所指出的那样，"毒品交易者以及为之洗钱的人正在利用全球化趋势带来的各种方便条件加紧活动。运输费用降低，陆海空运输线路增加，世界贸易增长，资金转移电脑化以及'逃税天堂'、'飞地性'地址等手段所导致的各国金融市场的渐趋统一，乃至更为普遍的农业和化学技术的传播——所有这些均成了促成毒品交易全球化的因素。"① 在这种全球化浪潮之下，国际毒品犯罪已形成一套完整的犯罪体系。东南亚贩毒集团是世界主要贩毒集团之一，而东南亚的一些地区如"金三角"毒品的生产、制贩一向十分猖獗。在这一网络中，地理位置"优越"的菲律宾则成为毒品走私中转站，导致菲律宾深受毒品之害。

菲律宾目前人口已超过一亿，其中到底有多少人吸毒？其准确数据仍存在一些争议。"据菲律宾缉毒署统计，菲国现在有大约370万瘾君子。"② 杜特尔特在解释其发动禁毒战争时也曾宣称，菲律宾目前的吸毒人数达到400万。根据菲律宾政府下属的危险药物委员会（Dangerous Drugs Board，DBB）的数据，2016年菲律宾的吸毒人数为170万（见图1）。但调查也指出，在10~69岁的菲律宾人中，有480万人至少一次尝试过毒品。③ 根据该委员会发表的数据制作的表1可知，2004年吸毒人数一度高达670万。可见，对吸毒人数的统计取决于统计的口径。例如，根据联合国毒品和犯罪问题办公室的报告，全世界吸毒上瘾人数2014年达到2900万，但至少使用了一次毒品的人则达到2.5亿人。④ 不管采取哪种标准，必须承认的是，菲律宾的毒品形势仍然是比较严峻的。

由于毒品特殊的上瘾性和蔓延性，毒品泛滥的后果十分严重。英国学者巴里·布赞认为，毒品犯罪会对一个国家的政治、经济、军事、社会、环境五个领域都造成冲击和危害。无论是毒品的生产国、过境国还是消费国都会受到这样的冲击。⑤ 更加严重的是，与一些发达国家的毒品泛滥问题有所不

---

① 劳伦特·拉尼奥：《毒品与全球化：一种暧昧关系》，《国际社会科学杂志》2000年5月，第107页。
② 赵中文：《菲律宾涉毒杀戮多引发关注》，《光明日报》2016年8月6日第4版。
③ Jodes Z Gavilan, "DDB: Philippines has 1.8 million current drug users", October 11, 2016, http://www.rappler.com/nation/146654-drug-use-survey-results-dangerous-drugs-board-philippines-2015.
④ 《联合国报告：全世界吸毒上瘾人数首次达到2900万》，环球网，http://world.huanqiu.com/hot/2016-06/9078457.html。
⑤ Barry Buzan, "New Patterns of Global Security in the Twenty-First Century," International Affairs, Vol. 67, No. 3 (1991), pp. 431-440.

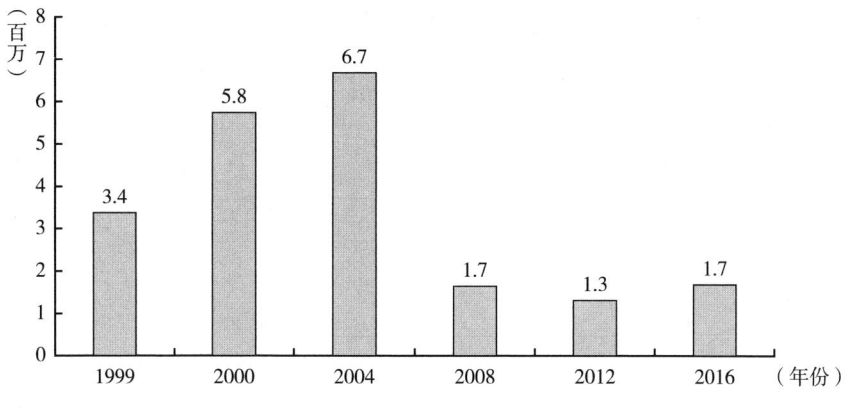

图1 菲律宾吸毒人数

资料来源：DBB Annual Report，http：//www.ddb.gov.ph/。

同，菲律宾的毒品问题引发了严重的社会治安问题和深层次的政治社会问题。这首先与菲律宾吸毒群体的特性有关。在 DBB 对菲律宾矫正中心所收留的吸毒者的分类调查中（见图2），吸毒者多为低收入或是失业的青壮年男性。尽管这部分人不足以代表所有菲律宾吸毒人群，但仍然反映了一个普

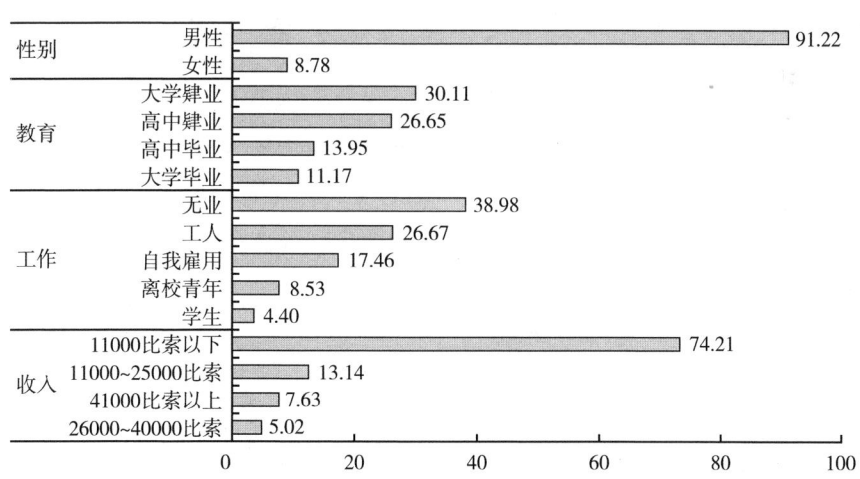

图2 菲律宾吸毒矫正中心病人情况（2009~2014年）[*]

资料来源："EXPLAINER：How serious is the PH drug problem? Here's the data"，September 19, 2016，http：//www.rappler.com/newsbreak/iq/144331 - data - drug - problem - philippines.

遍的趋势：许多年轻人染上毒瘾，但其收入却不足以满足自己的毒品消耗。一旦毒资不足，这些人就可能铤而走险，成为危害社会治安的重要原因。

早在阿罗约统治时期，就有统计显示，菲律宾全国各地有270多个贩毒集团，每年的毒品交易额估计高达2500亿至3000亿比索（约合49亿至58.8亿美元），菲律宾全国4.2万多个社区中，有3000多个社区受到毒品困扰。同时，毒品引发的暴力犯罪也不断增加，在菲律宾发生的恶性犯罪案件中，约有70%与毒品有关。① 菲律宾警方的毒品犯罪数据也反映了这一点（见图3），2002年前后，有关的缉毒行动、逮捕案件和新接收的矫正治疗人数都达到了最高值。此后有所下降，但自2013年起又开始回升。

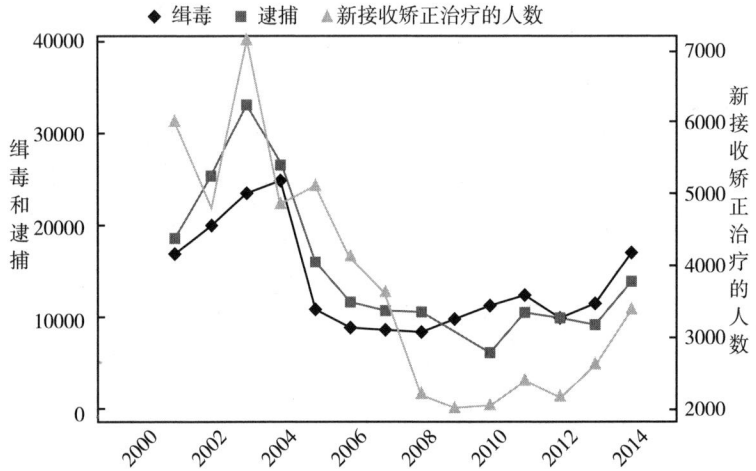

图3　缉毒行动、逮捕案件和新接收的矫正人数＊

资料来源："EXPLAINER: How serious is the PH drug problem? Here's the data", September 19, 2016, http://www.rappler.com/newsbreak/iq/144331 - data - drug - problem - philippines.

一个突出的问题是，被菲律宾视为经济支柱之一的海外菲劳也常常被卷入毒品走私活动。例如，在阿罗约时期，菲政府就曾经警告说，包括海外劳

---

① 程琦：《菲律宾打击跨国有组织犯罪综述》，《犯罪研究》2007年第2期，第66页。

工在内的菲游客已成为亚洲、中东和南美等贩毒集团的"不知情"转运人。贩毒集团经常利用海外劳工和菲游客运送藏有毒品的包裹,并承诺一旦他们的包裹或行李被运送到指定地点,就将给予"承运人"300美元至2000美元不等的回报。尽管有些人自称不知携带品是毒品,但一旦被捕,他们仍将要被判刑。① 这方面的一个突出例子发生在阿基诺三世时期。2010年,一名叫维罗索(Mary Jane Veloso)的菲律宾人在入境印度尼西亚时被指控携带毒品,结果被判处死刑,只是由于当时印度尼西亚暂停执行死刑而免遭一死。但2015年新的印度尼西亚总统佐科·维多多上台后,为了表示严厉打击毒品犯罪的态度,开始恢复执行死刑,启动了对她和另外八名毒贩的死刑程序。但维罗索坚称其无辜,她是被邻居非法征募骗到马来西亚,然后入境印度尼西亚时才得知被要求携带的包里藏有毒品。维罗索的遭遇经媒体披露后,在菲国内引起巨大反响,成为该年度菲律宾的一个重大政治社会甚至是外交事件,菲总统、副总统都出面向印度尼西亚政府求情。后来由于警方逮捕了作为主使的维罗索的邻居,案件需要重新审理,维罗索才暂时免予一死。

(二)毒品问题中的中国因素

菲律宾毒品泛滥主要源于国内因素,但也离不开国际背景。中菲两国隔海相望,一些不法分子往来其间,也使得毒品成为一条负面纽带,在中菲关系中投下一道淡淡的阴影。概括起来,菲律宾毒品问题中的涉华因素主要包括以下三个方面:

1. 部分毒品来自中国

在菲律宾的媒体上,关于毒品来自中国的报道不时见诸报端。菲律宾主要媒体《每日问询者报》一则发布于2013年9月6日的报道标题就叫《中国是首要的毒品来源》。其中引用禁毒特别行动队(Anti-Illegal Drugs Special Operations Task Force)高级警司托比亚斯(Bartolome Tobias)的话称,最近

---

① 王传军:《菲律宾人运毒案日益增多》,《光明日报》2009年12月22日第8版。

的缉毒行动表明，所缴获的脱氧麻黄碱盐酸盐即当地俗称"shabu"（沙雾）的冰毒的出货地是中国大陆。① 杜特尔特上台后，《每日问询者报》仍然刊登过不少类似报道。如在2016年8月19日的一篇报道中，菲律宾警总监罗纳德·德拉罗沙（Ronald Dela Rosa）宣称，中国境内生产的化学合成类毒品以及制作这些毒品的前体物被认为是菲律宾毒品的主要来源之一②。而根据该报2016年10月21日的报道，菲律宾议员阿拉加诺（Gary Alejano）对总统杜特尔特转向"与中国联盟"的政策提出警告，其原因竟然是菲律宾的大部分境外毒品来自中国。阿拉加诺称这一情报来源于众议院司法委员会在新比利毕监狱对毒品扩散的调查，毒枭承认从中国和朝鲜获得毒品。菲律宾缉毒执行处（PDEA）和毒品管制委员会（DDB）也在面向众议院的预算审议中声明，大部分毒品来自中国和朝鲜。③ 面对国内的政治压力，时任菲律宾外交部部长的亚赛于2016年8月召见中国驻菲大使，要求就毒品来源问题予以澄清。

尽管目前并没有明确证据证明中国是菲律宾毒品的主要来源地，但在以往的缉毒案中，确实发现在中国沿海一带有许多中国东南沿海毒贩向菲律宾走私毒品及毒品原材料，向菲律宾制毒工厂提供技术支持。④ 中菲间毒品走私问题严重主要有两方面原因。一是中国化工产业产能过剩，一些本来用于制作合法化学品的原材料流入沿海省份的毒贩集团手中，许多淘汰下来的化工设备成为毒贩的制毒设备，贩毒集团利用资源生产的大批量毒品需要寻找市场。距离最近的东南亚成为贩毒集团的辐射范围，其中菲律宾自然也成为他们的毒品市场。根据福建警方的情报，福建一带的许多职业贩毒团伙，其

---

① Marlon Ramos, "China is No. 1 source of drugs," September 6, 2013, http://globalnation.inquirer.net/85059/china-is-no-1-source-of-drugs.

② Tarra Quismundo, "Yasay summons Chinese envoy over drug supply," August 24, 2016, http://globalnation.inquirer.net/143237/yasay-summons-chinese-envoy-over-drug-supply.

③ Marc Jayson Cayabyab, "Solon warns Duterte: Most drugs come from China", October 21, 2016, http://globalnation.inquirer.net/147396/solon-warns-duterte-drugs-come-china.

④ 《中央电视台法治在线第一现场：中菲跨国大缉毒》，新浪视频，2016年12月26日，http://news.sina.com.cn/c/2006-12-26/23461664.shtml.

成员多是旅菲华裔，他们在中菲之间进行毒品制作、毒品原材料和毒品走私以及毒品制作设备的跨国贩卖。二是菲律宾地理位置方便，国内腐败严重，为毒品泛滥打开了方便之门，从而成为全球毒品走私中转站。菲律宾作为群岛国家，上连毒品种植生产地金三角等，下接美国和澳大利亚等世界主要毒品消费国，是当今世界的毒品走私中转站，也是毒品犯罪高发地。菲律宾又是世界上腐败问题十分严重的国家之一，这也极大地为毒品犯罪提供了便利。前任阿基诺三世曾誓言要革除腐败，但到他任期结束，情况基本如初。根据透明国际的数据，2016 年菲律宾在政府廉政方面仅得 35 分，排在世界第 101 位（见表 1）。而近年来，中国境内对毒品犯罪的严厉打击使得制毒集团开始转移制毒基地，将菲律宾等东南亚国家作为他们制贩毒品的新基地。这也进一步加剧了菲律宾的毒品犯罪。

表 1 菲律宾近年政府廉政得分情况*

2016 年排名	2016 年得分	2015 年得分	2014 年得分	2013 年得分	2012 年得分
101	35	35	38	36	34

资料来源：Corruption Perceptions Index 2016, January 25, 2017, https://www.transparency.org/news/feature/corruption_perceptions_index_2016.

2. 部分毒贩来自中国

中菲之间猖獗的毒品走私活动也与一些从事不法活动的中国公民有关。中国人特别是福建等地的居民向菲律宾移民的历史十分悠久，其中绝大多数在马科斯统治后期已加入菲律宾国籍。改革开放以来，一些中国人凭借这种历史联系和亲戚关系，开始大量地到菲律宾投资创业，他们中间许多人虽然在菲律宾居住多年，但仍然保留中国公民身份，其中难免也夹杂着一些不法分子，从事贩毒等非法活动。1998~2001 年，菲律宾警方共逮捕外国籍毒品犯罪嫌疑人 396 名，其中 271 名是中国大陆公民。[①] 这说明中国贩毒分子

---

① 朱晓莉：《福建省苯丙胺类毒品犯罪的特点及侦控对策》，《福建公安高等专科学校学报》2005 年第 6 期，第 12 页。

在菲律宾进行贩毒活动由来已久。到了菲律宾前总统阿基诺三世执政期间，这一趋势并没有得到遏制。根据菲律宾毒品管制局年度报告数据，在2011年被捕的45名外国毒贩中，中国大陆籍19人。2012年的65名被捕外国籍毒贩中，中国大陆籍毒贩23人，10名台湾籍毒贩。2013年被捕的77名外国籍毒贩中，中国大陆籍毒贩38人，香港毒贩1人，台湾籍毒贩10人。2014年被捕的外国籍毒犯67人中，中国大陆籍毒贩40人，香港毒贩1人，台湾籍毒贩2人。而在2015年被捕的38名外国籍毒犯中，中国大陆籍毒贩远超半数达到25人，香港毒贩1人，台湾籍毒贩2人。截至2016年8月，菲律宾因毒品犯罪而被捕的39名外国毒贩中，中国大陆人23名。① 中国籍毒贩在菲律宾被捕外籍毒贩中占比极高（见图4），这也极大地影响了菲律宾民众与政界在毒品问题上对中国的看法，不但败坏了中国以及中国人在菲律宾的形象，甚至也在菲律宾民众如何看待发展对华关系方面，也使他们产生了比较消极的看法。

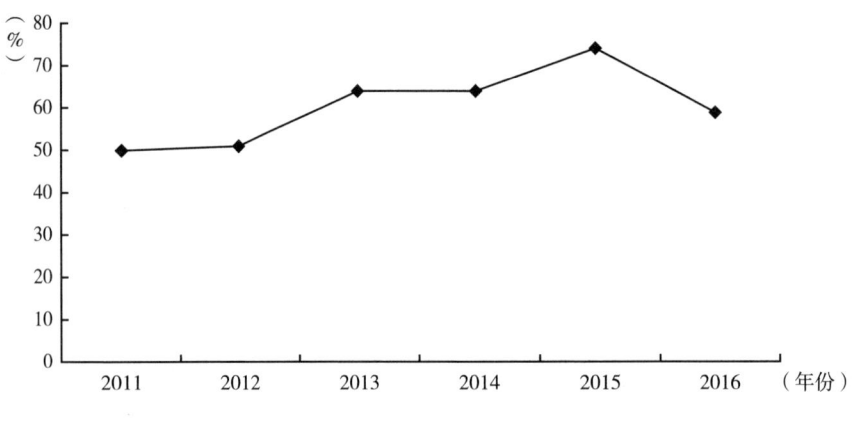

图4　中国籍毒贩占菲律宾被捕外籍毒贩的比例

3. 华人毒贩十分活跃

在那些已加入菲律宾国籍的华人中，也有极少数败类从事毒品交易活

---

① Annual Report, Philippine drug enforcement agency, http://pdea.gov.ph/transparency/annual-report.

动。菲律宾现任总统杜特尔特于2016年7月7日公开了菲律宾地下毒品交易网，控制该国毒品交易的大毒枭都是华人华裔身份。① 据菲律宾官方报告，吕宋岛的毒枭头子名为吴端（Wu Tuan），其绰号为彼得·许，目前被关押在新比利毕监狱14号楼；另一名被指控的大毒枭赫尔伯特·许朗戈（Herbert Colangco），绰号"Ampang"，目前也被关押在新比利毕监狱。② 这些华人犯罪分子多来往于中国与菲律宾，进行跨国毒品贩卖。而更令人震惊的是，即使这些毒枭已被逮捕，他们仍在控制着菲律宾的毒品市场。基于此，菲律宾方面希望和中国积极合作，以共同打击毒品犯罪。华裔已是菲律宾公民，但对许多菲律宾普通民众来说，仍倾向于把华裔与中国联系起来，其结果就是：虽然毒贩仅仅是华裔中的极少数，但也使得华人社区甚至是中国、中菲关系因此受到负面影响。

二 菲律宾毒品问题的政治化：从国内政治到对华关系

在菲律宾，毒品问题已不只是一个简单的毒品问题或法律问题，而变成了一个严重的政治社会问题，甚至是波及中菲关系的外交问题。在这种背景下，毒品问题很容易被政治化，甚至有可能影响到菲国内政局走向与中菲关系的变化。

（一）应对毒品问题：菲律宾政府的努力

在阿罗约统治时期，曾经大力开展打击毒品犯罪运动。2001年6月，菲律宾成立了一个由司法部、内政部、国家调查局、军方、警方等机构负责人、国家安全顾问和民间机构代表等组成的国家反犯罪委员会，统一指挥、协调对贩毒等有组织犯罪集团的打击行动。该年8月底，阿罗约总统批准成

---

① 《杜特尔特公布菲律宾全国大毒枭身份全部为华人华裔》，环球网，2016年7月8日，http：//world.huanqiu.com/exclusive/2016－07/9141672.html。
② 《杜特尔特公布菲律宾全国大毒枭身份全部为华人华裔》，环球网，2016年7月8日，http：//world.huanqiu.com/exclusive/2016－07/9141672.html。

立一支扫毒别动队，以进一步加大肃毒工作力度。9月8日，阿罗约在马尼拉举行的全国治安协商会议上又宣布，鉴于缉毒部门发现吸毒者往往也是贩毒者，她已下令内政部加快修订1972年颁布实施的《危险药物法》，取消贩毒和吸毒者之间的区别，对两者一并严惩。菲律宾政府还表示，要与其他东南亚国家在打击跨国毒品犯罪方面加强合作。① 通过各方面的大力打击，正如前述，当时菲律宾的毒品案发率出现了较大幅度的下降。阿基诺三世统治后期，毒品案发率又有走高的趋势。为此，菲律宾政府强化反毒行动的力度。根据菲律宾缉毒行动处统计数据，菲律宾政府在2013～2016年进行了87531次缉毒行动，其中2013年执行缉毒行动11474次，2014年16939次，2015年25041次，2016年34077次，共销毁吸毒窝点467个。② 但总的来看，尽管菲律宾政府一直致力于打击毒品犯罪，但成效并不令人满意，菲律宾的毒品问题并未得到有效控制。正因如此，在2016年的总统竞选运动中，来自棉兰老岛的、以强硬对付犯罪分子著称的达沃市长杜特尔特获得了民众的高度支持。他在竞选中声称，如果当选总统，要在六个月内杀死十万名毒贩，把他们扔到马尼拉湾去喂鱼。即使这些言论"很不政治正确"，杜特尔特仍然高票当选菲律宾总统。

2016年6月上任后，杜特尔特果不食言，开展了血腥的反毒运动。一方面，他大力打击警察队伍中的涉毒贪腐事件，对于与贩毒分子同流合污的警察和官员进行处理。另一方面，杜特尔特积极鼓励普通群众举报、打击贩毒分子，他甚至提出群众有权将贩毒分子直接杀死而无须受到任何惩罚。在严厉的反毒运动中，许多贩毒分子和疑似贩毒分子被杀害。菲律宾警方2016年8月2日公布的统计数字显示，在杜特尔特上任以来的短短一个月时间里，菲各地警方已击毙402名毒品犯罪嫌疑人。另据菲律宾国内知名电视台ABS‐CBN收集到的数据，从2016年5月10日至8月4日，共有834

---

① 《菲律宾政府努力打击毒品犯罪》，人民网，2001年9月16日，http://www.people.com.cn/GB/guoji/22/82/20010916/561916.html。

② Statistical Data, Philippine drug enforcement agency, http://pdea.gov.ph/our‐accomplishments/statistical‐data.

名涉毒人员死亡,其中 512 人是在警方行动期间死亡的,另外 246 人是被身份不明的枪手杀死,至少 76 名死者是被私刑处决的。① 严厉的打击运动使得在警方缉毒运动中和被不明身份人士进行所谓"法外处决"的毒贩数量迅速上升,许多毒贩竞相自首,甚至自愿进入监狱以保全性命,也导致监狱出现了人满为患的现象。

总的来看,这场以极端的手段对抗毒品问题为特征的反毒运动取得了一定的成效。特别是在与毒品相关犯罪的控制方面,取得了显著的成果。例如,根据菲律宾政府的数据,杜特尔特执政五个月后,所谓"指标犯罪"(包括针对个人的犯罪,如谋杀、过失杀人、人身伤害、强奸,以及针对财产的犯罪,如抢劫、偷窃等)数量与前一年同期相比下降了 31.67%,从 81064 起降到了 55391 起。② 根据菲律宾民意调查机构亚洲脉搏(Asia Pulse)2016 年公布的数据,在反对犯罪这个问题上,菲律宾民众对政府的满意度高达 84%,不满意度仅为 4%,未决定的为 12%。③

(二)政治化视角下的毒品问题

但也要看到,杜特尔特的极端反毒手段也引起了国内外的争议。在国内,"菲律宾法学界不少专业人士认为,打击毒品犯罪运动虽然在很大程度上对于社会中泛滥的毒品犯罪形成了高压态势,然而,以私自处决为手段的毒品犯罪打击方式容易造成社会暴力化倾向加剧,进而恶化本已糟糕的社会安全形势,甚至容易造成以打击毒品为借口而发生的肆意杀戮。"④ 国内的媒体也对所谓法外处决现象大肆报道,批评杜特尔特政府不遵守人权。在国外,许多西方国家与国际机构对杜特尔特政府的反毒手段提出批评。时

---

① 赵中文:《菲律宾涉毒杀戮多引发关注》,《光明日报》2016 年 8 月 6 日第 4 版。
② Xinhua:"Philippine crime rate declines in first 5 months of Duterte administration," December 19, 2016, http://news.xinhuanet.com/english/2016-12/19/c_135917318.htm.
③ "Pulse Asia Data on Filipinos' Views on Foreign Policy", December 11, 2016, http://www.pulseasia.ph/pulse-asia-data-on-filipinos-views-on-foreign-policy/.
④ 魏思婧:《菲律宾打击毒品犯罪运动分析及对我国启示》,《价值工程》2016 年第 10 期,第 256 页。

任美国总统奥巴马曾拟在2016年9月东盟峰会期间与杜特尔特谈"人权"问题，导致杜特尔特出言不逊，后者便取消了对杜特尔特的会晤。时任联合国秘书长潘基文与联合国毒品和犯罪问题办公室也曾谴责杜特尔特"为法外处决背书"，联合国毒品和犯罪问题办公室行政主任尤里·费多托夫在一份声明中说，"（法外处决）是违法的，也侵犯了基本的权利与自由。"他说，他们将支持菲国政府将毒贩绳之以法，但这应该以国际公约和协定作为基础。他也支持平衡，以人为本，以证据和权利为基础的毒品管制。①

这些争议反映了菲律宾毒品所面临的复杂状况。一方面，菲律宾毒品泛滥严重，特别是相关的治安事件层出不穷，反毒具有现实紧迫性。而且，菲律宾的司法制度效率低下、程序冗长，加上死刑被废除（目前杜特尔特政府正在推动恢复针对八类涉毒犯罪的死刑，相关议案已获得众议院通过），司法手段的威慑性有限，很难在短时期内遏制毒品以及相关犯罪问题。另一方面，保护人权包括保护吸毒者和毒贩在内的人权已成为国际共识，特别是考虑到菲律宾许多吸毒者与毒贩出身贫困，他们被杀确实值得同情。这种复杂性决定了很难对杜特尔特政府的反毒运动做一个简单的判断。但是，菲律宾的国内政治与国际政治是很复杂的，毒品现象与反毒运动并非是一个孤立的存在，被政治化也因此变得不可避免。

所谓政治化，就是出于某种政治目的，对非政治领域如经济、科学、教育等方面的言论、行为、现象、事物等，根据政治的逻辑、框架、规律和规定进行解读和处理。众所周知，不同领域有不同领域的逻辑、框架和规律，例如在司法领域，关注的是相关人与现象是否触犯法律；在经济领域，则关注的是能否带来经济效益；在政治领域，则体现为是否有利于获得政治权力或贯彻某种政治理念。许多言论、行为、现象或事物可能涉及多个领域，但根据行为者的身份与动机，或是行为本身的主要属性，可以辨识其主要处于

---

① 《联合国机构谴责菲律宾法外处决毒嫌》，联合早报网，2016年8月5日，http://www.zaobao.com/wencui/social/story20160805-650425。

哪个领域。如果以其他领域的逻辑、框架和规律进行解读，那就是被"××化"了。例如，某人在见义勇为中不慎将别人杀死，这既是一个法律问题，也是一个道德问题，但应该主要是一个法律问题，因为产生了死人这样的严重法律后果。但如果关注者仅仅关注行凶者的道德动机（见义勇为），而忽略了其行为后果，那就是把法律问题道德化了。所以，一般而言，发生或主要发生在某一领域的言论、行为、现象或事物就应该按或主要按该领域的逻辑、框架和规律来处理，"××化"是不值得提倡或不应该的。

菲律宾毒品问题的政治化体现在国际政治和国内政治两个层面。在国际政治层面，主要体现为取消对菲律宾的援助，或是限制对菲律宾的武器出售（例如，2016年年底美国暂停了对菲律宾出售约26000支突击步枪的计划）。这种行动以维护人权为名义，但也让人怀疑反映了美国对于杜特尔特政府放弃对抗中国、转而采取大力发展对华关系的政策转向的不满。在国内政治层面，阿基诺三世时的执政党、多数知识分子以及媒体精英对杜特尔特的政策进行了不遗余力的攻击，毒品政策成为政治斗争中的砝码。自由党干将、前司法部部长、带头反对杜特尔特的参议员德利马因涉毒被逮捕入狱，而德利马则反过来控诉政府政治迫害。德利马称，这是杜特尔特对她的"报复性政治打击"。[①] 前总统阿基诺三世也出来领导抗议集会，谴责杜特尔特的铁腕禁毒政策。反毒运动陷入政治化的旋涡使得毒品问题与杜特尔特这一特定政权联系起来，有菲律宾众议员反对杜特尔特与美国决裂、与中国结盟的外交政策，其提出的理由竟然是"中国是菲律宾境外毒品的主要来源之一"。[②]

可见，中国如何对待菲律宾的毒品问题以及与菲律宾政府开展反毒方面的合作，也可能成为影响中菲关系的一个重要因素。反过来，中菲关系的好

[①] Tarra Quismundo："'Vindictive politics,'De Lima says of drug raps against her", February 18, 2017, http: //newsinfo. inquirer. net/872751/vindictive – politics – de – lima – says – of – drug – raps – against – her.

[②] Marc Jayson Cayabyab: "Solon warns Duterte: Most drugs come from China", October 21, 2016, http: //globalnation. inquirer. net/147396/solon – warns – duterte – drugs – come – china.

坏也势必会影响到双方之间在反毒问题上的合作。中菲过去十多年间的反毒合作历史也说明了这一点。

（三）中菲关系框架下的反毒合作

阿罗约从2001至2010年担任菲律宾总统，当时中菲关系进入"黄金"时期，双方在反毒方面的合作也比较顺利。特别是在刑侦层面，双方联手合作，跨国合作追捕毒枭，联手破获了许多大案。例如，2004年，中菲警方联手破获"9·2"特大跨国贩毒案，菲律宾禁毒署、海关等执法部门检获冰毒296公斤，价值5.92亿比索（约合1亿元人民币）。① 2006年，中菲警方联合侦破邵春天集团跨国制贩冰毒案。中菲警方在菲律宾捣毁一制毒工厂，在工厂内抓获2名菲律宾籍犯罪嫌疑人，缴获成品、半成品冰毒约350千克，易制毒化学品近万箱及制毒设备8套。② 2007年，中菲警方联合破获了公安部督办的蔡爱山特大跨国制贩冰毒案，摧毁了在菲律宾的制毒工厂一处和存放易制毒化学品仓库两个，缴获成品及半成品冰毒180多公斤，缴获丙酮、乙醚等制毒配剂近10吨。③

阿基诺三世执政时期，中菲关系因南海争端而不断恶化，双方间的禁毒合作也陷入了停滞状态。关于双方合作打击毒品犯罪的报道，也很少再见诸报端。相反，由于一些法律制度的差异，一些菲籍毒贩的命运还成为中菲间外交交涉的一个议题。2006年，菲律宾再次废除死刑。但根据中国法律法规，在中国走私、贩卖、运输、制造毒品而且情况严重的，最高刑罚是死刑。有些菲律宾人因为涉嫌向中国运送毒品被捕，最后被中国法院依法判处死刑。而阿基诺三世根据国内政治需要，曾多次向中国政府发出请求，不要执行死刑。④ 2011年2月，菲律宾副总统比奈曾访华请求中国为3名被判死

---

① 《中菲警方合作破获"9·2"特大跨国贩毒案访谈录》，《人民公安》2004年第9期，第21页。
② 石国胜：《中菲联手夹击跨国毒枭落网》，2006年12月27日第5版《人民日报》。
③ 《中菲警方联合破获蔡爱山特大跨国制贩冰毒案》，新华网，2007年6月25日，http://news.xinhuanet.com/legal/2007-06/25/content_6287027.htm。
④ Agence France-Presse, Associated Press: "3 Filipino drug mules executed in China", March 30, 2011, http://globalnation.inquirer.net/207/3-filipino-drug-mules-executed-in-china.

刑的菲毒贩网开一面，但没有得到中国的同意。2013年，他试图再次访华为一名菲律宾女毒贩求情，被中方婉拒。

三 中菲反毒合作：当前挑战与建议

杜特尔特就任菲律宾总统后，决定搁置南海仲裁裁决，同中国发展友好关系，中菲关系实现了一百八十度的大转弯，也为双方在反毒问题上的合作创造了良好的环境，双方在重新开启反毒合作方面迈出了实质性步伐。但与此同时，在菲律宾毒品问题仍然高度敏感、中菲关系未来仍充满不确定的情况下，双方的反毒合作还存在很大的挑战与变数。如何管控好这些挑战，并使中菲关系步入稳定发展的轨道，仍然是一项重要而紧迫的课题。

（一）当前反毒合作现状及其挑战

中菲关系的好转使得双方在毒品问题上能够更为友善地看待对方。杜特尔特高度重视毒品问题以及在反毒问题上与中国合作，而中国政府也在此议题上采取了务实立场，致力于帮助菲律宾开展扎扎实实的反毒工作，而不是像西方国家那样高调批评杜特尔特政府违反人权。2016年9月29日，中国外交部发言人在回答有关问题时指出："中方理解和支持菲律宾新政府在杜特尔特总统领导下优先打击毒品犯罪的政策，愿同菲方积极开展禁毒合作，并为此制订共同行动计划。"[①] 对于菲律宾毒品来源问题，面对国内的质疑，杜特尔特在利用接见中国大使的时机同中国方面进行了探讨，并最终展示出善意的一面。2016年12月19日，菲律宾总统府发表声明称，将菲毒品问题归咎于中国人是不公平的。对此，中国外交部也做出积极的回应，再次宣称："中方理解和支持菲政府在杜特尔特总统领导下打击毒品犯罪的政策，并表示，中方愿继续为菲方禁毒提供力所能及的支

---

① 《外交部：中方理解支持菲律宾新政府优先打击毒品犯罪政策》，新华网，2016年9月29日，http://news.xinhuanet.com/world/2016-09/29/c_1119649500.htm。

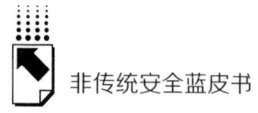

持和帮助。"①

中菲政府的友好态度为两方在反毒方面的务实合作创造了良好的条件。2016年10月17日,就在杜特尔特首次访华的前夕,中菲禁毒合作会谈在北京举行,中国公安部禁毒局局长胡明朗和菲律宾肃毒局局长拉裴娜率各自代表团参加了工作会谈。在会谈期间,中菲就签署禁毒合作文件、建立年度会晤机制、建立联络热线、执法合作、情报交流、援助培训等议题进行了广泛讨论,达成一系列重要意向。以此次讨论为基础,双方于10月21日杜访华期间签署《中国公安部禁毒局和菲律宾肃毒局合作议定书》。除了制度框架上的合作外,中国还力图通过实际行动表达对菲律宾反毒运动的支持。2016年12月20日,菲律宾国防部部长洛伦扎纳(Delfin Lorenzana)表示,中国将向菲律宾免费提供一批价值1440万美元的武器装备,以及用于采购其他装备的5亿美元长期软性贷款,以帮助菲律宾总统杜特尔特打击毒品和恐怖主义。除了为菲律宾反毒战提供财政和军备支持,中国还承诺帮助菲律宾在其东南部棉兰老岛(Mindanao)上修建一所新的戒毒中心。此前,一名中国富商已在菲律宾的新怡诗夏省(Nueva Ecija)捐建了一所大规模戒毒中心。② 对此,杜特尔特曾说"只有中国帮助了我们"。③

过去一年来,中菲两国警方反毒合作取得重要成果。2017年5月,中国警方在办案中发现有人利用印刷滚筒机内伪装夹藏冰毒走私出境,货物刚刚抵达菲律宾马尼拉港。获知此情报后海关总署立即开展国际合作,将相关情报通过菲律宾警方。菲方执法部门及时赶到现场,查获冰毒592包共计604公斤,并抓获相关犯罪嫌疑人。国家禁毒办有关负责人表示,该案的成功侦破,是2016年10月中菲禁毒部门签订合作协议以来,两国缉

---

① 《中方:愿继续为菲律宾禁毒提供力所能及的支持和帮助》,中国新闻网,2016年12月21日,http://finance.ifeng.com/a/20161221/15093940_0.shtml。
② 《菲防长:中国将免费提供小型军备助菲肃毒》,财新网,2016年12月21日,http://international.caixin.com/2016-12-21/101029387.html。
③ Nestor Corrales, "Duterte: China-funded rehab center almost complete," October 08, 2016, http://globalnation.inquirer.net/146405/duterte-china-funded-rehab-center-almost-complete.

毒执法合作取得的重大战果，充分彰显了中菲两国协同一致、严厉打击毒品犯罪的坚定决心。中国缉毒执法部门将进一步加强与菲律宾相关部门的合作，全力支持菲律宾肃毒行动，遏制毒品犯罪。① 菲律宾警方也表示："我们与中国海关合作达到的信息共享水平，向那些毒贩发出了强烈的警告。"②

反毒是杜特尔特政府上台后的头号施政任务。但毒品不是菲律宾政府面临的唯一问题，南部恐怖主义和分离主义势力的挑战、与菲共人民军的谈判、引进更多投资和进行基础设施建设以推行"杜特尔特经济学"等问题与议程可能会在今后冲淡毒品问题的重要性。但毒品问题肯定将长期存在，也将仍是影响中菲关系的一个重要因素。反过来，中菲在毒品问题上的合作也可能会对双边关系的持续发展造成影响。以上因素导致的诸方面挑战不可轻视，具体体现在：

第一，如何评估杜特尔特政府的反毒政策并做出政策表态，仍然需要审慎对待。一方面，应该充分理解菲律宾毒品危害的紧迫性以及毒品问题对中菲两国的共同危害，中国完全有必要采取相关措施帮助菲律宾减少毒品泛滥。另一方面，由于如前所述的反毒运动的复杂性，中方宜以不干涉菲方内政这一基本原则为基础，多做实事少说话，不对菲律宾的反毒运动做过多具体表态，不卷入菲律宾内部的政治纠纷。总体来看，鉴于毒品问题在菲律宾的高度政治性、敏感性，两国反毒合作搞得好会对两国关系产生积极影响，但如果出现一些问题，也可能会对两国关系产生消极影响。

第二，如何在菲律宾反毒运动中维护中国公民的合法权益。改革开放以来，出现了长期在菲律宾生活的新移民群体，他们事实上已融入菲律宾社会，但不少仍然保留中国公民身份，其中极少数走上吸毒、贩毒的道路，成

---

① 《中菲联合破获特大走私毒品案 查获604公斤冰毒》，中国新闻网，2017年5月29日，http://news.china.com/international/1000/20170529/30596163.html。
② 《政府缴获64亿比索沙雾》，〔菲〕世界日报网站，2017年5月18日，http://worldnews.net.ph/post/64494。

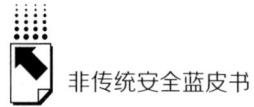

为菲律宾政府反毒运动的打击对象。另外,也有极少数新近从中国跑到菲律宾从事贩毒犯罪活动的中国公民。这些人一旦触犯菲律宾的法律,当然应该受到菲律宾法律的惩罚。但如果出现现在所谓法外处决中受到伤害、合法权益得不到保护的情况,就对我国在菲律宾的领事保护提出了挑战。

(二)中菲合作定位与今后建议

禁毒的国际合作是各国打击毒品犯罪的必经之路,单独一国已很难打击建立起国际合作的贩毒制毒团伙,只有加强国际合作才能将贩毒团伙一网打尽。毒品问题已成为全球性的安全问题,国际禁毒合作也发展得日益完善。2000年,我国曾提出禁毒国际合作需遵循的一些基本原则,具体包括:第一,必须以各国政府为主体。各国政府应对禁毒负有首要责任。毒品生产国、过境国和消费国都是毒品的受害国。各国应根据各自情况,有重点地开展禁毒工作。第二,必须以联合国宪章的宗旨和原则为指导。各国应相互尊重主权,互不干涉内政,在平等互利的基础上加强禁毒努力,确保共同受益。第三,必须坚持非政治化、非歧视性原则。与毒品做斗争是正义与邪恶的斗争,任何国家都不应将禁毒问题政治化,也不应采取歧视性做法。第四,必须提倡全社会广泛参与。禁毒工作涉及许多领域,应综合治理,在执法、替代种植、康复和预防教育等领域加强协调和配合。①

上述原则是普遍性的,对于中菲禁毒合作亦有着重要的指导意义。特别是在坚持"非政治化"方面,对于中菲合作有着尤其重要的现实意义。面对毒品问题在菲律宾高度政治化的局面,长远来看必须推动该议题的脱敏化处理,至少是使其与中菲关系脱钩,使之不干扰中菲关系的总体发展。要做到这一点,建议从几个方面开展工作:第一,在菲律宾毒品问题上少说多做,尽量少就其反毒政策表态,但在支持菲律宾开展良性禁毒,如设立戒毒治疗中心、提供相关资金与技术援助等方面开展切切实实的行动,不但使菲律宾政府而且使菲律宾整个社会和老百姓都感受中国政府在反毒方面的认真

---

① 袁莉:《罗干提出禁毒国际合作四原则》,《新华每日电讯》2000年10月12日,第6页。

态度与切实行动。第二，对于在菲涉毒的中国公民，根据双方各自的法律以及合作框架，进行严厉打击。同时，对于在反毒运动中可能涉及侵害涉毒中国公民合法权益的行为，应该采取平静但有原则的方式进行交涉。第三，完善中菲在禁毒方面的法律与司法合作，使相关议题尽可能在法律的框架下解决。

当前的国际禁毒法律与司法合作主要从三方面展开：一是国际禁毒的立法合作。二是国际缉毒合作。三是司法合作。中菲的双边禁毒合作也应从这三方面深入拓展。

第一，在立法合作上，中菲两国应尽快达成合作协议以及双边禁毒公约。禁毒公约有利于指导两国的禁毒合作，在法规制度上做高屋建瓴的指导，加强中菲间禁毒合作的法制化建设。在中国的国际禁毒合作尝试中，中国与"金三角次区域"国家的禁毒合作也为中菲禁毒合作提供了有效经验。为了有效开展国际禁毒合作，应当尽快签署相关禁毒公约，进一步深化当前的禁毒协议。将国际禁毒合作置于国际法的保护下，以法律法规约束合作双方，以便落实禁毒合作义务，遵循国际禁毒合作标准。此外禁毒公约也将对双方的情报交流、缉毒机构、边境管控、打击范围和技术交流等方面的合作提供规章制度，促进深入合作。

第二，在缉毒层面的合作，可以进行更为具体的合作，如包括：（1）两国的禁毒合作范围应当进一步拓宽，对从毒品种植到毒品制造、毒品贩卖走私以及吸毒等一连串的毒品传播过程进行全面打击。在毒品种植方面推行"替代种植"。对于目前中菲间广泛存在的走私和制毒问题，则应当加大打击力度。在面对形式多样且参与人数众多的跨国走私活动时，中菲警方应加强联合执法，共同打击毒品走私活动。而面对大量毒品原材料和制度设备的团伙国际走私犯罪时，双方加强协作，共同剿灭贩毒团伙。（2）中菲应加强双边情报交流，以便于更好地开展缉毒工作。毒品犯罪的特殊性和隐蔽性决定了缉毒活动中情报交流的重要性。特别是在跨国的毒品犯罪中，贩毒分子往往利用国家间交流的不畅来实施犯罪活动。因此，如何改变这种交流不畅，以更好地打击毒品犯罪是中菲间合作的重要内容。在中菲的交流合作中，除了常规交流外，还应加强特定领域—特定人员的情报交流汇总。特别是对于频繁往来于中菲间的有前科记录或是与贩毒分子有着密切联系的特殊人群更应加强监管，以防止贩毒分子传递制毒技术、走私毒品以及毒品原材料。中菲之间还应落实好互派缉毒联络官的机制，构建起制度化的禁毒情报网，畅通两国的情报传递程序，以便于双方更好地打击毒品犯罪。（3）建立双边禁毒机构，将缉毒合作制度化。缉毒活动并非短期就能成功的，这是一个长期且艰苦卓绝的工作。因此，国际禁毒合作也必须形成跨国、跨机构、跨部门的行之有效的合作机制。就缉毒合作的有关事项进行具体的划分，形成明确制度，保障双方缉毒合作的效率。在进行具体案件处理时，也可在缉毒部门的主导下，抽调专门的缉毒队伍专事专办，高效迅速地解决跨国毒品犯罪。（4）加强双边的边境管控合作。特别是在我国东南沿海一带的管控与合作。毫无疑问，我国东南沿海省份是此次中菲缉毒合作的先锋和具体执行者。在中菲合作中，可建立具体省份与菲律宾的缉毒合作。（5）加强技术交流，为菲律宾培训缉毒力量。杜特尔特的打击毒品犯罪的重要手段就是严查菲律宾的警察涉毒情况。菲律宾毒品犯罪十分猖獗，并与腐败相互勾结。许多警察也是毒品犯罪中的一个环节。因此，在完成了对菲警察队伍的整顿后，菲律宾警方也需要培养新生的缉毒力量，加强对缉毒警察的培训。

第三，司法合作。立法合作与缉毒合作相比，司法合作的难度更大，但其对贩毒分子的震慑力也更大。由于各国在毒品犯罪相关法律法规中的差异，许多跨国犯罪集团往往会利用这种司法差异来逃脱法律的制裁。所以，中菲禁毒合作中司法合作也是不可或缺的。双方可签订相关的毒贩引渡条约以完成对跨国犯罪集团的法律制裁。

B.15
边疆意识形态安全

——以新疆为例*

谢贵平**

摘　要： 意识形态安全是国家安全的重要组成部分，也是国家安全的基本前提。长期以来，国内外敌对势力利用各种途径对中国边疆地区的教育、宗教、文化等领域进行广泛深入的"分化"思想的渗透破坏，由此引发的各种认同危机日益成为影响边疆民族团结、社会稳定乃至国家安全较为隐蔽、影响持久与颇具威胁力的内在驱动因素。新时期，各级党和政府只有高度重视边疆意识形态领域工作，政府与社会及民众合力共治，着力解决各种社会矛盾，创设良好的社会环境，并加强与国际社会的良好合作，才能有效维护边疆意识形态安全。

关键词： 敌对势力　边疆地区　思想文化渗透　意识形态安全

意识形态[①]是维系国家和民族发展的重要纽带，关涉一个国家的向心力

---

* 本文系国家社科重大招标项目"民族宗教与国家治理问题研究"（项目编号：15ZDB123）、国家社科基金一般项目"新疆民族地区去极端化治理法治化研究"（项目编号：16BFX064）、新疆人文社科重点研究基地重大招标项目"《中国边疆安全学》理论体系建构研究"（项目编号：090115A02）的阶段性研究成果。
** 谢贵平，管理学博士，四川大学中国西部边疆安全与发展协同创新中心教授。
① 意识形态是与社会政治制度和经济基础相适应的，包括政治法律思想、道德、宗教、文化艺术、哲学和其他社会科学等思想观念体系，其核心是政治理念和政治信仰。何兰等：《传媒与国家安全研究》，学习出版社，2012，第31页。

和凝聚力，也关涉党和国家的前途和命运。长期以来，边疆地区在意识形态领域，渗透与反渗透、分裂与反分裂斗争异常激烈，也非常复杂。国内外反华势力利用边疆地区少数民族民众浓厚的民族宗教情感，以及社会转型时期的各种社会矛盾，在意识形态领域大肆进行"分化"思想渗透，由此引发的认同危机①严重威胁到边疆安全。因此，维护意识形态安全②是边疆治理的当务之急。习近平总书记曾强调指出，意识形态领域的反渗透、反分裂斗争是争取人心、夯实长治久安的根本。新形势下做好意识形态领域工作，对于统一思想、凝聚人心、贯彻落实好党和国家"一带一路"建设规划，维护边境安全、巩固边防，实现社会稳定和长治久安，具有重大意义。

一 边疆意识形态安全威胁的历史回顾

（一）近代以来国内外敌对势力对中国边疆意识形态领域的渗透破坏

1. 近代西方列强和一些西方学者关于中国边疆的"分化"言论

在中国近代史上，一些侵华国家为了分裂中国，提出了"分化"中国的"种族优劣论""侵略有理论""黄祸论"③"大汉族霸权主义""中国侵略准噶尔""东突厥斯坦独立"④等谬论，诬蔑中华民族愚昧落后；西方一些学者则助纣为虐，如日本人矢野仁一、美国人拉铁摩尔、英国人福布斯等提出"中国无国境论""中国各蛮夷独立论""新疆自古以来就是独立的国

---

① 所谓认同危机，就是指"人们的'生存价值归属'发生了缺失、漂移、失落、多重乃至冲突"。余潇枫、潘一禾、王江丽：《非传统安全概论》，浙江人民出版社，2006，第370页。
② 意识形态安全是指一个国家主体意识形态地位不受任何威胁的相对稳定的状态。随着全球化、信息化的深入发展，意识形态安全已上升为我国安全战略的重要内容。
③ 1895年，德国皇帝威廉二世甚至亲自构思了一幅《黄祸图》，让画家克纳克福斯画成油画送给俄国沙皇，西方还出现了一批关于"黄祸论"的文章和专著。有的"黄祸论"鼓吹者竟说，"一旦千百万中国人意识到自己的力量时，将给西方文明带来灾难和毁灭"。他们宣扬中国等黄色人种对西方白色人种构成威胁，企图以此论证西方列强侵略、压迫中国有理。
④ 潘志平、王鸣野、石岚：《"东突"的历史与现状》，民族出版社，2008，第177~178页。

家""汉族是新疆野蛮的侵略者""新疆是中国在亚洲内陆的一块殖民地"①等谎言,为西方列强侵略中国制造舆论和借口。

19世纪中后期诞生于西亚、中亚等地的"双泛主义"(泛突厥主义、泛伊斯兰主义)②思想,开始时作为一种社会思潮,是殖民地国家知识分子用以凝聚民心、反抗沙俄和英国殖民统治的思想武器,具有一定的积极意义,但是后来随着革命形势的发展,逐渐蜕化为一种狭隘的民族主义意识和民族沙文主义思想。土耳其和英国等国家为了各自国家利益的需要,曾组织和派遣专门人员对新疆进行"双泛主义"渗透破坏。

2. 近代史上国内外敌对势力对新疆意识形态领域的渗透破坏

清末民初,到中亚、西亚等地留学、经商和朝觐的一些新疆籍人士全盘接受"双泛主义"思想,一些具有狭隘民族意识的知识分子和宗教人士将之引进新疆,加以利用和改造,并逐渐形成本土化的"东突"分裂理论基础,借以反对当时统治新疆的汉族封建军阀以及后来国民党中央政府对新疆的统治。为了把新疆分裂出去,建立政教合一的"东突厥斯坦伊斯兰共和国",这些分裂头目打着"反对汉人入侵,争取民族独立"的旗号,将统治新疆的汉族封建军阀与普通汉族民众混为一谈,胡说"汉族是野蛮的侵略者和殖民者",叫嚣"要反对突厥民族以外的一切民族"。

民国时期,新疆境内外的"东突"分裂势力利用当时新疆混乱的政局和社会矛盾,曾先后于1933年和1944年在南北疆的喀什和伊犁地区建立了两个分裂政权。执掌领导权的"东突"头目在其控制区内大肆宣扬和传播"双泛主义"思想。如喀什分裂政权头目穆罕默德·伊敏、沙比提大毛拉煽

---

① 福布斯:《新疆军阀与穆斯林——1911~1949年民国政治史》,转引自潘志平、王鸣野、石岚:《"东突"的历史与现状》,民族出版社,2008,第177~178页。

② 至20世纪初,传入土耳其的"双泛主义"思想完全被奥斯曼帝国封建宗教上层改造、利用和发挥,走向了歧途,成为一种具有偏激宗教狂热和民族沙文主义的社会思潮,最终演变成为超阶级、超国家、超民族的极端宗教观和狭隘民族观,背离了原有的反抗殖民主义压迫、寻求民族和国家发展的初衷。而一些多民族国家内部的民族分裂势力也对"泛伊斯兰主义"的本意进行歪曲、改造、利用与发挥,只片面强调建立统一的伊斯兰国家,号召"圣战",反对"异教徒";强调伊斯兰教的至上作用;强调宗教认同感,使这一思想学说成为近现代民族分裂思想的一个重要的理论依据。

动和蛊惑:"黄汉人与东土耳其斯坦本无丝毫关系","吾人此后不用外人之语言与名称,外人之风俗、习惯、性情、文字等均须打倒,并将外人永远驱逐出境。"①

1944年的北疆分裂政权头目、"双泛主义"者艾力汗·吐烈狂热地鼓吹"双泛主义",公然散播"东突厥斯坦是我们的祖国"。他们挑拨民族关系,胡说新疆军阀盛世才包括后来的国民党政权对少数民族的统治是汉族"异教徒"对少数民族的殖民统治,号召少数民族民众"反汉、排汉",鼓吹"圣战",要求独立、分裂。②

1944年9月,国民党势力进入新疆。为了与共产党和苏联争夺对新疆的控制,同时也为了笼络新疆地方本土势力,国民党政府任用了一些"东突"头目如麦斯武德、穆罕默德·伊敏、艾沙担任新疆各级政府官员③,使得一些"东突"头目利用他们的社会影响和社会地位,出版书籍、办报刊、给师生上课和做演讲、举行学术研讨会等方式途径,系统传播"双泛主义"思想。

随着共产党部队进入新疆,"东突"势力分裂新疆的计划破产,新疆分裂分子或在文化教育、宗教界潜伏,或逃到国外。逃至土耳其的"东突"头目穆罕默德·伊敏则不甘于失败,编撰并出版了《东突厥斯坦历史》一书,向新疆境内传播,煽动"每一个东突厥斯坦人民"集中力量,团结一致,努力奋斗,争取"东突厥斯坦"独立,实现民族解放,为民族分裂活动制造社会舆论。

由于新中国成立前新疆宗教、教育和文化领域受到"双泛主义"的渗透破坏,加之"东突"势力利用他们在宗教和教育领域的影响,培养了一批又一批的"东突"骨干成员,在他们的煽惑下,一代又一代的少数民族青少年思想受到毒害,给新中国成立后新疆的安全稳定造成巨大隐患。

---

① 张大军:《新疆风暴七十年·作者自序(第六册)》,台湾兰溪出版社有限公司,1980,第3393~3394页。
② 《新疆三区革命大事记》,新疆人民出版社,1994,第8页。
③ 如"双泛主义"者麦斯武德于1946年任新疆监察使,1947年5月任新疆省主席;穆罕默德·伊敏1946年出任省政府委员兼建设厅厅长,1949年1月升任新疆省副主席;艾沙1945年10月任三青团新疆分团干事长,1946年任省政府委员兼秘书长。

（二）新中国成立以来国内外敌对势力的渗透破坏

新中国成立以来至今，境内外"东突"势力、国际"双泛势力"与西方反华势力内外勾结，一直没有停止过对中国新疆的渗透破坏。

1. 西方反华势力的渗透破坏

冷战结束后，由于意识形态的差异，西方反华势力为了遏制社会主义中国的崛起，他们把边疆地区作为分化中国的战略突破口，打着"维护人权""防止人道主义灾难""民主与自由""宗教信仰自由"等旗号，宣扬"新疆存在种族歧视""汉人当权"等谬论，进行渗透破坏。"9·11"事件后，加拿大和德国外长曾诬蔑中国政府对少数民族及其宗教信仰进行压制。2004年美国公然宣扬"中国对新疆进行殖民统治""中国政府歧视非汉人与穆斯林"等谎言。此外，西方一些国家还利用国际非政府组织，以投资经商、医疗援助和扶贫济困为名，通过文化交流、留学培训和学术研究等方式，对中国边疆地区进行思想渗透破坏。这些非政府组织数目达到65个之多，遍及17个国家和地区。

2. 国际"双泛主义"势力的渗透破坏

长期以来，国际"双泛"势力"不要东方，不要西方，只要伊斯兰"，为了实现"伊斯兰复兴"，建立"世界穆斯林共同体"，他们与境内外"东突"势力勾连，企图建立"大突厥统一体"。为此他们不仅派遣人员到新疆进行思想渗透，而且还鼓励和资助新疆境内的极端分子出国培训参加"圣战"，并为"东突"势力的分裂破坏寻求广泛的国际舆论支持。20世纪90年代，沙特阿拉伯、土耳其等国的"双泛主义"势力一方面通过大量捐助修建清真寺、不断派人以宗教名义潜入新疆，加强对新疆经文教育的渗透，煽动穆斯林民众的宗教狂热，大肆宣扬伊斯兰"圣战"，主张采取包括暴力恐怖活动在内的一切手段去实现"独立"；另一方面，又用定期招收年轻人出国学"经"为名，培植宗教极端势力，灌输"新疆独立"意识。

3. "东突"分裂势力的渗透破坏

多年来，境内外"东突"势力通过各种途径，利用各种手段，对新疆宗教、教育与文化领域大肆传播、转播与散播狭隘民族意识和民族分裂思想。

（1）对宗教领域的渗透破坏。一是煽动宗教狂热，鼓吹伊斯兰教至上，对宗教教义中的一些词语进行极端性解释，宣扬"阿拉木"① 论；把排斥"异教徒"、实施暴恐等胡说成是执行"真主"的"圣战"旨意。二是通过极端思想的传播渗透，对教民进行"洗脑"，并加强对他们的精神控制。三是推行"母亲工程"，在一些群体性事件中，让妇女"打头阵"，通过已婚妇女来影响自己的丈夫及子女，带动他们参与非法宗教与极端宗教活动。四是通过地下经文学校培养"塔里甫"作为渗透破坏骨干，甚至裹挟、诱骗部分维吾尔族青少年到内地一些穆斯林聚居区灌输宗教极端思想，开展"圣战"培训。五是利用"伊扎布特"②、通过"台比力克"③ 等宗教活动进行极端思想传播；利用新疆穆斯林出国朝觐之机，对他们以资助、宴请等方式进行拉拢，蛊惑他们回国传播"圣战"思想。五是境外"东突"势力拉拢、引诱和收买出国探亲、留学的青少年包括教师，灌输民族分裂思想。

（2）对教育领域的渗透破坏。一是蛊惑、教唆与引诱中小学生到地下经文学校学习经文，并向他们传播宗教极端思想。二是非法传播、印制载有民族分裂、宗教极端、暴力恐怖思想的书刊、小册子和音视频，鼓动少数民族学生收听境外电台的反动广播、浏览宣扬分裂思想的网站，甚至还通过文艺作品创作和文艺表演来宣扬分裂思想。三是境内外的"东突"势力通过传统的邮寄和现代化的网络方式把载有分裂思想和宗教极端思想的材料传送给疆内外高校的维吾尔族学生，这些学生再以同乡、同学为纽带，搞跨院系、学校乃至跨地区的勾连，传播、散播分裂思想和言论。四是一些具有狭隘民族意识的少数民族专家、学者，通过学术交流、学术讲座方

---

① "阿拉木"，阿拉伯语意为"违背伊斯兰教法的"，"严厉禁止的"。
② "伊扎布特"，又称"伊斯兰解放党"，是伊斯兰逊尼派中一个最活跃的政党，其组织体系严密、政治纲领明确，以改变世界现行制度，建立伊斯兰哈里发制度为目的，号召信众以"圣战"方式推翻世俗政权。
③ "台比力克"意为宣讲经文，讲解《古兰经》，原为巴基斯坦宗教组织一宣传机构的名称，后传入新疆，为分裂势力所利用。

式宣扬分裂思想。

（3）对文化领域的渗透破坏。一是建立文化团体和研究机构，打着弘扬民族文化的幌子，通过民族文化活动如"麦西来甫"、艺术表演等，宣扬民族分裂和极端宗教思想。二是出版和发表含有分裂思想的文艺作品，以及通过文化日、纪念周、演讲会等方式，影射现实，鼓吹宗教狂热，煽动狭隘民族意识和民族情绪。三是通过新媒体和互联网进行"空中渗透"，歪曲新疆历史，诋毁国家的民族宗教政策，鼓吹新疆独立，向受众传播、散播分裂主义思想。

二 2016年以来国内外敌对势力渗透破坏的现状及其发展趋势

（一）以美国为首的西方敌对势力的渗透不断加剧

据不完全统计，目前境外有66个网站、51个平台反宣频道，用多种语言如维语、土耳其语、英语、阿拉伯语、俄语、乌尔都语、波斯语、普什图语等，专门针对中国边疆地区进行思想渗透破坏。这些传播平台类型涵盖网站、论坛、微博、空间、即时通信、社交网络和移动互联网终端等多种形式，以美国为首的西方敌对势力还通过各种途径搜集新疆的情报信息，并召开一些美欧国家学者参加的涉疆学术会议，策动新一轮的"新疆工程"，频繁设置民族、宗教、人权等敏感议程，对中国的反恐法、语言文化政策、民族宗教管理政策、少数民族就业、网络管理等进行持续的诬蔑和攻击。

2016年7~8月，《自由亚洲电台》对中国的《反恐怖主义法》进行恶毒攻击，诬称："中国推行的民族政策早已失败，政府不断以反恐为由对维吾尔人进行镇压，使维吾尔人恶魔化和边缘化。""与其称这个法律为《反恐法》，不如公开说是镇压维吾尔人权活动法。"该电台还歪曲炒作墨玉县在暑假期间针对大学生开展的爱国主义教育活动、对农民进行的爱国主义宣传，是对维吾尔人的洗脑，其目的是弱化维吾尔人的民族身份和宗教信仰。

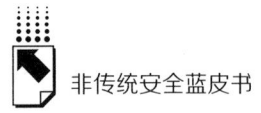

8月5日,国外某脸书用户发布:新疆推行的"百日文化活动"是奴役"东突厥斯坦人民","中国侵略者是民族和宗教的敌人";"内高班"是对维吾尔族子女进行洗脑。

他们诬称:"中国政府把任何一件与维吾尔人有关的事件都扣上恐怖主义的帽子","对维吾尔人实行特殊政策,是导致民族分裂和社会不稳定的主要因素。""中国政府规范新疆少数民族姓名书写标准将加剧对维吾尔人文化身份的威胁,……消灭维吾尔语言。""用高压政策致使突厥语珍贵古籍消失。""对维吾尔人进行了严格的管制,很多网站被关停,网络管理员和设计师被捕,严重影响了维吾尔族互联网业的发展。"

美媒则诬称:中国政府采取强硬宗教政策,迫使维吾尔人加入了"伊斯兰国"组织。"自由亚洲电台"和"美国之音"声称:所有圣战者都源于本地禁止、严格限制穆斯林民众的一些习俗,如留胡须、斋月期间禁食的做法。目前"伊斯兰国"招募的3500名新兵中,就有114名来自新疆,这使中国新疆成为第五大圣战者输出地,仅次于沙特阿拉伯的三个地区和突尼斯的一个地区。"超过100名维吾尔人穆斯林加入'伊斯兰国'组织,他们不是因为宗教原因加入该组织的,而是在中共的打压之下,为了寻求新的家园与归属感而逃离中国。"特别是近一个时期,围绕新疆维吾尔自治区推行的"民族团结一家亲""南疆学前双语教育干部支教""便民警务站"等重大举措,西方一些媒体竟将之炒作诬蔑为"同化维吾尔族""控制维吾尔族""淡化维吾尔族民族意识"。

"独立新闻网"煽动称:把维吾尔族年轻人送往内地山东、浙江、江苏、天津和北京等地务工是对维吾尔的同化政策。新疆维吾尔自治区大学生自主创业政策不尊重和违背维吾尔族青年意愿,且在自由创业中存在不公平竞争。中国限制宗教信仰自由,区别对待穆斯林,其高压政策基本是针对维吾尔族的,政府向维吾尔族地区迁入大批汉族移民,占据高薪岗位,同时限制维吾尔族学校师生和公职人员封斋。

某外媒发文诬称:新疆维吾尔自治区自更换领导后实施的政策,是有计划地消灭维吾尔族语言和宗教。新政策产生的财富还是掌控在汉人手里,维吾尔族依旧生活在下层。前中央民族大学教师伊力哈木·吐赫提因长期维护维吾尔族权利而获罪，引起国内外维权人士的抗争。还有的外媒炒作：和田至天津开通直航，预示更多的汉族人将迁移到和田地区。政府以推进地区发展为名，推行移民政策，将会影响和田地区人口结构。

（二）境内外"东突"势力的渗透破坏

境内外"东突"也利用各种机会，混淆是非，颠倒黑白，大肆攻击党和政府在新疆的领导，攻击社会主义制度，攻击党的民族宗教和改革开放政策。他们利用新疆信教民众朴素的宗教感情，打着宗教旗号，通过著书立说、学术交流、课堂讲坛等方式，对新疆文化体育、科技教育、广播电视、语言文字、报刊图书、新闻出版、舆论宣传等诸多领域，进行深层次、多方位的渗透破坏。其渗透破坏的内容包括精神信仰、文化价值、思想观念和日常生活等诸多方面，可谓无孔不入。他们蛊惑"异教徒论""圣战论""圣战殉教上天堂"等宗教极端思想，煽动民族歧视、民族仇恨，鼓吹以武力手段推翻政府，以暴力方式残害异教徒，用"泛清真化"的标准离间民汉关系。

一些"东突"分子编造历史，鼓吹"伟大的维吾尔国家"在很早以前就已经出现了；有的著书立说，宣称我们是"狼的传人"，"新疆自古以来就是一个独立、强大的国家"，历史上侵略和分裂新疆的阿古柏是具有"高尚爱国主义精神"和"高尚品德"的"爱国主义者"，是"维吾尔历史上具有非常重要地位的人物"；还有人针对政府提倡的双语教育，在报刊上号召"为保卫母语而斗争"。

美国维吾尔协会头目伊力夏提·艾山诬称，中国政府以强迫的形式针对维吾尔人进行宣传，实施强权政策，引发维吾尔族民众的不满情绪。新疆地方各级政府学党纲党章活动是共产党政府对伊斯兰教信众的洗脑活动；北京、山东、河南、安徽等地大学生志愿者赴疆各地工作，这是中国政府有计划、有组织地向维吾尔族地区迁入汉族移民的一部分。

境外"东伊运"则发布暴恐视频煽动穆斯林实施"伊吉拉特圣战"：

"人固有一死，与其拒绝参加圣战遭受真主无尽的折磨，不如选择早日进入天堂享受欢乐。"他们宣扬穆斯林肩负着复仇的职责，要求穆斯林选择正确道路，用武装力量将侵略"东突"的异教徒赶出家乡，呼吁穆斯林来到"安拉"的战场上与"卡甫尔"进行圣战，只有在安拉的战场上才能维护安拉的宗教，才能进入天堂。煽动蛊惑穆斯林选择殉教，胡说"圣战"是通往天堂的唯一道路，只有圣战才能获得更多的功德。

日本维吾尔协会发文诬称，由于中国政府的压迫，维吾尔人逃往第三国；中国政府没有对毒品和艾滋病传播采取严格的管控措施，致使维吾尔人成为最大的受害者，其中维吾尔人艾滋病患者达35000人。

"世维会"发言人迪里夏提表示，中国政府以反恐名义压制少数民族宗教文化，维吾尔族人加入"伊斯兰国"组织是为了生存。

在西方反华势力大量资金、技术、谋略与舆论等支持下，国际恐怖组织"伊斯兰国""东伊运"等境内外"三股势力"联手针对新疆构建了立体化的反动宣传渗透体系，大肆炒作涉疆敏感话题，挑拨维汉民族关系，竭力传播宣扬民族分裂主义、宗教极端主义和暴力恐怖主义思想，宣扬"中共在新疆实行同化政策""'东突'的历史、文化及种族正面临毁灭的危险""'东突'人民生活在水深火热之中"等谬论，甚至直接通过互联网组织实施暴恐活动。

（三）国内外敌对势力渗透破坏的趋势

纵观近现代史上国内外敌对势力对中国边疆地区思想渗透破坏的历程，其基本规律是：千方百计利用民族、宗教、人权等热点敏感问题进行炒作，制造社会舆论，攻击中国政府的民族宗教政策，加紧实施分化和遏制战略，企图通过培养代理人在中国边疆地区挑起事端，策动"颜色革命"。"三股势力""文攻武略"，要么进行思想意识形态上的渗透破坏，要么制造暴力恐怖活动，或二者交替使用，严重威胁到边疆安全。

随着中国"一带一路"建设的深入推进，在全球化、信息化时代，国内外敌对势力会继续内外勾连，相互配合，利用网络新媒体手段进行跨国渗透。他们会将传统手段与现代技术相结合、线上线下交替并用,通过传单、图书、音像、光盘、手机、电子邮件、网站、微博、微信、QQ群、微信群等进行传播,其在意识形态领域的渗透破坏将呈现"思想化—思潮化—社会化—政治化—国际化"的演进发展趋势,具有很大的欺骗性、蛊惑性、隐蔽性、煽动性和毒害性,极易扰乱人们的思想认知,引发一些少数民族民众对社会现实不满的心理共鸣,从而引发他们的认同危机。

三 国内外敌对势力思想渗透破坏的内容、特征与危害

(一)渗透破坏的内容

1. 传播狭隘民族意识

(1)把民族问题国际化。分裂势力过度强调本民族在语言文字、宗教信仰、政治权益、生活习俗等方面超越法律平等的"特殊"要求。以宣扬"保护少数民族文化""宗教信仰自由""质疑双语教育"等为幌子,诬蔑党和政府"限制宗教信仰自由""消灭宗教""侵犯少数民族人权""消灭维吾尔族传统文化"等,并呼吁国际社会进行干预。

(2)把社会问题民族化。分裂势力将维吾尔族弱势群体的个体或一部分人的贫困、医疗、就业等不幸遭遇,渲染放大为是党和政府包括汉族人对其民族身份进行歧视和剥削的结果;把政府对一些违法犯罪分子的打击和惩处、一些维汉族际间纠纷和矛盾的处理,胡说成是党和政府与汉族人对维吾尔族的欺压,牵强附会地把社会问题民族化。

(3)把发展问题狭隘化。"东突"势力宣扬,新疆是"我们"少数民族的,资源当然也是"我们"的,他们把国家在新疆的石油、天然气等资源开发,别有用心地说成是国家和汉人对新疆资源的掠夺,并蛊惑这是造成新疆少数民族贫困的根源。还宣扬汉族移民造成了新疆生态环境的破坏,抢夺了维吾尔族人的"饭碗"。

2. 宣扬民族分裂思想

一是宣扬"历史独立论"。宣称新疆是"突厥斯坦",即"突厥人"的土地,叫嚣"历史上新疆一直是一个独立国家",即所谓的"东突厥斯坦"。二是宣扬"资源掠夺论"。诬蔑"汉族是殖民者和侵略者""'东突厥斯坦'资源被大量掠夺"。三是宣扬"民族灭绝论"。他们杜撰罗布泊核试验、计划生育政策是对少数民族的"种族灭绝"。四是宣扬"侵犯人权论"。诬蔑中国政府在新疆"实行汉化政策,镇压少数民族""践踏'东突'人权",侵犯与剥夺少数民族应享有的语言文字使用权与传统文化教育权等。五是宣扬"民族觉醒论"。号召维吾尔民族应觉醒并团结起来,同汉人进行全面斗争,争取民族独立解放。六是宣扬"宗教圣战论"。散播宗教极端思想,鼓吹"圣战",通过暴恐等一系列分裂破坏活动,制造社会恐慌,消灭汉人"异教徒"。七是宣扬"民族自决论",鼓吹应顺应时代潮流,争取"民族自决"和"民族独立","建立单一民族国家"。①

(二)渗透破坏的特征

1. 渗透形式多元化。境内外敌对势力充分利用传统手段与现代传播技术、线上线下交替并用,内外勾连,进行多渠道、多路径地传播、转播与散播。他们通过传单、图书、音像、光盘、手机、电子邮件、网站、微博、微信、H5、QQ群、微信群等进行传播,还通过热嘲冷讽、挖苦辱骂、恐吓威胁等手段,要求不愿意或立场不坚定的老乡、朋友、同学等加入他们的行列,不断壮大队伍,共同传播分裂思想和暴恐视频。

2. 渗透方式的隐蔽性。国内外敌对势力多以隐晦、私下、地下和暗中等形式进行渗透破坏。一方面,传统媒介与现代网络传播方式交替使用,传播歪曲新疆历史、离间维汉族际关系、鼓吹新疆独立等分裂思想;另一方面,他们通过宗教互动、打着学术研讨旗号等方式宣扬民族分裂思想,具有

---

① 参见靳娟娟、金天义主编《新疆边防管理与边防建设》,社会科学文献出版社,2011,第198~199页。

很强的隐蔽性。

3. 渗透内容的广泛性。境内外敌对势力把关涉中国边疆地区的宗教信仰、双语教育、文化保护，甚至国家西部大开发战略、"一带一路"建设等可能带来的一些社会矛盾夸大化、歪曲化、诬蔑化，通过新媒体传播给内地或境外跨国跨境民众，甚至向境外"疆独""藏独"势力与国际反华势力网站发布。

4. 渗透目的的政治性。"东突"势力鼓吹的"新疆独立论""反汉排汉论""泛突厥共同体论""民族解放""东突革命论""民族独立"；叫嚣"圣战""消灭异教徒"等，其目的就是建立"东突厥斯坦伊斯兰国"分裂政权，分裂国家。

5. 渗透手法的欺骗性。国内外敌对势力打着民族和宗教旗号，以伊斯兰教的保卫者和民族利益的维护者自居，极力宣扬"'东突'大量资源被掠夺""中国政府对'东突'实行同化政策"等谬论，以煽动蛊惑民族宗教感情浓厚的少数民族民众，具有很强的欺骗性和蒙蔽性。

6. 渗透对象的广泛性。国内外敌对势力思想渗透破坏的对象包括少数民族社会不同群体和各个阶层，从无业游民、普通百姓到一般干部；从青少年学生、家庭妇女与儿童到知识分子、商人等，都是他们渗透的对象。

7. 渗透内容的恐怖性。"东突"势力扬言要有计划地采取绑架、劫持、投毒、纵火、暗杀、爆炸等手段，对特定人员或特定设施、场所等进行杀害、破坏和攻击，在人口密集之地制造暴恐活动，"走武装斗争的道路"，其目的是制造社会恐慌。

8. 渗透手段的现代化。为避免被审查和监控，一些受过高等教育的分裂分子用维语、英语等语种，通过多种方式传播分裂思想。一些极端分子通过浏览"维吾尔在线"与"东突信息中心"等境内外网站，学习和传播民族分裂主义思想，有的甚至把制造易燃易爆品技术、暴恐等视频"引进"过来，影响并传播给同学或同乡等，再由他们进行针对性、大面积的二次传播。

9. 渗透毒害的长期性。长期以来，不同历史时期的"东突"势力传播的分裂思想、宣扬的分裂目标，甚至"圣战"呼喊的分裂口号，都具有历史传承性与延续性，其对新疆一些少数民族民众的思想毒害性也是长期的。

（三）渗透破坏的危害

1. 极易增强一些边疆少数民族民众狭隘的民族意识

国内外敌对势力尤其是"东突"势力利用一些穆斯林民众浓厚的民族宗教情感，以及社会转型期的各种社会矛盾进行蛊惑，以民族代言人自居，以维护民族利益等为借口，极易诱导一些穆斯林民众的心理共鸣与认同，从而使他们拥有一定的群众基础。所以一些分裂团伙虽屡遭政府打击，仍具有较顽强的再生和自我修复能力，一些没有任何组织关系的"独狼式"暴恐分子也不断增多。一些少数民族大学生了解国内外形势，熟悉新疆与内地的历史与现状，掌握维语、汉语乃至英语等多种语言，综合素质较高，能够熟练操作与运用计算机网络等现代新媒体。他们思想一旦受到毒害，则极易诱发他们狭隘的民族分界意识。一些少数民族党员干部包括知识分子思想受到毒害后，带有严重的"两面性"特征，即表面上政治立场坚定，但实际上民族主义情绪严重，一些人甚至对"东突"势力抱有同情乃至支持态度。近年来，新疆一些少数民族民众思想受到毒害，在服装、餐饮、影视剧、旅游、留学等日常生活选择方面，出现了认同"土耳其化"、信仰"沙特阿拉伯化"、生活方式"伊斯兰化"倾向，且有蔓延、强化的趋势，极易强化他们的认同危机。

2. 极易诱导一些思想受到毒害者充当国内外敌对势力"分化"中国的工具和牺牲品

一些维吾尔族民众尤其是青少年思想受到毒害后，极易倒向"东突"势力一边，甚至走上分裂破坏的歧途，有意无意间成为"国内外敌对势力分裂破坏的重要推手"。一些人利用新媒体快速便捷、传播面广、辐射影响力大等特点，把国际反华势力和国际恐怖主义势力"分化"思想与暴恐视频传播到中国尤其是新疆境内。同时，他们把新疆境内一些民族、宗教问题与社会矛盾渲染放大后传播到国外，攻击中国政府在新疆推行的民族宗教政策、西部大开发和"一带一路"政策，歪曲中国国际形象，给国内外敌对势力推动"新疆问题"国际化提供了口实，并给他们"分化"中国提供了可乘之机。近年来，边疆地区的意识形态渗透，境外有"种子"，境内有组织，网上有市场，形势堪忧。"教大于法""神权政治论""宗教至上论"在一些地方甚嚣尘上，分裂破坏犯罪活动屡禁不止，暴力恐怖活动屡打不绝，持宗教极端思想和暴力恐怖思想的人呈年轻化趋势，都跟国内外敌对势力在意识形态的渗透破坏密切相关。从破获的分裂团伙来看，没有哪一个分裂团伙成员不受分裂思想的渗透毒害，有的单位干部职工、专家学者、学校师生甚至非法出境参加境外极端组织和分裂组织。

3. 严重威胁新疆的民族团结与社会稳定乃至国家安全

国内外敌对势力思想文化的渗透破坏，对一些虔诚的、缺乏宗教常识的穆斯林群众造成了极大的误导和伤害，扰乱了他们的思想，破坏了正常的宗教活动开展。一些受到思想毒害的少数民族民众在对待与处理关涉维汉族际事务时，多以民族情感代替理智、理性，极易在思想意识上以民族和宗教划界。一些人对世俗化的穆斯林进行冷嘲热讽乃至漫骂，鼓吹"非穆斯林都是异教徒"，极易挑拨民族关系，破坏了民族团结。

"东突"势力蛊惑和诱导穆斯林敌视政府，把恐怖分子美化为"东突勇士"和"民族英雄"，使得一些暴徒法纪观念淡漠，他们在用暴力手段残害无辜时，并不认为自己是在违法犯罪。一些劳改和服刑的犯罪分子拒绝改造，立场顽固，一些人出狱后大多重新犯罪，"进去是条狼，出来是只虎"；有的被判有期徒刑的甚至主动要求判处死刑以实现他们早日进"天堂"的愿望。一些人则秘密串联，成立分裂团伙，从事分裂破坏活动，严重威胁社会的安全稳定。

还有一些人思想受到毒害，不惜变卖家产，企图从云南、广东、广西等西南边境偷渡出境，由东南亚转到土耳其，然后进入叙利亚"伊斯兰国"

参加"圣战",获得"圣战"实战经验后再潜回新疆,从事分裂破坏和制造暴恐活动,严重威胁国家安全。据国外研究资料统计,2014～2015年,从新疆通过各种途径偷渡到土耳其的新疆籍极端分子有8000～10000人,其中有约4000人加入了伊斯兰国,500多人战死。① 近年来,新疆暴恐及暴恐侦破未遂事件频发,所有安危暴恐团伙无一不是受到宗教极端思想和"圣战殉教上天堂"谬论的蛊惑。

4. 极易诱致国际势力的渗透破坏乃至干预

国内外敌对势力打着"民主""人权"等招牌,借助所谓的"东突人权"问题诬蔑、诋毁与"妖魔化"中国,破坏中国的国际形象,极易使国际社会、国际组织乃至一些国际人士对中国产生怀疑与误解,也给西方反华势力干涉中国内政提供了借口。中亚、西亚和中东一些具有"双泛主义"情结的国家,由于与新疆有一定的历史渊源和相似相通的宗教文化,他们试图建立"大突厥联邦",把中国的新疆也纳入其中,加上"东突"势力也打着伊斯兰旗号,故也获得了信奉"天下穆斯林皆兄弟"的中亚、西亚以及中东等地区一些民众甚或政府官员对那些"东突"分裂组织及其思想渗透、分裂行径予以纵容甚至支持。

四 边疆意识形态安全面临的挑战与应对

(一)边疆意识形态安全面临的挑战

1. 文化多样、价值多元与社会矛盾凸显极易增添人们的认知困境

边疆是多民族、多宗教、多文化汇聚之地,特别在信息化时代,各种社会思潮相互激荡交锋,人们的思想观念和价值取向日趋多元。再加上边疆地区也处于增长速度换挡期、结构调整阵痛期、前期刺激政策消化期"三期

---

① 《维吾尔族外逃与加入伊斯兰国大起底》,2015年11月28日,http://www.yangqiu.cn/hnhengqi/570999.html。

叠加"的转型期，各种社会矛盾交互叠加，一些涉疆的民族、宗教、教育、就业、党和政府的民族宗教政策都极易被敌对势力抹黑造谣，一些少数民族民众极易被煽惑毒害，产生错误认知。与之相应的是，意识形态领域也面临着维护马克思主义指导地位、维护党的执政地位、维护政治安全、政权安全和国家安全的重大考验。

2.意识形态安全维护没有得到足够的重视

意识形态领域是没有硝烟的战场，思想防线一旦溃破，政治动荡、政权瓦解就极易发生。边疆地区一些领导干部对敌对势力思想渗透毒害的长期性和巨大破坏性认识不足。他们只看到分裂破坏和暴恐活动的显性破坏，难以看到意识形态安全的巨大隐患；只顾机械性地反恐维稳，对意识形态安全维护关注不足。在一些高校和中小学，重视智育而对德育关注不够，思想政治工作形式化，乃至被边缘化，对广大师生的思想动态缺少关注，对宗教极端思想对校园渗透的严峻形势认识不足、缺乏警惕，对少数学生欣赏、传播、信奉宗教极端思想问题失察、失教、失控。一些地方政府和企业对"硬实力"的经济、社会发展等高度重视，而对"软实力"建设的意识形态安全维护重视不够。

3.意识形态工作不力，思想政治教育欠缺

知识界、教育界、文化艺术界等一些部门和单位意识形态工作不力，对意识形态领域阵地管理不严，忽视网络思想舆论引导，防范境内外敌对势力渗透破坏的警惕性不高，对违反政治立场、政治原则的违纪违规的人和事处理不及时、不严格。特定历史时期，一些隐含"双泛主义"和极端思想，甚至影射攻击党的民族宗教政策、自治区党委重大决策部署，涉嫌煽动民族情绪、制造民族隔阂的学校教材、课堂讲座、公开出版物、学术期刊、演出剧本没有得到严格审读和严肃处理。有的单位干部职工、学校教师甚至学校领导在"双语教育"、"去极端化"、民族团结等重大原则问题上认识含糊、态度暧昧，散播不当乃至错误言论。个别学校不落实哲学社会科学交流活动报批制度，擅自外请有明显错误政治倾向的所谓专家学者，擅自举办涉疆、涉维稳、涉民族、涉宗教、涉兵团的研究会、论坛和讲座。少数单位和部门

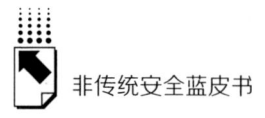

思想政治教育工作流于形式，正面思想宣传教育引导不够，组织发动群众力度不够。有的党员干部在大是大非问题上立场不坚定、旗帜不鲜明，甚至发表错误言论。

4. 信息化、新媒体时代网络信息安全维护的困境

随着"互联网＋"时代的来临，微博、微信等社交媒体广泛普及，移动视频直播、网络电台等新兴平台快速崛起，特别是新媒体的普及性、快捷性、便利性都前所未有，对传统媒体形成强大冲击和挑战。西方反华势力利用他们的"空中优势"，在中国边疆周边设立多种广播电台，运用多种语言，对中国边疆民族地区进行长期渗透破坏。境外分裂势力还培训专门技术人员和建立分裂网站，利用信息化时代新媒体的便捷手段，对边疆地区进行渗透破坏，给边疆地区网络信息安全维护带来诸多困境。

5. 国际大环境影响

随着中国"一带一路"建设的推进，中国在国际社会的影响日益递增，为了遏制中国的崛起，以美国为首的国际反华势力加紧对中国边疆进行"分化"思想渗透。国际"双泛主义"势力为了建立全球范围内的"大突厥共同体"，扩大伊斯兰教的国际影响，也大力对新疆的"东突兄弟"进行渗透破坏。近年来，国际恐怖组织活跃，宗教极端势力扩张。境内外的"东突"势力与国际恐怖主义组织"伊斯兰国""基地"塔利班等沆瀣一气，大肆向新疆传播分裂思想与暴恐视频。这些国际大环境因素给边疆地区意识形态安全维护带来诸多挑战。

（二）维护边疆意识形态安全的方略与路径

1. 要高度重视维护意识形态安全工作

在反分裂斗争中，意识形态领域是决战决胜的根本和基础所在。习近平总书记曾强调指出："加强意识形态领域反分裂斗争，对争取人心、筑牢长治久安的根基具有决定性作用。"党的十八大把意识形态工作责任制，作为政治安全、国家安全的重要内容，作为全面从严治党的重要内容和重点环节。新疆反分裂斗争，其根本是意识形态的激烈较量。所以，维护意识形态安全必须从党和国家工作全局、战略全局的高度审视和谋划。各级党政干部应吸取中东、北非、阿拉伯国家"颜色革命"的深刻教训，对敌对势力意识形态渗透破坏及其严重危害要保持清醒认识和高度警惕，高度重视意识形态安全维护工作。

2. 加强主流媒体阵地建设，牢牢把握正确舆论导向

一是坚持党管媒体、宣传与意识形态原则。各级党委应把意识形态工作纳入重要议事日程，纳入党建工作责任制，纳入领导班子、领导干部目标管理，加强对意识形态领域情况的分析研判，对意识形态领域面临的风险作出客观、准确的判断，并有针对性地提出指导意见，及时作出工作安排，及时解决问题。二是各级党委还要强化意识形态阵地领导权、管理权与话语权。准确把握新媒体时代舆论传播的特点和规律，充分发挥广播电视、电台、报纸等传统主流媒体的阵地优势，加强主流媒体和新媒体的融合发展，有效完善提升主流思想的传播话语体系和现代媒体格局，做大做强主流媒体，提高主流媒体宣传教育、舆论引导的亲和力、感染力、影响力。

3. 建立社会性的反渗透反分裂教育与培训体系

一是要依托政府与高校联办的培训机构，建立健全抵御与打击敌对势力意识形态渗透破坏的协调与管理机制，加强对政府相关部门领导和公务员的反渗透、反分裂宣传教育与培训，提升决策管理层反渗透、反分裂的认知与管理水平。二是深入开展意识形态领域反分裂斗争教育，帮助各族民众提高对敌对势力意识形态渗透破坏的认知与识别能力。揭批"三股势力"的反动本质和罪恶行径，深入推进"去极端化"工作，反对和克服任何形式的狭隘民族主义，反对一切民族分裂主义思想。要通过电视、互联网等媒介，加强对反渗透、反分裂与国家安全等知识的宣传，并把它们纳入公众的国防安全教育之中。三是加强对网络等新媒体的引导和监控，抵御与严防国内外敌对势力的渗透破坏。广播电视、新闻出版、文化艺术等部门要占领思想文化阵地，加强对各级文艺作品、文化市场的引导、监督，加强意识形态的网上斗争，坚决管好用好互联网，确保网络信息安全。四是加强法制教育，增

强广大少数民族民众的法制观念和社会责任感,正确引导和消解少数民族民众尤其是青少年群体随着经济、文化教育事业的发展而日益高涨的民族意识,培育他们的国家认同和公民意识。五是大力践行社会主义核心价值观,培育各族人民的中华民族共同体意识。帮助各族人民用马克思主义思想统领各种社会思潮,用社会主义核心价值观教育凝聚各族群众,夯实各族民众共同团结奋斗的思想基础。

4. 加强"文化戍边"①工程建设

一是加强对文艺作品的审读把关工作。对教育界、社科界、文艺界、出版发行界与广播电视部门出版发行的文艺作品、影视剧等,要从撰写、翻译、编辑、审核、出版发行等环节进行意识形态领域的审读把关,严格落实"三审三校"规章制度。公安警察与工商管理等部门要加强对互联网的管控与音像视频制品的审查把关,不让任何有问题的出版物进入市场,抵御"分化"、"沙化"(沙特阿拉伯化)、"土化"(土耳其化)思想的渗透破坏,不给错误思想观点、错误言论、错误思潮提供任何传播渠道与传播机会。二是对于意识形态领域出现严重错误倾向、造成不良影响的,要严肃追究相关责任人的责任,依纪依法查处意识形态领域里的违纪违法行为。进一步加强疆内学术团体、协会、学会、专家学者在意识形态领域的政治把关和教育管理。同时大力创造各族民众喜闻乐见的文化艺术作品,丰富他们的文化生活和满足他们的精神心理需求。

5. 创设良好的社会环境

一是大力发展义务教育与职业技术教育,有效提高各族民众的科学文化素质,提升辨别是非能力,减少民族地区的"三盲"(文盲、法盲与教盲)人员,帮助广大民众树立正确的人生观、价值观与世界观。家庭、社会与学校相结合,采取有效措施,做好对失足青少年的帮教、转化与挽救工作,避免被国内外敌对势力所利用。二是各级党委和政府需要结合"民族团结一

---

① 所谓文化戍边,就是用文化来保卫边疆。文化和谐是社会和谐的灵魂。马绍孟:《构建社会主义和谐社会的几点辩证思考》,《高校理论战线》2006年第10期。

家亲"活动、借助"访惠聚"驻村工作及驻村管寺管委会工作,不断丰富教育内容,创新教育载体,用喜闻乐见、通俗易懂的方式向各族民众大力开展爱国主义和民族团结教育,大力宣传新疆经济社会发展取得的辉煌成就,党中央对新疆各族人民的关心关怀、党和国家的优惠政策、对口支援省市的无私帮助和大力支持。三是切实尊重少数民族的宗教信仰与生活习俗及生产生计方式,妥善处理和解决各种民族宗教矛盾,帮助信众积极融入现代化和世俗化生活;维护公平公正,惩治腐败,加强社会主义主流意识形态的合法性建设,重构主流意识形态的理性权威,争取更多少数民族民众的拥护和支持,充分调动各族人民抵御渗透破坏的主动性、积极性与自觉性。四是要通过切实的"惠民工程"建设,解决区域性、民族性的贫困问题,提高就业率,提高少数民族民众的收入、生活水平,改善民生,提升他们的国家认同感。

6. 提升社会治理的法治化水平

首先,对传播狭隘民族意识和分裂思想者要区别对待,分类治理。一是对那些有一定狭隘民族意识,但没有传播分裂思想、暴恐视频、从事分裂破坏活动者,以预警教育引导为主。二是对那些被胁迫传播分裂思想、暴恐视频,参与分裂破坏活动危害轻微者,要以引导教育与惩戒相结合,对那些蓄意传播分裂思想和暴恐视频且屡教不改者要给予严惩。三是对那些主动传播分裂思想、暴恐视频,并蓄意从事分裂破坏活动者,要依法予以严厉打击,同时要严厉打击教唆人和深挖幕后操纵者。

其次,提高宗教管理的法治化水平。坚持独立自主自办、政教分离、权利与义务相统一原则,规范伊斯兰经文教育;依法加强宗教事务管理,保护合法宗教活动,任何宗教活动必须在国家政策所允许的范围内进行,任何教民必须遵守宪法法律;宗教团体、宗教场所、宗教活动必须受法律法规约束;在法律面前人人平等,任何宗教不得凌驾于法律之上,不允许有法外之地、法外之人、法外之教,严禁任何人利用宗教干预教民世俗化生活,宗教活动不得妨碍生活秩序、工作秩序和社会秩序。

7. 加强与国际社会的合力共治

中国政府应充分通过外交途径，加强与周边国家以及国际社会的通力合作，在国际社会加大揭批反华势力"分化"中国的险恶用心和罪恶行径的宣传力度，为边疆地区抵御境外意识形态的渗透破坏营造一个良好的周边环境与国际舆论氛围，与国际社会协力共治，共同遏制和打击境内外分裂势力勾结国际反华势力利用跨国宗教文化交往对中国边疆地区进行意识形态的渗透破坏。

B.16 中国－东盟国际警务合作打击跨境电信诈骗分析

葛悦炜*

摘　要： 近年来，电信诈骗已成为中国国内的公害。作为非接触性、跨区域、利用现代通信手段实施的犯罪，中国警方对其开展侦查、取证、缉捕等难度较大，并且犯罪分子为逃避打击，隐身境外尤其是东南亚国家。2016年中国进一步加大对在境外电信诈骗分子打击力度，与东盟国家开展了全方位、多层次的警务合作，取得了打击、震慑电信诈骗犯罪的实效。中国与东盟国家合作打击电信诈骗是国内议程外溢、"利益塑造"的结果，双方的警务合作体现了案件、议题、制度的先后驱动，并将走向共同应对电信诈骗链条上的网络安全威胁的合作。

关键词： 中国　东盟　警务合作　电信诈骗

女大学生徐玉玉被骗猝死、清华大学教授被骗1800万元等社会影响恶劣的电信诈骗案，进一步引起高层重视。徐玉玉案经侦破后发现，6名犯罪嫌疑人5人是福建泉州人，3人在江西九江租房建"话务"窝点，假冒教育局和财政局工作人员拨打诈骗电话，诱骗受害人汇款转账。另外3人在福建

---

* 葛悦炜，博士，浙江警察学院东盟非传统安全领域研究中心研究人员。

泉州的自动取款机（ATM机）上迅速取款分赃。① 清华大学教授被骗案以逮捕台湾的8名犯罪分子而告破。侦查发现，被骗的部分资金在台湾的自动取款机取现，部分款项则以网络银行方式转账，嫌疑人使用的QQ账号网络协议地址（IP地址）位于台湾。②

从这两个案子可以看出，国内电信诈骗犯罪分子为逃避警方打击，离开原籍地跨省设立诈骗窝点。台湾电信诈骗犯罪分子则利用两岸区隔疯狂作案。随着两岸警方合作打击祖国大陆和岛内电信诈骗犯罪活动力度不断加大，台湾地区犯罪分子也随之将犯罪活动据点转向东南亚国家，并招募大陆人员前往境外充当电信诈骗一线"话务"人员。③ 由此，公安机关把打击境外电信诈骗特别是隐藏在东南亚国家的电信诈骗活动，列入工作日程，积极开展与东南亚国家的警务合作。

一 中国－东盟警务合作的三个层面

中国与东盟国家在全球国际组织——联合国、国际刑警组织（INTERPOL）、地区及双边层面开展了警务合作。

（一）全球层面

中国作为和平崛起中的大国，日益融入现有国际体系，在国际警务合作领域，中国也积极参加联合国及国际刑警组织层面的合作。在联合国层

---

① 《独家调查还原徐玉玉案骗局：黑客出卖考生信息，骗子按剧本分工作案》，央视新闻客户端，2016年9月22日，http://m.news.cctv.com/2016/09/22/ARTIBW0NkUgpjQrNNrU6geN2160922.shtml。
② 《北京清华大学女教授被骗1800万元人民币，8名台湾嫌犯落网》，中新社，2017年2月16日，http://www.chinanews.com/tw/2017/02-16/8151934.shtml。
③ 据公安部刑侦局副巡视员陈士渠介绍，电信诈骗从主体看主要分两类：一是"台湾系"。主要以台湾人为头目和骨干、大陆人员参与，诈骗窝点设在境外，发案数约占10%，损失占50%，且个案数额大。二是"大陆系"。主要是地域性职业诈骗团伙，发案数约占90%，损失占50%，个案值不高，但案件数量大，影响面广。倪戈：《去年九月以来，电信诈骗发案连续三个月同比下降》，2017年1月4日第17版《人民日报》。

次，中国最早加入的是禁毒合作，1998年以来，在联合国毒品和犯罪问题办公室支持下，参与建立了"六国七方"的东南亚次区域联合禁毒合作机制。通过禁毒国际警务合作，逐步熟悉了国际警务合作方式、渠道、人脉。

2016年4月19日，公安部部长郭声琨率中国代表团出席世界毒品问题特别联大，并利用此次机会出席了大湄公河次区域禁毒合作机制边会，会见了联合国毒品和犯罪问题办公室执行主任费多托夫、泰国司法部部长派汶等。①

2016年6月2日至3日，首届联合国警察首脑大会在纽约联合国总部召开。来自110个国家的内政、警务部门首脑以及国际组织代表共400多人出席了会议。会议就加强联合国与各成员国执法部门的合作、加强和促进维和警察事业发展、共同应对新兴安全威胁与挑战等重大问题进行了深入探讨。中国公安部部长郭声琨特别代表、公安部国际合作局廖进荣局长率公安部代表团参加了会议。此次会议虽然侧重联合国维和事务，但公安部代表团还是和国际刑警组织、俄罗斯、澳大利亚、加拿大、东盟及非洲有关国家执法部门代表就加强执法合作进行了深入交流。②

联合国层面的警务合作并未直接涉及电信诈骗跨境打击，但在联合国框架内，中国与东盟等国执法部门建立了警务合作渠道，逐渐熟悉彼此法律制度、执法机制、人事关系等，毫无疑问有助于在打击跨境电信诈骗方面开展国际警务合作。

中国于1984年加入国际刑警组织，近年来中国深入参与国际刑警事务与合作。2016年11月10日，在印度尼西亚巴厘岛召开了国际刑警组织第85届全体大会，在这次大会上中国公安部孟宏伟副部长高票当选新一任主席，这是中国人首次当选该组织主席。此前中国任职最高的职位是副主席，

---

① 《郭声琨出席2016年世界毒品问题特别联大并发言》，新华社，2016年4月20日，http://news.xinhuanet.com/legal/2016-04/20/c_1118674615.htm。
② 辛闻：《首届联合国警察首脑大会召开，中国维和警察赢得广泛赞誉》，中国警察网，2016年6月4日，http://news.cpd.com.cn/n3559/c33418232/content.html。

由公安部部长助理朱恩涛出任。中国还派员积极争取在国际刑警组织亚太区域的中高级职位中任职。2015年在卢旺达召开的国际刑警组织第84届全体大会上，公安部国际合作局副局长段大启成功当选国际刑警组织执行委员会亚洲执委。另外，公安部国际合作局国际刑警工作处处长姜水出任国际刑警组织亚太事务协调局局长。借此势头，中国申请成功承办2017年在中国召开国际刑警组织第86届全体大会。

孟宏伟在当选后表示，将和各成员国一起共同致力于更有效地促进各国警方合作。2016年12月20日，孟宏伟以新任国际刑警组织主席身份，在纽约会见了联合国候任秘书长古特雷斯，双方表示要发挥各自优势，深化在反恐、网络安全、维和行动，以及打击人口贩运等跨国有组织犯罪等领域的务实合作。①

2015年8月至10月，中国参与了国际刑警组织开展的为期2个月的打击电信诈骗的"曙光行动"，行动涉及23个国家和地区，最终于11月在印度尼西亚抓获245名、在柬埔寨抓获168名中国犯罪嫌疑人，摧毁在中国境外的30个诈骗"话务"窝点。②

面对跨国化、复杂化的境外电信诈骗犯罪活动，中国警方积极利用国际刑警组织平台加强与各东盟国家警方合作，严厉打击企图隐身中国周边东南亚国家实施电信诈骗活动的犯罪分子，取得了较大成效。

（二）地区层面

中国是第一个与东盟在打击跨国犯罪部长级会议、高官会议以及东盟国家警察首长会议三个执法机制框架下，都建立合作关系的对话伙伴。同时，中国与老挝、缅甸、泰国建立了湄公河流域执法安全合作机制，与新加坡、马来西亚、泰国、越南、缅甸等国建立了年度部级执法会晤机制，并与东盟

---

① 石杨：《国际刑警组织主席孟宏伟会见联合国候任秘书长古特雷斯》，中国警察网，2016年12月22日，http://news.cpd.com.cn/n3559/c36026765/content.html。

② INTERPOL：More than 500 arrested in INTERPOL operation targeting phone and email scams, Dec. 17, 2015, http://www.interpol.int/News-and-media/News/2015/N2015-223.

大部分国家签署了政府间或部门间打击跨国犯罪合作文件。① 中国和东盟国家在情报信息交流、联合侦查、调查取证、遣返犯罪嫌疑人等领域展开了深入务实的合作。2011年中国与东盟制订和签署了《非传统安全领域合作谅解备忘录行动计划》，其中提到要合作打击电信诈骗犯罪，加强情报和经验交流。行动计划要求通过高官会议定期评估合作成效。②

2016年3月9日，东盟地区论坛打击犯罪分子跨境流动研讨会在广州举行。会议由中国和泰国担任共同主席，来自论坛的18个成员国外交、执法部门以及东盟秘书处、联合国毒品与犯罪办公室的80多名代表出席会议。会议就进一步加强地区合作的路径和有效模式进行了探讨。③

3月29日至30日，首届中国与东盟等周边国家警察院校长论坛暨执法能力建设圆桌会在昆明举行。会议交流了警察培训教育经验做法，提出进一步加强本地区执法培训合作，提升本地区整体执法能力，并建立中国与东盟执法培训合作执行委员会，推动成立中国东盟执法学院，以促进地区各国警察院校开展校际交流。会后发表了《关于加强地区执法培训合作的共同愿景》。④

中国与东盟根据地区犯罪形势与特点，不断升级合作、更新内涵，从最初的打击传统跨国犯罪扩大到打击电信诈骗、网络犯罪等领域。

（三）双边层面

中国警方与东盟国家开展了多种形式的双边合作。一是开展高层会晤。

---

① 石杨：《共建共享、合作共赢，中国与东盟执法安全合作综述》，2015年10月22日第1版《人民公安报》。
② Plan of Action for The Memorandum of Understanding between The Association of Southeast Asian Nations（ASEAN）and The Government of the People's Republic of China on Cooperation in the Field of Non-Traditional Security Issues. ASEAN. Mar. 7, 2012. http：//asean. org/? static_ post = plan – of – action – for – the – memorandum – of – understanding – between – the – association – of – southeast – asian – nations – asean – and – the – government – of – the – people – s – republic – of – china – on – cooperation – in – the – field – of – non – trad.
③ 李静等：《中国将培训1500名"执法官"》，《羊城晚报》2016年3月10日第10版。
④ 马燕：《首届中国与东盟等周边国家警察院校长论坛举行》，中国警察网，2016年3月30日，http：//news. cpd. com. cn/n3559/c32604573/content. html。

2016年2月2日、3日，中共中央政治局委员、中央政法委书记孟建柱、公安部部长郭声琨分别会见马来西亚副总理兼内政部长扎希德，表示近年来中马两国执法部门密切配合，在反恐、打击电信诈骗、禁毒、边境管理服务等方面进行了合作，并取得显著成效，希望能够继续发扬友好合作的优良传统，不断深化在打击跨国犯罪、保护对方国家驻在本国公民机构安全等方面的交流合作。①

2016年4月27日，孟建柱在北京会见了印度尼西亚政治法律和安全事务统筹部部长卢胡特。孟建柱指出，中国与印度尼西亚两国警务执法部门相互支持，在打击电信诈骗、禁毒等领域合作成效显著。希望双方巩固合作成果，进一步在反恐、网络安全、打击跨国犯罪和执法能力建设等领域加强合作，共同维护两国和地区的安全与稳定。②

2016年5月17日至18日，孟建柱赴新加坡，参加第三届中新社会治理高层论坛，新加坡副总理兼国家安全统筹部部长张志贤出席。孟建柱表示，当今世界，新领域、新行业、新业态层出不穷，分享经济、电子商务、互联网金融大潮不断兴起，人流、物流、资金流、信息流快速流动，使违法犯罪活动趋于动态化、智能化，防范打击的难度加大。中国正努力提高社会治理能力，中国和新加坡在加强经济合作的同时，社会治理领域的合作交流也逐步扩大，要进一步提升两国在多样化条件下的社会治理、执法司法等领域的交流合作水平。③

2016年9月25日，中国公安部部长郭声琨赴越南河内，与越共中央政治局委员、公安部部长苏林举行了会谈，并共同主持中越两国公安部第五次

---

① 公安部：《孟建柱会见马来西亚副总理兼内政部长扎希德》，2016年2月3日，http://www.mps.gov.cn/n2253534/n2253535/n2253536/c5145619/content.html；《郭声琨与马来西亚副总理兼内政部长扎希德举行会谈》，2016年2月2日，http://www.mps.gov.cn/n2253534/n2253535/n2253536/c5145600/content.html。

② 公安部：《孟建柱会见印尼政治法律和安全事务统筹部长卢胡特》，2016年4月28日，http://www.mps.gov.cn/n2253534/n2253535/n2253536/c5279614/content.html。

③ 公安部：《第三届中新社会治理高层论坛在新加坡举行》，2016年5月19日，http://www.mps.gov.cn/n2256936/n4938148/c5375635/content.html。

合作打击犯罪会议。会后，郭声琨和苏林签署了会议纪要，并见证签署了加强合作打击电信诈骗犯罪、反恐、联合追逃等合作谅解备忘录，以及两国首都公安局友好合作交流备忘录、中国广西与接壤的越南边境省份公安机关建立执法合作机制的议定书等合作文件。[①]

2016年8月22日，中国公安部副部长孟宏伟在北京会见了来华访问的菲律宾国家警察执法合作代表团。孟宏伟在会见中表示，近年来，中菲两国执法部门在打击电信诈骗、网络赌博、毒品犯罪及境外追逃等领域保持密切合作，并取得了积极成果。希望两国执法部门继续深化各领域务实执法合作，共同应对跨国有组织犯罪、恐怖主义、毒品犯罪、网络犯罪等方面的威胁。[②]

二是联合查缉、抓捕。据公安部统计，90%以上针对国内的网络诈骗、赌博等网站服务器都架设在境外；2014年中国因"响一声"等诈骗电话损失金额达约100亿元人民币，其中国际诈骗电话占总量的80%以上；并且从2011年以来，中国境内的诈骗电话以每年60%的速度在增长。[③]

中国于2015年11月发起打击治理电信网络新型违法犯罪专项行动。截至2016年2月，中国公安部先后组织京、沪、浙、苏、闽、粤、滇等地公安机关，联合香港、台湾警方，共同派工作组赴印度尼西亚、马来西亚、泰国、柬埔寨、老挝等东南亚国家，与各国警方合作开展案件侦办，抓获犯罪嫌疑人953名，破获电信诈骗案件4200余起，分别占到总量的10.1%和15.6%。[④] 截至2016年9月，中国公安部先后17次组织工作组赴印度尼西亚、马来西亚、柬埔寨、老挝等东南亚国家及肯尼亚等地开展警务合作，共

---

① 公安部：《中越两国公安部第五次合作打击犯罪会议在河内举行》，2016年9月25日，http://www.mps.gov.cn/n2253534/n2253535/n2253536/c5504012/content.html。
② 温凯：《孟宏伟会见菲律宾国家警察执法合作代表团》，中国警察网，2016年8月23日，http://news.cpd.com.cn/n3559/c34517856/content.html。
③ 黄艳梅、林艳华：《跨国网络犯罪愈演愈烈，中国东盟谋求携手打击》，2015年9月14日，中国新闻网，http://www.chinanews.com/gj/2015/09-14/7523073.shtml。
④ 公安部：《打击治理电信网络新型违法犯罪专项行动成效显著》，2016年2月25日，http://www.mps.gov.cn/n2253534/n2253535/n2253537/c5149833/content.html。

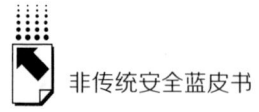

捣毁境外电信网络诈骗窝点65个、抓获犯罪嫌疑人1168名、破案3300余起，涉案金额7.1亿元。①

二 中国－东盟警务合作动力机制分析

（一）警务合作文献回顾

警务合作动力机制有如下几种理论：功能主义、官僚科层论、系统动力学、博弈论、地缘经济与文化趋同论。

功能主义是在解释欧盟一体化包括警务合作发展起来的理论，主要用于解释欧盟司法与内部事务的紧密合作动因。欧洲一体化推动了欧盟成员国让渡一定主权，在警务方面达成高度的合作。特别是由于申根协定的签订，欧盟各成员国取消了共同的边界检查，人员的自由流动必然导致犯罪的流动和治安形势的可能恶化，促使欧盟开展较为一体化的警务合作。②

官僚科层理论首先由马克斯·韦伯提出。与军队类似，警察部门也是比较典型的官僚组织。在与犯罪分子做斗争的过程中，警察机关发展起了金字塔形的组织体系和复杂的侦查、鉴定等技术手段，形成专门的警察队伍、具备专业的警务知识。在合作打击跨国犯罪过程中，欧洲各国开展了国际警务合作，并逐渐从政治原因驱动转向技术理性驱动。在国际警务合作中发展起来的国际警察机构如国际刑警组织，也成为官僚化的组织。③

系统动力学将区域社会治安系统分解为人力、信息、结构、关系四个子系统加以分析，构建社会治安协同供给模型，解析其中的因果流和正反馈机

---

① 公安部：《63名电信网络诈骗犯罪嫌疑人从柬埔寨被押解回国》，2016年9月20日，http://www.mps.gov.cn/n2253534/n2253535/n2253537/c5496966/content.html。
② 方长平：《欧盟司法与内务合作：动力、机制与问题》，《欧洲》2000年第6期，第53~54页。
③ 〔美〕马修·戴弗雷姆：《国际反恐警务合作——国际刑警组织和欧洲刑警组织的比较（上）》，胡人斌译，《公安学刊》2008年第6期，第44页。

制,合成协同自组织动力输出。① 系统动力学所定义的"区域"如果是跨越边境的地区,则必须考虑国家主权因素,因果流和正反馈机制变得更加复杂。

"双重"博弈现象也存在于国际警务合作中。一重是国家之间,另一重是国家内部各执法部门之间。例如在中俄、② 俄欧③之间的警务合作中"双重"博弈现象明显存在。在上海合作组织框架内开展的反恐警务合作则体现了多边博弈的结果。

地缘经济与文化趋同论认为地缘邻接地区因共同的历史、文化及相同的社会、经济发展阶段,以及警察组织、制度、理念的相似或相同,将天然地产生亲近感和互补的利益,从而促进警务合作的开展,如北欧、④ 我国长三角地区。⑤

（二）案件驱动、议题驱动与制度驱动

一般来说,国际警务合作实践首先是从案件合作开始。中国与东盟国家合作开展打击跨境电信诈骗,是最典型的从案件合作着手启动合作。当中国发现这一类跨境案件不在少数,即将合作打击跨境电信诈骗上升为议题,通过高层会晤、互访研讨、培训交流等,强调其重要性和必要性,推动合作的升级。随着合作的深入,一方面需要更正式的合作执法依据,另一方面需要固化合作的程序,将实践中的非正式做法转化为正式的制度,以保持合作的稳定性、可预期性,合作即进入制度驱动。目前,中国与东盟国家合作打击

---

① 钱洁:《论区域社会治安协同系统及其动力机制》,《公安学刊》2015年第5期,第37~41页。
② 张杰:《论上海合作组织框架下反恐多边合作的博弈》,《净月学刊》2013年第1期,第5~9页。
③ Ludo Block, Co-operation Between the European Union Member States and the Russian Federation. *Policing & Society*, 2007, 17 (4), pp. 376 – 379.
④ Paul Larsson, International Police Co-operation: a Norwegian Perspective, *Journal of Financial Crime*, 2006 (13) 4, pp. 460 – 461.
⑤ 蔡田:《试论长三角城市群警务一体化的动力机制及其整合方略》,《公安研究》2012年第1期,第46~48页。

跨境电信诈骗在制度层面的体现，主要是签订合作备忘录和利用刑事司法互助条约、移民遣返程序等。

当然，案件驱动、议题驱动和制度驱动并无严格的时间序列上的先后之分。中国和东盟国家合作打击电信诈骗是有之前的禁毒、打击人口贩卖等合作为基础的。中国和东盟的禁毒合作就是案件、议题、制度驱动交织。湄公河流域"金三角"的毒品问题，使得禁毒成为中国、东盟警务合作的共同议题，并在联合国毒品和犯罪问题办公室支持下，建立了"六国七方"的东南亚次区域联合禁毒合作机制。2012年，糯康武装贩毒集团在湄公河枪杀中国船民，中国迅速组成"10·5"专案组，通过老挝、缅甸、泰国等国的配合，查清该案，抓获了主要案犯，彻底摧毁了糯康武装贩毒集团。① 此案侦破后，中国与老挝、柬埔寨、缅甸、泰国、越南建立起湄公河流域执法安全合作机制。② 在该机制运行5年后，进一步探讨建立地区综合执法安全合作中心，以加强反恐、网络安全、边境管控、禁毒等领域的协调与配合，并大力倡导同舟共济、守望相助、包容并蓄、平等互利的"湄公河精神"。中国提出要走一条共建、共享、共赢的地区安全之路的愿景。③ 进而于2015年11月，中国与湄公河流域五国建立澜沧江—湄公河合作机制，在"领导人引领、全方位覆盖、各部门参与"的架构下，建设面向和平与繁荣的澜湄国家命运共同体。④ 在此，包括合作打击电信诈骗、禁毒等跨国犯罪成为该"机制伞"（institution umbrella）下的一个内容。

---

① 张璁：《责任共担，合作共赢——中国禁毒国际合作成绩斐然》，2016年4月18日第21版《人民日报》，http：//paper.people.com.cn/rmrb/html/2016 - 04/18/nw.D110000renmrb_20160418_1 - 21.htm。
② 在糯康案后，中国建立了中国、老挝、缅甸、泰国、柬埔寨湄公河联合巡逻执法机制，随后并扩大为湄公河流域执法安全合作机制，把居于湄公河最下游的越南也吸收进该机制。
③ 付静：《湄公河流域执法安全合作机制成立五周年研讨会在京举行》，2016年12月21日，中国警察网，http：//news.cpd.com.cn/n3559/c36026588/content.html。
④ 《澜沧江—湄公河合作首次领导人会议三亚宣言》，2016年3月24日，中国政府网，http：//www.ln.gov.cn/zfxx../rdxx01/ywxx/201603/t20160324_2097945.html。

(三)利益、威胁与进程

中国与东盟国家合作打击跨境电信诈骗,很明显是中国的国内议程外溢(domestic initiative spillover)和对外利益塑造(interest shape)。[①] 从2009年以来,中国国内电信诈骗愈演愈烈。2015年全国公安机关电信诈骗的立案即达59万起,电信诈骗造成的损失多达222亿元人民币。[②] 2016年1月至11月,全国共破获各类电信诈骗案件9.3万起,查处违法犯罪人员5.2万人。实施电信诈骗的主体为两类:"台湾系"和"大陆系"。"台湾系"主要以台湾人为头目和骨干、大陆人员为中下层参与,将诈骗窝点设在境外,通过拨打网络改号电话,冒充大陆公、检、法机关实施诈骗,发案数约占10%,损失达50%,个案数额大。2016年千万元以上的11起案件幕后元凶都是躲藏在境外、周边国家的台湾地区犯罪分子。"大陆系"主要是地域性职业诈骗团伙,发案数约占90%,损失占50%,个案的案值不高,但案件数量巨大、影响面广。2016年,中国公安部先后18次组织赴境外开展侦查打击,抓获犯罪嫌疑人1500余名,破案6000余起,涉案价值8.3亿元。[③] 目前,针对东南亚国家公民实施电信诈骗的案件仅有零星发生,在联合打击跨境电信诈骗过程中,主要是中国向东盟国家请求协助多,东盟国家协助配合中国多。所以,在中国与东盟国家合作打击电信诈骗进程中,主要是中国国内犯罪打击向境外外溢、延伸而推动。

随着对电信诈骗打击的深入开展,中国政府领导层认识到这实际上涉及社会治理问题,随即在中央政府层面成立了国务院部际联席会议,将"打击电信诈骗"扩展为"打击电信网络新型违法犯罪",打击范围向违法犯罪上游延伸,发起了打击侵犯公民个人信息专项行动和打击整治黑客攻击破坏

---

① John D. Occhipinti, Still Moving Toward a European FBI? Re-Examining the Politics of EU Police Cooperation. *Intelligence and National Security*, 2015, 30 (2-3): p.242.
② 《公安部谈侦办电信诈骗案:最大限度挽回群众损失》,2016年3月22日《法制日报》,http://news.ifeng.com/a/20160226/47595352_0.shtml。
③ 《公安部谈侦办电信诈骗案:最大限度挽回群众损失》,2016年3月22日《法制日报》,http://news.ifeng.com/a/20160226/47595352_0.shtml。

专项行动。① 此后，公安部组织开展"全链条"打击，提出统筹"境内境外两个战场"。② 可以预见，对电信诈骗的打击将上升到网络安全整治、维护的一环并常态化。这将在中国与东盟警务合作中形成"功能外溢"效果，中国与东盟国家在共同应对网络安全威胁中，将有更多的共同利益需求和双向合作。

新现实主义、新自由主义和建构主义先验预设"国家"作为行为体（agent），但在国际警务合作中，"国家"有必要被"还原"到警察机关乃至警察个体。③ 一是在当今全球化、信息化、网络化时代，跨国犯罪日益网络化，恐怖主义、毒品、走私贩卖人口、网络安全犯罪等都是如此。施劳特指出，我们生存在一个网络化的世界（a networked world）——战争、外交、媒体、宗教、权力都身处这张网络并网络化。④ 秦亚青提出，世界是由行为体相互联通的关系和关系网络构成，基本的分析单位应是"关系中的行为体"。⑤ 并把"过程"视为"流动的关系"。⑥

二是"东盟方式"是比较典型的东方关系型方式，照顾舒适度、面子，看似"清谈"、议而不决、决而不一定有果。但在一起"谈"本身就是维持至少最低限度的合作，就是一种"进程"（过程——"流动的关系"）。⑦

三是中国警察总体而言才刚刚开始"走出去"的进程。二十世纪及二十一世纪初，正如中国恢复联合国席位，以中国警察重新出现在国际刑警组

---

① 《公安部召开打击整治黑客攻击破坏和网络侵犯公民个人信息犯罪专项行动部署会》，公安部，2017年3月10日，http://www.mps.gov.cn/n2253534/n2253535/n2253536/c5657414/content.html。
② 《公安部谈侦办电信诈骗案：最大限度挽回群众损失》，《法制日报》2016年3月22日，http://news.ifeng.com/a/20160226/47595352_0.shtml。
③ Keith Cozine, et al. From Local to Global: Comparing Network Approaches to Addressing Terrorism and Transnational Crime. *Journal of Policing, Intelligence and Counter Terrorism*, 2014, 9 (2): p.124.
④ Anne-Marie Slaughter, America's Edge: Power in the Networked Century, *Foreign Affairs*, 2009, 88 (1): p.94.
⑤ 秦亚青：《国际政治关系理论的几个假定》，《世界经济与政治》2016年第10期，第22页。
⑥ 秦亚青：《国际政治的关系理论》，《世界经济与政治》2015年第2期，第7页。
⑦ 魏玲：《关系、网络与合作实践：清谈如何产生效力》，《世界经济与政治》2016年第10期，第39~58页。

织为标志，中国警察在世界具有的是"面子"上的影响力，"里子"上的实力并不能完全匹配。现在中国作为全球第二大经济体，海外利益开始遍及全球，中国警界有人开始提出"警察外交"。① 中国警察"走出去"，除了外事警察具备一定的跨文化意识外，从事刑事侦查等业务的警察主要是以"我者"看待"他者"——"以己度人"。中国的警察文化具有强烈的"兄弟文化"特色，恰恰这也是全世界警察的文化基因，因为这是由打击犯罪这个警察职业特质所决定的。② 由此，中国警察与他国警察交往时，正好应合了中国人习惯的"关系"交往。

中国与东盟合作打击电信诈骗过程中，全球国际环境、亚太安全环境等外部因素，基本未对案件合作直接产生影响。中国在推进警务合作进程中，以自上而下的方式逐渐建立合作制度并加以演化（institution dynamics）。但制度作为正式的方式，尤其是在中国与东盟警务合作中，与非正式方式即领导人私谊、警察个人之间友谊等形成互补。因为即便有如此多宣言、备忘录甚至条约，在东盟方式下，都是"软性"制度。在中国与东盟合作语境中，非正式方式与正式方式几乎是同等重要的。③

---

① 向党：《警察外交的特征和发展趋势》，《中国人民公安大学学报》（社会科学版）2012年第1期，第99~104页。笔者主张警察外交的概念，警察外交顾名思义其主体是警察或警察部门。与"警察"一词相比，警务更突出警察业务的动态性、延伸性、广泛性。现实涉警外交活动中的主体不限于警察部门。正如警务外交概念提出者（李志永，2015）所言，以职业命名，而非以领域命名，至少在主体上忽视了外交部门及其他有关司法部门对涉外警务外交活动的参与。向党在界定警察外交概念时，其主体实际上是包括了"政府首脑、公安人员以及专门外交机构的人员"。两个概念在内涵上其实是没有分歧的。警务研究领域的学者也对警务外交（包括警察外交）、涉外警务、国际警务合作、国际执法合作、公安外事、警察保护（与外交保护、领事保护相对）等概念进行了初步厘定。

② Keith Cozine, et al. From Local to Global: Comparing Network Approaches to Addressing Terrorism and Transnational Crime. *Journal of Policing, Intelligence and Counter Terrorism*, 2014, 9 (2): p. 128.

③ 笔者访谈浙江省公安机关参与侦办跨境电信诈骗案的民警，询问与东南亚国家警方合作是否存在困难，得到的回答是毫无障碍。反而是与发达国家如欧洲国家开展合作时"难度"大，因为发达国家对执法要求高，制度具有"刚性"。但是，如果满足了发达国家对"制度"的要求，如符合引渡条约的规定，这些国家就会按照引渡程序完成全部的步骤、满足我方的要求。与此对照，在与东南亚国家的合作过程中，由于国内不同地区公安机关出于国内工作考核的压力，在涉外合作成本上相互"竞价""恶性"竞争，导致东南亚国家变成合作的"卖方"市场，反而使合作成本不断攀升，不确定性加大。

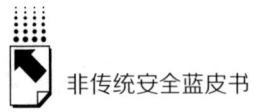

结　语

　　中国与东盟开展国际警务合作打击跨境电信诈骗，是当前双方警务合作总体框架中的一项重要内容。主要是由中方根据国内议程，因应国内打击和治理电信诈骗包括新型网络犯罪的需要，随着犯罪活动的跨境而延伸至境外，把跨境打击电信诈骗犯罪作为当前重要的合作议题。这种合作在全球、地区及双边层面都有体现。随着案件合作的开展，中国正与东盟国家逐步建立专门的合作机制。在此过程中可以清晰地看到双方的警务合作从案件驱动，到议题合作，再到制度建设。同时也要看到，由于经济发展水平的不同，各国面临的国内犯罪形势不同，对跨境犯罪威胁感知不同，从而对跨境打击犯罪的关注点也不完全重合。在合作打击跨境电信诈骗过程中，主要是由中国根据自身的利益塑造合作的议程、制度。但中国基于自身的关系文化、警察文化经验，以构建人类命运共同体、中国 - 东盟命运共同体的理念，着眼于更宽领域的合作，把打击跨境电信诈骗合作置于次区域合作伞状机制之下，有耐心利用正式和非正式的方式，循序推进与东盟的全方位国际警务合作。

B.17 安全化视域下的中韩渔业纠纷*

赵岚 郑先武**

摘　要： 冷战结束之后，非传统安全研究异军突起，其中以哥本哈根学派为代表的安全化理论成为非传统安全研究的重要组成部分。哥本哈根学派在安全概念的扩展方面发挥了重要作用，并提供了将一项议题安全化成非传统安全的框架。随着中国经济实力的增强，中国与邻国在海上频频发生的渔业纠纷议题已经成为中国在发展海洋经济过程中所面临的困境的缩影。中韩之间的渔业问题尤为突出，而韩国方面不断对渔业纠纷议题进行的安全化操作一方面使得尖锐的东亚局势更加复杂，另一方面也迫使中国做出更多的去安全化努力。

关键词： 安全化理论　中韩渔业纠纷　安全化逻辑

随着中国经济的发展、海洋资源的枯竭以及各国海洋利益观念的不断上升，中国与其他国家的海洋利益之间的冲突也频频发生，其中渔业纠纷引起了诸多关注，成为非传统安全问题中的焦点议题。在"安全化"理论的框架内分析中国与周边国家之间的渔业纠纷，有助于更好地理解渔业纠纷如何

---

* 本文系2014年度国家社科基金重大项目"总体国家安全观下的中国东南周边地区安全机制构建研究"（14ZDA087）的阶段性成果，并获江苏省"青蓝工程"中青年学术带头人项目资助。
** 赵岚，南京大学国际关系研究院外交学专业2016级硕士研究生；郑先武，南京大学国际关系研究院教授，中国南海研究协同创新中心研究员。

被演化为一个安全问题。大部分学者对中国与周边国家渔业纠纷研究的重点大多放在外交政策层面，或从博弈论视角寻找解决路径，或将渔业纠纷置于海洋划界不明的角度之下进行分析，或从渔民安全的角度进行探究，①鲜有文章对于渔业纠纷如何建构成为一个安全问题进行分析。本文采用安全化理论的视角，以中国与东亚周边国家在海洋利益方面的对冲为背景，揭示中韩之间不断激化的渔业冲突中所包含的安全化逻辑以及安全化操作，从而实现安全化理论与渔业纠纷实践的双重检验，为应对愈演愈烈的渔业冲突以及由此衍生的外交争端提供了一些思路和解决措施。

一 安全化理论与安全议题的扩展

第二次世界大战结束以来，"安全"一词已经不再是恒定不变的概念领域，而是不断进化发展成为一个更加连贯、可认知的领域。② 尤其是经过20世纪80年代风起云涌的动荡之后，国际关系发生了急剧变化：冷战结束，国家内部冲突凸显，跨国有组织犯罪蔓延、传染病等一系列问题迅速扩展，这些为国家带来了新的安全挑战。冷战结束对于国际安全格局的深刻影响持续深远，后冷战时期的国际安全的性质备受争议。③ 与此同时，全球化日益深入使得国际安全问题国内化、国内安全问题国际化成为一种新趋势。众多

---

① 代表性研究有：Alan Dupont and Christopher G. Baker, "East Asia's Maritime Disputes: Fishing in Troubled Waters", *The Washington Quarterly*, Vol. 37, No. 1, 2014, pp. 79 - 98；Yeongmi Yun and Kicheol Park, "Structure Restrictions of Territorial Disputes in Northeast Asia", *The Journal of East Asian Affairs*, Vol. 27, No. 2, pp. 89 - 117；丘昌情：《中国与周边国家的渔业纠纷及其对中国周边外交的影响》，《社会主义研究》2013年第6期，第147~154页；郭锐、王萧轲：《中韩海洋权益纠纷与我国的应对之策》，《国际关系研究》2013年第2期，第135~144页；史春林：《中国渔船和渔民在海外的安全问题及其解决对策》，《中国海洋大学学报》2010年第3期，第29~35页；姚金芳：《中国海洋争端中的渔民现状及未来："人的安全"视角》，浙江大学硕士学位论文，2013。

② Ole Wæver, "Securitization and Desecuritization," in Ronnie D. Lipschutz ed., *On Security*, Columbia University Press, 1995, p. 50.

③ Barry Buzan and Ole Wæver, *Regions and Powers: The Structure of International Security*, Cambridge University Press, 2003, p. 1.

非传统安全研究学派不断扩展和深化传统意义上的"国家安全",并由此引发了对于安全议题的国际理论大辩论。建构主义安全研究在"第三浪"中异军突起,巴瑞·布赞和奥利·维夫领军的欧洲建构主义安全研究——哥本哈根学派因其对于安全复合体和安全化理论进行了颇具建树的研究而成为欧洲建构主义中重要的组成部分。[1]

安全化概念与哥本哈根学派联系在一起,被看作建构主义与古典现实主义的综合体。[2] 安全化理论最早体现在 1995 年出版的《安全论》（*On Security*）一书中,这本书收录了奥利·维夫所著《安全化与去安全化》一文,为"安全化"的研究提供了理论积淀。1998 年出版的《安全新论》（*Security：A New Framework for Analysis*）被认为是哥本哈根学派安全研究的重要成果。在这本书中,安全概念的主体扩展到国家之外,安全化的定义及其特征得到了系统的解释。2006 年出版的《安全化困境：亚洲的视角》一书,通过用安全化理论对亚洲出现的诸多如疾病、贫困、移民等问题进行分析,从不同领域对哥本哈根"安全化"的理论效度进行了检验,从而实现对安全化理论的进一步扩展。[3]

就国内的研究情况来说,朱宁的《安全与非安全化——哥本哈根学派安全研究》开启了我国对于安全化理论的研究,对安全化主体、过程进行

---

[1] 朱宁：《安全化与非安全化——哥本哈根学派安全研究》，《世界经济与政治》2003 年第 10 期，第 21 页。

[2] Michael C. Williams, "Words, Images, Enemies, Securitization and International Politics", *International Studies Quarterly*, Vol. 47, No. 4, 2003, p. 512.

[3] 代表性研究有：Ole Wæver, "Securitization and Desecuritization," in Ronnie D. Lipschutz ed., *On Security*, Columbia University Press, 1995, pp. 47 – 86; Columba Peoples and Nick Vaughan-Williams, *Critical Security Studies：An introduction*, Taylor & Francis Group, 2010; Thierry Balzacq, *Securitization Theory*, Taylor & Francis Group, 2011; Barry Buzan and Ole Wæver, *Regions and Powers：The Structure of International Security*, Columbia University Press, 2003; Michael C. Williams, "Words, Images, Enemies, Securitization and International Politics", *International Studies Quarterly*, Vol. 47, No. 4, 2003, pp. 511 – 531; Rita Floyd, *Security and the Environment：Securitisation Theory and the US Environment Security Policy*, New York：Columbia University Press, 2010; Barry Buzan, Ole Wæver and Jaap de Wilde, *Security：A New Framework for Analysis*, Lynne Rienner Publishers, 1998。

了详细的叙述。① 余潇枫通过分析安全化理论的选择困境,对安全化理论中的安全行为体、安全议题以及安全化价值向度等多个方面进行了扩展,对安全化理论进行了完善和丰富。② 与此同时,各种使用安全化理论进行案例分析的文章纷纷涌现,其中包括对艾滋病问题、国际规范的建立、恐怖主义以及生态问题的解读,在理论框架下的相关议题研究不断扩展了安全化理论的现实价值。③

(一)"安全"概念的再定义

1. 安全概念的扩展

奥利·维夫认为,扩展安全概念的途径之一是将安全议程扩大到包括军事以外的更多威胁。④ 通过将某事定义为一种国际安全事务,可以使得这一议题获得比其他任何问题都更为重要的优先地位,从而能够对这一被安全化的议题进行优先讨论。在安全化理论中,一个议题成为安全议题不再是以客观真实存在的外部威胁为前提,而是一种自我指涉(self-reference)的实践,安全的自我指涉性当之无愧地成为哥本哈根学派最重要的理论观点。⑤ 一旦某个议题被看作一种"存在性威胁",即使其并不具备迫切性,也可以通过安全行为体的言语行为而说服受众,使其获得采取紧急措施予以应对的权

---

① 朱宁:《安全与非安全化——哥本哈根学派安全研究》,《世界经济与政治》2003年第10期,第21~26页。
② 余潇枫:《"选择性"再建构:安全化理论的新扩展》,《世界经济与政治》2015年第9期,第104~121页。
③ 相关研究有王凌:《美国对他者的安全化——路径与动因研究》,复旦大学博士学位论文,2012;王凌:《安全化的路径分析——以中海油竞购优尼科案为例》,《当代亚太》2011年第5期,第74~97页;潘亚玲:《安全化、国际合作与规范的动态分析》,《外交评论》2008年第6期,第51~59页;潘亚玲:《国际规范的生命周期与安全化理论——以艾滋病被安全化为国际威胁为例》,《欧洲研究》2007年第4期,第68~83页;王江丽:《安全化:生态问题如何成为一个安全问题》,《浙江大学学报》2010年第4期,第36~47页;王振文:《恐怖主义议题安全化与美国反恐政策演变》,南京大学硕士学位论文,2013。
④ Ole Wæver, "Securitization and Desecuritization," in Ronnie D. Lipschutz, *On Security*, Columbia University Press, 1995, p. 51.
⑤ Rita Floyd, *Security and the Environment: Securitisation Theory and US Environmental Security Policy*, New York: Cambridge University Press, 2010, p. 33.

利,从而上升为一种客观威胁。使用安全标签来说明议题不仅仅反映了一个问题是否是安全议题,同时也是一种政治选择,一种以特殊方式进行概念化的决定。①

2. "主体间性"安全

哥本哈根学派安全化理论在安全研究中的成就之一就在于扩展了对安全进行研究的维度,提出了"主体间性"安全。长期以来,安全的定义一直追随沃尔弗斯提出的"客观上不受威胁,主观上免于恐惧"概念。传统主义中对安全问题的讨论往往仅以"友善"和"敌意"模式进行说明。但是无论是"友善"还是"敌意",都是行为主体所创造的而不一定反映真实的物质状况。与其说安全问题是客观既定的,倒不如说是行为体在实践中建构了安全问题,这种对于安全议题的建构过程就是安全化的过程。虽然行为体建构了对于安全的"存在性威胁",但是他们表达的安全主张并不一定可以实现。安全施动者无法决定安全化是否能够获得成功,更重要的是在安全化过程中"言语-行为"的受众能够认同这种被建构的安全化逻辑。因此,安全化有一种社会性质,是散漫的、社会构成的"主体间性"领域中的一部分。②

3. 去安全化

如果说"安全化"是将安全的概念有所扩展,那么"去安全化"就是将安全问题的范围不断缩小。哥本哈根学派认为,安全化代表正常的政治制度或机制处理问题的失败,因而不提倡将问题提升至安全领域进行处理。③安全化操作使得议题成为一种特殊的紧急政治模式,从而对于议题进行讨价还价的空间就会因此而受到限制,并将一种军事思维模式带入议题之中。因此,奥利·维夫提出应该尽可能地追求"去安全化"的目标:将一个问题

---

① Ole Wæver, "Securitization and Desecuritization," in Ronnie D. Lipschutz, *On Security*, Columbia University Press, 1995, p. 65.
② Barry Buzan and Ole Wæver and Jaap de Wilde, *Security: A New Framework for Analysis*, Lynne Rienner Publishers, 1998, p. 31.
③ 梅利·卡拉贝若-安东尼、拉尔夫·艾莫斯等著《安全化的困境:亚洲的视角》,段青编译,浙江大学出版社,2010,第8页。

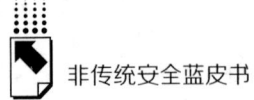

从紧急模式转移到常规政治模式。① 但是，尽管抽象的"非安全化"看起来非常完美，在具体操作中，人们仍然可能选择安全化。因为始终存在一种别无他途的政治选择：实施安全化或者接受安全化。

（二）安全化行为的建构

从理论上来说，所有的安全议题都可以经过非政治化—政治化—安全化的过程构建成为安全问题。一项议题仅靠言论行为就可以成为安全议题，而不管这一关切是否代表物质上存在威胁。② 安全化因此可以被看作过度的"政治化"描述。然而成功地将一个议题转变为安全问题，不仅仅需要安全化受众接受安全化施动者的言语行为，认同这一议题的确造成了"存在性威胁"，而且还需要安全施动者提供一个完整且前后一致的安全化逻辑，同时也需要安全化过程中各个要素主体发挥作用，以满足安全化的条件。

1. 安全化过程的要素主体

在安全化的过程中有四类要素主体：威胁来源、安全施动者、指涉对象以及受众。威胁来源是指在安全化过程中被认定造成"存在性威胁"的议题，尽管安全化过程中的威胁来源并不一定是客观上紧迫的，但是安全化行为体需要一个威胁体来塑造公共认同，这个威胁体就是威胁来源。安全施动者即安全化过程中的行为主体。安全施动者通过将某类问题描述或夸大为需要采取紧急措施的威胁来源，来构建受众对于威胁来源的共同认知。指涉对象是指在安全化过程中安全施动者宣称会受到威胁来源伤害的客体。最后一个要素主体是能够决定安全化成功与否的受众。

2. 安全化的逻辑

安全化的过程就在于构建一个被受众认同的安全逻辑。安全化的根本目

---

① Columba Peoples and Nick Vaughan-Williams, *Critical Security Studies: An introduction*, Taylor & Francis Group, 2010, p.83.

② 〔英〕阿兰·柯林斯著《当代安全研究》，高望来、王荣译，世界知识出版社，2016，第201页。

标是构建出令人信服的"存在性威胁",只有完整的、前后一致的安全化逻辑才能够成功地将一个问题安全化为对指涉对象的"存在性威胁"。安全化的逻辑包括因果、时间以及道德三个方面。[①]

安全化逻辑的基础在于因果逻辑。根据有关社会运动的研究,安全化的因果逻辑就是搭建起安全化过程中的威胁来源与对指涉对象造成生存性威胁之间的因果关系。安全化主体在制造因果逻辑时指定安全化中的责任人或者加害者、牺牲者或受害者,进而搭建出代价与收益之间的联系。[②]无论是受害者还是加害者都有可能为了引起同情或者转移责任的目的而构建因果逻辑。安全化行为体在构建因果逻辑时就已经在事实上启动了安全化过程。

因果逻辑需要与时间逻辑相呼应才可以确定被视为威胁来源的事件具有急迫性,才可以在大众的认可下获得使用各种资源应对威胁事件的优先权利。从这个意义上来说,因果逻辑和时间逻辑是相辅相成的。

国际行为体往往基于道德判断导致的"恰当性逻辑",将特定的行为界定为道德上正确或错误的。[③]道德逻辑确定了安全化行为的正当性,安全施动者将安全化行为描述为扛起消灭国际社会中不道德行为的大旗或是标榜履行正义义务的道德必需。

3. 安全化成功的条件

哥本哈根学派认为安全化过程是安全施动者与听众形成共同威胁认知的互动过程,从这个角度来看,安全化是否能够成功有两个重要的前提条件。第一个条件是安全施动者的言语行为。成功的"言语－行动"是语言与社会的结合。安全化理论认为,描述安全本身就是一种安全化行动。从这个意义上说,对于安全议题的描述不仅仅是陈述事实,而且在一定程度上也在构建客观事实。所以安全施动者需要拥有一定的社会地位或者是掌握一定的社会资源,以使得他们通过言语构建的安全威胁能够被受众信服。第二个条件

[①] 潘亚玲:《安全化与冷战后美国对华战略演变》,复旦大学出版社,2016,第34页。
[②] 潘亚玲:《安全化与冷战后美国对华战略演变》,复旦大学出版社,2016,第34页。
[③] 潘亚玲:《安全化与冷战后美国对华战略演变》,复旦大学出版社,2016,第35页。

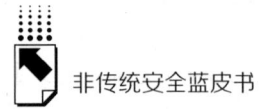

是听众是否赞成或接受安全施动者所构建的"存在性威胁",这决定了安全施动者是否可以为了应对安全威胁而获得践踏规则的权力。

二 中韩渔业纠纷的安全化及其现实

中韩之间的渔业纠纷实质上是东亚复杂的国际关系中的一个缩影,是复杂的多边关系在渔业方面的体现,其中既包括资源的争夺也是中国与周边国家在海洋利益、地区话语权方面的博弈。

作为世界上最主要的渔业生产国之一,中国是当之无愧的第一大渔产品出口国。根据联合国粮农组织的统计,2014年中国的远洋捕捞量已经达到二百万吨,成为世界上第一海洋捕捞国。① 巨大的渔业贸易需求推动了渔业捕捞数量水涨船高。然而近几年来,近海渔业资源正日益匮乏,鱼类已经成为有必要使用武力进行保护的战略性产品。② 更多的中国渔民为了适应不断增长的渔业需求而选择出海进行远洋捕捞。不乏部分渔民在各种因素驱动下进入他国专属经济区内捕捞。频繁的渔业纠纷不仅给中国企业和中国渔民带来经济上的损失,也使中国公民的生命安全面临严重的威胁。中国在亚太地区已经成为与周边国家海洋权益争议最多的国家。③ 对于渔业资源的争夺已经不仅仅限于商业领域的竞争,也成为中国与相关国家在海洋权益上的角力。中国渔民在海洋捕捞中与韩国海岸警卫队之间的冲突事件频频发生,韩国在应对中韩两国渔业纠纷上不断增强人力物力,使其一再受到国际社会的关注。中韩之间的渔业纠纷已经从商业议题转化为政治议题,并逐渐成为影响中韩两国外交关系的安全议题。

---

① Food and Agriculture Organization of the United Nations (FAO), *The State of World Fisheries and Aquaculture 2016* (*SOWFA*), Rome: FAO, 2016, p. 61.
② Alan Dupont and Christopher G. Baker, "East Asia's Maritime Disputes: Fishing in Troubled Waters", *The Washington Quarterly*, Vol. 37, No. 1, 2014, p. 80.
③ 丘昌情:《中国与周边国家的渔业纠纷及其对中国周边外交的影响》,《社会主义研究》2013年第6期,第147页。

(一)《中韩渔业协定》下的权益纷争

渔业对韩国相当重要,是韩国的支柱产业,为国民提供了40%的动物蛋白质。20世纪70年代,韩国进一步扩大作业渔场,韩国渔民开始频繁在日本和中国的东海海域出入。① 因此在1992年中国和韩国建交之时,远洋渔业的海洋定界问题就已经列为谈判议题之一。1993年,中国和韩国开始了关于渔业协定的谈判,最终在2000年签订了暂时性的《中华人民共和国政府与大韩民国政府渔业协定》,这一协定于2001年6月30日正式生效。双方在搁置双方海洋法争议的前提下,确立了协定水域。但是由于《中韩渔业协定》在制定过程中存在着漏洞,此协定开始实施之后,中韩两国之间的渔业纠纷反而比协定签订之前更为严重。根据韩国农林水产部2011年发布的《管制中国渔船非法捕捞现状》中的数据,2000年有62艘中国渔船被韩国海警扣押,而在《中韩渔业协定》开始实施的第一年,这个数字上涨为174艘。②

《中韩渔业协定》依据等距离中间线原则协定了中韩两国专属渔业区的适用范围和协定水域,并建立了渔业联合委员会。该协定的第七条中对于暂时水域和过渡水域的规定是中韩两国海洋利益重叠的集中体现部分。依据等距离中间线原则,中国获得的大片靠近中国的黄海内海海域,这一区域的渔业资源匮乏;而韩国在渔业协定后划分得到的是靠近韩国的黄海外海海域,这一区域的渔业资源更为丰富。依据中韩渔业协定第八条的内容规定,中国的传统渔场比协定签订前减少了90英里。③ 我国黄海中的传统渔场在签订协定后不再允许中国渔民自由进行渔业活动。我国渔船历史上一直在韩国水域的对马、大小黑山、济州岛等传统外海渔场作业的2万余艘渔船,只准留

---

① 束必铨:《韩国海洋战略实施及其对我国海洋权益的影响》,《太平洋学报》2012年第6期,第94页。
② 詹德斌:《海洋权益角力下的中韩渔业纠纷分析》,《东北亚论坛》2003年第6期,第64页。
③ 《中华人民共和国政府与大韩民国政府渔业协定》,中国外交部网站,2000年11月20日,http://www.fmprc.gov.cn/web/ziliao_674904/tytj_674911/tyfg_674913/t556669.shtml。

在过渡水域的渔船数被韩国大幅度削减,不得超过 5500 艘,其中专属经济区管理水域入境船的数量更是少之又少,只有 2796 艘。① 因此,中国渔民不得不从传统外海渔场撤回,这样一来加剧了近海渔场的压力,已经日趋紧张的中国渔业资源进一步恶化。"船多、海小、鱼少"的矛盾日益激化,近海过度捕捞导致渔业资源日益贫乏,中国渔民为了获得更多的渔业资源,铤而走险地重返在《中韩渔业协定》规定中的韩国渔区的传统外海渔场进行违规捕鱼,中韩之间的渔业矛盾由此不断尖锐。

自 2001 年《中韩渔业协定》生效之后,中国与韩国的渔业冲突持续发酵,不断有渔民在中韩水域间捕鱼被巡逻的韩国海警抓捕。不断上升的罚款额度、韩国海警的执法冷漠以及语言不通导致的行为误判,使得中韩之间的渔业冲突烈度日益升级,甚至在冲突中出现了船毁人亡的惨剧。在黄海海域,韩国已经成为扣押中国渔民和渔船数量最多的国家。②

韩国在应对渔业纠纷中逐渐强硬的态度以及日益冷漠的执法,一方面是中韩两国在渔业问题中无法实现双方满意的区域合作的结果,另一方面也是韩国方面不断将渔业纠纷升级为安全议题的展现。

(二)中韩渔业纠纷的安全化逻辑

1. 因果逻辑

中韩之间的渔业冲突发生在中韩之间尚未划定专属经济区的相关海域。而韩国在执法过程中将《中韩渔业协定》中划分的专属渔业区看作自己的专属经济区。韩国试图通过不断强化对相关海域的管辖来影响中韩之间的专属经济区域划界,从而在中韩海洋权益的争夺中获益更多。因此在安全化施动者的逻辑中,两国的渔业纠纷问题是中国对韩国海洋管辖权的侵犯并进一步扩大为中国对韩国海洋主权的威胁。

一方面,随着中国经济实力的增长,渔业经济发展水平不断攀升,日

---

① 徐博龙:《冷静应对〈中韩渔业协定〉》,《海洋开发与管理》2002 年第 2 期,第 49 页。
② 丘昌情:《中国与周边国家的渔业纠纷及其对中国周边外交的影响》,《社会主义研究》2013 年第 6 期,第 148 页。

益增长的需求量推动着远洋捕捞量的增长。2015年，我国的远洋捕捞量达到2003.51亿元①，中国已经成为世界上首屈一指的渔业大国。而我国的近海渔业资源正在逐渐枯竭，为了满足日益提高的渔业需求，渔民不得不不断开辟新的海域寻找资源。中国与韩国在历史上共享黄海海域和东海海域的渔业资源，但随着越来越多中国渔民进行远洋捕捞，韩国方面对此产生警惕，错误地认为中国日益庞大的远洋渔船队伍侵犯了韩国在中韩未划定经济专属区的海域内的海洋权益。中国渔民在捕鱼过程中出现越界捕捞的技术性违规现象更是加深了韩国方面对两国之间渔业纠纷的行为误判，而中国渔民出于各种原因同韩国海岸警卫队发生冲突，更进一步恶化了中韩之间渔业纠纷的性质，韩国将此描述为中国正在侵犯韩国的领海主权。

另一方面，中韩之间的渔业纠纷也是复杂的东北亚关系中的一个缩影。中国是亚太地区与周边邻国渔业纠纷与海洋权益争议最多的国家。②近年来，随着中国经济实力的增强，中国与周边国家在海洋资源上的竞争日益激烈，韩国、日本、菲律宾等国家公开挑战中国的海洋政策和权利主张，为域外大国插手亚洲事务提供了借口。美国及其盟友本着"国强必霸"的传统思维，不断营造"中国威胁论"的话语压力，恶化了中国同周边国家的外交环境。中韩渔业纠纷正在演变为一场权势博弈。韩国以中韩渔业纠纷为契机，塑造中国在东北亚地区的安全威胁，将此炒作为"中国霸权论"的具体表象。由此而构建了中韩之间的渔业纠纷安全化的因果逻辑。

2. 时间逻辑

在安全化的过程中，通过将某一安全议题描述为亟待解决的迫切威胁，使得随之而来的一系列安全化行动获得听众的理解和支持。因此就时间的紧迫性而言，韩国方面将驱逐中国的"非法作业"渔船，维护海洋资源看作

---

① 王莎：《2015年全国渔业经济统计公报》，《中国水产》2016年第6期，第22页。
② 丘昌情：《中国与周边国家的渔业纠纷及其对中国周边外交的影响》，《社会主义研究》2013年第6期，第147页。

一件迫在眉睫的事。从海洋资源方面来看，黄海海域的渔业资源枯竭的速度日益加快，而中韩两国的渔业捕捞量却在逐年增长。不可逆的海洋环境恶化与资源枯竭速度是全人类共同面对的危机，生态危机的持续发酵也成为韩国将渔业问题进行安全化动议的时间逻辑。

与此同时，中国经济的持续发展以及国际社会中话语权的日益上升，也是韩国迫于将渔业纠纷问题安全化的考量因素之一。随着中国国家实力的不断上升以及中国渔民在远洋技术以及渔船设备的不断升级，韩国对于本国在中韩经济专属区争议地带的管辖权产生了深刻担忧。虽然近些年来韩国在海洋执法过程中不断加快对执法设备的更新步伐，但这仍然无法缓解韩国对于执法能力不足的担忧。与此同时，每年中韩渔业纠纷事件数量并未因为韩国方面执法所用舰艇、飞机的更新而有所下降，冲突烈度却日益加强，韩国在当前中韩渔业纠纷中并未找到合适的体制和措施予以解决。因此，将中韩渔业纠纷上升为安全问题似乎就理所当然。

3. 道德逻辑

韩国的民族情感中具有"悲情国家"的因素，将自己看作亚太地区混乱局势的受害者，既恐惧大国的权威但又对其十分崇拜。在中韩渔业纠纷中，韩国将中国渔民的技术性违规行为看作对韩国海洋权益的"侵略"，进而为韩国的暴力执法行为披上"维护国家海洋权益"的华丽外衣，为渔业纠纷的安全化赢得道义支持。

然而，韩国的安全化逻辑是比较脆弱的。究其原因，不仅在于其政治性目的过于明显，而且也是由于这一逻辑的不完整性。首先，韩国在渔业纠纷安全化过程中强调更多的是中韩渔业纠纷可能形成的严重后果。在当前的状况下，中国依旧在2001年《中韩渔业协定》的框架下处理中韩之间的渔业纠纷，并未做出在外交行动上授人以柄的举动，尽管中韩渔业纠纷使得两国在黄海专属经济区上的利益争夺更加激烈，但并未对当前韩国的海洋权益乃至国土安全造成难以挽回的"存在性威胁"。其次，尽管双方的渔业纠纷日趋激化，但是对于中韩双方来说，仍有时间为解决纠纷寻找更多的协商途径，没有消极到需要特殊方式予以应对。

(三)多元行为体推动的安全化行动措施

尽管中韩渔业纠纷的安全化动议并不十分完整,但是韩国依然启动了对这一议题的安全化进程。基于如此牵强的安全化逻辑,韩国政府、媒体、公民群体采取了一系列措施,试图通过渔业纠纷掌握主动权而在中韩之间的海洋权益博弈中获得更多优势地位。

1. 韩国政府

虽然安全化理论将安全的主体扩展到国家以外,但是在安全化的分析层次中,国家仍然处在第一位。在大多数的安全化实践中,国家仍然是最主要的安全行为体。[1] 所以在中韩渔业纠纷中,尽管多元施动者共同推进了渔业纠纷的安全化进程,但是韩国政府依然是主要的安全施动者,国家具有权力和合法性动员使用大部分资源。在渔业纠纷议题的安全化操作中,韩国立法部门和执法部门配合外交部采取了一系列的措施,以应对来自中国的安全威胁。

首先,韩国为在相关发生冲突的海域增加人力物力制定了一系列的政策支持。2008年出台的《海上公权力强化对策》为韩国海警成立专门对付中国渔船的海上特殊机动队提供了法律依据。最系统的强化打击措施要数韩国国务总理室2011年12月26日公布的由相关部门联合制定的《根绝非法捕捞综合对策》。[2] 2012年5月14日韩国农林水产食品部制定了《关于在专属经济区针对外国人捕捞行为行使主权法律》修订案。这些成为韩国打击中国渔民的法律依据。

另外,韩国政府方面对于中国渔民的打击更多地体现在具体的执法措施上。韩国在执法过程中不乏暴力行为,甚至要求海警"加强自卫"、"果断使用武力",还面向社会"悬赏"征求对付中国渔民渔船的"点子",不断

---

[1] Rita Floyd, *Security and the Environment: Securitisation Theory and US Environmental Security Policy*, New York: Cambridge University Press, 2010, p.38.

[2] 詹德斌:《海洋权益角力下的中韩渔业纠纷分析》,《东北亚论坛》2013年第6期,第67页。

激化中韩之间的渔业冲突①。韩国海警在执法过程中使用爆音弹、机关枪等武器袭击出现技术性违规的中国渔船,使得纠纷的烈度不断增加,最终甚至造成有人员伤亡的暴力事件。根据外媒报道,2016年,中国渔民被韩国海警投放爆音弹而导致窒息死亡的案例引起了舆论的诸多关注,事件起因便是在争端海域捕鱼所引起。②而韩国海警扣押中国渔船、向中国渔船开火的事件不断为中韩之间日趋恶化的渔业纠纷增添火药。③2016年仁川海岸警卫队抓获的中国渔船数量为44艘,67名渔民因为渔业冲突被韩国拘留。④韩联社2017年2月17日报道称韩国国民安全处木浦海洋警备安全署于2月16日对中国渔船展开执法行动,炮击中国渔船。韩国政府对于中国渔民的强制性执法行为,已经远远超越了对渔业资源的保护,而是利用渔业纠纷议题的外溢效应,扩大韩国在中韩之间专属经济区争议区域中获取更多的主动权和话语权。

2. 媒体

成功的安全化在于使得听众对于安全施动者所构建的安全威胁形成了共同认知,从而可以使得一个议题可以获得使用更多资源的权利。在安全化过程中,媒体的传播功能有利于营造议题或夸大非安全议题的威胁性或者紧迫性,从而推动言语行动的开展。

在渔业纠纷议题安全化的过程中,媒体在对中韩之间发生的渔业纠纷的报道中,将事件固定在"国家安全"的框架之中,进行有指向性的评论,说服大众接受对于中韩渔业纠纷所影射的安全议题构建。2016年10月7

---

① 江淮:《韩国海洋警察厅——周边临海海上执法队伍扫描之二》,《世界知识》2011年第3期,第67页。
② Copyright Reuters, "Three Chinese Fishermen Killed by South Korea", *the Maritime Executive*, September 30, 2016, http://maritime-executive.com/article/three-chinese-fishermen-killed-by-south-korea.
③ 相关报道:《韩国海警暴力执法凸显其不专业本质》,人民网,2017年2月18日,http://world.people.com.cn/n1/2017/0218/c1002-29090761.html。
④ Choi Soo-hyang, "Illegal Chinese fishing boats in Korean waters becoming increasingly violent", *Yonhap News*, October 10, 2016, http://english.yonhapnews.co.kr/search1/2603000000.html?cid=AEN20161010007300315。

日，中国渔船与韩国海警发生撞船事件，一辆韩国海警快艇在冲突中被中国渔船撞沉。韩联社在对此事的报道中夸大渔业纠纷的性质，抨击中国渔船，无端指责中国蓄意撞向海岸警卫队的船只是等于"谋杀未遂"的行动，并建议韩国军方介入对中国进行联合打击。①

3. 公众

在安全化过程中，公众能否接受安全施动者的言语行动，是安全化行动能否成功的一个重要判断标准。在中韩之间渔业纠纷议题中，公众群体尤其是有利益关切的韩国渔民已经成为一个不可忽视的安全施动者。韩国政府和媒体共同塑造了安全威胁，存在已有认知的民众或者是被构建了"安全威胁"的民众同时又通过言语行动深化了渔业纠纷议题的严重性。

在韩国政府和媒体的宣传下，韩国右翼势力经常会在中韩渔业冲突发生时发生围堵中国驻韩使馆，亵渎中国国旗等行为。韩国政府鼓励民众为抓捕非法捕鱼的中国渔民"出点子"，鼓励韩国渔民在专属经济区存在争议的海域抓捕中国渔民。2016年6月5日，韩国渔民"直接抓捕"中国渔民交给韩国警方，而韩国渔民的抓捕地点也不是韩国渔民的专属渔区。② 中韩之间引发由此对立情绪，使得渔业纠纷引发的冲突不断升级。

三 中韩渔业纠纷"去安全化"及其前景

中国同韩国之间的渔业纠纷既是两国之间的海上权益纷争，同时也是中国在东亚海上安全中所面临的渔业冲突的一个典型侧面。复杂的历史因素、多边行为体作用下的现实环境共同造就了如今复杂的外交局面。中国渔民在争端海域基于各种原因进行的跨境捕捞以及随之而来所遭受的驱逐、攻击、

---

① Choi Soo-hyang, "Illegal Chinese fishing boats in Korean waters becoming increasingly violent", *Yonhap News*, October 10, 2016, http://english.yonhapnews.co.kr/search1/2603000000.html?cid=AEN20161010007300315.

② "S. Korean fishermen seize Chinese boats near inter-Korean border", *The korea herald*, June 5, 2016, http://www.koreaherald.com/view.php?ud=20160605000335.

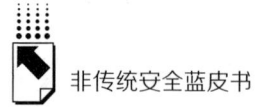

逮捕等暴力执法行为，不仅对渔民的个人安全造成了严重的威胁，同时也影响了中韩之间的外交关系，更为试图插手东亚事务的国家提供了借口。

（一）渔业纠纷的实质

在20世纪80年代初期，"专属经济区"概念的引入使得海洋边界划界的问题成为导致有关岛屿统治与资源争端争议的主要因素，同样也成为对周边国家进行海洋合作的最大威胁之一。[1] 1982年《联合国海洋法公约》所规定的国际法律限制既减少了开放海洋捕捞的面积，又将相关捕捞权利与主权问题联系起来，这使得领土和渔业纠纷的解决变得复杂化。[2] 随着对海洋认知的不断深化，海洋安全在各国安全战略中的地位上升，使得海洋安全成为各国最为关注、最具有战略意义的安全问题之一，海洋安全竞争已经影响到整个地区安全格局的重要程度。[3] 各国在追求和保障海洋安全权益的道路上越走越快，都试图在这场蓝色大海争夺战中拔得头筹，使得围绕海洋安全权益的斗争更加尖锐。中国与韩国在海洋划界问题上的纷争直接影响到渔业安全，而渔业纠纷问题也在潜移默化地影响着地区稳定和发展。中韩之间的渔业安全问题是安全争端中的焦点所在。渔业冲突背后所隐藏的海洋资源争夺、海洋权益博弈、海洋划界角力、国家权势转移乃至地区话语权之争是应对问题的关键所在。

（二）中国的"去安全化"努力

为了应对不断激化的渔业冲突问题，中国已经做出了许多"去安全化"的尝试，使得区域层次的非传统安全冲突没有上升到军事安全的程度。

在国际层面上，1995年中国加入《联合国海洋法公约》，成为第93个

---

[1] Yeongmi Yun and Kicheol Park, "Structure Restrictions of Territorial Disputes in Northeast Asia", *The Journal of East Asian Affairs*, Vol. 27, No. 2, p. 100.

[2] Alan Dupont & Christopher G. Baker, "East Asia's Maritime Disputes: Fishing in Troubled Waters", *The Washington Quarterly*, Vol. 37, No. 1, 2014, p. 82.

[3] 刘新华：《西太平洋地区的海洋安全形势与中国的地区性海权》，《太平洋学报》2011年第2期，第89页。

批准该公约的国家,坚持在《联合国海洋法公约》的法律框架下进行海上活动。地区层面上,中国始终努力通过与韩国签订更有约束力的条约对彼此的海洋活动进行规范。2001年签署的《中韩渔业协定》是迈向渔业活动规范化的一次尝试。2004年11月,中国与韩国在北京签署《中国渔业协会和韩国水产会关于渔业安全作业的议定书》,这份议定书规定了处理中韩之间海上渔船事故的程序,为两国处理渔业纠纷进一步提供了具有说服力的合法性依据。

(三)渔业纠纷的"去安全化"前景

尽管中国做出了一系列努力来减少渔业纠纷带来的外交压力,但不可忽视的事实是,中国同韩国的渔业纠纷仍然在不断演化成一个亟须解决的非传统安全问题。因此,需要我国进一步寻找解决渔业纠纷更有效的应对措施。仅仅将渔业纠纷限定在国家间关系的框架内难以切实有效地寻找到解决路径,国家安全与全球安全交汇于地区安全,国家或其他行为体的利益在地区层面上紧密联系在一起,因此应该在区域、次区域范围内探讨如何应对。

首先,构建以大国协调为基础的多边安全制度平台。一些分析人士将共同管理渔业资源看作一个减少冲突烈度和增进功能性合作的潜在路径。尽管在渔业问题上中国同周边国家政府签订了一系列条约来互相约束彼此在海上的捕捞行动,但是到目前为止没有一个官方的多边合作机制对渔业冲突中的国家行为进行约束和惩戒。亚洲已有的多边机制的功能主要是危机避免而非危机管理和危机解决。[①] 这就使得在应对如渔业冲突此类地区热点问题时,当前的安全合作框架略显不足。与此同时,东亚地区复杂的多边关系、域外大国与域内大国在地区话语权上的争夺使得在当前的东亚安全问题上大国间合作不足而拆台有余。因此,针对东亚地区的综合安全问题,构建一套以大国协调为基础、在具有"一致性、合法性、责任性、包容性、自我克制"

---

① 郑先武:《"亚洲安全观"制度建构与"中国经验"》,《当代亚太》2016年第2期,第14页。

特征的共有规范下运行的多边安全合作机制对于解决国家间的渔业冲突显得至关重要。①

其次,加速对海洋争议地区的划界谈判。关于岛屿主权归属与海洋经济专属区划界这些悬而未决的海洋权益争端对渔业纠纷的应对与解决起到了消极作用。因此,结合历史因素与现实条件,在公平的原则下推动中国与周边国家的划界谈判,明确中国的海洋权益主张,争取尽快对海洋问题划界,是应对当前问题的应然之举。

最后,对于在渔业纠纷中不断出现的暴力执法行为以及由此而造成的不必要的人员伤亡,我国相关部门应该采取适当强硬的态度,促使其保持克制态度处理冲突。渔业纠纷的安全化操作不仅不利于解决当前的海洋争端,而且还会激化矛盾,破坏中国同相关国家在其他领域内的友好合作。

结　语

随着中国经济实力的增强,中国与其他国家的渔业纠纷问题是中国发展海洋经济、构建海洋强国所面临的困境的缩影,已经成为中国必须要处理的一个外交困境。中国与多个邻国在黄海、东海、南海的海洋争端中,渔业纠纷是其中一个重要的组成部分。许多分析人士认为,在东海和南海的资源竞争已经成为一个领土争端和紧张的关键驱动力之一。② 如果不能妥善地处理这些纠纷和争端,极有可能将东亚目前的和平局势带入一个不成熟又血腥的局面中。③ 如何在当前的国际社会的框架下对周边国家之间的渔业冲突做出相应的"去安全化"努力,越来越考验中国的外交方略和应对能力。渔业

---

① 参见郑先武《东亚"大国协调":构建基础与路径选择》,《世界经济与政治》2013年第5期,第92页。
② Ben Dolven, Shirley A. Kan and Mark E. Manyin, "Maritime Territorial Disputes in East Asia: Issues for Congress", Digital Library, May 14, 2014, https://digital.library.unt.edu/ark:/67531/metadc306520/.
③ Alan Dupont & Christopher G. Baker, "East Asia's Maritime Disputes: Fishing in Troubled Waters", *The Washington Quarterly*, Vol. 37, No. 1, 2014, p. 79.

纠纷的实质性含义已经远远超出了渔业问题本身，正在演化为中国与周边国家的海洋权益博弈。判断一个安全化操作是否道德的，其标准在于判断安全化的结果是否有利于人类福祉。① 渔业问题的不断安全化升级，在一定程度上将进一步恶化已经十分复杂的东北亚安全局势，埋下更多冲突和武力纷争的种子。因此妥善处理中国与韩国之间的渔业纠纷，避免其不断朝着安全化议题的方向发展，不仅仅对于渔民安全来说至关紧要，同时对于整个东北亚地区的和平与稳定同样有着深刻的意义。

---

① Rita Floyd, *Security and the Environment: Securitisation Theory and US Environmental Security Policy*, Cambridge University Press, 2010, p. 33.

·内源性非传统安全研究·

B.18 论东盟对雾霾环境污染问题的跨国境治理

魏志江　谢金凤[*]

> **摘　要：** 雾霾环境污染问题是长期困扰东盟区域各个国家的重要问题。东盟在冷战初期开始探索跨国境雾霾的合作治理；冷战后东盟国家签署了一系列环境安全包括雾霾治理的合作协议，并形成了跨国境雾霾治理的常态机制。然而，由于"东盟方式"的特殊性，雾霾治理效果不彰，如何在"东盟方式"的基础上进一步强化雾霾环境污染的有效治理仍然是东盟国家面临的共同挑战。
>
> **关键词：** 东盟　雾霾污染　环境安全　跨境治理

雾霾是一种大气中的悬浮颗粒，而气候变化与之有着重要的联系。气候问题最初仅是自然领域的问题，但逐步被延伸到社会人文领域。"随着气候问题与经济、政治、军事安全、伦理等相关领域的问题交互融合，气候问题成为各种国际会议，包括20国集团峰会、达沃斯论坛、亚太经合组织峰会，

---

[*] 魏志江，中山大学国际关系学院行政负责人，教授、博士生导师；谢金凤，中山大学国际关系学院博士生。

乃至联合国安理会的讨论范畴"。① 与气候问题关系密切的雾霾等大气污染问题也进入了各国安全治理的日程。跨境雾霾污染问题是环境安全的一个重要领域，也是非传统安全研究中非常重要的议题。东盟的环境治理是随着非传统安全的合作而展开的。

随着东南亚区域"异质安全复合体"的形成，环境污染等更多元的议题开始进入东南亚安全复合体的视阈。冷战的结束为东南亚由印支和东盟两个"次区域安全复合体"组合成一个新的"区域安全复合体"提供了良好的外部条件，缓和了东南亚各国的关系。全球化、区域化也促进了东南亚区域化的"加深"与"拓宽"②。非传统安全的发展，让环境安全问题日益受到关注，各国开始意识到"环境恶化不再是国家和次国家问题……地方和国家的环境问题日益成为跨边界问题"③。东南亚区域日益面临着水、森林、土地等战略资源的耗竭，环境污染问题引发的跨境危机也考验着东盟规范。1997年的印度尼西亚雾霾事件，"一度引起东盟内部的紧张关系，被认为是自1979年越南侵柬以来东南亚中间最大的内部挑战。"④ 由此，雾霾对东南亚安全复合体的威胁日益受到重视。本文对东盟雾霾问题的发展演变加以分析，进一步探讨在东盟机制下，东南亚国家对雾霾跨国境环境安全问题如何进行合作与治理。

一 冷战时期东盟对雾霾环境问题的跨境治理

1967年东盟建立，以东盟为代表的亚洲区域间合作机制逐步发展起来。随着"自主的安全区域主义全面成长起来，外部大国主导的区域霸权机制

---

① 王学东：《气候变化问题的国际博弈与各国政策研究》，时事出版社，2014，第39页。
② 郑先武：《安全、合作与共同体：东南亚安全区域主义理论与实践》，南京大学出版社，2009，第180页。
③ 郑先武：《安全、合作与共同体：东南亚安全区域主义理论与实践》，南京大学出版社，2009，第233页。
④ James Conton, "The 'Haze' over Southeast Asia: Challenge the ASEAN Mode of Regional Engagement", *Pacific Affairs*, Vol. 72, No. 3 (Fall 1999), p. 348.

走向衰落。"① 由于雾霾环境污染日益严重，东盟开始对雾霾环境安全问题进行回应。20世纪70年代至80年代，东南亚开始承接东北亚尤其是日本的产业转移，实现进口替代型工业化。菲律宾、新加坡是工业化的先行者，其后是泰国、马来西亚、印度尼西亚等国家，越南、老挝、缅甸、柬埔寨等在80年代才逐渐工业化。当时的工业化布局大多集中于东南亚人口密集、经济活动活跃的主要城市，增加了环境污染的严重性，如"泰国的制造业集中在以曼谷为中心的中部地区，菲律宾的工业集中在首都马尼拉"②。经济快速增长，工业化、城市化水平的提高，导致人口膨胀、资源消耗，也带来空气污染（主要是跨境雾霾和酸雨问题）、水资源危机（主要饮用水源、河流以及海洋污染）与生物多样性锐减等问题。这些污染既危害本地，也具有扩散性，导致了大范围的跨境环境污染。

工业化的进展在东盟各国相继引发的环境污染问题，渐渐为民众所关注和重视，东盟希望在环境污染跨境治理上形成地区层面的集体合作，促成"相关的环境行动计划来解决东盟快速工业化过程中出现的环境问题，特别是像跨国烟雾污染、生物多样性破坏、湿地锐减等具有地区特性的跨国环境问题"。③ 1985年，为解决空气污染问题，特别是严重的跨境污染，各国达成了《自然资源保护协议》(Agreement on Conservation of Nature Resources)。

但是，冷战初期，东盟的跨境环境安全的治理仍然属于一种"初级状态"。由于国家行为体大多将核心关切聚焦在政治和经济领域，所以该时期跨境治理主动力主要来源于联合国环境规划署。1972年，联合国环境规划署（UNEP）成立，确立了"为联合国体系内的全球环境事务提供一个中心平台，汇集、协调、调动现有的一切专门技能以解决迫在眉睫的环境危机"④的主旨目标，倒逼了东盟等区域性跨国境环境安全治理机制的形成和

---

① 郑先武：《安全、合作与共同体：东南亚安全区域主义理论与实践》，南京大学出版社，2009，第253页。
② 杨立冰：《东盟工业化浅议》，《东南亚纵横》1992年第1期。
③ 李昕蕾：《变迁中的地区环境治理——以东盟环境合作为例》，《东南亚纵横》2008年第4期。
④ 檀跃宇：《联合国环境规划署的缘起及其局限性》，《当代世界》2011年第8期。

发展。在 UNEP 推动下，东盟开展了本土化的环境治理探索。1976 年，在巴厘岛召开的东盟峰会达成了"各成员国应在自己力所能及的范围内援助和救济受难成员国"①的环境保护共识，形成了相关合作框架，其中包括《东盟友好合作条约》、《东盟和谐宣言》等协议性文件，开始对雾霾等环境问题开展跨国境协调处理。这些合作框架明确指出，"环境恶化问题对东盟成员国来说是一个真实存在的问题。共同的环境合作能更好地解决地区环境问题"②，东盟应成为地区污染管理、资源开发的区域性合作平台。在联合国环境规划署的支持下，东盟推出了东盟次区域环境计划（ASEPI），并成立了东盟环境专家小组（AEGE）。

冷战中后期，东盟对环境安全的关注得到了极大的提升，进一步推动了环境安全治理的发展。1981 年，东盟第一次环境部长级会议召开，回顾前五年东盟环境专家小组的工作，肯定了 ASEP 项目，并推出了东盟次区域环境计划二期和三期，其中包括了"6 个优先领域和 100 多个环境项目"，③涉及面广，且多与工业化时代形成的雾霾污染、生物多样性破坏相关。1984 年，《曼谷宣言》的出台，意味着发展权开始被纳入环境治理的法理依据中，环境治理问题进一步安全化。《曼谷宣言》明确指出，发展是不可剥夺的权利，环境安全是一项关乎生存与发展的重要问题。同时，国际社会也加强了对环境安全治理的研究和行动。1987 年，"布伦特兰委员会"的报告提出了"可持续发展"的概念，呼吁"关注的不仅是传统的全球环境问题（如气候变化和臭氧空洞化），还关注对地区有直接影响的环境问题"。④1987~1990 年，联合国粮农组织与菲律宾开展技术合作项目，援助科迪勒

---

① 刘昌明、史田一：《东盟环境安全合作的方式与面临的挑战》，《青海社会科学》2013 年第 2 期。
② 李昕蕾：《变迁中的地区环境治理——以东盟环境合作为例》，《东南亚纵横》2008 年第 4 期。
③ 李昕蕾：《变迁中的地区环境治理——以东盟环境合作为例》，《东南亚纵横》2008 年第 4 期。
④ 李昕蕾：《变迁中的地区环境治理——以东盟环境合作为例》，《东南亚纵横》2008 年第 4 期。

拉行政区（Cordillera Administrative Region），增强加强防火基础研究和消防操作能力。① 1989 年，东盟成立了东盟环境高官组织（ASOEN），整合此前的东盟环境机构。同时下设了一批执行机构，如自然环境保护与生命多样性小组（AWGNCB）、海岸海洋环境小组（AWGCME）、雾霾控制技术工作小组（HTTP）等。ASOEN 每年召开一次会议，对地区环境项目和活动进行计划制订、决议执行和流程管理，同时负责在本国推行东盟的环境决策。② ASOEN 的成立，将更高级别的官员纳入环境安全治理中，意味着东盟在环境跨国境治理上又迈出了重要一步，标志着东盟环境合作的框架初步形成。

冷战时期，东盟的环境安全治理与合作极为有限，但仍签署了一系列对环境治理具有积极推动意义的协议：如 1981 年的《马尼拉东盟环境宣言》、1984 年的《遗产公园保护宣言》和《东盟曼谷环境宣言》和 1987 年的《雅加达关于可持续发展决议》。在联合国环境署等国际机构推动下，东盟日益认识到国家经济的发展必须与环境生态的保护相一致。在东盟的框架下，环境安全治理渐成雏形，为冷战后东盟各国开展雾霾跨境合作奠定了基础。

二 冷战后东盟对雾霾环境污染的跨境治理

冷战后，苏联解体、美国撤出东盟，两极对峙收缩后的"权力真空"有利于东盟进一步发挥影响力。全球化、本土化浪潮袭来，为东盟国家的合作创造了条件。东南亚安全复合体向两个维度纵深发展，即物质结构（权力关系）由内部中小国家主导，社会结构（友善/敌意模式）为冲突、竞争和合作关系共存态势、竞争与合作占主导。③ 1995 年，越南加入东盟意味着

---

① Manuel L. Pogeyed：Fire Situation in the Philippines，*IFFN* No. 26 – January 2002，pp. 92 – 95.
② 李昕蕾：《变迁中的地区环境治理——以东盟环境合作为例》，《东南亚纵横》2008 年第 4 期。
③ 郑先武：《安全、合作与共同体：东南亚安全区域主义理论与实践》，南京大学出版社，2009，第 212 页。

意识形态的分歧被搁置,各国开始形成内部和解,地区安全自主性得到强化。各国试图在一体化上达成共识,完善盟首脑峰会、东盟秘书处、东盟环境部长级会议、东盟环境高官组织等多边环境安全机制。

冷战后工业化的继续发展,带来了更严重的环境威胁,如城市化导致曼谷一度"成为亚洲污染最严重的城市"[①]。菲律宾则面临着严峻的生态破坏,如森林面积锐减、土地侵蚀,沿海红树林被破坏,珊瑚礁损毁等,"环境恶化的影响已是该区域所有国家共有的问题"[②]。在此共识下,东盟以一系列协议展开其环境安全的合作。虽然协议是软法,但属于环境合作的重要成果,为环境合作治理的深化提供了规范性依据。历年的环境合作协议的演变,几乎诠释了东盟各国在环境安全问题上的博弈互动。

1990年,东盟领导人在马来西亚签署了《吉隆坡环境和发展协议》,呼吁各国加强环境安全问题治理的协调。1990年6月19日,第4届东盟环境部长级会议达成了"采取预防措施,减轻环境污染问题"的共识。[③] 随后1991年、1994年、1997、1998年发生在印度尼西亚的森林大火,加快了东盟环境安全合作的进度:1991年森林大火后东盟在新加坡召开会议探讨在跨界污染的合作、1992年推出了《新加坡环境与发展决议》。1994年的印度尼西亚森林大火再次引起关注,东盟各国出台了《有关环境和发展的斯里巴加湾决议》、《1994~1998年东盟跨界环境污染行动计划》,将1995年确定为东盟环境年。1995年6月17日,东盟治理跨境污染问题会议上推出

---

① 吴双宸:《论东盟安全观的变化及其行为》,中国政法大学硕士学位论文,2007,第44页。
② 郑先武:《安全、合作与共同体:东南亚安全区域主义理论与实践》,南京大学出版社,2009,第233页。
③ The Kuala Lumpur Accord on Environment and Development Issued by The ASEAN Ministers for the Environment at The Forth ASEAN Ministers for the Environment Meeting Kuala Lumpur, 19 June 1990 "1. To initiate efforts leading towards concrete steps pertaining to environment management, including: (C.) the harmonisation of transboundary pollution prevention and abatement practices" 摘自 สุดรัตน์ ต้นแก้ว. "ปัญหาและอุปสรรคในการบังคับใช้ข้อตกลงอาเซียนเรื่องมลพิษ จากหมอกควันข้ามแดนและ ความสัมพันธ์กับประเทศไทย". วิทยานิพนธ์ปริญญา นิติศาสตรมหาบัณฑิต จุฬาลงกรณ์มหาวิทยาลัย, ๒๕๘๒.《执行东盟跨界雾霾污染协定的问题和解决方法》,第72页。

了《东盟跨界污染合作计划》，"对雾霾事件进行反思、总结"①，跨境环境治理取得阶段性成果。为更好执行《东盟跨界污染合作计划》，1995年9月第6届东盟环境高官组织（ASOEN）专门建立了烟雾技术行动小组。然而，由于协议缺乏明确的内容指引，该计划实施效果非常有限。1997年，东盟各国制订了《地区雾霾治理计划》（Regional Haze Action Plan），明确预防森林火灾、建立火灾监控机制、强化森林管理建设三个优先合作项，特别强调要实行"零焚烧政策"②，并设立定期回馈制度，要求地区雾霾治理委员会（Regional Haze Task Force）每月举行会议报告计划进度，并发布了《关于环境和发展的雅加达宣言》，呼吁各国要采取环境联合行动。同年，东盟首脑非正式会议上制定了《东盟2020年远景规划（ASEAN Vision 2020）》，目标是"到2020年建成绿色而清洁的东盟、为区域内人民提供高品质生活"。③ 1998年6月，新加坡环境委员会举行第一次东南亚火灾的国际政策对话会，一致认为印度尼西亚火灾虽有厄尔尼诺影响，但主要是人为造成的，从事棕榈种植的大企业要对此负责。会议要求印度尼西亚承担应对火灾的责任、开展环境合作、制裁涉事的非法企业和寻求可持续发展。④

同时，东盟的不断壮大，扩展了环境问题的合作空间。1995～1999年，东盟由六个成员国发展到了十个，成为真正涵盖东南亚的地区合作组织。2000年10月，东盟成员国达成共识，要求各成员国的部长对环境问题再施加压力，印度尼西亚要采取有效行动整治油棕种植业，阻止烧芭行为。同时，制订了《东盟环境教育行动计划》，要提高公众防灾、环保意识。这一系列行动是雾霾治理合作的重要一步，"是东盟首次对成员国就

---

① 刘昌明、史田一：《东盟环境安全合作的方式与面临的挑战》，《青海社会科学》2013年第2期。
② สุดารัตน์ ต้นแก้ว. "ปัญหาและลู่ทางในการบังคับใช้ข้อตกลงอาเซียนเรื่องมลพิษ จากหมอกควันข้ามแดนและ ความสัมพันธ์กับประเทศไทย". วิทยานิพนธ์ปริญญา นิติศาสตรมหาบัณฑิต จุฬาลงกรณ์มหาวิทยาลัย, ๒๕๕๒.《执行东盟跨界雾霾污染协定的问题和解决方法》，第73页。
③ 李昕蕾：《变迁中的地区环境治理——以东盟环境合作为例》，《东南亚纵横》2008年第4期。
④ Simon SC Tay: Singapore Environment Council: International Policy Dialogue on the Southeast Asian Fires, *IFFN* No. 19 – September 1998, pp. 9 – 10.

环境议题做出公开批评"①,并将环境治理从发展至教育预防。2001年,东盟召开了第六次环境部长非正式会议,形成了《"火灾、烟雾——东盟的应对战略"的声明》,要求成员国要强化环境教育、环境监测、信息交流等领域的合作。

2002年,承接《河内行动计划》的精神,东盟在环境合作上取得了重大突破,签署了《东盟跨境雾霾污染协议》,"这是第一个具有法律约束力的东盟区域环境协定,这是自1997年、1998年和2002年最严重的跨境烟雾污染时期以来,东盟各国就加强地区环境合作和协调治理的顶峰。"②《东盟跨境雾霾污染协议》将雾霾问题真正上升到非传统安全的高度上,六个东盟国家正式批准该协议并推进相关的治理措施。《东盟跨境雾霾协议》受到联合国环境规划署高度评价,认为签订这种处理森林火灾导致的烟雾污染的区域协议在世界范围内尚属首次,将东盟的该行动称赞为"解决跨界污染问题的全球典范"③。该协议是环境安全治理中最具标志性的进展,在2003年正式生效。但作为东盟地区跨境雾霾污染最主要策源地的印度尼西亚,却以协议条文侵犯了主权为由拒绝签字,直到2014年才正式批准该协议,并在2015年1月20日向东盟秘书处提交了批准确认书(详见表1)。印度尼西亚的长期缺席是东盟机制下雾霾治理的一块"短板",是多年来合作治理难以取得实质进展的重要因素之一。

2003年,第二届"10+3"环境部长级会议上达成了《巴厘协定Ⅱ》,对保护环境作出承诺,并通过《仰光可持续发展决议》对各国实现持续发展作出部署。2004年第十次东盟首脑会议上,各国制订了《万象行动计划》。《万象行动计划》设置了12个环境安全战略目标,规划了55个具体行动指引,包括以公民参与、规范经济活动、环保教育等来促进《东盟跨境

---

① 刘昌明、史田一:《东盟环境安全合作的方式与面临的挑战》,《青海社会科学》2013年第2期。
② 李昕蕾:《变迁中的地区环境治理——以东盟环境合作为例》,《东南亚纵横》2008年第4期。
③ 何纯:《东盟环境合作研究》,华中师范大学硕士学位论文,2007,第16页。

表1 东盟各成员国批准 AATHP 的时间情况

成员国	批准时间	递交批准确认书至东盟秘书处的时间
马来西亚	2002年12月3日	2003年2月18日
新加坡	2003年1月13日	2003年1月14日
文莱	2003年2月27日	2003年4月23日
缅甸	2003年3月5日	2003年3月17日
越南	2003年3月24日	2003年5月29日
泰国	2003年9月10日	2003年9月26日
老挝	2004年9月19日	2005年7月13日
柬埔寨	2006年4月24日	2006年11月9日
菲律宾	2010年2月1日	2010年3月4日
印度尼西亚	2014年10月14日	2015年1月20日

资料来源：http：//haze.asean.org/asean-agreement-on-transboundary-haze-pollution-2/。

雾霾污染协议》落到实处。行动计划还强调要加强生物多样性和东盟遗产公园的保护。2004年印度洋海啸发生后，东盟更加重视环境安全领域的合作，在2005年成立了生物多样性保护中心，推出了《东盟水资源管理战略行动计划》。2007年，东盟十国领导人在第十三届东盟峰会上相继签署了《东盟环境可持续性宣言》、《东盟关于气候变化的宣言》等文件，并与中国、日本、韩国、澳大利亚、新西兰和印度等六国领导人共同签署《新加坡宣言》，旨在"全力打造'绿色东盟'为应对全球变暖贡献力量。"① 同年，文莱、印度尼西亚和马来西亚签署了《"婆罗洲之心"宣言》，旨在保护婆罗洲这个世界重要的生物多样性地区，让这片范围为22万平方公里却涵盖几百种动物和上千种植物的热带雨林能够免受人为破坏。

协议出台的同时，环境安全机制也在不断地完善。东盟成员国在经济、政治、文化等领域的互动和环境安全意识的觉醒，催生了东盟自主的环境治理机制。冷战时期的东盟环境治理受联合国环境规划署所驱动，但1994年

---

① 朱陆民：《论环境安全合作与东盟安全共同体建设的关系》，《湖南师范大学社会科学学报》2010年第2期。

《东盟环境战略行动计划》的签署,开始形成东盟本土化的环境治理机制,"取代了联合国环境计划署下的东盟次地区环境计划,标志着地区自主政策议程的真正起步"。①

由图1可以看出,东盟环境安全合作的机制涵盖了东盟首脑会议、东盟环境部长级会议、东盟外长会议、东盟部长会议、东盟环境高官组织、东盟秘书处和执行合作项目的6个小组。

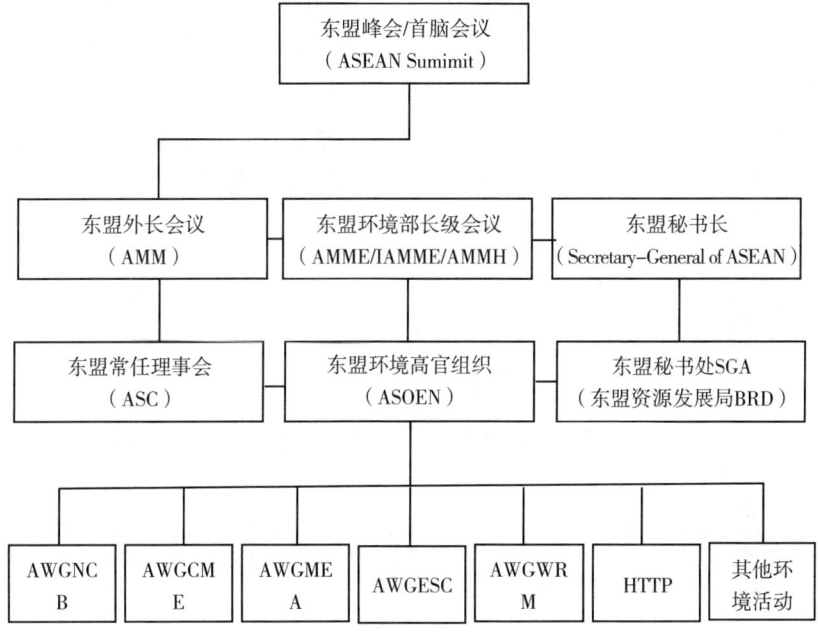

图1 东盟环境安全合作机制的组成结构

资料来源:根据李昕蕾:《变迁中的地区环境治理——以东盟环境合作为例》,《东南亚纵横》2008年第4期第30页资料进行重新整理。

6个执行小组分别是:自然环境保护与生命多样性小组(AWGNCB)、海岸海洋环境小组(AWGCME)、东盟多边环境协议工作组(AWGMEA)、

---

① 李昕蕾:《变迁中的地区环境治理——以东盟环境合作为例》,《东南亚纵横》2008年第4期。

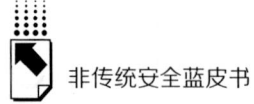

东盟城市环境可持续发展工作组（AWGESC）、东盟水资源管理工作组（AWGWRM）、雾霾控制技术工作小组（HTTP）。专业化的工作小组让雾霾治理更加有效。1997年12月的东盟雾霾部长级会议（AMMH）上，雾霾控制技术工作小组推出了"区域间雾霾行动计划"（RHAP）并在1998年获得了亚洲开发银行的资金支持。

冷战后，东南亚"异质安全复合体"呈现出安全领域和安全议题日益多元化、日趋紧密化的特点，同时伴随着新区域主义的兴起，其区域自主管理的能力也在不断强化。东盟机制下，各国伴随着非传统安全领域演变在环境问题上不断探寻合作的可能性。此外，1997年的雾霾事件、2004年印度洋海啸的偶然性事件，更加坚定了东盟采取协商一致应对环境安全问题的决心。各国在多次的互动中形成了一系列有探索意义的协议，其中2002年的《东盟跨境雾霾污染协议》是最具代表性的成果。在此基础上，东盟各国在雾霾污染合作上建立了专业机制、细化了执行准则，并且将治理内容扩展到教育、培训等多个领域，合作显得更加细腻和科学。

三 东盟机制下的雾霾环境跨境治理的制约因素

东盟机制下，东盟各国在跨境雾霾环境问题上的区域化合作治理具有渐进和发展的特性。各国在环境安全治理中默许以协商方式进行谈判，呈现出一定的妥协性。环境安全议题也从最初的生态多样性保护、森林防火等扩展到技术援助、环保教育培训等领域，呈现出环境合作治理的渐进性和发展性。但是，在东盟机制下，雾霾问题的跨境合作与治理仍然存在着四大制约因素。

（一）雾霾等环境污染治理采取"东盟方式"，缺少强制执行力

东盟方式是以不干涉别国内政、协商一致为核心的合作模式，通过尊重东盟各国的差异性，以协商方式谋求分歧最小化。新加坡外长贾古玛非常推崇东盟方式，将其归纳为"非正式性、组织最小化、广泛性、深入细致地

协调以达成一致与和平解决争端"①。"东盟方式"也是历史互动的产物，是通过东盟历史上一系列政治文件才得以确认并成为一套约定俗成规则的。1967年《曼谷宣言》所提到的"安全不受外来干涉"②与1976年《东南亚友好合作条约》制定的系列准则等内容逐步叠加，为"东盟方式"成为东盟机制运作的规则提供了合法性。此后东盟方式便作为一种东盟机制的内部规则得到了贯彻。

  由于国情不一，东盟各国倾向于根据国情实际采取有差异性的治理方式，这也是"东盟方式"的重要体现。例如菲律宾的火灾防治主要围绕社区单位开展。其巴拉盖社区将保护森林纳入各"行政细胞"的发展计划中，通过创建森林保护委员会（MFPCs），制定奖励方案激励社区居民参与保护环境。MFPCs主要由非政府组织（NGO）、事业单位等代表组成。除了社区森林保护委员会，菲律宾还加强多部门森林保护委员会（MFPC）的防灾能力。多部门森林保护委员会的成员十分多元，包括国防部（DND）、警察系统、教堂机构、教育机构、环保团体、地方政府机构（LGU's）、人民组织（PO）和航空运输办公室（ATO）等多个主体。③与菲律宾相类似，柬埔寨也在每个省建立了旱季森林防火委员会。但与菲律宾的奖励措施侧重"权利"略有不同，柬埔寨倾向于强调"义务"。菲律宾要求当地社区和私人部门配合森林防火工作，森林附近的社区有责任协助灭火并向林业部门报告灾情，规定学生、僧侣、警察都有协助森林管理局灭火的义务。缅甸则以加强授权来打击纵火行为，如授权各区森林官员可对举报森林纵火的民众进行物质奖励。同时，扩大警察在逮捕纵火犯的权限，可在未经任何授权情况下直接逮捕嫌疑犯。泰国主要是采取分级治理的方式进行。国家层面，国家森林防火管理委员会是由总理亲自任命④。在雾霾治理过程中，除了环保部门的

---

① 张振江：《"东盟方式"：现实与神话》，《东南亚研究》2005年第3期。
② 陈寒溪：《"东盟方式"与东盟地区一体化》，《当代亚太》2002年第12期。
③ Mike Jurvius and Demetrio L. Bartolazo: Creation of a new Forest Protection and Rehabilitation Division, *IFFN* No. 13 - 1995, pp. 18 - 19.
④ Siri Akaakara: Special Report on Forest Fire, *IFFN* No. 26 - January 2002, pp. 104 - 105.

积极行动外，卫生部门几乎是全程参与预防中，气象厅、控制污染厅、各类卫生机构、流行病研究机构等定期开展空气和雨水的质量的监测。地方层面，府森林防火管理委员会由国家森林防火管理委员会任命，负责府一级消防管理。个体层面，泰国建立了志愿消防队，每年约10000名消防志愿者进行培训以协助消防工作。由于缺乏相应的财政激励，消防志愿者难以推广、效果有限。越南则通过改进植物种植方法来防治火灾，如同省大叻市的松树林采取人工林预防火灾，使用防火材料保护主要树种、建造防火通道，通过修剪树木、布设防火线的方式来保护主要树种。①

由上述事例可知，"东盟方式"一方面，丰富了东盟各国治理方式的多样性，给予了各国在环境问题上的充分自主权，能够就各自的国情分类施策。另一方面，除了"国别化"以外，"东盟方式"的协调运作之下，东盟也能够充分发挥东盟平台"国际化"和"区域化"的特点，把跨境雾霾污染联系到现有的多边环境协定上进行综合施策，如对生物多样性公约和气候变化框架公约等进行探讨。

"东盟方式"意味着多样性、有区别的执行，这种制度设计有一定的优势，但也有其局限。不同的宗教和民族给东盟各国国内政治带来巨大压力，也为各国之间的关系带来很多不确定性。同质性的缺失对东南亚各国造成两方面的影响：一是各国在交往过程中容易因文化传统和宗教信仰的不同而产生不必要的误会；二是文化和宗教的多元性使东南亚呈现出散乱状态，对外有着较少的一致性。② 这种敏感性问题的发生不仅是国内问题溢出效应的结果，而且也反映了东盟各国之间关系的脆弱性。这种脆弱性导致在面对跨国的敏感性问题时，东盟国家很可能产生暴力冲突。③ 总体而言，东南亚地区的多样性和复杂性远远超过世界其他任何地区，加上各国考虑自身的利益和目标，对东南亚区域安全合作的发展构成强有力的制约。因而"东盟方式"

---

① Le Van Huong: Fuel Assessment and Fire Prevention in Pine Plantations during the Tending Stage in Dalat, Lam Dong Province, Vietnam, *IFFN* No. 36 – January 2007, pp. 85 – 86.
② 王有为：《东南亚安全合作构想》，《东南亚纵横》2010年第5期。
③ 彭芳：《建立东盟安全共同体面临的考验》，《世界经济与政治论坛》2005年第3期。

的"低门槛、包容性、协商性等特点严重制约了环境合作机制的执行能力，阻碍环境合作的进一步发展，使其面临的问题和挑战日益凸显"。①

（二）对雾霾环境注重应急被动治理，主动治理和前瞻性不足

尽管东盟机制下各国陆续开展了跨境环境合作，但是这些治理大多都因问题而动，呈现较强的被动特征。印度尼西亚在森林大火产生严重的跨境雾霾问题后，才在东盟受害国如新加坡等国家的施压和域外国家的援助共同作用下才开启系列雾霾治理措施，如"1997年印度尼西亚发生森林火灾，影响到了邻近各国的环境和公众健康……东盟反应迟缓，最后还得求助于联合国有关机构。"②

通过领取德国发展银行（German Development Bank）的补助金，印度尼西亚在东加里曼丹的十二个区域建立了消防管理中心，并给每个消防中心配备消防设备和适当的保护装置，如电脑、打印机和互联网电子邮件系统，从而获得卫星的火险评级地图、热点的信息。1998年东加里曼丹火灾季节期间，印度尼西亚的一些政府机构也和美国进行合作，依托美国国家海洋暨大气管理局（NOAA）气象卫星的功能，以先进超高分辨率辐射计（AVHRR）探测仪分析和研究森林火情热点③。但这些措施基本上仍然是简单从硬件上的监测预防着手，且大部分属于灾情发生后如何处置，没有从根本解决印度尼西亚雾霾治理的问题，并非真正意义上具备前瞻预防性质的应对之策。真正烧荒的难题仍没有解决，油棕等作物种植园主的利益和官僚机构的腐败问题没能根本解决，因而即便印度尼西亚接受了大量域外力量、东盟机制的多方支援，这些预防和检测最终只能变为被动应对的机构。有专家便提出，森林火灾还会重蹈覆辙，必须对火灾和雾霾进行规划管理，制定长期而全面的

---

① 刘昌明、史田一：《东盟环境安全合作的方式与面临的挑战》，《青海社会科学》2013年第2期。
② 谢碧霞、张祖兴：《从〈东盟宪章〉看"东盟方式"的变革与延续》，《外交评论》2008年第4期。
③ Anja Hoffmann and Lenny Christy: Daily Forest Fire Observation from Space in East Kalimantan, *IFFN* No. 19 – September 1998, p. 20.

解决方案。在很大程度上（尤其是对小农户而言），禁止用火几乎是不可能的，必须由大型运营商探索和实施产生更少雾霾的零燃烧土地清理技术。①

表2 印度尼西亚雾霾发生基本时间（1997~2015年）

时间	印度尼西亚境内雾霾起源地	影响
1997年9月	苏门答腊岛	印度尼西亚出动数千人扑灭火，严重影响到周边新加坡、马来西亚等国家，雾霾让中苏门答腊岛的一个小镇从白昼变黑夜，能见度降至200米。苏哈托总统称此次雾霾事件为国耻
1998年4月	东加里曼丹省	东加里曼丹省火势失控，烧毁了数千公顷林地，能见度降至100米以下
2002年8月	西加里曼丹省	导致西加里曼丹省坤甸机场航班延迟，林业部取消出访计划
2004年9月	东加里曼丹省	导致占碑省航班停飞，政府紧急发放成千上万口罩
2006年10月	廖内省	印度尼西亚、新加坡、马来西亚、泰国和文莱的抗议者举行集会。由于能见度低，马来西亚婆罗洲岛汽车出行不便，航班一片混乱，南部柔佛州地区污染达到危险程度，婆罗州岛部分地区能见度只有50米，新加坡空气污染读数达到历史新高
2007年10月	中加里曼丹省	大片雨林被严重烧毁
2008年2月	廖内省	大片雨林迅速消失
2009年7月	廖内省北干巴鲁、桑皮镇	影响行人出行、航班飞行安全
2010年10月	苏门答腊岛	雾霾蔓延至新加坡，新加坡城市能见度降低
2012年9月	加里曼丹省桑皮镇	能见度降低，影响民众出行
2013年6月、10月	廖内省	雾霾蔓延严重，影响到新加坡、马来西亚等国。新加坡空气质量达到危险地步，当地的正常商业和旅游活动陷入中断。马来西亚宣布南部柔佛州的两个地区进入紧急状态
2014年3月3日	廖内省	影响斯里兰卡，科伦坡市中心被雾霾笼罩。印度尼西亚在雾霾覆盖的廖内省出动了直升机和水弹。马来西亚也深受雾霾侵袭
2015年10月	廖内省	学生在廖内省北干巴鲁举标语抗议棕榈油行业。印度尼西亚准备动用军舰疏散烟雾最严重地区的儿童和其他受害者，面对已经持续多周的大火该国应对乏术

资料来源：《烧芭二十年，印度尼西亚或已是全球变暖最大罪魁》，2015年11月11日，http://finance.sina.com.cn/stock/usstock/c/20151111/142623739569.shtml。

---

① Daniel Murdiyarso, Transboundary Haze Pollution in Southeast Asia, *IFFN* No. 19 – September 1998, pp. 6 – 7.

为应对1997年的雾霾危机，印度尼西亚政府在雅加达召开全球环境变化及其影响评估的科学化技术国际会议，呼吁采取国际合作研究，设立环境方面的跨国研究中心。1997年12月，印度尼西亚举行土地和森林火灾事件协商小组特别会议，该会议有60多名代表参加，围绕四大主题分析当年火灾和雾霾事件的前因后果。1997年的"历史大教训"后，尽管印度尼西亚采取了一定的治理行动，但是这些应急性的回应没能够从根本上消除隐患。如表2所示，印度尼西亚几乎每一年都发生程度不一的雾霾事件，在这个过程中不乏应对措施的出台，但这些措施最终都未能让雾霾治理合作取得一个良好的成效。这些都与东盟机制下雾霾治理重应急、轻防范不无关系。2006年，东盟南部国家受到印度尼西亚林火影响，举行了东盟外交部长级会议，设立跨境烟雾污染技术工作组（TWG），由5国环境部部长（文莱、印度尼西亚、马来西亚、新加坡和泰国）组成。在该机制下，东盟各国在2013年7月16～17日于马来西亚举行第15届TWG&MSC会议，但与会各国却主要"想解决东盟南部国家的跨境雾霾污染问题，却没有谈中北部国家的问题"。[1] 在雾霾治理合作上，东盟各国仅从防火的角度出发做好防控，缺乏更专业或更系统的雾霾治理措施，也没能深究雾霾发生背后的各种因素。值得注意的是，东盟环境安全机制依然有着强烈的应急性和被动性。虽然随着时间的推移，"东盟安全观比以往更能体现出'主动性'，进而在实践中更注重'未雨绸缪'，热心于倡导和建立预防性机制"[2]，但这种主动性不意味着为了防御安全威胁而展现"进攻性"，总体说来，东盟安全观"（特别在后冷战时期）对外体现更多的是一种温和、非对抗性的防御思维。"[3]

（三）东盟环境安全合作深度欠缺，命运共同体意识淡漠

雾霾治理合作上，东盟国家普遍缺乏共同命运意识，更注重自身利益，更倾向有差别的安全战略。可以说，这种倾向也反映了亚太国家的某种共

---

[1] 《跨境雾霾：东盟舞台的处理》，泰国曼谷商界日报，2013年7月8日。
[2] 吴双宸：《论东盟安全观的变化及其行为》，中国政法大学硕士学位论文，2007，第58页。
[3] 吴双宸：《论东盟安全观的变化及其行为》，中国政法大学硕士学位论文，2007，第58页。

性,即"很少寻求和接受某种共同性,亚太地区合作主要是以市场为导向的,制度化程度低,缺少正式组织,体现了明显的松散性的特点"①。

安全合作在很大程度上仍是政治精英认知和互动的产物,东盟成员国的公民社会仍然对安全合作不了解,且大部分东盟国家更重视东盟的经济合作(参见表1),对安全合作研究较少,将某些非传统安全领域如跨境雾霾污染、食品安全等纳入社会与文化的合作,缺乏对人类安全的深度分析。

表3　东盟合作领域重要性排序

文莱	柬埔寨	印度尼西亚	老挝	马来西亚	缅甸	菲律宾	新加坡	泰国	越南
安全合作	旅游业	体育赛事	发展援助	安全合作	教育交流	旅游业	经济合作	经济合作	经济合作
旅游业	经济合作	旅游业	经济合作	旅游业	体育赛事	教育交流	安全合作	教育交流	发展援助
经济合作	教育交流	经济合作	旅游业	经济合作	发展援助	经济合作	发展援助	发展援助	旅游业
发展援助	发展援助	发展援助	安全合作	发展援助	经济合作	发展援助	旅游业	文化交流	体育赛事
教育交流	体育赛事	教育交流	文化交流	体育赛事	旅游业	文化交流	政治合作	旅游业	教育交流
体育赛事	安全合作	文化交流	体育赛事	政治合作	政治合作	政治合作	文化交流	体育赛事	文化交流
政治合作	文化交流	安全合作	教育交流	教育交流	文化交流	体育赛事	教育交流	安全合作	政治合作
文化交流	政治合作	政治合作	体育赛事	文化交流	安全合作	安全合作	体育赛事	政治合作	安全合作

资料来源:周玉渊:《政治安全共同体蓝图与东盟的外交协调》,《东南亚研究》2009年第3期,第48页。

1997年印度尼西亚森林大火事件,马来西亚、新加坡等是受灾最严重的邻国,但只顾对印度尼西亚政府提出强烈指责,却没有联合印度尼西亚采取集体行动②,共同控制森林大火以降低损失。可见,东盟国家在危机面前并没有把区域的利益当成自身利益的一部分,在环境威胁前难以形成有效合力。在跨国恐怖主义等安全领域问题上,东盟国家不但没有合作解决,且认为此问题对哪个国家产生威胁,就该由该国负责处理。③ 这也显示出东盟国

---

① 王峰:《东盟方式在亚太地区的扩展》,华中师范大学硕士学位论文,2006,第29页。
② 彭芳:《从建构主义的视角分析东盟建构安全共同体的缺失》,云南大学硕士学位论文,2006,第24页。
③ ทรรณชฎา ศิริวรรณบุศย์. "ประชาคมอาเซียน กับความร่วมมือในการต่อต้านอาชญากรรมรูปแบบใหม่".《东盟非传统安全合作》,2013年3月28日,http://www.matichon.co.th/news_detail.php? newsid=1364454776。

家普遍缺乏共同命运感，安全问题上的国际合作难以真正实现。此外，受"东盟方式"的不干涉原则和尊重国家主权原则影响，成员国过分地追求个体利益，而不是集体利益。① 历史上，东盟国家也多次出现舍地区和平而求本国利益的事例，例如越南入侵柬埔寨、印度尼西亚入侵东帝汶、泰国和老挝主张在湄公河上游建立大型水坝等。

虽然现阶段东盟的安全战略以"综合安全观"为指导，但"综合安全合作"显得过于抽象，只是以协商与合作为主，缺乏具体内容。② 同时，东盟各国的安全战略也不尽相同，如新加坡和文莱主要防范印度尼西亚和马来西亚与其的领土纠纷。新加坡将马来西亚视为"存在的最大威胁"，文莱和新加坡面临着大国包围中的生存压力。③ 老挝和柬埔寨的主要防范目标依然是越南等。部分成员国在安全问题上依赖外部大国，如新加坡在地区安全问题上倾向于寻求美国协助，菲律宾在国内不稳定问题上主要向美国求助④，导致东盟建立长远的安全战略合作也是困难重重。

1997年的森林火灾为印度尼西亚和马来西亚带来了合作契机，1200名马来西亚消防员被派往印度尼西亚帮助扑灭森林大火。⑤ 其后，马来西亚和印度尼西亚签署了解决烟雾问题的合作谅解备忘录，并举行多次跨境雾霾的区域研讨会。尽管如此，就内容和成效而言，这种合作仍属于浅层次的合作，

---

① 史若海：《非传统安全合作视角下东盟安全共同体的建设的可行性分析》，上海师范大学硕士学位论文，2010，第30页。
② 黄钺：《东盟安全共同体的建设及其制约因素分析》，云南大学硕士研究学位论文，2010，第43页。
③ 黄钺：《东盟安全共同体的建设及其制约因素分析》，云南大学硕士研究学位论文，2010，第52页。
④ 东南亚国家的外交选择可以分为五类：当东盟国家理性预期东盟有助于实现外交目标，不需要外部力量时，会选择东盟；当只能通过东盟框架，外部力量不愿意介入时，只能选择东盟；当通过东盟框架不能实现其外交目标而必须依赖外部力量时，会选择外部力量；不通过东盟框架，直接与外部力量接触；不通过东盟框架，也不依赖外部力量，选择独立解决。参见周玉渊《政治安全共同体蓝图与东盟的外交协调》，《东南亚研究》2009年第3期，第45~46页。
⑤ Ahmad Ainuddin Nuruddin: Forest Fire in Malaysia: An Overview, *IFFN* No. 18 – January 1998, p. 51.

东南亚这一次级安全复合体虽相连而不紧密,"组织架构之间联系松散,使之难以对突发事件进行协调合作,这就大大削弱了东盟内部的凝聚力和行动能力,致使其对组织内部的许多共同问题反应迟缓,难以进行有效管理"[①],东盟内部各国缺乏共同命运感始终是横亘在环境合作治理中的一大阻力。

(四)东盟各国注重经济互动,环境安全相互依存度不足

尽管东盟机制下的多方合作已渐显成效,但相互依存度仍然较低。其原因主要可分为东盟经济发展水平不平衡和外部大国严重渗透的影响。

东盟国家在发展程度、经济规模等存在较大差距,导致了各国从经济合作中得到的收益不平均,影响了成员国之间的经济合作。东盟大部分成员国都属于发展中国家,因而协助其他成员国提高经济水平也是一种机制上的负担。经济的较大差异导致了各国在进行安全合作时,合作步调也难以统一。最显著的例子是2002年的农业问题谈判,其他国家与日本难以达成一致意见,但是农业比重小而较少考虑这方面因素的新加坡却置盟友于不顾,单方面与日方达成了自由贸易协定,这一举动极大地引发了盟友的反感,使本来就不牢固的合作关系出现裂痕。[②] 经济发展的不平衡也使东盟各成员国对资金分配意见不一。例如新加坡是东盟十国中唯一一个经济发展与环境保护并重的国家,其国内环境问题已解决得相当好,因此新加坡比越南和泰国更愿意拿出同样份额的资金用于跨国界的环境问题治理,后者相对而言则更愿意将有限的资金用于发展经济,而不用于保护环境、参与环境合作。[③]

此外,东盟经济结构类似,基本上都是农业国,主要以种植业为主,各国农产品相互竞争。除新加坡外,其他成员国的工业化还在发展中,各国的

---

① 谢碧霞、张祖兴:《从〈东盟宪章〉看"东盟方式"的变革与延续》,《外交评论》2008年第4期。
② 董琳:《非传统安全合作与东盟安全共同体建设》,湘潭大学硕士学位论文,2012,第31页。
③ 何纯:《东盟环境合作研究》,华中师范大学硕士学位论文,2007,第20页。

工业化目标、结构大致相同，主要出口商品相似。东盟国家相似的经济结构和经济发展模式严重地制约了区域内经济合作。20世纪80年代，东盟内部贸易占整个东盟贸易的16%~17%，到1994年东盟六国（文莱、印度尼西亚、马来西亚、菲律宾、新加坡、泰国）区内贸易占其总贸易额比例增至20%，但在随后的多年内，东盟区内贸易额增长几乎停滞，区域内经济合作互动不足：1994年至2001年，东盟六国的区内贸易占其总贸易额的百分比分别为 20.52%、20.12%、21.54%、23.1%、20.99%、21.19%、22.23%、21.87%。[1]

除了区内经济相互依存度不高，东盟在加强与域外国家经济联系上也存在矛盾。由于开拓区外市场时，东盟内相似的经济结构会带来成员国的彼此竞争，加之在经济合作方面缺乏核心力量，没有哪个国家能够扮演领导者的角色，难以协调相互之间的纠纷，经济合作必然会受到影响。经济合作产生的不满会逐渐扩散到政治和安全的领域，反增各国的矛盾和不信任。

东盟国家相互依存度较低的另一个原因就是东盟对外部大国的依赖过多。冷战结束后，东盟国家奉行"大国均衡"战略，在军事上安全依赖美国，在经济方面依赖中国和日本。

"大国均衡"战略最早由新加坡提出并获得了广泛认同，成为东盟处理大国在东南亚地区关系的主要指导思想。"大国均衡"的核心理论是"均势"和"以衡制衡"，利用各大国的实力，使各大国之间相互牵制，防止某一个大国的势力过于强大，使各大国的影响力在东南亚达到一种均衡状态，从而达到维护地区安全与稳定的目的。[2] 由于冷战后中国的崛起使东盟国家感到威胁，以及东盟部分成员国与中国存在南沙群岛的争端，因此东盟急切地想借力美国，通过与美国的军事安全合作以制衡中国。联合美国、制衡中国是东盟的"大国均衡"的重要一环。美国为了抑制中国在东南亚的地区

---

[1] 彭芳：《从建构主义的视角分析东盟建构安全共同体的缺失》，云南大学硕士学位论文，2006，第16页。
[2] 黄钺：《东盟安全共同体的建设及其制约因素分析》，云南大学硕士研究学位论文，2010，第37页。

影响力，维护其在东南亚的战略地位，不断加强军事安全合作，积极参加涉及东盟安全问题的会议，担当东盟安全共同体建构中的隐性主导国家的角色。与此同时，东盟在经济上却依赖于中国和日本，通过"10＋3"和"10＋1"框架加强与中国和日本的经济合作。2003～2009年，东盟对中国实际年投资额从29.3亿美元增长到46.8亿美元。中国对东盟的投资从2.3亿美元增长到30亿美元，增长超过13倍。[1] 日本一直是东盟各国最主要的外国直接投资来源，在东盟各国的外资中占有极其重要的地位。在双边贸易和援助方面，东盟对日本的依赖度都很高。此外，日本不断扩大同东盟国家之间的油气合作，以此降低对于中东石油资源的过分依赖，通过和东盟国家的能源合作来获得"共同利益"和"互补利益"。[2] 除了美国、中国和日本之外，东盟还让欧洲、澳大利亚、印度等国家介入了地区安全事务。1994后的几个外国援助项目的建立都与印度尼西亚的推动有关，如：消防管理项目由日本国际合作机构（JICA）支持在苏门答腊岛（占碑）和西加里曼丹开展；欧盟"森林火灾预防与控制项目"（ffpcp）在苏门答腊岛（巨港）施行等。

作为雾霾问题最主要的策源地印度尼西亚则大力呼吁国际合作来支持国家消防管理能力。除了域外国家行为体的援助外，东盟地区在雾霾治理上也依赖亚洲开发银行的技术、财政支持。亚洲开发银行的区域技术援助项目则致力于帮助东盟建立一个预防、监测和减灾森林火灾和雾霾的地区性系统，帮助国家间的合作发展。东盟虽然通过建立地区论坛等手段来平衡该地区的外部力量，试图摆脱大国的庇护，但是由于自身国力不强，东盟的管理缺乏效力，很难实现真正排他的地区治理。因此，东盟依赖外部大国的援助越多，且被外部大国干预甚至主导越频繁，则其东盟内部相互依存度越低，从而影响了纯地区内的集体认同，导致安全共同体进展缓慢，跨境雾霾治理难以真正取得良好成效。

---

[1]《东盟国家成为中国企业"走出去"首选地之一》，新华网，2010年10月18日，http://news.xinhuanet.com/fortune/2010－10/18/c_12671057.htm。

[2] 史若海：《非传统安全合作视角下东盟安全共同体的建设的可行性分析》，上海师范大学硕士学位论文，2010，第31～32页。

结 语

冷战后，东南亚安全区域主义正从冷战背景下军事安全议题主导的"弱安全机制"逐步过渡到全球化背景下综合安全观主导的"合作安全"的"强安全机制"[1]。在此过程中，"东盟方式"发挥的作用越来越明显。东南亚区域安全议题也逐渐从传统的军事、政治领域不断延伸至经济、社会和环境等新领域。"东盟方式"则充当了上述议题出现分歧时的"缓冲阀"，将冲突调节至可控的范围内。但东盟方式中的绝对"不干涉内政"原则类似于一把"双刃剑"：一方面，赋予东盟国家不分大小、不分国力强弱均在决策过程中平等的权力，在充分尊重成员国的主权和领土完整的基础上保障了合作的可能性。另一方面，该原则"有时会漠视成员国发生的部分需要帮助的灾难性事件，以及可能影响区域整体利益的事件……在应对亚洲金融危机、东帝汶维和、非典型性肺炎疫情、禽流感、印度洋海啸、印度尼西亚森林大火所造成的烟雾之害等问题时，东盟都反应迟钝甚至无所作为。"[2] 尽管"东盟方式"在历史发展中多次受到诟病，但"'东盟方式'在促进东盟内部政治合作方面所具有的优点和长处仍将发挥不可取代的作用"[3]。东南亚国家在"东盟方式"下，围绕东盟机制这个"支点"开展了一系列关于雾霾安全方面的治理与合作，尤其在冷战后各国在跨境雾霾治理的合作上更为频繁，合作的质量也在提升，其内容也逐步向纵深发展，从最初的应急预防逐步走向教育、培训的预防等、从资金援助到技术指导再到派驻专业工作小组等，都显示了合作治理的进步。但东南亚次级安全复合体依然是受到域外力量的"渗透"。与冷战时期相比，东盟的各国更倾向于主动寻求相应的全球层次介入，如美国、中国、日本、俄罗斯、韩国、澳大利亚等国都或多或少地与东盟在环境安全治理方面开展了合作，但也导致了东盟国家相对轻

---

[1] 郑先武：《东南亚安全区域主义：历史与现实》，《现代国际关系》2006年第3期。
[2] 王士录：《东盟合作机制与原则改革的争论及前景》，《当代亚太》2007年第8期。
[3] 陈寒溪：《"东盟方式"与东盟地区一体化》，《当代亚太》2002年第12期。

视与东盟内部国家之间的环境安全关系,影响了雾霾治理上的凝聚力,加之命运共同体意识淡漠、相互依存不足以及软法的约束力不足,让雾霾合作治理的成效极为有限。未来,东盟机制需在互动过程中针对这些制约因素开展更为有效的改革,才能使真正意义上的东盟跨国境雾霾治理与合作能够取得新的突破。

B.19
质量安全：语境扩展与能力建设[*]

——基于1996年至2016年政策文本的研究

潘临灵　陈佳　邹海燕[**]

摘　要： 在"质量安全"研究中存在两种观点：一种认为质量安全是一种社会底线，不出质量问题的社会是好的社会；另一种认为质量安全是一种能力，能否保障质量安全是对政府能力的考验。出现两种理解的主要原因是对"质量安全"概念界定不清。本文通过区分"保障型安全"和"发展型安全"，以及两种意义上的质量安全，重新界定"质量安全"概念，认为质量安全成为一个安全议题主要是由于质量问题的"安全化"所导致。在此基础上，本文通过分析近20年相关政策文本，发现当前政府普遍把"质量安全"定性为一种保障型安全。政策语境影响政府思维和行动，质量安全相关政策文本的语境从保障型向发展型扩展，是质量安全能力建设的重要途径。

关键词： 质量安全　安全化　语境扩展　能力建设

---

[*]　本文系国家社会科学基金青年项目"中国国门非传统安全威胁识别与跨域治理研究"（15CZZ043）、质检总局科技计划项目"总体国家安全观下的中国质量安全战略研究"（2016IK166）的阶段性成果。

[**]　潘临灵，浙江大学公共管理学院博士研究生；陈佳，浙江大学公共管理学院博士研究生；邹海燕，宁波出入境检验检疫局风险处主任科员。

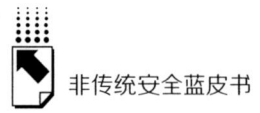

一 理解模糊与研究困境

"质量安全"是一个在文献和政策文本中使用频率极高但是又界定不清的概念。从词义上,国内学者关于质量安全的定义和说法主要集中在以下三种:第一种认为质量安全是一个词组,是一种属性和一种必备特征,如"食品的质量安全属性是食品的必备特征"[1];第二种认为质量安全是质量的安全,即认为提高质量是工作的根本,安全是质量的附属品,如"建立统一规范的农产品质量安全标准"更多意义上是表示建立农产品质量的标准;第三种认为质量安全是质量与安全的组合,但重点在安全[2]。在质量安全研究文本上,学者主要倾向于两种论述,一种论述认为质量安全是一种追求的目标和期望的状态,如"确保其质量安全是企业选择其投资交易治理模式的首要目标"[3]、"提出'质量安全'是建立与市场经济相匹配的宏观质量管理体制的核心目标"[4]、"确保农产品质量安全的对策"[5] 等;另一种论述则是相反,认为消除此类威胁是社会的目标,如"使用农产品质量安全主要由两类不确定因素造成"[6]、"'三聚氰胺'等重大质量安全事件的爆发"[7]、"质量安全是指由企业所生产和提供的产品,因为使用性能的缺陷而

---

[1] 韩杨等:《中国消费者对食品质量安全信息需求差异分析——来自1573个消费者的数据检验》,《中国软科学》2014年第2期,第32~45页。
[2] 陈梅、茅宁:《不确定性、质量安全与食用农产品战略性原料投资治理模式选择——基于中国乳制品企业的调查研究》,《管理世界》2015年第6期,第125~140页。
[3] 陈梅、茅宁:《不确定性、质量安全与食用农产品战略性原料投资治理模式选择——基于中国乳制品企业的调查研究》,《管理世界》2015年第6期,第125~140页。
[4] 程虹、李丹丹:《我国宏观质量管理体制改革的路径选择》,《中国软科学》2009年第12期,第169~178页。
[5] 肖湘雄:《大数据:农产品质量安全治理的机遇、挑战及对策》,《中国行政管理》2015年第11期,第25~29页。
[6] 陈梅、茅宁:《不确定性、质量安全与食用农产品战略性原料投资治理模式选择——基于中国乳制品企业的调查研究》,《管理世界》2015年第6期,第125~140页。
[7] 程虹、李丹丹:《我国宏观质量管理体制改革的路径选择》,《中国软科学》2009年第12期,第169~178页。

对消费者产生伤害的状态"[1] 等。研究中对"质量安全"一词的不同理解，尤其是同一学者在同一文章中的不同理解，引发了研究困境："质量安全"到底是什么？

在质量安全研究中，我国学者较多采用的方法是基于近年来发生的危机事件，从政策中选取研究依据，从而提出政策建议。如陈梅等基于我国近年发生的"食品农产品的质量安全丑闻"，追溯《农产品质量安全法》中对农产品质量安全的定义，认为"农产品质量安全问题本质上是一种危害消费者身体健康和生命安全的风险"，提出交易方机会主义行为不确定性和客观环境不确定性是导致食用农产品质量安全的主要原因[2]；肖湘雄针对农产品质量安全治理中面临的标准不统一问题，根据农业部出台《农业部关于加强农产品质量安全全程监管的意见》，指出了在大数据时代要确立标准作为参数，从而保证"农产品质量安全标准化生产和标准化执法监督"[3]；任燕等针对农产品批发市场食品质量安全监管问题，结合《食品安全法》、《北京市食品安全条例》、《农产品批发市场建设与管理指南》等法规和政策，认为单纯依靠对生产环节的监管和控制很难保障质量安全[4]。可见，法律法规文本对于研究有着引导性作用。而关于政策文本的作用，有研究指出其是"制度与实际运行之间的桥梁"，是制度能够推行的前提与依据，是制度能够顺利实施的保障，而一项制度若无效，往往是制度文本的缺乏或制定不良。[5] 目前对于社会上出现质量问题的原因研究，有研究政府管理模式[6]、

---

[1] 程虹等：《企业质量安全风险有效治理的理论框架——基于互联网信息的企业质量安全分类模型及实现方法》，《管理世界》2012年第12期，第73~81页。

[2] 陈梅、茅宁：《不确定性、质量安全与食用农产品战略性原料投资治理模式选择——基于中国乳制品企业的调查研究》，《管理世界》2015年第6期，第125~140页。

[3] 肖湘雄：《大数据：农产品质量安全治理的机遇、挑战及对策》，《中国行政管理》2015年第11期，第25~29页。

[4] 任燕、安玉发：《农产品批发市场食品质量安全监管分析——基于北京市场的问卷调查和深度访谈资料》，《中国农村观察》2010年第3期，第37~46页。

[5] 陈翔、陈国权：《我国地方政府问责制的文本分析》，《浙江社会科学》2007年第1期，第70~77页。

[6] 宋明顺、周琳琳：《政府质量管理模式——TDS循环》，《湖北工学院学报》2002年第4期，第71~73页。

有研究消费者行为的①、有研究媒体报道作用的②、有研究供应链博弈的③、有研究企业行为的④，但是在目前研究中，并未有学者从"质量安全"相关政策文本的"语境"角度来研究我国目前社会上出现的质量问题。而政策文本中的语境正是政府思维和行动的反映，由于目前对政策文本语境理解模糊，导致了"质量安全"作为安全议题不断被泛化。本文解决的问题正是探讨政策文本语境，借助安全研究中哥本哈根学派的"安全化"理论分析质量问题是如何成为一个安全议题，即质量安全，并通过对"质量安全"的重新定义，提出语境扩展是质量安全能力建设的重要途径。

二 保障型安全与发展型安全："质量安全"的两种语境

在安全性质的分类上，国外研究中倾向于分为消极安全（negative security）与积极安全（positive security），相关讨论可以追溯到20世纪60年代。Arnold Wolfer 在1962年定义安全为"免于恐惧"（freedom from threats）⑤即安全是一种防御状态，被认为是一种消极安全观。Jef Huysmans 探讨了转换"安全研究的保守语言"的可能性，认为"需要一个积极意义上的安全"⑥。Gunhild Hoogensen 和 Svrin Vigeland Rottten 提出安全指涉对象要从国家扩展到个人，并指出"人的安全"体现"安全的积极反映"（a positive image of security）。Bill Mc Sweeney 认为积极安全具有"关系属性"，

---

① 韩杨等：《中国消费者对食品质量安全信息需求差异分析——来自1573个消费者的数据检验》，《中国软科学》2014年第2期，第32~45页。
② 陈太义等：《食品安全事件媒体报道动力机制研究——基于动态博弈的策略分析》，《宏观质量研究》2015年第2期，第20~30页。
③ 张云华等：《食品供给链中质量安全问题的博弈分析》，《中国软科学》2004年第11期，第23~26页。
④ 周洁红、胡剑锋：《蔬菜加工企业质量安全管理行为及其影响因素分析——以浙江为例》，《中国农村经济》2009年第3期，第45~56页。
⑤ Wolfers A. *Discord and collaboration: essays on international politics*. The Johns Hopkins University Press, 1962. p1. 53.
⑥ Huysmans J. "Defining Social Constructivism in Security Studies: The Normative Dilemma of Writing Security". *Alternatives Global Local Political*. 2002. Vol. 27: 19.

在他1999年出版的书《安全、身份与利益》中,他认为当"安全"作为一个名词使用时,代表被保护的目标,而当它作为一个形容词被理解时,强调"维护安全所做的努力"。在两类安全能否共存的问题上,Paul Roe 认为"提出积极安全并不意味着代替消极安全",以传统安全为核心的消极安全是必需的,而积极安全是"附加的"(additional)。在两类安全关注对象的问题上,与 Bill Mc Sweeney 认为个人需求是积极安全关注的核心不同,Paul Roe 认为积极安全同样适用于国家,而 Gunhild Hoogensen 在两者的基础上提出了"多主体路径"(multi-actors approach),即国家、个人以及相关行为主体都可以作为安全的指涉对象。在安全的价值方面,Gunhild Hoogensen 认为是研究者和实践者赋予安全"价值":消极安全的"否定的价值"导致它被期望尽可能少出现;而积极安全的价值在于它提供一种追求需求、满足生命愉悦的基础[1]。

对比国外对"消极安全"与"积极安全"已有比较全面的讨论,国内目前相关讨论并不多见,主要原因在于"消极"与"积极"二词在中文中本身就具有"价值"。在国内对两类安全少有的讨论中,李佳等通过论证边疆安全如何成为积极价值,提出安全"不仅仅是消除威胁或危险的被动局面",还涉及"对'安全条件'的积极建构和建设以实现持续的安全环境"[2]。余潇枫通过反思"枫桥经验"提出"积极安全"的重要性,指出积极安全实现的条件,认为"积极安全不仅是态度的积极,更应当是行为的积极;不仅是手段的积极,更应当是目的的积极;不仅是体制的积极,更应当是效果的积极"[3]。从安全实现条件来看,积极安全必须是在态度、行为、手段、目的、体制、效果六个维度均为积极的情况下才能达到,体现的是一种维护安全的能力。基于以上讨论,中文中的"消极安全"与"积

---

[1] Gjørv G H. "Security by any other name: negative security, positive security, and a multi-actor security approach". *Review of international Studies*. 2012. Vol. 38 (4): 835-859.

[2] 李佳、崔顺姬:《论边疆安全如何成为积极价值——基于"安全化/非安全化"框架的分析》,《新疆师范大学学报(哲学社会科学版)》2012年第1期,第70~76页。

[3] 余潇枫:《安全治理:从消极安全到积极安全——"枫桥经验"五十周年之际的反思》,《探索与争鸣》2013年第6期,第44~47页。

极安全"实际上更倾向于是"保障型安全"与"发展型安全",在价值上是中立的。

"语境"是"语言环境"的简称,是指"说话的现实情境,即运用语言进行交际的具体场合,一般包括社会环境、自然环境、时间地点、听读对象、作(说)者心境、词句的上下文因素。广义的语境还包括文化背景。"① 从这一界定中,可以看出语境的三个特点:一是客观性,一旦有文本或言语交流,语境就存在;二是内隐性,属于一种隐性语言;三是可变性,构成语境的要素中如社会环境、自然环境、时间地点、文化背景是可变化的,因此语境也是可变化的。也有学者认为"语境"是"人们想表明现象、事件、行动,或者需要在环境的关系中研究话语时"② 所使用的。可见,语境是在文本或言语交流中客观存在的隐性语言,是思维、现象、事件、行动之间有密不可分的关系。本文中研究的语境特指政策文本中存在的隐性语言。

从相关政策文本语境中看,"质量安全"一词主要存在四种理解:第一种是作为"质量不安全"来理解,即由于质量问题带来的不安全;第二种是作为"红线"③ 或"底线",确保危机不爆发,即国家具有不因质量不安全风险造成事故与普遍性威胁的能力;第三种是维护安全得到保障,即国家有制订落实各类强制性标准的能力;第四种是促进发展的能力,即质量具有使质量安全成为国家可持续安全前提的能力。在这四种理解中,第一种是安全语义的"偷换概念",即把"正概念"当作"负概念"来用,第二种和第三种认为"质量安全"是一种"保障型安全",一般混合使用;而最后一种理解是从"发展型安全"角度理解"质量安全"。

---

① 《辞海》,上海辞书出版社,1999,第 1068 页。
② Van Dijk T A. *Discourse and context*: *A Sociocognitive Approach*. Cambridge Press, 2008. p. 4.
③ 国务院总理李克强曾用"不可触碰的'红线'"来形容疫苗质量安全。见澎湃新闻,李克强:《疫苗质量安全事关生命健康,是不可触碰的"红线"》,2016 年 4 月 14 日,http://www.thepaper.cn/newsDetail_ forward_ 1456119。

表 1 相关政策文本语境理解

	理解方式	相关描述	语境
质量安全	质量不安全	处理事件,一票否决,风险,事故	
	确保危机不爆发	保障,监督,负责,管理,状况,技术,检测	保障型安全
	维护安全得到保障	标准,合格率	
	促进发展	建立健全,目标,能力	发展型安全

注：根据相关政策文本整理所得。表中相关描述选取有代表性的描述，不代表所有情况，但涉及相关描述的并不代表就是这种理解方式，具体要在文本中看。

三 概念界定与理解反思

"质量安全"研究中的多种理解从何而来？本文认为首要原因在于对"质量安全"概念界定不准确。质量安全是免予因质量问题或事故引发危险或威胁并具有可持续安全的能力。质量问题是一种自人类社会存在就有的社会现象，当人类在主动生产生活资料的初级阶段，就已发现手中工具的质量将会影响到当天能否满载而归。但是，质量问题作为一个具有普遍性危害的公共问题却是近十几年才上升为我国的一个安全议题，即质量安全。"质量"成为安全的指涉对象，主要是质量问题造成了某种"普遍性威胁"。质量不过关、质量不达标、质量事故多、质量危机事件频发、国际质量博弈加剧等越来越成为挑战我国经济发展、影响社会稳定、解构民众对政府信任以致产生消解国家安全的认同危机的重要方面。

在安全研究中，哥本哈根学派认为公共问题不是安全问题，公共问题升级到安全问题有一个"安全化"[1]过程。"安全化"是这样一个步骤：公共事件从非政治化（国家没有参与处理）通过政治化（事件成为公共政策的一部分，要求政府的决策、资源分配或者其他形式的公共治理）到安全化（已经不用争论事件本身是否是一个政治问题，而是利用超越常规法制和

---

[1] 梅利·卡拉贝若、安东尼·拉尔夫·埃莫斯、阿米塔夫·阿查亚：《安全化困境：亚洲的视角》，浙江大学出版社，2010，第 2~3 页。

社会规则的手段迅速处理)。质量问题的安全化主要来自"社会化""政治化""网络化"和"国际化"四个层面的缘由：一是社会化路径的民众认可。中国特色的"内向型""保守型""不透明型"的质量发展方式，中国公民特有的"不自觉""不争取""不反抗"的质量观念，导致质量问题与质量危机事件频发，进而引发出不同的社会矛盾。目前，中国经济发展从"速度时代"转向"质量时代"的趋势受到社会民众的普遍认可，作为"底线"和"红线"质量危机防控成为社会治理的重点和难点。二是政治化路径话语建构。国家通过对一系列政治途径、法律手段将"质量"与"安全"相关联，国务院作为安全化的"启动行为体"颁布了《质量振兴纲要（1996~2010年）》、《国家突发公共事件总体应急预案》，有的人大代表提议政府制定并出台《质量促进法》为我国质量发声，地方政府、相关企业、媒体和非政府组织等作为"实施行为体"进一步推动"质量"的"安全化"过程。三是网络化路径的信息传播，质量事件作为网络舆情的敏感点，其受关注程度特别，在信息尚不透明与公民知情权尚不充分的条件下，网络化的信息传播大大加速了安全化的进程。四是国际化路径的责任促进。以贸易博弈为例，许多国家不仅致力于制定新的国际贸易规则，而且还变相建立贸易技术壁垒，如认证检测壁垒以及各种"绿色壁垒""动物福利壁垒""劳动壁垒"等①，倒逼我们必须改变原有的数量与价格优势，向质量与效益优势转变。这一系列行为的组合将"质量问题"由一个公共问题升级到一个时代性的"安全问题"，使得"质量安全"成为时代的高频词。

四 语境扩展：质量安全能力建设的重要途径

本文选取1996~2016年36个相关政策文本，对其中329条"质量安

---

① 刘国传：《质量提升推动中国经济发展迈向中高端水平》，《行政管理改革》2015年第3期。

全"描述进行分析。① 在选取文本中发现,工程质量和服务质量领域相关政策文本中较少提到"质量安全"一词,而在产品质量方面则有较多"质量安全"相关表述,因此本文选取的多为涉及产品质量的政策文本。

表2 选取文本类别、年份及相关表述数目

类　　别	年份	数目
部门规章	2013	2
	2014	3
	2015	11
	2016	28
法　　律	2006	71
	2015	3
行政法规	2008	44
	2009	4
行政规范性文件	2011	59
	2012	18
	2013	15
	2014	13
	2015	27
	2016	31

---

① 这里政策文本指:法律、行政法规、部门规章、行政规范。本文选取的文本包括《中华人民共和国大气污染防治法》《中华人民共和国进出口商品检验法》《中华人民共和国固体废物污染环境防治法》《中华人民共和国建筑法》《中华人民共和国固体废物污染环境防治法》《中华人民共和国农产品质量安全法》《中华人民共和国水污染防治法》《中华人民共和国国境卫生检疫法》《中华人民共和国产品质量法》《中华人民共和国特种设备安全法》《中华人民共和国环境保护法》《中华人民共和国食品安全法》《建设工程质量管理条例》《中华人民共和国认证认可条例》《国务院关于加强食品等产品安全监督管理的特别规定》《乳品质量安全监督管理条例》《中华人民共和国食品安全法实施条例》《乳品质量安全国家标准》《进出境非食用动物产品检验检疫监督管理办法》《进出口玩具检验监督管理办法》《进口旧机电产品检验监督管理办法》《有机产品认证管理办法》《中国质量奖管理办法》《国家质量技术基础建设服务示范工程行动计划》《国境口岸卫生许可管理办法》《进出境粮食检验检疫监督管理办法》《进境水生动物检验检疫监督管理办法》《纤维制品质量监督管理办法》《质量振兴纲要(1996~2010)》《质量发展纲要(2011~2020)》《贯彻实施质量发展纲要2012年行动计划》《贯彻实施质量发展纲要2013年行动计划》《贯彻实施质量发展纲要2014年行动计划》《贯彻实施质量发展纲要2015年行动计划》《质量品牌提升行动计划(2016)》《贯彻实施质量发展纲要2016年行动计划》。

从文本中"质量安全"一词发展趋势来看（见图1），该词是自2006年后开始在政策文本中广泛使用的词语。在2006年以前，政策文本中相关表述使用的词语一般为"质量问题"和"质量状况"。在1996年出台的我国质量相关的第一部纲领性文件《质量振兴纲要（1996~2010）》中也并未出现"质量安全"相关表述，而在2006年出台的《中华人民共和国农产品质量安全法》中，大量使用了"质量安全"相关描述。可见"质量"是从2006年开始逐渐成为一个安全议题。对文本中"质量安全"相关语句语境分析可得，在329条涉及"质量安全"的语句中，使用前文分析中的第一种、第二种、第三种、第四种语境的条数分别是55、217、50、7，从保障型安全与发展型安全的角度分类，使用保障型语境的数目为267，占81%，使用发展型语境的数目为7，占2%（见图2）。由此可见，目前政策文本中从保障型安全意义上来理解"质量安全"占了主导。

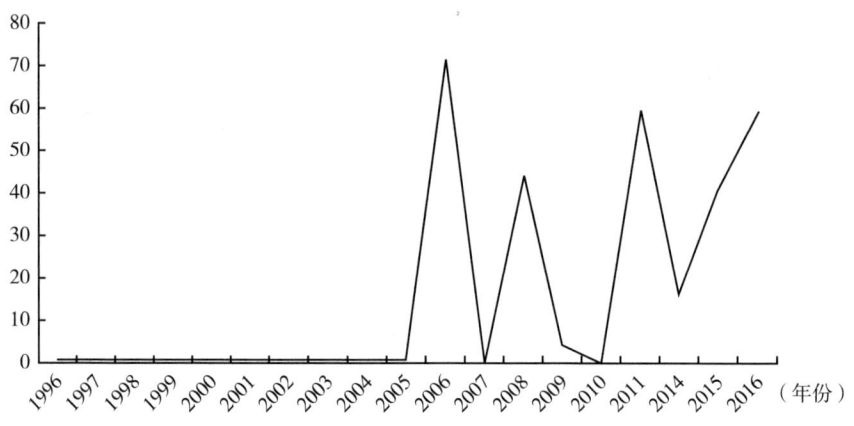

图1　1996~2016年相关政策文本中"质量安全"出现次数

从安全三要素角度看，"保障型安全"强调客观上存在因质量问题引起的威胁，社会成员由于存在的威胁而感到恐惧，各质量主体间由于威胁而存在冲突；而"发展型安全"强调客观上存在维护安全的条件，主观上不存在恐惧，各主体间为达到安全状态而共同努力。从安全实现条件来看，"保障型安全"仅要求结果不出事故，而"发展型安全"要求态度积极，行为

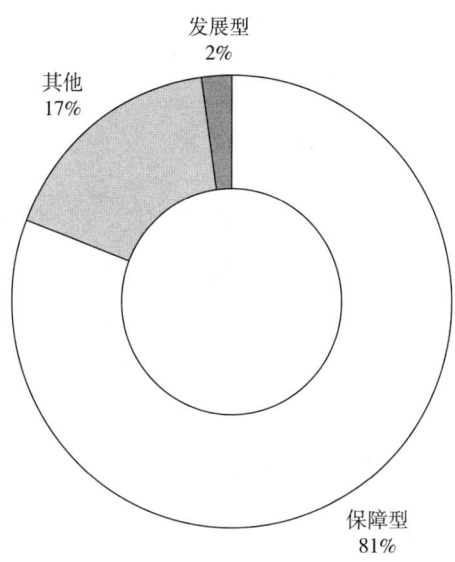

图 2　保障型安全与发展型安全语境数目占比

主动，手段积极，目的明确，体制健全，效果积极等条件全部成立，这是对政府能力建设的一个考验。由于政策文本中"质量安全"语境不统一，导致一系列后果：研究中"质量安全"界定不清晰，民众对"质量安全"理解不准确，媒体对"质量安全"报道不严谨，而"质量安全"一词用途偏离词义反过来又影响政策文本语境，由此"质量安全"作为一个安全议题不断被泛化。而政策文本是政府思维和行动的表现，随着"质量安全"一词出现频率的增加，政策文本中相关描述使用语境的恰当与否，也成为是政府能力高低的重要表现。Ahrens Joachim 在《治理和经济发展：一个比较制度的方法》一书中认为能力建设是指出实现治理的核心原则所必需的一套关键的行动计划，这些核心原则包括机制建设、组织架构和人力资源三个方面。① 机制建设的重要手段之一是制度创新，诺斯在研究中将制度创新分为诱致性和强制性两种，分别指微观主体导致的自下而上的制度变迁和国家通

---

① Ahrens J. *Governance and economic development：a comparative institutional approach*. Edward Elgar Publishing, 2002.

过政策形式实施的自上而下的制度变迁，政策文本语境的转变即为制度创新和机制建设的推力。而在组织架构和人力资源方面，组织构成和协调方式、人力资源调配手段均由政策主导，政策文本语境直接影响组织安排。可见"质量安全"语境从"保障型安全"向"发展型安全"扩展，是我国质量安全战略制定的首要步骤，也是质量安全能力建设的重要途径。在能力建设的具体操作手段上，重点是做好以下几点：

第一，推进质量安全相关立法。我国已于1996年和2011年分别颁布《质量振兴纲要》与《质量发展纲要》，在两部纲要中均提到"质量问题是经济社会发展的战略问题"，因此要从战略的高度来看待质量问题、解决质量问题。从质量安全战略高度来看，我国目前并未出台相关法律，建议加快推进出台《质量安全纲要》、《中华人民共和国质量安全法》，为我国质量安全能力建设做好法律上的保障。

第二，建立健全相关制度保障。在安全体制的创设上，要构建"政府引领，市场负责，社会维护"的一体化应对体系，推进体制全社会对质量安全的关注与维护；在安全政策的制定上，将国家安全与个人安全统一起来，不仅针对国际质量安全制定相关政策保障，还要将个人质量安全的需求与维护作为政策目标；在考核制度的完善上，不仅要重视对"无风险""无威胁""无事故""符合标准""合格率"等保障性型安全层面的考核，还要重视对"维护能力""竞争能力"等发展型安全层面的考核。

第三，加快质量安全理论研究。理论研究是能力建设的基础保障，同时理论研究又是实现"安全化"的有效方式，研究中对"保障型安全"与"发展型安全"的阐述在话语建构中有举足轻重的作用。质量安全理论研究不仅需要在战略、理念、体制上的探讨，也需要与技术和操作层面做好整合与对接。

第四，注重质量安全人才培养。质量安全研究覆盖面广、层次复杂、涉及学科多，容易出现"懂理论的不懂技术，懂技术的不懂理论"的现象，需要大量交叉学科人才在重大问题和重大领域进行跨学科研究。这需要加强研究机构和教育学科的建设，形成分层级、跨学科、高视野的人才培养格局，培育一批质量安全领军人才。

B.20
"场域安全"与"暴力伤医"舆情危机治理

董燕菲[*]

摘　要： 近年来，医患冲突、暴力伤医事件频发，严重威胁到和谐医患关系的构建。全媒体时代，暴力伤医事件一旦发生，其舆情安全态势就十分严峻而影响社会安全稳定。本文运用非传统安全危机治理与场域安全理论，在对暴力伤医事件进行分类的基础上，分析其发展特点与趋势、国内暴力伤医舆情特征与治理现状，论证了医方与患方、医方与媒体、医护群体与医护组织等主要安全行为体自身及相互间在舆情危机应对方面存在的威胁源、脆弱性关联及脆弱源等脆弱性问题，建构了暴力伤医舆情危机的治理理论模型，探究了暴力伤医舆情危机事前的防控机制、事中的控制引导、事末的法治善后及事后的体制革新等系统的舆情安全治理之策。

关键词： 暴力伤医　舆情危机治理　场域安全　非传统安全

近年来暴力伤医事件屡屡发生且呈递增趋势，在当前"全媒体"[①]时代，伤医事件舆情安全态势十分严峻。笔者梳理了2013~2016年期间见

---

[*] 董燕菲，浙江大学医学院附属口腔医院党政办负责人，浙江大学公共管理学院公共管理硕士研究生。
① 罗鑫：《什么是"全媒体"》，《中国记者》2010年第3期，第82~83页。

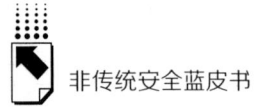

诸媒体的伤医事件，以恶性程度及社会影响等作为关键指标，筛选了115起事件①，在此基础上分析当前伤医事件的特点及趋势，伤医舆情的特征及治理现状；剖析伤医舆情安全存在的脆弱性问题；结合危机治理及场域安全等非传统安全理论，建构暴力伤医舆情危机治理的理论模型，探究暴力伤医舆情应对的对策及建议。

一 国内暴力伤医事件及伤医舆情治理现状

（一）国内暴力伤医事件发展现状及趋势

1. 暴力伤医事件的类型

根据暴力行为触发原因，可将暴力伤医事件分为可预防性事件（约占81.74%）和不可预知性事件（约占18.26%）。暴力伤医事件几乎都是突发性安全事件，但对引发暴力伤医事件的直接及深层因素分析可知，大多数暴力伤医事件是可防控的，且根据主体不同，还可分为医源性可预防事件及患源性可预防事件。其中，医源性可预防事件的暴力行为触发因素包括：医疗服务及诊疗效果不被认可等，引发事件37起，占比达32.17%；由于患者死亡而引发的事件20起，占比达17.39%。患源性可预防事件的暴力行为触发因素主要有患方个人素质，包括提出插队、加号、住院等要求未满足，不愿接受、认同医方规定的诊疗安排及缺乏医学常识等，引发事件37起，占比达32.17%。

不可预知性事件触发原因主要有：施暴者精神处在不稳定状态，包括醉酒、吸毒、精神不正常等，引发事件16起，占比达13.92%；施暴者对医务人员存在单纯的偏见、敌意，引发事件1起（2015年6月昆明医大第一附属医院值班护士被砍事件。施暴者为"三无"人员，因昏迷被送到医院

---

① 本文所指的115起暴力伤医事件，由笔者通过丁香园、百度等网站搜集整理而得，所有相关数据是基于案例的分析统计所得。

抢救,苏醒后用刀将值班护士砍成重伤,并声言:就是仇恨穿白大褂的人),占比0.87%;以及诸如原因不明、认错人等其他因素等,引发事件4起,占比达3.48%。

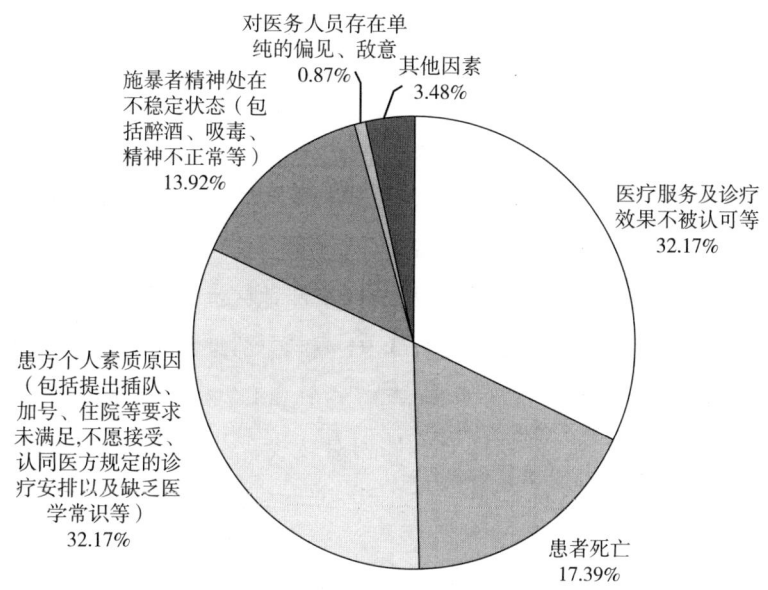

图1 暴力伤医事件触发原因情况分析

根据暴力行为表现,可将暴力伤医事件分为突发激情犯罪、蓄意报复犯罪及精神问题犯罪。其中表现为临时起意的突发性暴力犯罪共有63起,占比高达54.78%,多发生在急诊、ICU急救等科室;有准备的蓄意暴力报复共有36起,占比达31.31%,其中有明显针对性的报复事件25起(典型的有2014年2月孙东涛医生被杀事件。一名术后复查患者因对治疗结果不满意,回家取铁棍后再度来到医院攻击医生,直至将医生殴打致死),无个人针对性的报复事件11起(典型的有重庆医大附二院骨科研究生被砍事件。行凶者为该院泌尿科患者家属,只因其对疗效不满且费用高,想把事情闹大来解决)。蓄意报复的暴力犯罪行为基本上都准备了行凶工具,恶性程度更高。此外,患者在精神障碍、醉酒、吸毒等情况下发生的精神问题暴力犯罪有16起,发生比例高达13.92%。

根据暴力行为主体,可将暴力伤医事件分为患者本人责任事件、患方亲友责任事件及非在院患者责任事件。其中,由患者亲友造成的暴力事件最多,共有70起,占比达60.87%,由患者本人直接造成的暴力事件32起,占比27.83%,患者及其亲友共同造成的暴力事件有6起,占比5.22%。此外,还有由非在院患者造成的暴力事件7起,占比6.08%。

2. 我国暴力伤医事件发展特点及趋势

(1) 暴力伤医事件遍布东、中、西部地区,且以东部地区最为高发

根据对115起暴力伤医事件的统计,伤医行为发生地遍及全国27个省、自治区、直辖市(见表1),其中:东部地区涉及省、直辖市10个,共发生暴力事件62起,占比高达53.91%,中部地区涉及省、自治区及直辖市9个,共发生暴力事件33起,占比28.7%,西部地区涉及省、自治区及直辖市8个,发生暴力事件相对较少,共20起,占比17.39%(见图2)。

表1 暴力伤医事件各地区分布情况

地区	事件数量	占比(%)	地区	事件数量	占比(%)
广东	16	13.91	海南	3	2.6
湖南	10	8.71	河北	3	2.6
江苏	9	7.83	四川	3	2.6
上海	8	6.96	安徽	3	2.6
湖北	7	6.09	辽宁	2	1.74
浙江	7	6.09	江西	2	1.74
北京	5	4.35	云南	2	1.74
山东	5	4.35	内蒙古	2	1.74
河南	4	3.48	青海	1	0.87
甘肃	4	3.48	贵州	1	0.87
重庆	4	3.48	黑龙江	1	0.87
福建	4	3.48	宁夏	1	0.87
陕西	4	3.48	山西	1	0.87
广西	3	2.6			

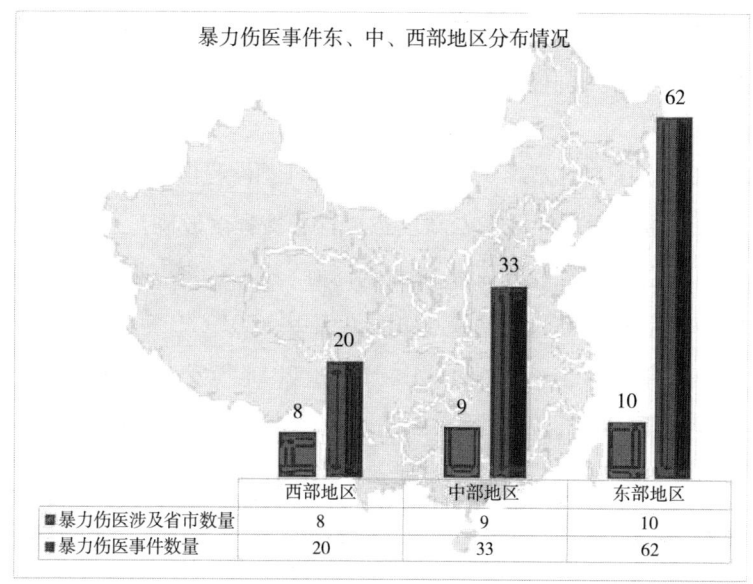

图 2　暴力伤医事件东、中、西部地区分布情况

(2) 暴力伤医事件多发于医疗资源相对优质、集中的三甲医院

根据统计，发生在省、市三甲和三级医院的暴力事件高达 75 起，占比 65.22%，发生在市、县、区二级医院的暴力事件有 31 起，占比 26.96%，发生在乡镇及无明确等级核定的公立医院的暴力事件有 4 起，占比 3.48%。此外，发生在民营医院的暴力事件有 3 起，占比 2.6%，120 急救暴力事件 2 起，占比 1.74%。

(3) 暴力伤医事件所涉及科室以急诊、儿科、妇产科为重灾区

尽管暴力伤医事件涉及的科室较多，但事件频发的科室仍相对集中，其中：急诊（包括急救）科室暴力事件出现最多，共有 34 起，占比达 29.57%，内科（包括神经内科、肾内科、消化内科、心内科、呼吸内科等）发生 15 起，占比 13.04%，儿科和外科（包括神经外科、普外科、手外科、泌尿外科等，其中急诊外科统一统计在急诊科）均发生 11 起，占比 9.57%，妇产科发生 9 起，占 7.83%，耳鼻喉科（包括五官科等）发生 7 起，占比 6.09%，病房、ICU 以及放射、超声等医技科室等均发生 4 起，分

别占比3.48%。此外，骨科发生3起，口腔科、眼科、精神科均发生2起，整形美容科、皮肤科、医患调解室等均发生1起，另有科室不明暴力事件4起。

（4）暴力伤医事件基本保持高发态势，且恶性程度较高

近年来暴力伤医事件保持着高发态势且恶性程度较高。此次统计已排除了部分"伤医情节"较轻或仅涉及言语侮辱、谩骂等精神暴力行为的伤医或医闹事件，在选择的115起暴力伤医事件中，2013年发生23起，其中死亡3起；2014年发生31起，其中死亡1起；2015年发生24起，其中死亡1起；2016年发生37起，其中死亡6起（见图3）。

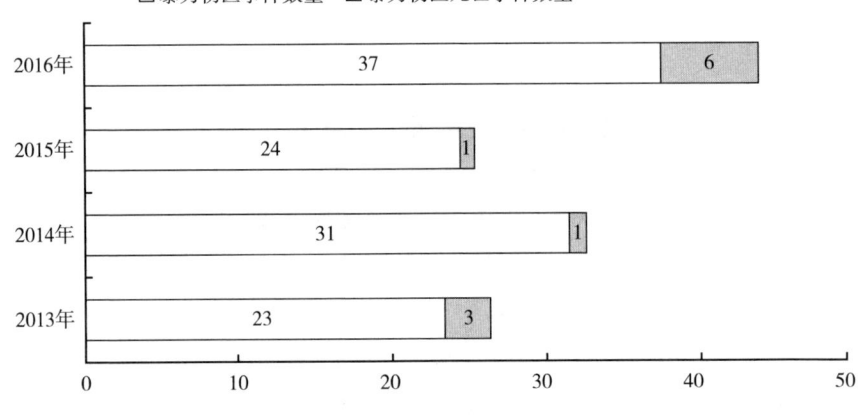

图3　2013～2016年暴力伤医及伤医死亡事件年份分布

一线临床医生与护士为主要的被攻击对象，其中，直接导致医生伤亡的共有86起，占比74.78%，导致护士伤亡的共有19起，占比16.52%，同时导致医、护伤亡的共有10起，占比8.7%。

根据暴力事件的恶性程度来看，导致医护人员死亡的共有11起，占9.57%；医护人员被刀具、锤子、木棍、泼油等暴力工具严重伤害的共有28起，占24.35%；医护人员被暴力殴打致较严重伤害的有63起，占54.78%。此外，打骂、逼迫医护人员游行下跪以及打砸医院等较严重事件发生13起，占11.3%。

（二）国内暴力伤医舆情发展特征与治理现状

1. 国内暴力伤医事件舆情发展特征

（1）暴力伤医事件舆情传播与发酵的全媒体程度高

暴力伤医事件往往具有较高的事故冲突性，其舆情爆发与发酵具有突发公共安全事件舆情传播的一般特点：一是自媒体逐渐成为伤医事件舆情爆发的重要发声、传播平台，同时大众媒体进行集中传播，随后新媒体再进行转载与讨论（包括意见领袖的关注转发），进一步加强舆情的覆盖面和影响力（见图4）。二是信息舆情传播主体与受众不断融合，传播渠道的多样化为受众提供了极为便利的传播条件，加之医疗突发事件往往与现实生活密切相关，受众充当"公民记者"、"公民评论员"等主体意愿也更为强烈。受众直接的传播参与，使得事件舆情从原先的线性传播变成了瞬间爆发性传播，舆情预警时间也大大缩短[①]。三是舆情信息工作面临重大挑战。当前信息数量庞大、零散无序、真假难辨，致使分析难度增强，易引发大量真假不明的信息和极端言论，致使负面舆情愈演愈烈。

（2）暴力伤医事件舆情线上线下交互，内外舆情夹击

线上的舆情态度往往受到线下实际的影响，而线上经过发酵后的舆情声音又会进一步在现实社会中影响舆情的持续进展。暴力伤医事件的发生，致使医方与患方在现实中采取实际行动，如医务人员集体发动罢诊、游行示威行为等，患方在自身诉求得不到满足时随意采取暴力手段等。这也给当下暴力伤医事件爆发的医疗场域，带来了内外舆情的双重夹击。外在舆情即是患方对医方的质疑、怨怼甚至敌视等。内在舆情则表现在暴力伤医事件后医务人员的"竭力发声""无奈沉默"或"集体逃离"等。而相较于对待外在舆情或被动或主动的应对行为，国内对于内部舆情的应对基本还处在"归

[①] 魏超：《新媒体技术发展对网络舆情信息工作的影响研究》，《图书情报工作》2014年第1期，第30~34页。

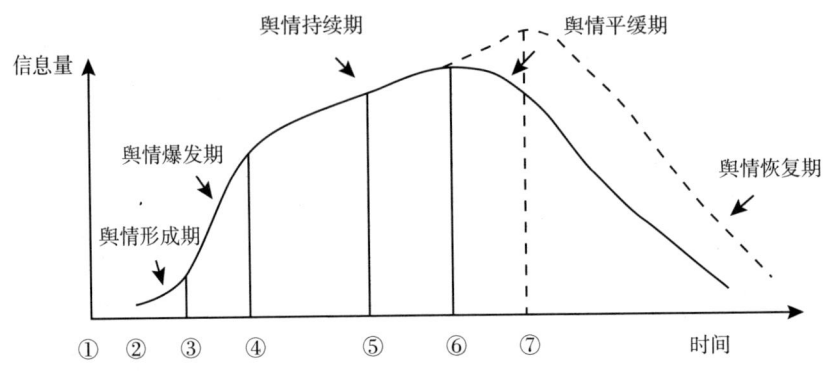

图4 暴力伤医事件舆情形成及演变过程

注：①暴力伤医事件发生；②事件相关人在新媒体平台上爆料；③网民讨论并传播扩散；④大众媒体关注并大肆报道；⑤更大范围的讨论及传播扩散；⑥抓住舆情发展转折点，舆情平缓；⑦舆情失控，进一步形成线上线下热点舆情，并引发"次生危机"。

零"状态。据调研显示，院方在应对伤医事件时，采取息事宁人及不作为的达41.86%[①]。

（3）暴力伤医事件舆情负面效应强，舆情恒度持续短

暴力伤医事件作为医患冲突的恶性表现，本身就具有较大的矛盾冲突性，公众在缺乏医学常识及带有固有偏见的前提下，易对事件舆情进行选择性注意及传播，使得负面舆情当道，大大挤占了医疗正向舆情的空间，偶发个案被误认为社会普遍现象，非常态的伤医事件转化为公众身边共同、经常的媒介事件，造成大规模的社会心理震荡和群体性恐慌[②]，不仅影响医护群体的真实形象，更导致负面、恐慌情绪弥散在整个医疗场域。

就舆情持续时间而言，在统计的48起搜索量过万的暴力伤医事件中，舆情持续时间在1周以内的有32起，占比66.67%；持续时间在1~2周的有11起，占比22.92%。另有5起事件舆情持续达三个月以上，占比10.42%。其中，有明确判决公布的仅11起，占比22.92%。通报施暴者被

---

① 中国医师协会：《医疗暴力》，《中国医师执业状况白皮书》，2015，第41~47页，http://www.cmda.net/xiehuixiangmu/falvshiwubu/tongzhigonggao/2015-05-28/14587.html。
② 余潇枫：《非传统安全与公共危机治理》，浙江大学出版社，2007，第76页。

抓获（包括刑事拘留、行政拘留、治安拘留等）但未有具体判决的 23 起，通报事件正在积极调查中的 8 起。此外，达成双方调解的 4 起，施暴者自杀身亡的 1 起，无处理通报的 1 起。可见，绝大多数事件的最终判决通报都不了了之，但即使事件真相及最终判决到来，事件的舆情热度也早已退去，公众围观已经离场。

（4）暴力伤医舆情群体针对性明显，且易引发次生二次暴力

由暴力伤医事件带来的"伤害"并未给医方带来相对有利的舆论支持。相反，由暴力伤医事件引发的舆情，分化依然明显。随着自媒体的普及，医护群体的自我保护意识逐渐强烈，但与此同时，对于暴力伤医的悲愤、控诉及呼吁基本上也局限于医护群体，非医群体对医护群体的普遍舆情依然是骂声居多。这种"不被同情的伤害"对医护群体的伤害是极大的。暴力伤医事件是个案，伤的是个别的医务人员，但这种由暴力伤医事件引发的舆情次生伤害，波及的却是整个医护群体及其家属，范围更广泛，影响更深远。

也有例外的情况。当暴力者为公职人员等较特殊的身份时，舆情则相应地更有利于医方。如 2014 年的南京护士被打事件，事件发生后，包括微博、门户网站及传统大众媒体的报道标题几乎都提到了"官员殴打护士"等字样。因为打人者的公职人员身份（当时分别为江苏省科学技术馆副馆长及江苏省检察院宣传处处长），这起医患冲突迅速引爆舆情。不同于一般患方为"弱"的情况，被打护士（医方）在这起暴力事件中被舆情认定为"弱势方"，受到极大的关注与声援。

究其原因，这些舆情危机实质上是由群体或阶层矛盾所引发，并通过"群体极化"形成较为极端的情绪和观念。同时，民众的围观心态和"反事实思维"[①]（如"医生若能做点什么，患者也不至于……"等思维逻辑）也是导致非医群体态度冷漠的重要因素。此外，网络中的匿名性也使得人在网络中易被诱使呈现本我的状态，可以不顾理性地进行个人情感的宣泄[②]。因

[①] 饶培伦、郭枝：《网民对恶性伤医冷漠态度中的反事实思维研究》，《第十七届全国心理学学术会议论文摘要集》，2014，第 344 页。
[②] 白郾：《网络舆情发展的现实困境与对策研究》，中共江苏省委党校硕士学位论文，2015。

此，在暴力突发事件发生后，网络受众很容易进行群体模仿和情绪宣泄，造成群体冲动，从而导致各群体之间的矛盾加深①，对受害方造成不可预估的二次"暴力"。

2. 国内暴力伤医舆情的治理现状

（1）相关政府部门的联动应对

近年来，面对频发的伤医事件及伤医舆情，包括国家卫计委、公安部、最高检、最高院等在内的相关政府行政部门，已经逐步实施了一系列的严打涉医违法犯罪专项行动等应对措施，包括：2013年10月，国家卫计委、公安部联合印发了《关于加强医院安全防范系统建设指导意见》，升级医院的安保措施；2014年4月，最高人民法院、最高人民检察院、公安部、司法部、国家卫计委等5部门联合公布了《关于依法惩处涉医违法犯罪维护正常医疗秩序的意见》，明确将对医院内殴打或故意杀害、伤害医务人员等6类涉医违法犯罪行为进行严惩，为暴力伤医犯罪提供了较为明确的司法依据；2015年11月1日，刑法修正案（九）明确医闹入刑；2016年3月24日，国家卫计委、中央综治办、公安部和司法部联合下发《关于进一步做好维护医疗秩序工作的通知》，要求各地公安机关对涉医违法犯罪保持严打态势；2016年7月，国家卫计委、中央综治办、中央宣传部、中央网信办、最高人民法院、最高人民检察院、公安部、司法部、中国保监会等9部门宣布联合开展为期1年的严厉打击涉医违法犯罪专项行动，明确提出要把涉医问题的处理有力引导到法治的轨道上来。

然而，仅从目前的效果而言，相关意见及专项行动的震慑作用尚不明显，甚至更多的只是停留在纸面通知上，未能较好地贯彻落地。社会对医闹入刑或者医闹专项整治行动的关注度远远不及伤医暴力事件本身，对暴力伤医等医闹行为"重拳出击"的法治意识及行为亟待进一步普及与完善。

（2）卫生行政部门的伤医舆情应对

一是"及时发声，亮明态度"。作为医疗卫生机构的主管部门，卫计委

---

① 吴小君：《舆论应对危机传播》，中国传媒大学出版社，2015，第71~76页。

等卫生行政部门在面对伤医舆情时，担负着和医疗机构同样的，甚至更多的治理责任。卫生行政部门虽然没有执法权，但其发声与态度，对于伤医事件的舆情（尤其是内部舆情）应对仍有积极影响。2016年5月5日，广东省人民医院口腔科陈仲伟医生被砍事件发生后，广东省卫计委随即于5月6日发出《关于严密防范暴力伤医事件的紧急通知》；5月9日，国家卫生计生委派员专门赶赴广东看望陈仲伟医生家属。二是"打造平台，形成队伍"。近年来，卫计部门十分注重于"健康+（地名）"（如健康中国、健康浙江）的自媒体平台和品牌，着力提升自身以及医疗卫生机构的媒体素养，包括定期开展新媒体素养提升的培训及实战演练等。与此同时，注重"网评员"队伍的建设，并开展相应的培训，旨在形成一支有数量、有力量、有素养的舆情治理"网军"。

（3）医疗机构的伤医舆情应对

一是应对理念逐渐转变，媒体素养逐步提升。面对暴力伤医事件及伤医舆情，医疗机构是最容易"曝短"的，包括对于医疗纠纷的处置，医院应急管理的设置，以及舆情预警和第一时间的舆情应对等方面。同时，医疗机构也往往是内外舆情冲击最为集中的地方，对于内部舆情，要稳定医护群体，保证正常的诊疗秩序，对于外部舆情，要极力维护自身的声誉建设，对于上级部门，还要顾及相关的考核指标。这些都导致了医疗机构在面对舆情危机时常倾向于"噤声"并以期"大事化小"。但是，当前的舆情发展形势表明，主动、有效的"发声"比"噤声"更能够"大事化小"，如提升自身的媒体（尤其是新媒体）技能与素养，适应当前危机治理的媒介环境，包括通过自媒体平台发布声明，试行"新闻发言人"制度，适时召开新闻发布会等。

二是应急防护设置有所升级。根据国家卫计委和公安部联合下发的《关于加强医院安全防范系统建设的指导意见》的要求，当前医院在安全防范的组织制度建设、人防系统建设、物防系统建设、技防系统建设以及医患纠纷调处机制建设等方面都有了一定的提升，尤其在保安人员的配备和培训、防护器材装备、安全监控中心、一键式报警装置等方面，有了较为规范

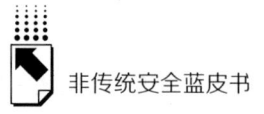

的管理与设置。在一定程度上,有利于医疗场所安全的维护,提升医护人员的安全感,缓解紧张的内部舆情。

(4)医护群体的伤医舆情应对

医护群体作为事件间接的"受害者",在面对暴力伤医及伤医舆情所带来的二次伤害时,其本身可能是伤医舆情(内部舆情)的体现,也有可能成为伤医舆情应对的重要力量。当前,医护群体在面对伤医舆情时主要有几种表现:一是对暴力事件的相关报道进行有立场选择性的转发、声援,群情激奋;二是由频繁的伤医事件引发悲观与失望,对此漠然处之、沉默以对;三是保持中立,发挥自身的医学专业素养优势进行理性而积极的舆情应对,且得益于自媒体的发展,已有部分医生因其"敢发声""会发声""发对声"而成为颇具影响力的"大V",如急诊科女超人于莺、烧伤超人阿宝等。这些在国内具有广泛影响力的医疗自媒体"大V",在2016年10月正式成立了中国医疗自媒体联盟,形成了自媒体矩阵,粉丝覆盖近2亿,成为沟通医、患、媒的重要平台。

二 暴力伤医事件舆情安全应对的脆弱性问题

脆弱性通常被认为具有"外在"和"内在"的双重结构。外在的脆弱性主要是指系统、群体或个体暴露于灾害/扰动/压力遭受损害的程度[①];而内在的脆弱性主要是指系统、群体或个体预测、处理、抵抗灾害/扰动/压力,并从中恢复的能力[②]。梳理医疗场域的伤医舆情事件,可见其最重要的关系变量有三种:一是医患关系,即医方与患方(包括作为潜在患方的非医群体)之间的关系;二是医媒关系,即医方与媒体之间的关系(媒体实

---

① Timmerman P. Vulnerability, *Resilience and the Collapse of Society*: *A Review of Models and Possible Climatic*) *Applications*. Toronto, Canada: Institute for Environmental Studies, University of Toronto, 1981; Timner B. L. 2nd, Kasperson R E., Matson P. A. et al. A Framework for Vulnerability Analysis in Sustainability) Science. *PNAS*, 2003 100 (14): 8074 - 8079.

② 刘燕华、李秀彬:《脆弱性生态环境与可持续发展》,商务印书馆,2007;Adger W. N. Vulnerability. *Global Environmental Change*, 2006 16 (3): 268 - 281。

际上亦为潜在的非医群体,即患方的一种,因考虑到媒体特殊的作用故将"医媒"关系专做分析);三是医医关系,即医护群体与医方组织(包括医疗机构、医疗卫生行政部门及其背后的医疗体制等)之间的关系。在对伤医事件舆情安全应对的脆弱性分析中,本文将重点放在其"内在脆弱性"上,即医患、医媒、医医等主要安全行为体(承灾体)本身及相互间关系的脆弱性,包括威胁源、脆弱性关联及脆弱源等脆弱性要素。

威胁源,是安全事件的起源,如导致医患冲突的诸多影响因素等(基于医患维度)。脆弱源是脆弱性的直接体现,即主要为医方在应对暴力伤医事件及治理伤医舆情危机中自身存在的问题(基于医医维度)。脆弱性关联,是威胁源与脆弱源之间的联系关系,可视为暴力伤医舆情安全应对中的第三方,既可是安全事件的主体,也可是催化剂,如媒体在暴力伤医舆情安全事件中的作用(基于医媒维度)。

(一)基于医患维度的暴力伤医事件舆情应对困境

对于暴力伤医舆情事件而言,往往是因某个"医患冲突"的个例而起,继而伤害波及整个医患群体,而这种对群体创伤性的"破坏",会逐渐演变成某种下意识的"成见"。这种基于"信任脆弱"的成见,是潜移默化或直接导致下一个伤医个案发生的重要"威胁"。

1. 预设立场导致双方陷入有效传播困境

预设立场是一种先入为主的成见系统。美国著名记者李普曼认为:"这些先入之见在理性来临之前已先产生影响",而这种"成见系统"一旦形成固定,我们的注意力就会主动选择支持它的事实,而忽略与它相抵触的事实[①]。当前的医患双方,就充斥着长期以来受负面舆情影响而形成的刻板成见。于患方而言,"成见系统"导致伤医事件正向舆情的有效传播弱于负向舆情的传播。每一起或道听途说,或亲身经历的医疗纠纷或医疗事故,甚或某次不满意的就医体验,都能助长这种"成见"。患方在这种有成见的拟态

---

① 李普曼:《公众舆论》,阎克文、江红译,上海人民出版社,2002,第73~96页。

环境中，往往更倾向于接收符合自己"设想"的事件信息。一旦真实的事件信息与原本的"设想"有出入，接收程度就会相对较低。于医护群体而言，"成见系统"同样存在，并易使医方自求"对立"于患方，抱团站队。尤其在频发的伤医舆情中，医护群体易处于一种自我孤立的"群体受害者"的"拟态环境"中。对于某些极端的伤医/杀医个案（如精神非正常人员的伤医案），也一律标签为"医患关系"，预设了"医患冲突对立"的立场。这同样不利于医患双方积极、有效的"对话"。

2. 脆弱的医患信任关系促使舆情"偏向"负面走向

现代医学的发展，不再是传统医学模式那种医生与患者一对一的信任关系，而是一种依靠制度建立起来的患方对医方的信任关系①。医疗信任作为社会信任的一部分，受到社会信任危机的影响。同时，医疗信任还具有其特殊性：一是医疗活动直接关乎"人的安全"，患方期待值极高，且普遍对"医学具有局限性"缺乏必要的认知，导致对于医疗风险的接受度较低，易对效果不满意。二是医疗领域较高的专业性"壁垒"，导致医患双方并不对等的信任关系基础。再加上"后天性"的沟通不通畅及疾病自身发展的不确定性等，更加剧了医患信任的盲目与脆弱。三是当前医疗制度中存在的缺陷，包括医疗资源配置不合理，社会保障制度不到位及医疗纠纷处理及监督机制的缺乏等，也易引发医疗信任危机。这种医患间脆弱的信任与托付关系一旦遭遇非预期的"变故"，便极易被消解甚而形成"对抗"关系。

暴力伤医舆情事件就是一种医疗信任危机爆发的表现。如果说伤医事件是医生与患者一对一信任关系的破裂，那么伤医舆情事件就是公众对医方群体的医疗信任危机，势必会招致超出个案事件本身更大的负面舆情。一旦负面舆情大量地在同一时间爆发，"群体集化"与"沉默的螺旋效应"会致使舆情一边倒②，舆情议程设置的难度也大大增强。

---

① 单巍：《中国医疗信任的危机与重建》，浙江大学博士学位论文，2013，第10页。
② 谢金林：《网络舆论危机下政府形象传播的困境及对策》，《广东行政学院学报》2010年第5期，第18页。

3. 患方医学素养的普遍缺失，医疗舆情"公关"道阻且长

患者医学素养的程度，与其对医疗行为的理解与医疗效果的认知有一定的相关性。何为患方（也可理解为非医公众）的医学素养？借用公众科学素养包含的主要内容，可将其分为三部分：一是对医学知识的理解程度；二是对医学研究过程和方法的理解程度；三是对医学技术对社会和个人产生的影响的理解程度①。简单而言，与医方的专业性医学素养不同，患方的医学素养主要体现在了解基本的医学知识和诊疗过程，从而更好地理解医学、更理性地看待"医疗事故"。

当前，我国公众的科学素养程度普遍较低，中国科学技术协会《中国公众科学素养调查》显示，2010年我国具备基本科学素养的公众比例为仅为3.27%。医学作为科学的一种，再加之其极强的专业性与不确定性，大大增加了公众在短期内提升医学素养的难度。而这种基本的医学素养的缺失，不仅增大了医患双方间的"对话"难度，更使得公众缺乏对医护群体的理解、尊重与配合。

（二）基于医媒维度的暴力伤医事件舆情应对困境

全媒体时代，革新了传播的平台、速度及影响力。医疗场与舆论场的叠加，极大地发酵了医疗场域安全事件，一损俱损，任何一个伤医个案都可能泛化为影响整个医疗场域安全的恶性事件。传播实践表明，媒体在行使监督权的同时，也追求着"眼球效应"，促使求证不到位的不实报道的高发。在2005～2014年，百度搜索数超过10万的13个医疗媒介事件中，就有高达7个事件属于虚假失实报道。中国医师协会对医师执业状况的调查（2015）显示，对于医疗暴力的原因分析，"媒体的负面报道"从2011年的53.75%上升至2014年的84.31%。而长期疏于媒体应对的医方，在应对舆情危机时的缺位、失声与失策，更会进一步引爆舆情。可见，当前"医媒关系"的脆弱，与传播学本身的特性有关，也与医方的舆情应对能力相关，可视为

---

① 汪辉：《公众医学素养缺失与医患纠纷研究》，安徽医科大学硕士学位论文，2015，第6~7页。

一种"机制脆弱"。

1. 暴力伤医舆情传播"力度"难把控

暴力伤医事件在媒体的介入下,影响力会被极度地放大。因而在伤医事件频发的当下,伤医舆情更是给人"一波未平一波又起"的频繁感。在对大众传媒与暴力的相关研究中,适应理论认为,大量对暴力行为的描写最终会导致受众对暴力行为的麻木[1],类似的还有刺激理论认为"传媒中反映的暴力行为对实际生活攻击行为、攻击情绪具有刺激作用[2]"。

这些都是大众传媒所带来的"麻醉"负功能,频繁的"暴力伤医渲染",不仅使公众对"伤医事件"习以为常,对之更加淡漠,也会对类似暴力行为的发生起到不恰当的引导与强化。同时,更会对医护群体带来更加强化、持久的威胁性伤害,破坏正常的医疗执业环境。

那么,对于暴力伤医现象,媒体是否应对其不闻不问?犯罪学中有一个十分著名的"破窗效应",即环境中的不良现象如被放任不管,会诱使人们去仿效,甚至变本加厉(James Q. Wilson、George L. Kelling, 1982)。对于暴力伤医现象沉默,即相当于放任了这种伤医行为的发生,不仅不能将事件平息,反而会招致更多类似的事件发生。

2. 媒体的"失范"现象及有效制约与惩罚机制的缺失

信息爆炸时代,商业化媒体的大量涌现,导致激烈的媒体竞争市场。在对事件信息接收及处理、传播的过程中,媒体的利益选择,从业人员参差不齐的职业素养,都直接影响着媒体的立场及议程设置。事实上,当前依然存在着很多带有主观选择的信息片面式传播,以及"断章取义"、"移花接木"式的虚假新闻传播等媒体"失范"行为。在伤医事件舆情传播中,媒体容易迎合广大非医公众的预设立场及"同情弱方"的情感偏向,有选择性地开展有"负向"预设性立场的报道。这种媒体的"失范"行为,不仅在事件初期,带偏了舆情走向,营造了与事实偏差极大的"拟态环境",且往往

---

[1] 王赫:《大众传媒与暴力犯罪》,华东政法大学硕士学位论文,2012,第11页。
[2] 梅传强:《犯罪心理学》,法律出版社,2003,第61页。

在最终事件真相来临时，由其造成的负面影响已无可挽回。而当前媒体环境的不规范，对媒体失范行为缺乏有效的制约与惩罚机制，在很大程度上纵容了种种被"利益"或"偏见"捆绑的媒体失范行为。

3. 医方传统的舆情应对习惯遭遇"非传统"的考验

一是医方组织在遭遇伤医舆情时习惯性的"灭火"心态易使应对效果适得其反。伤医事件一旦发生，往往易与"医疗事故"等负面信息相关联。涉事医疗单位及属地卫生行政部门习惯性的做法就是抵制负面舆情。这种抵制会促使某些医疗机构或部门依然试图动用"上层关系"来压制"曝光"。然而，在新媒体，尤其是自媒体如此发达的传媒环境下，这种"围堵"只会丧失"自有阵地"，让舆情的洪水来得更猛烈。

二是在新媒体形势下医方组织的传统话语权优势丧失，议程设置主导性被削弱。新媒体的无障碍人际传播，不仅突破了传播的时空限制，更是打破了传统传播的层级性。传统的自上而下的舆论议程设置与信息传播控制，被"去中心化"的传播方式所解构，传播主体身份被泛化，普通民众的话语权及传播平台获得解放，打破了精英群体及其背后的主流媒体的垄断权[1]。

三是医方组织习惯性的"医学方言"不适应当下的舆情环境。医学类语言往往偏向于中性、客观、精要，及陈述性的词汇，放在现今的新传媒话语场中，较易显得冰冷，缺少人情味，在一定程度上影响了舆情应对的效果，甚至稍有不慎还容易反招意料外的"冲突"。

（三）基于医医维度的暴力伤医事件舆情应对困境

如前所述，医医关系为医方群体与医方组织之间的关系。不可否认，在伤医事件频发后出现的医生的"离场"，不仅是为紧张的医患关系所伤，也是对于当前医疗体制的一种无声抗议。这其中，有诸如优质医疗资源分布不均与患者需求之间的矛盾；公立医院过度"市场化"发展与医生待遇"非市场化"之间的矛盾；医学人才培养的精英化要求与培养过程中"草根化"

---

[1] 吴小君：《舆论应对危机传播》，中国传媒大学出版社，2015，第49~50页。

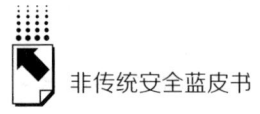

环境之间的矛盾等。所有的这些矛盾都有可能在伤医舆情事件中被激发甚至过度放大,从而威胁到医疗场域安全,这种医医之间的矛盾冲突就是一种基于"体制脆弱"的内部脆弱源。

1. 不同立场引发医方内部舆情

医方群体作为伤医事件的"受害者",对伤医事件的普遍反映是从"个人"出发,往往会偏"过度"。在自媒体的传播环境下,医方群体极易形成集体式舆情态势,包括"自怜""抱怨""谴责"等情绪发泄。医方组织则更多地考虑到整个医疗大环境与秩序,在对伤医事件,尤其对已经发酵成舆情事件的伤医案,甚至更易偏向"大事化小"原则,以求尽快平息事态。因此,在具体处理方式上,面对医护群体的内部舆情,往往是只"堵"不"疏",强硬地以行政指令来作为,如邵东杀医事件发生后,邵东县委县政府就要求县人民医院的每个科室签署包括确保正常工作秩序以及不游行、不集体上访等内容的承诺书。不能说这种维护正常工作秩序的做法有错,但其往往忽视了对医护群体的人性化关怀,从而造成医护群体的进一步"孤立",以致医方群体逐渐形成"被公众孤立,被组织抛弃"的受挫感,最终导致群体的"沉默"或"逃离"。

2. 医疗卫生机构单方应对"乏力"

自 2013 年以来,国家卫计委就已开始联合公安、司法等多部门开展暴力伤医及伤医舆情的专项整治。但在实践过程中,这些专项行动大多流于形式,并未真正形成"重拳"而形成强有力的震慑。

一方面,是由于多部门联合整治暴力伤医及伤医舆情的理念、意识没有真正到位,没有一个好的规划与抓手,导致这些联合行动、专项行动多沦为应对舆情的"权宜之举",只有行动纲要,而无细则举措,空有"零容忍"的口号,而实为"零作为"。另一方面,没有更高层级部门的介入,而由国家卫计委、公安部、司法部、最高院、最高检、宣传部、网信办、保监会等等同层级部门合作,在领导与协调上容易出现"尾大不掉",行动上不能形成有效合力。

然而,应对严峻的伤医舆情,仅靠医方机构单方应对显然"力不从心"。事实上，无论是医警联动还是从严刑罚，甚或舆情预警，医方机构都需要更多地依靠公安、司法甚至网信部门着力，其发出的通知或声明对于缓解伤医舆情收效甚微，在缺失具体"作为"的情况下，甚至不能够有效安抚医方的内部舆情。

三 基于非传统安全视角的暴力伤医事件舆情危机治理

（一）构建暴力伤医舆情危机治理模型

1. 危机治理理论

（1）危机治理结构

政府管理、媒体协理及民众响应等是公共危机治理结构的三要素，在暴力伤医舆情危机事件中恰好体现了医、媒、患等三方主体，且相互制约与影响（见图5）。其中：医方是暴力伤医舆情危机治理的第一决策者。媒体对暴力伤医舆情危机事件的治理有着极为重要的"协理"作用，尤其媒体的信息流、议程设置及评价导向等直接关系着舆情危机治理走向的"优化"或"恶化"①。患方（包括作为潜在患方的非医群体）是暴力伤医舆情危机治理的基础和重要参与力量。

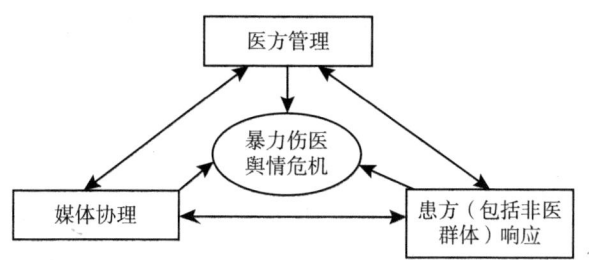

图5 暴力伤医事件舆情危机治理结构

---

① 余潇枫：《非传统安全与公共危机治理》，浙江大学出版社，2007，第50~51页。

(2) 危机周期阶段及应对原则

根据危机形成过程中不同的发展侧重，可将危机周期分为不同的阶段。正确把握危机"周期"过程及其各阶段之间具有决定性的"作用点"，是有效开展危机治理的重要途径①。结合暴力伤医事件的普遍性实际，同样可以将暴力伤医舆情危机划分为六阶段（见图6）：

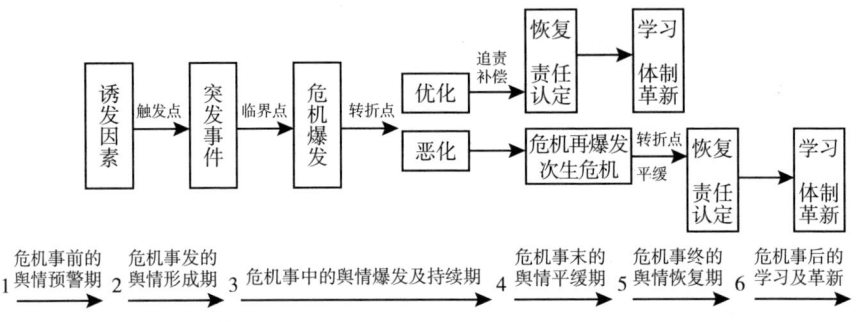

图6　暴力伤医事件舆情危机周期六阶段

阶段一，危机事前的舆情预警期及"第一智库原则"。大多数危机事前都是有"苗头"的，危机的预警，就是要能够正确认知、判断这个"苗头"，也即潜在的诱发因素，这就需要在危机事前发挥好"智库"作用，争取在舆情危机真正形成前，做好充分的舆情预判。

阶段二，危机事发的舆情形成期及"第一信息原则"。当伤医事件"被爆料"从而"触发"危机，舆情开始形成，有效的信息掌握及沟通就变得十分重要。伤医事件发生，首要掌握事件发生全过程的真实信息，建立"唯一信息源"，掌握信息主动权，了解公众的舆情关注点，从而抓住关键的"信息点"进行有效的舆情引导。

阶段三，危机事中的舆情爆发及持续期和"第一时间原则"。一般而言，伤医突发事件的发生并不等同于伤医事件舆情危机的全面爆发，从伤医事件到舆情爆发，存在一个"临界点"，在这之后危机才全面爆发。媒体的

---

① 余潇枫：《非传统安全与公共危机治理》，浙江大学出版社，2007，第100~138页。

介入,常是引爆伤医事件舆情危机最直接的因素。信息技术的发展,加剧了危机事件的传播速度和广度,极大缩短了舆情的预警时间,作为伤医事件第一决策者的"医方",应第一时间形成与媒体的互通,同时利用好自媒体平台主动及时"发声",最大限度地占据舆论阵地。

阶段四,危机事末的舆情平缓期及"第一责任原则"。当舆情危机无法避免而全面爆发后,危机"转折点"的识别与掌控就成了是否能顺利进入该阶段的关键。而这个转折点与相关方在危机治理中的"责任态度"相关,包括医方组织的危机防控责任认定,针对媒体方不实或夸大报道等行为的惩处,甚至于对施暴者进行惩处及通报等,有效地回应公众的"关心",安慰医护群体的集体情绪。

阶段五,危机事终的舆情恢复期及"第一法治原则"。当前暴力伤医事件的频发,与针对暴力伤医相关立法的相对空白,不合理的"行政执法",以及部分社会群体法律意识的欠缺等,都有着密切关系。可见,针对暴力伤医相关法制的建立健全,是伤医事件危机预防、治理,以及善后的重要保障。

阶段六,危机事后的"试错"学习及体制革新和"第一学习原则"。公共危机治理认为危机的治理是不断"试错"的过程,危机的经验教训为未来的危机预防及治理提供了一个"蓄水库",从中提取出共同的关键特征,并开展具有针对性的危机应对演练,诸如梳理危机爆发可能的预警点甚至当前体制、机制存在的缺陷等,都是危机事后所要学习及革新的重要内容。

2. 场域安全理论

(1) 医疗场域安全的特点

用非传统安全的视角来分析暴力伤医频发背景下的医疗安全,可见医疗问题的"场域安全"性质。医疗安全不仅是一种利用医疗技术开展治疗的"技术安全",也是通过医疗标准及医德规范的设定与实践的"价值安全";不仅是关乎全体医务人员职业价值与尊严的"职业安全",也是影响高层次医学精英培育的"人才安全",甚至还是通过公共卫生安全保障等维护社会稳定、保障人类生存的"社会安全"以及"国家安全"。可见,暴力伤医舆

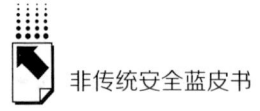

情事件频发下的医疗场域安全具有整体性、复合性、交织性以及技术与价值混合性等特征。

（2）构建"五位一体"的医疗场域暴力伤医事件舆情应对体系

用场域安全的理论来重新定义医疗安全问题，亦可应用"前伸""后延""中转""外联"和加强"应急"与"防暴"能力的总体思路来维护医疗场域安全，尤其是预防大规模暴力伤医事件舆情危机的发生，建构和谐稳定的医疗生态。

"前伸"，即对医疗场域安全的防护直达"患方"。不仅注重患者及其家属的"知情同意"，也加强对疾病本身与患者本人及家属的预判和把关，对于潜在的医疗纠纷或医患矛盾形成事前的评估与预警，有意识地减弱冲突或避免暴力事件。在源头上避免伤医事件的发生，也就消灭了伤医舆情危机爆发的前提。

"后延"，即对医疗场域安全的防护延伸到"医方"。完善相应的医疗管理体制，包括加强医生的准入和医疗技术的准入，严抓行业标准及规范，改善医疗从业环境，强化医生的职业素养等。同时，进一步提升医方在全媒体形势下的舆情应对理念与能力，实现舆情危机治理前移。

"中转"，即由具备资质的第三方介入医疗纠纷事故的鉴定、调解甚至理赔。大部分引发纠纷的医疗事故，需引入第三方，如医疗事故鉴定机构、医调会、医疗保险机构等，进行客观、理性、公允的鉴定、监管及赔偿，为医、患双方都提供更加便捷、高效的服务。在保持中立的立场上，引入信息化、市场化，确保质量与效率，避免极端或过激行为等恶性事件所带来的不必要的损失。

"外联"，即与医疗安全相关部门进行联动。医疗卫生部门需要与公安部门、宣传部门、网信办、司法部门、社保部门、财政部门，以及各类媒体平台等相关单位加强紧密协作配合，做到"信息互享、监管互认、安全互保"，尤其要加强与媒体的"联合"，形成媒体矩阵，及时、有效地控制伤医舆情的源头，一旦发现有虚假或不实信息，快速反应，严防伤医事件舆情的不良发酵与传播。

"应急"与"防暴",即构建专门机构对紧急事件进行预警、防控,同时加强"硬件"与"软件"的建设。当前,暴力伤医非传统医疗安全事件频发,对于医疗卫生部门提出了越来越高的应急管理要求,包括对伤医事件的事前预警以及事后的舆情事态控制与危害阻断等。不仅要进一步升级安保武装、舆情监测技术等"硬实力",同时,在发布严厉谴责声明及完善应急制度之外,还应大力提升"软能力",如引进心理咨询或评估师、医务社工或志愿者等软性"润滑"力量,加强伤医事件内、外舆情的"人性化"应对等。

(二)暴力伤医事件舆情应对的对策建议

"场域安全"理论视角下的医疗安全具有多维与复合的特征,它贯穿于"技术安全""价值安全""职业安全""人才安全""社会安全"与"国家安全"之中,与此相应,暴力伤医事件舆情应对也需从"场域安全"的理论视角来进行建构。考虑到医疗安全的多维与复合特征,笔者试图从事件前的预先防控、事件中的控制引导、事件末的法治善后、事件后的体制革新四个阶段来阐述对策建议,并形成阶段流程与要素建构相统一的整体流程(见图7)。

1. 构建暴力伤医舆情事件前的防控机制

(1) 建立伤医舆情危机的预警机制

一是加强伤医舆情的信息监测。在伤医事件未发生时保持常规的警觉,在伤医事件刚发生但尚未形成舆情时,更要保持有重点、有针对性的高度警觉。二是发挥"专家思想库"的作用。伤医突发事件一旦发生,立即启动对医院管理的灾害脆弱性分析,明确其中的"风险"因子。"专家思想库"的作用即在于提升这种研判及识别风险的能力,在伤医舆情尚未完全爆发时,梳理出可能的舆情"爆点",形成全面的舆情应对口径。三是踩准时间点,有的放矢。伤医事件发生后,随时感应公众的"敏感点",准点有效地公布事件的相关信息,及时消除公众的疑惑及焦虑,从源头上消解舆情"爆点"。

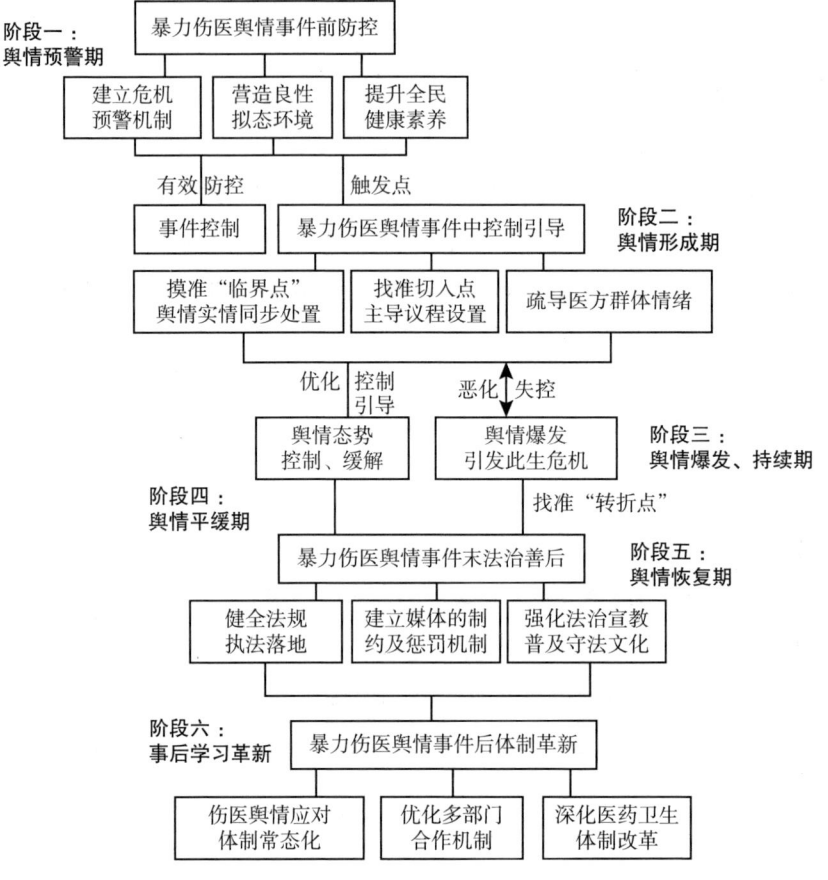

图7 暴力伤医事件舆情安全应对对策流程

（2）营造医患良性的拟态环境

在医患紧张对立的"拟态环境"中，任何单一的伤医事件都易陷入"医患冲突"的成见，并快速爆发为医疗场域的一场舆情危机。只有不断加强医患正向舆情传播，努力挤占负面舆情空间，逐渐消解由于过度负面舆情所造成的"医患成见"，打破医疗场域"负面倒"的"拟态环境"，才能为突发的暴力伤医事件营造一个理性、健康的舆情生长与发展环境。

（3）提升全民医学健康素养

所谓提升全民医学健康素养，实际上就是要将医学这门语言更大程度地普及化。2016年11月在上海召开的全球健康促进大会宣言中明确提到，要将健康素养教育纳入整个教育体系，同时实现多部门、跨部门合作，实现全民健康覆盖①。提升健康教育策略的实效，应不断创新理念与手段，提倡精准健康宣教，包括平台精准、对象精准、方式精准，最终实现效果精准。平台精准，即要利用好不同层面的健康宣教平台，形成开放、融合、共享的多维度载体；对象精准，即是要强化"受众意识"，创新线上线下模式，开发个性化、专业化的健康宣教产品；方式精准，不仅要与时俱进话语体系，还要善于联动，包括在纵向上整合宣教资源，在横向上形成卫生、教育、宣传、信息等多部门的有效合力。医学健康素养的提升，可促进公众对于医学的理性认知，避免不必要的"冲突"。

2. 加强暴力伤医舆情事件中的控制引导

（1）摸准"临界点"，舆情实情同步处置

一是升级信息监测，有效抓取数据，梳理舆情"热点"，并快速形成准确、恰当的回应，避免"热点"最后白热化成为舆情完全爆发的"临界点"。二是兼顾线上和线下，将伤医事件的处置与伤医舆情的应对实现同步，达到舆情治理的最佳效果。实情决定舆情，要明确事件处理是居于舆情引导之前的。伤医突发事件应对部门应与舆情应对的宣传部门进行紧密配合，确保事件处理与舆情应对两条线同步部署、协调推进、良性互动②。

（2）找准切入点，把准舆情走向"转折点"

医方要充分利用处于事件发生"第一现场"的"先天优势"，全面掌握第一手信息，主动、及时发布事件相关的重要信息，主导媒体报道议程，最大限度地挤占负向，尤其是谣传舆情的空间。一是要直面质疑，对于事件真相予以充分真实的陈述，一手信息及时共享，寻求各大媒体的协同报道。二是要创新手法，突破传统的回应声明，弱化官方式口号，输入人性化的关切

---

① 中华人民共和国国家卫生和计划生育委员会：《2030可持续发展中的健康促进上海宣言》，2016-11-21。http：//www.nhfpc.gov.cn/xcs/s3582/201611/af0f2620a4a74e9d9e5dc90aebdcbbd6.shtml。

② 曾胜泉：《深圳滑坡事故新闻舆论应对》，《中国记者》2016年第9期，http：//yuqing.people.com.cn/n1/2016/0921/c209043-28730286.html。

与回应。三是要找准舆情应对的切入点，尤其是要做好极易引发公众误解的科普"宣教"，如成为典型的湘潭产妇死亡事件中的"羊水栓塞"等。实践表明，当这些信息被有影响力的"声音"，如意见领袖、公知大V等，进行阐述与解读，其对于舆情走向的影响（甚至产生扭转式的影响）具有意想不到的效果。找准有效切入点，也即把准了影响舆情走向的关键"转折点"。

（3）尊重与安抚并重，合理疏导医方群体情绪

在伤医事件舆情发酵过程中，极易导致伤医舆情危机的次生安全，即个别的伤医事件对医方群体造成整体性的伤害与破坏，引发医方群体的内部舆情。医方组织以及相关政府部门不应只盯住公众舆情不放，而忽视医方群体的内部舆情，或者仅粗暴地以行政指令进行"管制"。对于医方内部舆情，同样宜"疏"不宜"堵"。一方面，对于伤医事件中的直接受害者（包括受害的医务人员及家属），要给予最大限度的重视与补偿；另一方面，对于伤医事件中的间接受害者（医护群体），亟待加强保护性措施，包括硬性的物理性保护设施以及软性的心理危机干预等。

3. 注重暴力伤医舆情事件末的法治善后

（1）健全法条法规，强化执法"落地"

当前我国暴力伤医的频发，与针对伤医行为立法的缺陷、对伤医犯罪行为不合法的"行政执法"以及某些社会群体不懂法或者抗法等密切相关。针对形势严峻的伤医犯罪行为，2015年11月1日，刑法修正案（九）明确将医闹正式列入刑法；2016年9月29日，最高人民检察院将打击涉医犯罪行为，保障医务人员人身安全及正常医疗秩序等进行了明确的规定，尤其规定要对"故意伤害、杀害医务人员"、"非法限制医务人员人身自由"、"诽谤、诬告陷害医务人员"、"挑拨医患矛盾，引发涉医突发案件、群体性事件"以及"扰乱医疗秩序等'医闹'"等涉医犯罪行为进行从严处理[①]。

---

① 最高人民检察院：《关于全面履行检察职能为推进健康中国建设提供有力司法保障的意见》，http://newspaper.jcrb.com/2016/20161022/20161022_003/20161022_003_2.htm。

"有法可依"后,更要"执法必严、违法必究",这样才能真正将伤医舆情危机治理中的"法治"落到实处。

(2) 建立对媒体失范行为有效的制约与惩罚机制

在伤医负向舆情的爆发、发酵过程中,往往伴随着媒体的失实或不实报道,对社会公众的认知及情绪产生不当引导。因此,应当重视对媒体行为的规范,一方面要建立完善媒体行业监管机制,另一方面是要加大对伤医舆情危机过后的媒体责任追究,落实相应的惩罚机制。此外,还应注重提升媒体人的职业素养,尤其在现今媒介"门槛"越来越低的态势下,应该建立健全一套顺应新媒体发展形势的媒体职业操守标准,抓好媒体行风建设。

(3) 强化法治宣教,普及"守法"文化

法律规范依靠强制使人依从,守法文化则将这种强制上升为个人自觉。守法文化的普及,首先在观念上,要转变我国长期而来的权力至上观念,形成法律权威。其次在实践上,对伤医事件的舆情引导,要加大后续法治处理的报道频度和力度,营造法治善后舆情,不断强化公众对于伤医犯罪的法律"红线意识"。再次在教育上,将伤医普法进一步纳入全民普法规划之中,不仅限于培养公众的"知法守法"意识,高压化"违法犯罪"认知,同样也应强化医方的依法维权意识,依法行使自身的法律权利,同样是"守法文化"的重要体现。

4. 推进暴力伤医舆情事件后的体制革新

(1) 实现伤医舆情应对机制常态化

危机学习模型(巴瑞·特纳和布莱恩·托芙特,2006)表明,通过学习大量的突发事件危机应对,能够找到同类型的突发事件与公共危机之间的共同特征,掌握这些特征,也即增强了危机的预防能力。比如,伤医事件发生后,应同时启动伤医事件的处置和伤医舆情的预防治理工作。具体的伤医事件处置需根据实际情况予以调整,但是舆情应对小组的相关工作机制,则完全可预先制定好规范的"规定动作",如建立伤医舆情的回应工作机制与责任机制,明确舆情应对小组的职责与分工,形成舆情回应的激励及约束机制等。应对机制常态化,不仅可有效提升舆情应对工作效率,同时也使得舆情应对具有更好的可习得性与可更新性。

（2）优化多部门合作机制

当前发生在医疗场域内的公共事件，包括医疗纠纷、伤医突发事件，及至伤医舆情的爆发与扩散等，往往多是医方、患方等涉事方自行在交涉，相关执法部门的介入力度与效率都亟待提升。一方面，要建立健全医方与执法部门、司法部门、网信部门、宣传部门等相关部门的合作机制。另一方面，也应不断完善第三方的调解机制，形成伤医突发事件后的常态化处理机制。此外，还应建立相应的跨部门、复合型人才培养机制，以适应伤医事件及伤医舆情发生后多部门合作的工作要求。

（3）推进医药卫生体制改革，破解"医患冲突"终极痼疾

一方面是要松绑优质医疗资源的体制束缚，加大优质医疗资源，尤其是医生资源的流动性。当前，我国优质医疗的稀缺与分布不均，不仅加大了公众在客观上的就医难度，更是使得绝大多数的公众在主观上产生了"烦医"甚至"怨医"的就医心理，极易引发医患纠纷矛盾。要破除优质医疗资源的稀缺，不仅应建立完善优质的医学人才培养机制，还应不断松绑体制内的优质医疗资源。以浙江省为例，在省委、省政府推动下的"双下沉 两提升"工作（2013），以"人才下沉、资源下沉"为载体，推动了优质医疗卫生资源下基层。浙江大学在此基础上，进一步提出了高水平医联体的建设（2016），包括构建附属医院、市县医院、城乡（社区）卫生院等协同发展的医疗服务体系，配合有效激励，价格调整和差异化医保支付政策等，促进"分级诊疗、精准医疗"，最终推进医疗卫生资源的公平可及。

另一方面是要改革医疗机构补偿机制。现行补偿机制下，公立医院自筹资金，自收自支，迫于创收压力，逐利行为明显①，易引发"以药养医"、"过度医疗"等系列衍生问题，造成公众"看病贵"。要缓解这其中不合理的"贵"，首先，应改革医疗机构补偿机制，探索建立既能节约医疗资源、

---

① 励晓红、梁鸿、郝模：《宏观改革政策和财政职能变化，医院成为逐利的"经济实体"》，《中国卫生资源》2007年第3期，第104~108页。

降低医疗成本，又能激发医院发展积极性的补偿机制，破解公立医院的"过度市场化"，回归公立性医院的公益性；其次，配合推进基本药物制度及合理用药制度，强化药品零差价，破除"以药养医"；最后，要进一步普及完善基本医保体系，或逐步建立全民免费医疗制度，或积极引入、规范及普及商业化医疗保险制度等，减少甚而消除"因病返贫""因病致贫"的可能性风险。

权威报告·热点资讯·特色资源

皮书数据库
ANNUAL REPORT(YEARBOOK) DATABASE

当代中国与世界发展高端智库平台

所获荣誉

- 2016年,入选"国家'十三五'电子出版物出版规划骨干工程"
- 2015年,荣获"搜索中国正能量 点赞2015""创新中国科技创新奖"
- 2013年,荣获"中国出版政府奖·网络出版物奖"提名奖
- 连续多年荣获中国数字出版博览会"数字出版·优秀品牌"奖

成为会员

通过网址www.pishu.com.cn或使用手机扫描二维码进入皮书数据库网站,进行手机号码验证或邮箱验证即可成为皮书数据库会员(建议通过手机号码快速验证注册)。

会员福利

- 使用手机号码首次注册会员可直接获得100元体验金,不需充值即可购买和查看数据库内容(仅限使用手机号码快速注册)。
- 已注册用户购书后可免费获赠100元皮书数据库充值卡。刮开充值卡涂层获取充值密码,登录并进入"会员中心"—"在线充值"—"充值卡充值",充值成功后即可购买和查看数据库内容。

卡号:252148161995
密码:

数据库服务热线:400-008-6695
数据库服务QQ:2475522410
数据库服务邮箱:database@ssap.cn
图书销售热线:010-59367070/7028
图书服务QQ:1265056568
图书服务邮箱:duzhe@ssap.cn

子库介绍
Sub-Database Introduction

中国经济发展数据库

涵盖宏观经济、农业经济、工业经济、产业经济、财政金融、交通旅游、商业贸易、劳动经济、企业经济、房地产经济、城市经济、区域经济等领域，为用户实时了解经济运行态势、把握经济发展规律、洞察经济形势、做出经济决策提供参考和依据。

中国社会发展数据库

全面整合国内外有关中国社会发展的统计数据、深度分析报告、专家解读和热点资讯构建而成的专业学术数据库。涉及宗教、社会、人口、政治、外交、法律、文化、教育、体育、文学艺术、医药卫生、资源环境等多个领域。

中国行业发展数据库

以中国国民经济行业分类为依据，跟踪分析国民经济各行业市场运行状况和政策导向，提供行业发展最前沿的资讯，为用户投资、从业及各种经济决策提供理论基础和实践指导。内容涵盖农业，能源与矿产业，交通运输业，制造业，金融业，房地产业，租赁和商务服务业，科学研究，环境和公共设施管理，居民服务业，教育，卫生和社会保障，文化、体育和娱乐业等100余个行业。

中国区域发展数据库

对特定区域内的经济、社会、文化、法治、资源环境等领域的现状与发展情况进行分析和预测。涵盖中部、西部、东北、西北等地区，长三角、珠三角、黄三角、京津冀、环渤海、合肥经济圈、长株潭城市群、关中一天水经济区、海峡经济区等区域经济体和城市圈,北京、上海、浙江、河南、陕西等34个省份及中国台湾地区。

中国文化传媒数据库

包括文化事业、文化产业、宗教、群众文化、图书馆事业、博物馆事业、档案事业、语言文字、文学、历史地理、新闻传播、广播电视、出版事业、艺术、电影、娱乐等多个子库。

世界经济与国际关系数据库

以皮书系列中涉及世界经济与国际关系的研究成果为基础，全面整合国内外有关世界经济与国际关系的统计数据、深度分析报告、专家解读和热点资讯构建而成的专业学术数据库。包括世界经济、国际政治、世界文化与科技、全球性问题、国际组织与国际法、区域研究等多个子库。

法律声明

"皮书系列"（含蓝皮书、绿皮书、黄皮书）之品牌由社会科学文献出版社最早使用并持续至今，现已被中国图书市场所熟知。"皮书系列"的LOGO（ ）与"经济蓝皮书""社会蓝皮书"均已在中华人民共和国国家工商行政管理总局商标局登记注册。"皮书系列"图书的注册商标专用权及封面设计、版式设计的著作权均为社会科学文献出版社所有。未经社会科学文献出版社书面授权许可，任何使用与"皮书系列"图书注册商标、封面设计、版式设计相同或者近似的文字、图形或其组合的行为均系侵权行为。

经作者授权，本书的专有出版权及信息网络传播权为社会科学文献出版社享有。未经社会科学文献出版社书面授权许可，任何就本书内容的复制、发行或以数字形式进行网络传播的行为均系侵权行为。

社会科学文献出版社将通过法律途径追究上述侵权行为的法律责任，维护自身合法权益。

欢迎社会各界人士对侵犯社会科学文献出版社上述权利的侵权行为进行举报。电话：010-59367121，电子邮箱：fawubu@ssap.cn。

社会科学文献出版社

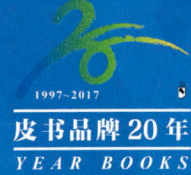

皮书系列

2017年

智库成果出版与传播平台

社会科学文献出版社
SOCIAL SCIENCES ACADEMIC PRESS (CHINA)

社长致辞

伴随着今冬的第一场雪，2017年很快就要到了。世界每天都在发生着让人眼花缭乱的变化，而唯一不变的，是面向未来无数的可能性。作为个体，如何获取专业信息以备不时之需？作为行政主体或企事业主体，如何提高决策的科学性让这个世界变得更好而不是更糟？原创、实证、专业、前沿、及时、持续，这是1997年"皮书系列"品牌创立的初衷。

1997~2017，从最初一个出版社的学术产品名称到媒体和公众使用频率极高的热点词语，从专业术语到大众话语，从官方文件到独特的出版型态，作为重要的智库成果，"皮书"始终致力于成为海量信息时代的信息过滤器，成为经济社会发展的记录仪，成为政策制定、评估、调整的智力源，社会科学研究的资料集成库。"皮书"的概念不断延展，"皮书"的种类更加丰富，"皮书"的功能日渐完善。

1997~2017，皮书及皮书数据库已成为中国新型智库建设不可或缺的抓手与平台，成为政府、企业和各类社会组织决策的利器，成为人文社科研究最基本的资料库，成为世界系统完整及时认知当代中国的窗口和通道！"皮书"所具有的凝聚力正在形成一种无形的力量，吸引着社会各界关注中国的发展，参与中国的发展。

二十年的"皮书"正值青春，愿每一位皮书人付出的年华与智慧不辜负这个时代！

社会科学文献出版社社长
中国社会学会秘书长

2016年11月

社会科学文献出版社简介

社会科学文献出版社成立于1985年,是直属于中国社会科学院的人文社会科学专业学术出版机构。

成立以来,社科文献依托于中国社会科学院丰厚的学术出版和专家学者资源,坚持"创社科经典,出传世文献"的出版理念和"权威、前沿、原创"的产品定位,逐步走上了智库产品与专业学术成果系列化、规模化、数字化、国际化、市场化发展的经营道路,取得了令人瞩目的成绩。

学术出版 社科文献先后策划出版了"皮书"系列、"列国志"、"社科文献精品译库"、"全球化译丛"、"全面深化改革研究书系"、"近世中国"、"甲骨文"、"中国史话"等一大批既有学术影响又有市场价值的图书品牌和学术品牌,形成了较强的学术出版能力和资源整合能力。2016年社科文献发稿5.5亿字,出版图书2000余种,承印发行中国社会科学院院属期刊72种。

数字出版 凭借着雄厚的出版资源整合能力,社科文献长期以来一直致力于从内容资源和数字平台两个方面实现传统出版的再造,并先后推出了皮书数据库、列国志数据库、中国田野调查数据库等一系列数字产品。2016年数字化加工图书近4000种,文字处理量达10亿字。数字出版已经初步形成了产品设计、内容开发、编辑标引、产品运营、技术支持、营销推广等全流程体系。

国际出版 社科文献通过学术交流和国际书展等方式积极参与国际学术和国际出版的交流合作,努力将中国优秀的人文社会科学研究成果推向世界,从构建国际话语体系的角度推动学术出版国际化。目前已与英、荷、法、德、美、日、韩等国及港澳台地区近40家出版和学术文化机构建立了长期稳定的合作关系。

融合发展 紧紧围绕融合发展战略,社科文献全面布局融合发展和数字化转型升级,成效显著。以核心资源和重点项目为主的社科文献数据库产品群和数字出版体系日臻成熟,"一带一路"系列研究成果与专题数据库、阿拉伯问题研究国别基础库及中阿文化交流数据库平台等项目开启了社科文献向专业知识服务商转型的新篇章,成为行业领先。

此外,社科文献充分利用网络媒体平台,积极与各类媒体合作,并联合大型书店、学术书店、机场书店、网络书店、图书馆,构建起强大的学术图书内容传播平台,学术图书的媒体曝光率居全国之首,图书馆藏率居于全国出版机构前十位。

有温度,有情怀,有视野,更有梦想。未来社科文献将继续坚持专业化学术出版之路不动摇,着力搭建最具影响力的智库产品整合及传播平台、学术资源共享平台,为实现"社科文献梦"奠定坚实基础。

经济类

经 济 类

经济类皮书涵盖宏观经济、城市经济、大区域经济，提供权威、前沿的分析与预测

经济蓝皮书
2017年中国经济形势分析与预测
李扬/主编　2016年12月出版　定价：89.00元

◆ 本书为总理基金项目，由著名经济学家李扬领衔，联合中国社会科学院等数十家科研机构、国家部委和高等院校的专家共同撰写，系统分析了2016年的中国经济形势并预测2017年我国经济运行情况。

中国省域竞争力蓝皮书
中国省域经济综合竞争力发展报告（2015～2016）
李建平　李闽榕　高燕京/主编　2017年2月出版　估价：198.00元

◆ 本书融多学科的理论为一体，深入追踪研究了省域经济发展与中国国家竞争力的内在关系，为提升中国省域经济综合竞争力提供有价值的决策依据。

城市蓝皮书
中国城市发展报告 No.10
潘家华　单菁菁/主编　2017年9月出版　估价：89.00元

◆ 本书是由中国社会科学院城市发展与环境研究中心编著的，多角度、全方位地立体展示了中国城市的发展状况，并对中国城市的未来发展提出了许多建议。该书有强烈的时代感，对中国城市发展实践有重要的参考价值。

经济类

人口与劳动绿皮书
中国人口与劳动问题报告 No.18

蔡昉　张车伟/主编　2017年10月出版　估价：89.00元

◆ 本书为中国社科院人口与劳动经济研究所主编的年度报告，对当前中国人口与劳动形势做了比较全面和系统的深入讨论，为研究我国人口与劳动问题提供了一个专业性的视角。

世界经济黄皮书
2017年世界经济形势分析与预测

张宇燕/主编　2016年12月出版　定价：89.00元

◆ 本书由中国社会科学院世界经济与政治研究所的研究团队撰写，2016年世界经济增速进一步放缓，就业增长放慢。世界经济面临许多重大挑战同时，地缘政治风险、难民危机、大国政治周期、恐怖主义等问题也仍然在影响世界经济的稳定与发展。预计2017年按PPP计算的世界GDP增长率约为3.0%。

国际城市蓝皮书
国际城市发展报告（2017）

屠启宇/主编　2017年2月出版　估价：89.00元

◆ 本书作者以上海社会科学院从事国际城市研究的学者团队为核心，汇集同济大学、华东师范大学、复旦大学、上海交通大学、南京大学、浙江大学相关城市研究专业学者。立足动态跟踪介绍国际城市发展时间中，最新出现的重大战略、重大理念、重大项目、重大报告和最佳案例。

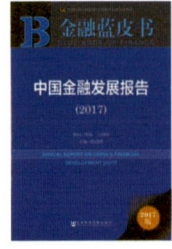

金融蓝皮书
中国金融发展报告（2017）

李扬　王国刚/主编　2017年1月出版　估价：89.00元

◆ 本书由中国社会科学院金融研究所组织编写，概括和分析了2016年中国金融发展和运行中的各方面情况，研讨和评论了2016年发生的主要金融事件，有利于读者了解掌握2016年中国的金融状况，把握2017年中国金融的走势。

经济类

农村绿皮书
中国农村经济形势分析与预测（2016～2017）

魏后凯　杜志雄　黄秉信/著　2017年4月出版　估价：89.00元

◆ 本书描述了2016年中国农业农村经济发展的一些主要指标和变化，并对2017年中国农业农村经济形势的一些展望和预测，提出相应的政策建议。

西部蓝皮书
中国西部发展报告（2017）

姚慧琴　徐璋勇/主编　2017年9月出版　估价：89.00元

◆ 本书由西北大学中国西部经济发展研究中心主编，汇集了源自西部本土以及国内研究西部问题的权威专家的第一手资料，对国家实施西部大开发战略进行年度动态跟踪，并对2017年西部经济、社会发展态势进行预测和展望。

经济蓝皮书·夏季号
中国经济增长报告（2016～2017）

李扬/主编　2017年9月出版　估价：98.00元

◆ 中国经济增长报告主要探讨2016~2017年中国经济增长问题，以专业视角解读中国经济增长，力求将其打造成一个研究中国经济增长、服务宏微观各级决策的周期性、权威性读物。

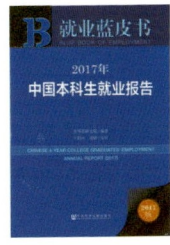

就业蓝皮书
2017年中国本科生就业报告

麦可思研究院/编著　2017年6月出版　估价：98.00元

◆ 本书基于大量的数据和调研，内容翔实，调查独到，分析到位，用数据说话，对我国大学生教育与发展起到了很好的建言献策作用。

社会政法类

社会政法类

 社会政法类皮书聚焦社会发展领域的热点、难点问题，提供权威、原创的资讯与视点

社会蓝皮书
2017年中国社会形势分析与预测

李培林　陈光金　张翼 / 主编　2016年12月出版　定价：89.00元

◆ 本书由中国社会科学院社会学研究所组织研究机构专家、高校学者和政府研究人员撰写，聚焦当下社会热点，对2016年中国社会发展的各个方面内容进行了权威解读，同时对2017年社会形势发展趋势进行了预测。

法治蓝皮书
中国法治发展报告 No.15（2017）

李林　田禾 / 主编　2017年3月出版　估价：118.00元

◆ 本年度法治蓝皮书回顾总结了2016年度中国法治发展取得的成就和存在的不足，并对2017年中国法治发展形势进行了预测和展望。

社会体制蓝皮书
中国社会体制改革报告 No.5（2017）

龚维斌 / 主编　2017年4月出版　估价：89.00元

◆ 本书由国家行政学院社会治理研究中心和北京师范大学中国社会管理研究院共同组织编写，主要对2016年社会体制改革情况进行回顾和总结，对2017年的改革走向进行分析，提出相关政策建议。

社会心态蓝皮书
中国社会心态研究报告（2017）
王俊秀　杨宜音 / 主编　2017 年 12 月出版　估价：89.00 元

◆ 本书是中国社会科学院社会学研究所社会心理研究中心"社会心态蓝皮书课题组"的年度研究成果，运用社会心理学、社会学、经济学、传播学等多种学科的方法进行了调查和研究，对于目前我国社会心态状况有较广泛和深入的揭示。

生态城市绿皮书
中国生态城市建设发展报告（2017）
刘举科　孙伟平　胡文臻 / 主编　2017 年 7 月出版　估价：118.00 元

◆ 报告以绿色发展、循环经济、低碳生活、民生宜居为理念，以更新民众观念、提供决策咨询、指导工程实践、引领绿色发展为宗旨，试图探索一条具有中国特色的城市生态文明建设新路。

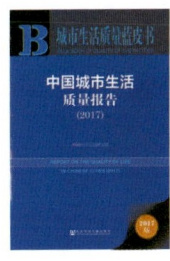

城市生活质量蓝皮书
中国城市生活质量报告（2017）
中国经济实验研究院 / 主编　2017 年 7 月出版　估价：89.00 元

◆ 本书对全国 35 个城市居民的生活质量主观满意度进行了电话调查，同时对 35 个城市居民的客观生活质量指数进行了计算，为我国城市居民生活质量的提升，提出了针对性的政策建议。

公共服务蓝皮书
中国城市基本公共服务力评价（2017）
钟君　吴正杲 / 主编　2017 年 12 月出版　估价：89.00 元

◆ 中国社会科学院经济与社会建设研究室与华图政信调查组成联合课题组，从 2010 年开始对基本公共服务力进行研究，研创了基本公共服务力评价指标体系，为政府考核公共服务与社会管理工作提供了理论工具。

行业报告类

行业报告类皮书立足重点行业、新兴行业领域，提供及时、前瞻的数据与信息

企业社会责任蓝皮书
中国企业社会责任研究报告（2017）

黄群慧　钟宏武　张蒽　翟利峰 / 著　2017 年 10 月出版　估价：89.00 元

◆ 本书剖析了中国企业社会责任在 2016～2017 年度的最新发展特征，详细解读了省域国有企业在社会责任方面的阶段性特征，生动呈现了国内外优秀企业的社会责任实践。对了解中国企业社会责任履行现状、未来发展，以及推动社会责任建设有重要的参考价值。

新能源汽车蓝皮书
中国新能源汽车产业发展报告（2017）

中国汽车技术研究中心　日产（中国）投资有限公司　东风汽车有限公司 / 编著　2017 年 7 月出版　估价：98.00 元

◆ 本书对我国 2016 年新能源汽车产业发展进行了全面系统的分析，并介绍了国外的发展经验。有助于相关机构、行业和社会公众等了解中国新能源汽车产业发展的最新动态，为政府部门出台新能源汽车产业相关政策法规、企业制定相关战略规划，提供必要的借鉴和参考。

杜仲产业绿皮书
中国杜仲橡胶资源与产业发展报告（2016～2017）

杜红岩　胡文臻　俞锐 / 主编　2017 年 1 月出版　估价：85.00 元

◆ 本书对 2016 年来的杜仲产业的发展情况、研究团队在杜仲研究方面取得的重要成果、部分地区杜仲产业发展的具体情况、杜仲新标准的制定情况等进行了较为详细的分析与介绍，使广大关心杜仲产业发展的读者能够及时跟踪产业最新进展。

> 行业报告类

企业蓝皮书
中国企业绿色发展报告 No.2（2017）

李红玉　朱光辉 / 主编　　2017 年 8 月出版　　估价：89.00 元

◆ 本书深入分析中国企业能源消费、资源利用、绿色金融、绿色产品、绿色管理、信息化、绿色发展政策及绿色文化方面的现状，并对目前存在的问题进行研究，剖析因果，谋划对策。为企业绿色发展提供借鉴，为我国生态文明建设提供支撑。

中国上市公司蓝皮书
中国上市公司发展报告（2017）

张平　王宏淼 / 主编　　2017 年 10 月出版　　估价：98.00 元

◆ 本书由中国社会科学院上市公司研究中心组织编写的，着力于全面、真实、客观反映当前中国上市公司财务状况和价值评估的综合性年度报告。本书详尽分析了 2016 年中国上市公司情况，特别是现实中暴露出的制度性、基础性问题，并对资本市场改革进行了探讨。

资产管理蓝皮书
中国资产管理行业发展报告（2017）

智信资产管理研究院 / 编著　　2017 年 6 月出版　　估价：89.00 元

◆ 中国资产管理行业刚刚兴起，未来将中国金融市场最有看点的行业。本书主要分析了 2016 年度资产管理行业的发展情况，同时对资产管理行业的未来发展做出科学的预测。

体育蓝皮书
中国体育产业发展报告（2017）

阮伟　钟秉枢 / 主编　　2017 年 12 月出版　　估价：89.00 元

◆ 本书运用多种研究方法，在对于体育竞赛业、体育用品业、体育场馆业、体育传媒业等传统产业研究的基础上，紧紧围绕 2016 年体育领域内的各种热点事件进行研究和梳理，进一步拓宽了研究的广度、提升了研究的高度、挖掘了研究的深度。

国别与地区类

国别与地区类皮书关注全球重点国家与地区，提供全面、独特的解读与研究

美国蓝皮书
美国研究报告（2017）

郑秉文 黄平 / 主编　2017 年 6 月出版　估价：89.00 元

◆ 本书是由中国社会科学院美国所主持完成的研究成果，它回顾了美国 2016 年的经济、政治形势与外交战略，对 2017 年以来美国内政外交发生的重大事件及重要政策进行了较为全面的回顾和梳理。

日本蓝皮书
日本研究报告（2017）

杨伯江 / 主编　2017 年 5 月出版　估价：89.00 元

◆ 本书对 2016 年拉丁美洲和加勒比地区诸国的政治、经济、社会、外交等方面的发展情况做了系统介绍，对该地区相关国家的热点及焦点问题进行了总结和分析，并在此基础上对该地区各国 2017 年的发展前景做出预测。

亚太蓝皮书
亚太地区发展报告（2017）

李向阳 / 主编　2017 年 3 月出版　估价：89.00 元

◆ 本书是中国社会科学院亚太与全球战略研究院的集体研究成果。2016 年的"亚太蓝皮书"继续关注中国周边环境的变化。该书盘点了 2016 年亚太地区的焦点和热点问题，为深入了解 2016 年及未来中国与周边环境的复杂形势提供了重要参考。

德国蓝皮书
德国发展报告（2017）

郑春荣 / 主编 2017 年 6 月出版 估价：89.00 元

◆ 本报告由同济大学德国研究所组织编撰，由该领域的专家学者对德国的政治、经济、社会文化、外交等方面的形势发展情况，进行全面的阐述与分析。

日本经济蓝皮书
日本经济与中日经贸关系研究报告（2017）

王洛林 张季风 / 编著 2017 年 5 月出版 估价：89.00 元

◆ 本书系统、详细地介绍了 2016 年日本经济以及中日经贸关系发展情况，在进行了大量数据分析的基础上，对 2017 年日本经济以及中日经贸关系的大致发展趋势进行了分析与预测。

俄罗斯黄皮书
俄罗斯发展报告（2017）

李永全 / 编著 2017 年 7 月出版 估价：89.00 元

◆ 本书系统介绍了 2016 年俄罗斯经济政治情况，并对 2016 年该地区发生的焦点、热点问题进行了分析与回顾；在此基础上，对该地区 2017 年的发展前景进行了预测。

非洲黄皮书
非洲发展报告 No.19（2016 ~ 2017）

张宏明 / 主编 2017 年 8 月出版 估价：89.00 元

◆ 本书是由中国社会科学院西亚非洲研究所组织编撰的非洲形势年度报告，比较全面、系统地分析了 2016 年非洲政治形势和热点问题，探讨了非洲经济形势和市场走向，剖析了大国对非洲关系的新动向；此外，还介绍了国内非洲研究的新成果。

地方发展类

地方发展类皮书关注中国各省份、经济区域，提供科学、多元的预判与资政信息

北京蓝皮书
北京公共服务发展报告（2016~2017）

施昌奎 / 主编　2017年2月出版　估价：89.00元

◆ 本书是由北京市政府职能部门的领导、首都著名高校的教授、知名研究机构的专家共同完成的关于北京市公共服务发展与创新的研究成果。

河南蓝皮书
河南经济发展报告（2017）

张占仓 / 编著　2017年3月出版　估价：89.00元

◆ 本书以国内外经济发展环境和走向为背景，主要分析当前河南经济形势，预测未来发展趋势，全面反映河南经济发展的最新动态、热点和问题，为地方经济发展和领导决策提供参考。

广州蓝皮书
2017年中国广州经济形势分析与预测

庾建设　陈浩钿　谢博能 / 主编　2017年7月出版　估价：85.00元

◆ 本书由广州大学与广州市委政策研究室、广州市统计局联合主编，汇集了广州科研团体、高等院校和政府部门诸多经济问题研究专家、学者和实际部门工作者的最新研究成果，是关于广州经济运行情况和相关专题分析、预测的重要参考资料。

文化传媒类

文化传媒类

文化传媒类皮书透视文化领域、文化产业，探索文化大繁荣、大发展的路径

新媒体蓝皮书
中国新媒体发展报告 No.8（2017）

唐绪军 / 主编　2017 年 6 月出版　估价：89.00 元

◆ 本书是由中国社会科学院新闻与传播研究所组织编写的关于新媒体发展的最新年度报告，旨在全面分析中国新媒体的发展现状，解读新媒体的发展趋势，探析新媒体的深刻影响。

移动互联网蓝皮书
中国移动互联网发展报告（2017）

官建文 / 编著　2017 年 6 月出版　估价：89.00 元

◆ 本书着眼于对中国移动互联网 2016 年度的发展情况做深入解析，对未来发展趋势进行预测，力求从不同视角、不同层面全面剖析中国移动互联网发展的现状、年度突破及热点趋势等。

传媒蓝皮书
中国传媒产业发展报告（2017）

崔保国 / 主编　2017 年 5 月出版　估价：98.00 元

◆ "传媒蓝皮书"连续十多年跟踪观察和系统研究中国传媒产业发展。本报告在对传媒产业总体以及各细分行业发展状况与趋势进行深入分析基础上，对年度发展热点进行跟踪，剖析新技术引领下的商业模式，对传媒各领域发展趋势、内体经营、传媒投资进行解析，为中国传媒产业正在发生的变革提供前瞻性参考。

经济类

"三农"互联网金融蓝皮书
中国"三农"互联网金融发展报告（2017）
著（编）者：李勇坚 王弢　2017年8月出版 / 估价：98.00元
PSN B-2016-561-1/1

G20国家创新竞争力黄皮书
二十国集团（G20）国家创新竞争力发展报告（2016~2017）
著（编）者：李建平 李闽榕 赵新力　周天勇
2017年8月出版 / 估价：158.00元
PSN Y-2011-229-1/1

产业蓝皮书
中国产业竞争力报告（2017）No.7
著（编）者：张其仔　2017年12月出版 / 估价：98.00元
PSN B-2010-175-1/1

城市创新蓝皮书
中国城市创新报告（2017）
著（编）者：周天勇 旷建伟　2017年11月出版 / 估价：89.00元
PSN B-2013-340-1/1

城市蓝皮书
中国城市发展报告 No.10
著（编）者：潘家华 单菁菁　2017年9月出版 / 估价：89.00元
PSN B-2007-091-1/1

城乡一体化蓝皮书
中国城乡一体化发展报告（2016～2017）
著（编）者：汝信 付崇兰　2017年7月出版 / 估价：85.00元
PSN B-2011-226-1/2

城镇化蓝皮书
中国新型城镇化健康发展报告（2017）
著（编）者：张占斌　2017年8月出版 / 估价：89.00元
PSN B-2014-396-1/1

创新蓝皮书
创新型国家建设报告（2016～2017）
著（编）者：詹正茂　2017年12月出版 / 估价：89.00元
PSN B-2009-140-1/1

创业蓝皮书
中国创业发展报告（2016～2017）
著（编）者：黄群慧 赵卫星 钟宏武等
2017年11月出版 / 估价：89.00元
PSN B-2016-578-1/1

低碳发展蓝皮书
中国低碳发展报告（2016~2017）
著（编）者：齐晔 张希良　2017年3月出版 / 估价：98.00元
PSN B-2011-223-1/1

低碳经济蓝皮书
中国低碳经济发展报告（2017）
著（编）者：薛进军 赵忠秀　2017年6月出版 / 估价：85.00元
PSN B-2011-194-1/1

东北蓝皮书
中国东北地区发展报告（2017）
著（编）者：朱宇 张新颖　2017年12月出版 / 估价：89.00元
PSN B-2006-067-1/1

发展与改革蓝皮书
中国经济发展和体制改革报告No.8
著（编）者：邹东涛 王再文　2017年1月出版 / 估价：98.00元
PSN B-2008-122-1/1

工业化蓝皮书
中国工业化进程报告（2017）
著（编）者：黄群慧　2017年12月出版 / 估价：158.00元
PSN B-2007-095-1/1

管理蓝皮书
中国管理发展报告（2017）
著（编）者：张晓东　2017年10月出版 / 估价：98.00元
PSN B-2014-416-1/1

国际城市蓝皮书
国际城市发展报告（2017）
著（编）者：屠启宇　2017年2月出版 / 估价：89.00元
PSN B-2012-260-1/1

国家创新蓝皮书
中国创新发展报告（2017）
著（编）者：陈劲　2017年12月出版 / 估价：89.00元
PSN B-2014-370-1/1

金融蓝皮书
中国金融发展报告（2017）
著（编）者：李扬 王国刚　2017年12月出版 / 估价：89.00元
PSN B-2004-031-1/6

京津冀金融蓝皮书
京津冀金融发展报告（2017）
著（编）者：王爱俭 李向前
2017年3月出版 / 估价：89.00元
PSN B-2016-528-1/1

京津冀蓝皮书
京津冀发展报告（2017）
著（编）者：文魁 祝尔娟　2017年4月出版 / 估价：89.00元
PSN B-2012-262-1/1

经济蓝皮书
2017年中国经济形势分析与预测
著（编）者：李扬　2016年12月出版 / 定价：89.00元
PSN B-1996-001-1/1

经济蓝皮书·春季号
2017年中国经济前景分析
著（编）者：李扬　2017年6月出版 / 估价：89.00元
PSN B-1999-008-1/1

经济蓝皮书·夏季号
中国经济增长报告（2016～2017）
著（编）者：李扬　2017年9月出版 / 估价：98.00元
PSN B-2010-176-1/1

经济信息绿皮书
中国与世界经济发展报告（2017）
著（编）者：杜平　2017年12月出版 / 估价：89.00元
PSN G-2003-023-1/1

就业蓝皮书
2017年中国本科生就业报告
著（编）者：麦可思研究院　2017年6月出版 / 估价：98.00元
PSN B-2009-146-1/2

经济类

就业蓝皮书
2017年中国高职高专生就业报告
著(编)者：麦可思研究院　2017年6月出版 / 估价：98.00元
PSN B-2015-472-2/2

科普能力蓝皮书
中国科普能力评价报告（2017）
著(编)者：李富 强李群　2017年8月出版 / 估价：89.00元
PSN B-2016-556-1/1

临空经济蓝皮书
中国临空经济发展报告（2017）
著(编)者：连玉明　2017年9月出版 / 估价：89.00元
PSN B-2014-421-1/1

农村绿皮书
中国农村经济形势分析与预测（2016～2017）
著(编)者：魏后凯 杜志雄 黄秉信
2017年4月出版 / 估价：89.00元
PSN G-1998-003-1/1

农业应对气候变化蓝皮书
气候变化对中国农业影响评估报告 No.3
著(编)者：矫梅燕　2017年8月出版 / 估价：98.00元
PSN B-2014-413-1/1

气候变化绿皮书
应对气候变化报告（2017）
著(编)者：王伟光 郑国光　2017年6月出版 / 估价：89.00元
PSN G-2009-144-1/1

区域蓝皮书
中国区域经济发展报告（2016～2017）
著(编)者：赵弘　2017年6月出版 / 估价：89.00元
PSN B-2004-034-1/1

全球环境竞争力绿皮书
全球环境竞争力报告（2017）
著(编)者：李建平 李闽榕 王金南
2017年12月出版 / 估价：198.00元
PSN B-2013-363-1/1

人口与劳动绿皮书
中国人口与劳动问题报告 No.18
著(编)者：蔡昉 张车伟　2017年11月出版 / 估价：89.00元
PSN G-2000-012-1/1

商务中心区蓝皮书
中国商务中心区发展报告 No.3（2016）
著(编)者：李国红 单菁菁　2017年1月出版 / 估价：89.00元
PSN B-2015-444-1/1

世界经济黄皮书
2017年世界经济形势分析与预测
著(编)者：张宇燕　2016年12月出版 / 定价：89.00元
PSN Y-1999-006-1/1

世界旅游城市绿皮书
世界旅游城市发展报告（2017）
著(编)者：宋宇　2017年1月出版 / 估价：128.00元
PSN G-2014-400-1/1

土地市场蓝皮书
中国农村土地市场发展报告（2016～2017）
著(编)者：李光荣　2017年3月出版 / 估价：89.00元
PSN B-2016-527-1/1

西北蓝皮书
中国西北发展报告（2017）
著(编)者：高建龙　2017年3月出版 / 估价：89.00元
PSN B-2012-261-1/1

西部蓝皮书
中国西部发展报告（2017）
著(编)者：姚慧琴 徐璋勇　2017年9月出版 / 估价：89.00元
PSN B-2005-039-1/1

新型城镇化蓝皮书
新型城镇化发展报告（2017）
著(编)者：李伟 宋敏 沈体雁　2017年3月出版 / 估价：98.00元
PSN B-2014-431-1/1

新兴经济体蓝皮书
金砖国家发展报告（2017）
著(编)者：林跃勤 周文　2017年12月出版 / 估价：89.00元
PSN B-2011-195-1/1

长三角蓝皮书
2017年新常态下深化一体化的长三角
著(编)者：王庆五　2017年12月出版 / 估价：88.00元
PSN B-2005-038-1/1

中部竞争力蓝皮书
中国中部经济社会竞争力报告（2017）
著(编)者：教育部人文社会科学重点研究基地
　　　　南昌大学中国中部经济社会发展研究中心
2017年12月出版 / 估价：89.00元
PSN B-2012-276-1/1

中部蓝皮书
中国中部地区发展报告（2017）
著(编)者：宋亚平　2017年12月出版 / 估价：88.00元
PSN B-2007-089-1/1

中国省域竞争力蓝皮书
中国省域经济综合竞争力发展报告（2017）
著(编)者：李建平 李闽榕 高燕京
2017年2月出版 / 估价：198.00元
PSN B-2007-088-1/1

中三角蓝皮书
长江中游城市群发展报告（2017）
著(编)者：秦尊文　2017年9月出版 / 估价：89.00元
PSN B-2014-417-1/1

中小城市绿皮书
中国中小城市发展报告（2017）
著(编)者：中国城市经济学会中小城市经济发展委员会
　　　　中国城镇化促进会中小城市发展委员会
　　　　《中国中小城市发展报告》编纂委员会
　　　　中小城市发展战略研究院
2017年11月出版 / 估价：128.00元
PSN G-2010-161-1/1

中原蓝皮书
中原经济区发展报告（2017）
著(编)者：李英杰　2017年6月出版 / 估价：88.00元
PSN B-2011-192-1/1

自贸区蓝皮书
中国自贸区发展报告（2017）
著(编)者：王力　2017年7月出版 / 估价：89.00元
PSN B-2016-559-1/1

15

社会政法类

北京蓝皮书
中国社区发展报告（2017）
著(编)者：于燕燕　　2017年2月出版 / 估价：89.00元
PSN B-2007-083-5/8

殡葬绿皮书
中国殡葬事业发展报告（2017）
著(编)者：李伯森　　2017年4月出版 / 估价：158.00元
PSN G-2010-180-1/1

城市管理蓝皮书
中国城市管理报告（2016~2017）
著(编)者：刘林　刘承水　2017年5月出版 / 估价：158.00元
PSN B-2013-336-1/1

城市生活质量蓝皮书
中国城市生活质量报告（2017）
著(编)者：中国经济实验研究院
2017年7月出版 / 估价：89.00元
PSN B-2013-326-1/1

城市政府能力蓝皮书
中国城市政府公共服务能力评估报告（2017）
著(编)者：何艳玲　　2017年4月出版 / 估价：89.00元
PSN B-2013-338-1/1

慈善蓝皮书
中国慈善发展报告（2017）
著(编)者：杨团　　2017年6月出版 / 估价：89.00元
PSN B-2009-142-1/1

党建蓝皮书
党的建设研究报告 No.2（2017）
著(编)者：崔建民　陈东平　2017年2月出版 / 估价：89.00元
PSN B-2016-524-1/1

地方法治蓝皮书
中国地方法治发展报告 No.3（2017）
著(编)者：李林　田禾　2017年3月出版 / 估价：108.00元
PSN B-2015-442-1/1

法治蓝皮书
中国法治发展报告 No.15（2017）
著(编)者：李林　田禾　2017年3月出版 / 估价：118.00元
PSN B-2004-027-1/1

法治政府蓝皮书
中国法治政府发展报告（2017）
著(编)者：中国政法大学法治政府研究院
2017年2月出版 / 估价：98.00元
PSN B-2015-502-1/2

法治政府蓝皮书
中国法治政府评估报告（2017）
著(编)者：中国政法大学法治政府研究院
2016年11月出版 / 估价：98.00元
PSN B-2016-577-2/2

反腐倡廉蓝皮书
中国反腐倡廉建设报告 No.7
著(编)者：张英伟　　2017年12月出版 / 估价：89.00元
PSN B-2012-259-1/1

非传统安全蓝皮书
中国非传统安全研究报告（2016~2017）
著(编)者：余潇枫　魏志江　2017年6月出版 / 估价：89.00元
PSN B-2012-273-1/1

妇女发展蓝皮书
中国妇女发展报告 No.7
著(编)者：王金玲　　2017年9月出版 / 估价：148.00元
PSN B-2006-069-1/1

妇女教育蓝皮书
中国妇女教育发展报告 No.4
著(编)者：张李玺　　2017年10月出版 / 估价：78.00元
PSN B-2008-121-1/1

妇女绿皮书
中国性别平等与妇女发展报告（2017）
著(编)者：谭琳　　2017年12月出版 / 估价：99.00元
PSN G-2006-073-1/1

公共服务蓝皮书
中国城市基本公共服务力评价（2017）
著(编)者：钟君　吴正昊　2017年12月出版 / 估价：89.00元
PSN B-2011-214-1/1

公民科学素质蓝皮书
中国公民科学素质报告（2016~2017）
著(编)者：李群　陈雄　马宗文
2017年1月出版 / 估价：89.00元
PSN B-2014-379-1/1

公共关系蓝皮书
中国公共关系发展报告（2017）
著(编)者：柳斌杰　　2017年11月出版 / 估价：89.00元
PSN B-2016-580-1/1

公益蓝皮书
中国公益慈善发展报告（2017）
著(编)者：朱健刚　　2017年4月出版 / 估价：118.00元
PSN B-2012-283-1/1

国际人才蓝皮书
海外华侨华人专业人士报告（2017）
著(编)者：王辉耀　苗绿　2017年8月出版 / 估价：89.00元
PSN B-2014-409-4/4

国际人才蓝皮书
中国国际移民报告（2017）
著(编)者：王辉耀　　2017年2月出版 / 估价：89.00元
PSN B-2012-304-3/4

国际人才蓝皮书
中国留学发展报告（2017）No.5
著(编)者：王辉耀　苗绿　2017年10月出版 / 估价：89.00元
PSN B-2012-244-2/4

海洋社会蓝皮书
中国海洋社会发展报告（2017）
著(编)者：崔凤　宋宁而　2017年7月出版 / 估价：89.00元
PSN B-2015-478-1/1

社会政法类

行政改革蓝皮书
中国行政体制改革报告（2017）No.6
著(编)者：魏礼群　2017年5月出版 / 估价：98.00元
PSN B-2011-231-1/1

华侨华人蓝皮书
华侨华人研究报告（2017）
著(编)者：贾益民　2017年12月出版 / 估价：128.00元
PSN B-2011-204-1/1

环境竞争力绿皮书
中国省域环境竞争力发展报告（2017）
著(编)者：李建平　李闽榕　王金南
2017年11月出版 / 估价：198.00元
PSN G-2010-165-1/1

环境绿皮书
中国环境发展报告（2017）
著(编)者：刘鉴强　2017年11月出版 / 估价：89.00元
PSN G-2006-048-1/1

基金会蓝皮书
中国基金会发展报告（2016~2017）
著(编)者：中国基金会发展报告课题组
2017年4月出版 / 估价：85.00元
PSN B-2013-368-1/1

基金会绿皮书
中国基金会发展独立研究报告（2017）
著(编)者：基金会中心网　中央民族大学基金会研究中心
2017年6月出版 / 估价：88.00元
PSN G-2011-213-1/1

基金会透明度蓝皮书
中国基金会透明度发展研究报告（2017）
著(编)者：基金会中心网　清华大学廉政与治理研究中心
2017年12月出版 / 估价：89.00元
PSN B-2015-509-1/1

家庭蓝皮书
中国"创建幸福家庭活动"评估报告（2017）
国务院发展研究中心"创建幸福家庭活动评估"课题组著
2017年8月出版 / 估价：89.00元
PSN B-2012-261-1/1

健康城市蓝皮书
中国健康城市建设研究报告（2017）
著(编)者：王鸿春　解树江　盛继洪
2017年9月出版 / 估价：89.00元
PSN B-2016-565-2/2

教师蓝皮书
中国中小学教师发展报告（2017）
著(编)者：曾晓东　鱼霞　2017年6月出版 / 估价：89.00元
PSN B-2012-289-1/1

教育蓝皮书
中国教育发展报告（2017）
著(编)者：杨东平　2017年4月出版 / 估价：89.00元
PSN B-2006-047-1/1

科普蓝皮书
中国基层科普发展报告（2016~2017）
著(编)者：赵立　新陈玲　2017年9月出版 / 估价：89.00元
PSN B-2016-569-3/3

科普蓝皮书
中国科普基础设施发展报告（2017）
著(编)者：任福君　2017年6月出版 / 估价：89.00元
PSN B-2010-174-1/3

科普蓝皮书
中国科普人才发展报告（2017）
著(编)者：郑念　任嵘嵘　2017年4月出版 / 估价：98.00元
PSN B-2015-513-2/3

科学教育蓝皮书
中国科学教育发展报告（2017）
著(编)者：罗晖　王康友　2017年10月出版 / 估价：89.00元
PSN B-2015-487-1/1

劳动保障蓝皮书
中国劳动保障发展报告（2017）
著(编)者：刘燕斌　2017年9月出版 / 估价：188.00元
PSN B-2014-415-1/1

老龄蓝皮书
中国老年宜居环境发展报告（2017）
著(编)者：党俊武　周燕珉　2017年1月出版 / 估价：89.00元
PSN B-2013-320-1/1

连片特困区蓝皮书
中国连片特困区发展报告（2017）
著(编)者：游俊　冷志明　丁建军
2017年3月出版 / 估价：98.00元
PSN B-2013-321-1/1

民间组织蓝皮书
中国民间组织报告（2017）
著(编)者：黄晓勇　2017年12月出版 / 估价：89.00元
PSN B-2008-118-1/1

民调蓝皮书
中国民生调查报告（2017）
著(编)者：谢耘耕　2017年12月出版 / 估价：98.00元
PSN B-2014-398-1/1

民族发展蓝皮书
中国民族发展报告（2017）
著(编)者：郝时远　王延中　王希恩
2017年4月出版 / 估价：98.00元
PSN B-2006-070-1/1

女性生活蓝皮书
中国女性生活状况报告 No.11（2017）
著(编)者：韩湘景　2017年10月出版 / 估价：98.00元
PSN B-2006-071-1/1

汽车社会蓝皮书
中国汽车社会发展报告（2017）
著(编)者：王俊秀　2017年1月出版 / 估价：89.00元
PSN B-2011-224-1/1

社会政法类

青年蓝皮书
中国青年发展报告（2017）No.3
著(编)者：廉思 等　2017年4月出版 / 估价：89.00元
PSN B-2013-333-1/1

青少年蓝皮书
中国未成年人互联网运用报告（2017）
著(编)者：李文革 沈杰 季为民
2017年11月出版 / 估价：89.00元
PSN B-2010-156-1/1

青少年体育蓝皮书
中国青少年体育发展报告（2017）
著(编)者：郭建军 杨桦　2017年9月出版 / 估价：89.00元
PSN B-2015-482-1/1

群众体育蓝皮书
中国群众体育发展报告（2017）
著(编)者：刘国永 杨桦　2017年12月出版 / 估价：89.00元
PSN B-2016-519-2/3

人权蓝皮书
中国人权事业发展报告No.7（2017）
著(编)者：李君如　2017年9月出版 / 估价：98.00元
PSN B-2011-215-1/1

社会保障绿皮书
中国社会保障发展报告（2017）No.9
著(编)者：王延中　2017年4月出版 / 估价：89.00元
PSN G-2001-014-1/1

社会风险评估蓝皮书
风险评估与危机预警评估报告（2017）
著(编)者：唐钧　2017年8月出版 / 估价：85.00元
PSN B-2016-521-1/1

社会工作蓝皮书
中国社会工作发展报告（2017）
著(编)者：民政部社会工作研究中心
2017年8月出版 / 估价：89.00元
PSN B-2009-141-1/1

社会管理蓝皮书
中国社会管理创新报告No.5
著(编)者：连玉明　2017年11月出版 / 估价：89.00元
PSN B-2012-300-1/1

社会蓝皮书
2017年中国社会形势分析与预测
著(编)者：李培林 陈光金 张翼
2016年12月出版 / 定价：89.00元
PSN B-1998-002-1/1

社会体制蓝皮书
中国社会体制改革报告No.5（2017）
著(编)者：龚维斌　2017年4月出版 / 估价：89.00元
PSN B-2013-330-1/1

社会心态蓝皮书
中国社会心态研究报告（2017）
著(编)者：王俊秀 杨宜音　2017年12月出版 / 估价：89.00元
PSN B-2011-199-1/1

社会组织蓝皮书
中国社会组织评估发展报告（2017）
著(编)者：徐家良 廖鸿　2017年12月出版 / 估价：89.00元
PSN B-2013-366-1/1

生态城市绿皮书
中国生态城市建设发展报告（2017）
著(编)者：刘举科 孙伟平 胡文臻
2017年9月出版 / 估价：118.00元
PSN G-2012-269-1/1

生态文明绿皮书
中国省域生态文明建设评价报告（ECI 2017）
著(编)者：严耕　2017年12月出版 / 估价：98.00元
PSN G-2010-170-1/1

体育蓝皮书
中国公共体育服务发展报告（2017）
著(编)者：戴健　2017年12月出版 / 估价：89.00元
PSN B-2013-367-2/4

土地整治蓝皮书
中国土地整治发展研究报告No.4
著(编)者：国土资源部土地整治中心
2017年7月出版 / 估价：89.00元
PSN B-2014-401-1/1

土地政策蓝皮书
中国土地政策研究报告（2017）
著(编)者：高延利 李宪文
2017年12月出版 / 估价：89.00元
PSN B-2015-506-1/1

医改蓝皮书
中国医药卫生体制改革报告（2017）
著(编)者：文学国 房志武　2017年11月出版 / 估价：98.00元
PSN B-2014-432-1/1

医疗卫生绿皮书
中国医疗卫生发展报告No.7（2017）
著(编)者：申宝忠 韩玉珍　2017年4月出版 / 估价：85.00元
PSN G-2004-033-1/1

应急管理蓝皮书
中国应急管理报告（2017）
著(编)者：宋英华　2017年9月出版 / 估价：98.00元
PSN B-2016-563-1/1

政治参与蓝皮书
中国政治参与报告（2017）
著(编)者：房宁　2017年9月出版 / 估价：118.00元
PSN B-2011-200-1/1

中国农村妇女发展蓝皮书
农村流动女性城市生活发展报告（2017）
著(编)者：谢丽华　2017年12月出版 / 估价：89.00元
PSN B-2014-434-1/1

宗教蓝皮书
中国宗教报告（2017）
著(编)者：邱永辉　2017年4月出版 / 估价：89.00元
PSN B-2008-117-1/1

行业报告类

SUV蓝皮书
中国SUV市场发展报告（2016~2017）
著(编)者：靳军　　2017年9月出版 / 估价：89.00元
PSN B-2016-572-1/1

保健蓝皮书
中国保健服务产业发展报告 No.2
著(编)者：中国保健协会　中共中央党校
2017年7月出版 / 估价：198.00元
PSN B-2012-272-3/3

保健蓝皮书
中国保健食品产业发展报告 No.2
著(编)者：中国保健协会
　　　　中国社会科学院食品药品产业发展与监管研究中心
2017年7月出版 / 估价：198.00元
PSN B-2012-271-2/3

保健蓝皮书
中国保健用品产业发展报告 No.2
著(编)者：中国保健协会
　　　　国务院国有资产监督管理委员会研究中心
2017年3月出版 / 估价：198.00元
PSN B-2012-270-1/3

保险蓝皮书
中国保险业竞争力报告（2017）
著(编)者：项俊波　　2017年12月出版 / 估价：99.00元
PSN B-2013-311-1/1

冰雪蓝皮书
中国滑雪产业发展报告（2017）
著(编)者：孙承华　伍斌　魏庆华　张鸿俊
2017年8月出版 / 估价：89.00元
PSN B-2016-560-1/1

彩票蓝皮书
中国彩票发展报告（2017）
著(编)者：益彩基金　　2017年4月出版 / 估价：98.00元
PSN B-2015-462-1/1

餐饮产业蓝皮书
中国餐饮产业发展报告（2017）
著(编)者：邢颖　　2017年6月出版 / 估价：98.00元
PSN B-2009-151-1/1

测绘地理信息蓝皮书
新常态下的测绘地理信息研究报告（2017）
著(编)者：库热西·买合苏提
2017年12月出版 / 估价：118.00元
PSN B-2009-145-1/1

茶业蓝皮书
中国茶产业发展报告（2017）
著(编)者：杨江帆　李闽榕　　2017年10月出版 / 估价：88.00元
PSN B-2010-164-1/1

产权市场蓝皮书
中国产权市场发展报告（2016~2017）
著(编)者：曹和平　　2017年5月出版 / 估价：89.00元
PSN B-2009-147-1/1

产业安全蓝皮书
中国出版传媒产业安全报告（2016~2017）
著(编)者：北京印刷学院文化产业安全研究院
2017年3月出版 / 估价：89.00元
PSN B-2014-384-13/14

产业安全蓝皮书
中国文化产业安全报告（2017）
著(编)者：北京印刷学院文化产业安全研究院
2017年12月出版 / 估价：89.00元
PSN B-2014-378-12/14

产业安全蓝皮书
中国新媒体产业安全报告（2017）
著(编)者：北京印刷学院文化产业安全研究院
2017年12月出版 / 估价：89.00元
PSN B-2015-500-14/14

城投蓝皮书
中国城投行业发展报告（2017）
著(编)者：王晨艳　丁伯康　　2017年11月出版 / 估价：300.00元
PSN B-2016-514-1/1

电子政务蓝皮书
中国电子政务发展报告（2016~2017）
著(编)者：李季　杜平　　2017年7月出版 / 估价：89.00元
PSN B-2003-022-1/1

杜仲产业绿皮书
中国杜仲橡胶资源与产业发展报告（2016~2017）
著(编)者：杜红岩　胡文臻　俞锐
2017年1月出版 / 估价：85.00元
PSN G-2013-350-1/1

房地产蓝皮书
中国房地产发展报告 No.14（2017）
著(编)者：李春华　王业强　　2017年5月出版 / 估价：89.00元
PSN B-2004-028-1/1

服务外包蓝皮书
中国服务外包产业发展报告（2017）
著(编)者：王晓红　刘德军
2017年6月出版 / 估价：89.00元
PSN B-2013-331-2/2

服务外包蓝皮书
中国服务外包竞争力报告（2017）
著(编)者：王力　刘春生　黄育华
2017年11月出版 / 估价：85.00元
PSN B-2011-216-1/2

工业和信息化蓝皮书
世界网络安全发展报告（2016~2017）
著(编)者：洪京一　　2017年4月出版 / 估价：89.00元
PSN B-2015-452-5/5

工业和信息化蓝皮书
世界信息化发展报告（2016~2017）
著(编)者：洪京一　　2017年4月出版 / 估价：89.00元
PSN B-2015-451-4/5

行业报告类

工业和信息化蓝皮书
世界信息技术产业发展报告（2016~2017）
著(编)者：洪京一　2017年4月出版／估价：89.00元
PSN B-2015-449-2/5

工业和信息化蓝皮书
移动互联网产业发展报告（2016~2017）
著(编)者：洪京一　2017年4月出版／估价：89.00元
PSN B-2015-448-1/5

工业和信息化蓝皮书
战略性新兴产业发展报告（2016~2017）
著(编)者：洪京一　2017年4月出版／估价：89.00元
PSN B-2015-450-3/5

工业设计蓝皮书
中国工业设计发展报告（2017）
著(编)者：王晓红　于炜　张立群
2017年9月出版／估价：138.00元
PSN B-2014-420-1/1

黄金市场蓝皮书
中国商业银行黄金业务发展报告（2016~2017）
著(编)者：平安银行　2017年3月出版／估价：98.00元
PSN B-2016-525-1/1

互联网金融蓝皮书
中国互联网金融发展报告（2017）
著(编)者：李东荣　2017年9月出版／估价：128.00元
PSN B-2014-374-1/1

互联网医疗蓝皮书
中国互联网医疗发展报告（2017）
著(编)者：宫晓东　2017年9月出版／估价：89.00元
PSN B-2016-568-1/1

会展蓝皮书
中外会展业动态评估年度报告（2017）
著(编)者：张敏　2017年1月出版／估价：88.00元
PSN B-2013-327-1/1

金融监管蓝皮书
中国金融监管报告（2017）
著(编)者：胡滨　2017年6月出版／估价：89.00元
PSN B-2012-281-1/1

金融蓝皮书
中国金融中心发展报告（2017）
著(编)者：王力　黄育华　2017年11月出版／估价：85.00元
PSN B-2011-186-6/6

建筑装饰蓝皮书
中国建筑装饰行业发展报告（2017）
著(编)者：刘晓一　葛顺道　2017年7月出版／估价：198.00元
PSN B-2016-554-1/1

客车蓝皮书
中国客车产业发展报告（2016~2017）
著(编)者：姚蔚　2017年10月出版／估价：85.00元
PSN B-2013-361-1/1

旅游安全蓝皮书
中国旅游安全报告（2017）
著(编)者：郑向敏　谢朝武　2017年5月出版／估价：128.00元
PSN B-2012-280-1/1

旅游绿皮书
2016~2017年中国旅游发展分析与预测
著(编)者：张广瑞　刘德谦　2017年4月出版／估价：89.00元
PSN G-2002-018-1/1

煤炭蓝皮书
中国煤炭工业发展报告（2017）
著(编)者：岳福斌　2017年12月出版／估价：85.00元
PSN B-2008-123-1/1

民营企业社会责任蓝皮书
中国民营企业社会责任报告（2017）
著(编)者：中华全国工商业联合会
2017年12月出版／估价：89.00元
PSN B-2015-511-1/1

民营医院蓝皮书
中国民营医院发展报告（2017）
著(编)者：庄一强　2017年10月出版／估价：85.00元
PSN B-2012-299-1/1

闽商蓝皮书
闽商发展报告（2017）
著(编)者：李闽榕　王日根　林琛
2017年12月出版／估价：89.00元
PSN B-2012-298-1/1

能源蓝皮书
中国能源发展报告（2017）
著(编)者：崔民选　王军生　陈义和
2017年10月出版／估价：98.00元
PSN B-2006-049-1/1

农产品流通蓝皮书
中国农产品流通产业发展报告（2017）
著(编)者：贾敬敦　张东科　张玉玺　张鹏毅　周伟
2017年1月出版／估价：89.00元
PSN B-2012-288-1/1

企业公益蓝皮书
中国企业公益研究报告（2017）
著(编)者：钟宏武　汪杰　顾一　黄晓娟　等
2017年12月出版／估价：89.00元
PSN B-2015-501-1/1

企业国际化蓝皮书
中国企业国际化报告（2017）
著(编)者：王辉耀　2017年11月出版／估价：98.00元
PSN B-2014-427-1/1

企业蓝皮书
中国企业绿色发展报告No.2（2017）
著(编)者：李红玉　朱光辉　2017年8月出版／估价：89.00元
PSN B-2015-481-2/2

企业社会责任蓝皮书
中国企业社会责任研究报告（2017）
著(编)者：黄群慧　钟宏武　张蒽　翟利峰
2017年11月出版／估价：89.00元
PSN B-2009-149-1/1

汽车安全蓝皮书
中国汽车安全发展报告（2017）
著(编)者：中国汽车技术研究中心
2017年7月出版／估价：89.00元
PSN B-2014-385-1/1

行业报告类

汽车电子商务蓝皮书
中国汽车电子商务发展报告（2017）
著(编)者：中华全国工商业联合会汽车经销商商会
　　　　　北京易观智库网络科技有限公司
2017年10月出版 / 估价：128.00元
PSN B-2015-485-1/1

汽车工业蓝皮书
中国汽车工业发展年度报告（2017）
著(编)者：中国汽车工业协会 中国汽车技术研究中心
　　　　　丰田汽车（中国）投资有限公司
2017年4月出版 / 估价：128.00元
PSN B-2015-463-1/2

汽车工业蓝皮书
中国汽车零部件产业发展报告（2017）
著(编)者：中国汽车工业协会 中国汽车工程研究院
2017年10月出版 / 估价：98.00元
PSN B-2016-515-2/2

汽车蓝皮书
中国汽车产业发展报告（2017）
著(编)者：国务院发展研究中心产业经济研究部
　　　　　中国汽车工程学会 大众汽车集团（中国）
2017年8月出版 / 估价：98.00元
PSN B-2008-124-1/1

人力资源蓝皮书
中国人力资源发展报告（2017）
著(编)者：余兴安　2017年11月出版 / 估价：89.00元
PSN B-2012-287-1/1

融资租赁蓝皮书
中国融资租赁业发展报告（2016～2017）
著(编)者：李光荣 王力　2017年8月出版 / 估价：89.00元
PSN B-2015-443-1/1

商会蓝皮书
中国商会发展报告No.5（2017）
著(编)者：王钦敏　2017年7月出版 / 估价：89.00元
PSN B-2008-125-1/1

输血服务蓝皮书
中国输血行业发展报告（2017）
著(编)者：朱永明 耿鸿武　2016年8月出版 / 估价：89.00元
PSN B-2016-583-1/1

上市公司蓝皮书
中国上市公司社会责任信息披露报告（2017）
著(编)者：张旺 张杨　2017年11月出版 / 估价：89.00元
PSN B-2011-234-1/2

社会责任管理蓝皮书
中国上市公司社会责任能力成熟度报告（2017）No.2
著(编)者：肖红军 王晓光 李伟阳
2017年12月出版 / 估价：98.00元
PSN B-2015-507-2/2

社会责任管理蓝皮书
中国企业公众透明度报告(2017)No.3
著(编)者：黄速建 熊梦 王晓光 肖红军
2017年1月出版 / 估价：98.00元
PSN B-2015-440-1/2

食品药品蓝皮书
食品药品安全与监管政策研究报告（2016～2017）
著(编)者：唐民皓　2017年6月出版 / 估价：89.00元
PSN B-2009-129-1/1

世界能源蓝皮书
世界能源发展报告（2017）
著(编)者：黄晓勇　2017年6月出版 / 估价：99.00元
PSN B-2013-349-1/1

水利风景区蓝皮书
中国水利风景区发展报告（2017）
著(编)者：谢婵才 兰思仁　2017年5月出版 / 估价：89.00元
PSN B-2015-480-1/1

私募市场蓝皮书
中国私募股权市场发展报告（2017）
著(编)者：曹和平　2017年12月出版 / 估价：89.00元
PSN B-2010-162-1/1

碳市场蓝皮书
中国碳市场报告（2017）
著(编)者：定金彪　2017年11月出版 / 估价：89.00元
PSN B-2014-430-1/1

体育蓝皮书
中国体育产业发展报告（2017）
著(编)者：阮伟 钟秉枢　2017年12月出版 / 估价：89.00元
PSN B-2010-179-1/4

网络空间安全蓝皮书
中国网络空间安全发展报告（2017）
著(编)者：惠志斌 唐涛　2017年4月出版 / 估价：89.00元
PSN B-2015-466-1/1

西部金融蓝皮书
中国西部金融发展报告（2017）
著(编)者：李忠民　2017年8月出版 / 估价：85.00元
PSN B-2010-160-1/1

协会商会蓝皮书
中国行业协会商会发展报告（2017）
著(编)者：景朝阳 李勇　2017年4月出版 / 估价：99.00元
PSN B-2015-461-1/1

新能源汽车蓝皮书
中国新能源汽车产业发展报告（2017）
著(编)者：中国汽车技术研究中心
　　　　　日产（中国）投资有限公司 东风汽车有限公司
2017年7月出版 / 估价：98.00元
PSN B-2013-347-1/1

新三板蓝皮书
中国新三板市场发展报告（2017）
著(编)者：王力　2017年6月出版 / 估价：89.00元
PSN B-2016-534-1/1

信托市场蓝皮书
中国信托业市场报告（2016～2017）
著(编)者：用益信托工作室
2017年1月出版 / 估价：198.00元
PSN B-2014-371-1/1

行业报告类

信息化蓝皮书
中国信息化形势分析与预测（2016~2017）
著(编)者：周宏仁　　2017年8月出版 / 估价：98.00元
PSN B-2010-168-1/1

信用蓝皮书
中国信用发展报告（2017）
著(编)者：章政　田侃　　2017年4月出版 / 估价：99.00元
PSN B-2013-328-1/1

休闲绿皮书
2017年中国休闲发展报告
著(编)者：宋瑞　　2017年10月出版 / 估价：89.00元
PSN G-2010-158-1/1

休闲体育蓝皮书
中国休闲体育发展报告（2016~2017）
著(编)者：李相如　钟炳枢　　2017年10月出版 / 估价：89.00元
PSN G-2016-516-1/1

养老金融蓝皮书
中国养老金融发展报告（2017）
著(编)者：董克用　姚余栋
2017年6月出版 / 估价：89.00元
PSN B-2016-584-1/1

药品流通蓝皮书
中国药品流通行业发展报告（2017）
著(编)者：佘鲁林　温再兴　　2017年8月出版 / 估价：158.00元
PSN B-2014-429-1/1

医院蓝皮书
中国医院竞争力报告（2017）
著(编)者：庄一强　曾益新　　2017年3月出版 / 估价：128.00元
PSN B-2016-529-1/1

医药蓝皮书
中国中医药产业园战略发展报告（2017）
著(编)者：裴长洪　房书亭　吴滌心
2017年8月出版 / 估价：89.00元
PSN B-2012-305-1/1

邮轮绿皮书
中国邮轮产业发展报告（2017）
著(编)者：汪泓　　2017年10月出版 / 估价：89.00元
PSN G-2014-419-1/1

智能养老蓝皮书
中国智能养老产业发展报告（2017）
著(编)者：朱勇　　2017年10月出版 / 估价：89.00元
PSN B-2015-488-1/1

债券市场蓝皮书
中国债券市场发展报告（2016~2017）
著(编)者：杨农　　2017年10月出版 / 估价：89.00元
PSN B-2016-573-1/1

中国节能汽车蓝皮书
中国节能汽车发展报告（2016~2017）
著(编)者：中国汽车工程研究院股份有限公司
2017年9月出版 / 估价：98.00元
PSN B-2016-566-1/1

中国上市公司蓝皮书
中国上市公司发展报告（2017）
著(编)者：张平　王宏淼
2017年10月出版 / 估价：98.00元
PSN R-2014-414-1/1

中国陶瓷产业蓝皮书
中国陶瓷产业发展报告（2017）
著(编)者：左和平　黄速建　　2017年10月出版 / 估价：98.00元
PSN B-2016-574-1/1

中国总部经济蓝皮书
中国总部经济发展报告（2016~2017）
著(编)者：赵弘　　2017年9月出版 / 估价：89.00元
PSN B-2005-036-1/1

中医文化蓝皮书
中国中医药文化传播发展报告（2017）
著(编)者：毛嘉陵　　2017年7月出版 / 估价：89.00元
PSN B-2015-468-1/1

装备制造业蓝皮书
中国装备制造业发展报告（2017）
著(编)者：徐东华　　2017年12月出版 / 估价：148.00元
PSN B-2015-505-1/1

资本市场蓝皮书
中国场外交易市场发展报告（2016~2017）
著(编)者：高峦　　2017年3月出版 / 估价：89.00元
PSN B-2009-153-1/1

资产管理蓝皮书
中国资产管理行业发展报告（2017）
著(编)者：智信资产管理研究院
2017年6月出版 / 估价：89.00元
PSN B-2014-407-2/2

文化传媒类

传媒竞争力蓝皮书
中国传媒国际竞争力研究报告（2017）
著(编)者：李本乾 刘强
2017年11月出版 / 估价：148.00元
PSN B-2013-356-1/1

传媒蓝皮书
中国传媒产业发展报告（2017）
著(编)者：崔保国　2017年5月出版 / 估价：98.00元
PSN B-2005-035-1/1

传媒投资蓝皮书
中国传媒投资发展报告（2017）
著(编)者：张向东 谭云明
2017年6月出版 / 估价：128.00元
PSN B-2015-474-1/1

动漫蓝皮书
中国动漫产业发展报告（2017）
著(编)者：卢斌 郑玉明 牛兴侦
2017年9月出版 / 估价：89.00元
PSN B-2011-198-1/1

非物质文化遗产蓝皮书
中国非物质文化遗产发展报告（2017）
著(编)者：陈平　2017年5月出版 / 估价：98.00元
PSN B-2015-469-1/1

广电蓝皮书
中国广播电影电视发展报告（2017）
著(编)者：国家新闻出版广电总局发展研究中心
2017年7月出版 / 估价：98.00元
PSN B-2006-072-1/1

广告主蓝皮书
中国广告主营销传播趋势报告 No.9
著(编)者：黄升民 杜国清 邵华冬 等
2017年10月出版 / 估价：148.00元
PSN B-2005-041-1/1

国际传播蓝皮书
中国国际传播发展报告（2017）
著(编)者：胡正荣 李继东 姬德强
2017年11月出版 / 估价：89.00元
PSN B-2014-408-1/1

纪录片蓝皮书
中国纪录片发展报告（2017）
著(编)者：何苏六　2017年9月出版 / 估价：89.00元
PSN B-2011-222-1/1

科学传播蓝皮书
中国科学传播报告（2017）
著(编)者：詹正茂　2017年7月出版 / 估价：89.00元
PSN B-2008-120-1/1

两岸创意经济蓝皮书
两岸创意经济研究报告（2017）
著(编)者：罗昌智 林咏能
2017年10月出版 / 估价：98.00元
PSN B-2014-437-1/1

两岸文化蓝皮书
两岸文化产业合作发展报告（2017）
著(编)者：胡惠林 李保宗　2017年7月出版 / 估价：89.00元
PSN B-2012-285-1/1

媒介与女性蓝皮书
中国媒介与女性发展报告（2016~2017）
著(编)者：刘利群　2017年9月出版 / 估价：118.00元
PSN B-2013-345-1/1

媒体融合蓝皮书
中国媒体融合发展报告（2017）
著(编)者：梅宁华 宋建武　2017年7月出版 / 估价：89.00元
PSN B-2015-479-1/1

全球传媒蓝皮书
全球传媒发展报告（2017）
著(编)者：胡正荣 李继东 唐晓芬
2017年11月出版 / 估价：89.00元
PSN B-2012-237-1/1

少数民族非遗蓝皮书
中国少数民族非物质文化遗产发展报告（2017）
著(编)者：肖远平（彝）柴立（满）
2017年8月出版 / 估价：98.00元
PSN B-2015-467-1/1

视听新媒体蓝皮书
中国视听新媒体发展报告（2017）
著(编)者：国家新闻出版广电总局发展研究中心
2017年7月出版 / 估价：98.00元
PSN B-2011-184-1/1

文化创新蓝皮书
中国文化创新报告（2017）No.7
著(编)者：于平 傅才武　2017年7月出版 / 估价：98.00元
PSN B-2009-143-1/1

文化建设蓝皮书
中国文化发展报告（2016~2017）
著(编)者：江畅 孙伟平 戴茂堂
2017年6月出版 / 估价：116.00元
PSN B-2014-392-1/1

文化科技蓝皮书
文化科技创新发展报告（2017）
著(编)者：于平 李凤亮　2017年11月出版 / 估价：89.00元
PSN B-2013-342-1/1

文化蓝皮书
中国公共文化服务发展报告（2017）
著(编)者：刘新成 张永新 张旭
2017年12月出版 / 估价：98.00元
PSN B-2007-093-2/10

文化蓝皮书
中国公共文化投入增长测评报告（2017）
著(编)者：王亚南　2017年4月出版 / 估价：89.00元
PSN B-2014-435-10/10

文化传媒类

文化蓝皮书
中国少数民族文化发展报告（2016~2017）
著(编)者：武翠英 张晓明 任乌晶
2017年9月出版 / 估价：89.00元
PSN B-2013-369-9/10

文化蓝皮书
中国文化产业发展报告（2016~2017）
著(编)者：张晓明 王家新 章建刚
2017年2月出版 / 估价：89.00元
PSN B-2002-019-1/10

文化蓝皮书
中国文化产业供需协调检测报告（2017）
著(编)者：王亚南 2017年2月出版 / 估价：89.00元
PSN B-2013-323-8/10

文化蓝皮书
中国文化消费需求景气评价报告（2017）
著(编)者：王亚南 2017年4月出版 / 估价：89.00元
PSN B-2011-236-4/10

文化品牌蓝皮书
中国文化品牌发展报告（2017）
著(编)者：欧阳友权 2017年5月出版 / 估价：98.00元
PSN B-2012-277-1/1

文化遗产蓝皮书
中国文化遗产事业发展报告（2017）
著(编)者：苏杨 张颖岚 王宇飞
2017年8月出版 / 估价：98.00元
PSN B-2008-119-1/1

文学蓝皮书
中国文情报告（2016～2017）
著(编)者：白烨 2017年5月出版 / 估价：49.00元
PSN B-2011-221-1/1

新媒体蓝皮书
中国新媒体发展报告No.8（2017）
著(编)者：唐绪军 2017年6月出版 / 估价：89.00元
PSN B-2010-169-1/1

新媒体社会责任蓝皮书
中国新媒体社会责任研究报告（2017）
著(编)者：钟瑛 2017年11月出版 / 估价：89.00元
PSN B-2014-423-1/1

移动互联网蓝皮书
中国移动互联网发展报告（2017）
著(编)者：官建文 2017年6月出版 / 估价：89.00元
PSN B-2012-282-1/1

舆情蓝皮书
中国社会舆情与危机管理报告（2017）
著(编)者：谢耘耕 2017年9月出版 / 估价：128.00元
PSN B-2011-235-1/1

影视风控蓝皮书
中国影视舆情与风控报告（2017）
著(编)者：司若 2017年4月出版 / 估价：138.00元
PSN B-2016-530-1/1

地方发展类

安徽经济蓝皮书
合芜蚌国家自主创新综合示范区研究报告（2016～2017）
著(编)者：王开玉 2017年11月出版 / 估价：89.00元
PSN B-2014-383-1/1

安徽蓝皮书
安徽社会发展报告（2017）
著(编)者：程桦 2017年4月出版 / 估价：89.00元
PSN B-2013-325-1/1

安徽社会建设蓝皮书
安徽社会建设分析报告（2016～2017）
著(编)者：黄家海 王开玉 蔡宪
2016年4月出版 / 估价：89.00元
PSN B-2013-322-1/1

澳门蓝皮书
澳门经济社会发展报告（2016～2017）
著(编)者：吴志良 郝雨凡 2017年6月出版 / 估价：98.00元
PSN B-2009-138-1/1

北京蓝皮书
北京公共服务发展报告（2016～2017）
著(编)者：施昌奎 2017年2月出版 / 估价：89.00元
PSN B-2008-103-7/8

北京蓝皮书
北京经济发展报告（2016～2017）
著(编)者：杨松 2017年6月出版 / 估价：89.00元
PSN B-2006-054-2/8

北京蓝皮书
北京社会发展报告（2016～2017）
著(编)者：李伟东 2017年6月出版 / 估价：89.00元
PSN B-2006-055-3/8

北京蓝皮书
北京社会治理发展报告（2016～2017）
著(编)者：殷星辰 2017年5月出版 / 估价：89.00元
PSN B-2014-391-8/8

北京蓝皮书
北京文化发展报告（2016～2017）
著(编)者：李建盛 2017年4月出版 / 估价：89.00元
PSN B-2007-082-4/8

北京律师绿皮书
北京律师发展报告No.3（2017）
著(编)者：王隽 2017年7月出版 / 估价：88.00元
PSN G-2012-301-1/1

地方发展类

北京旅游蓝皮书
北京旅游发展报告（2017）
著(编)者：北京旅游学会　2017年1月出版 / 估价：88.00元
PSN B-2011-217-1/1

北京人才蓝皮书
北京人才发展报告（2017）
著(编)者：于淼　2017年12月出版 / 估价：128.00元
PSN B-2011-201-1/1

北京社会心态蓝皮书
北京社会心态分析报告（2016~2017）
著(编)者：北京社会心理研究所
2017年8月出版 / 估价：89.00元
PSN B-2014-422-1/1

北京社会组织管理蓝皮书
北京社会组织发展与管理（2016~2017）
著(编)者：黄江松　2017年4月出版 / 估价：88.00元
PSN B-2015-446-1/1

北京体育蓝皮书
北京体育产业发展报告（2016~2017）
著(编)者：钟秉枢　陈杰　杨铁黎
2017年9月出版 / 估价：89.00元
PSN B-2015-475-1/1

北京养老产业蓝皮书
北京养老产业发展报告（2017）
著(编)者：周明明　冯喜良　2017年8月出版 / 估价：89.00元
PSN B-2015-465-1/1

滨海金融蓝皮书
滨海新区金融发展报告（2017）
著(编)者：王爱俭　张锐钢　2017年12月出版 / 估价：89.00元
PSN B-2014-424-1/1

城乡一体化蓝皮书
中国城乡一体化发展报告·北京卷（2016~2017）
著(编)者：张宝秀　黄序　2017年5月出版 / 估价：89.00元
PSN B-2012-258-2/2

创意城市蓝皮书
北京文化创意产业发展报告（2017）
著(编)者：张京成　王国华　2017年10月出版 / 估价：89.00元
PSN B-2012-263-1/7

创意城市蓝皮书
青岛文化创意产业发展报告（2017）
著(编)者：马达　张丹妮　2017年8月出版 / 估价：89.00元
PSN B-2011-235-1/1

创意城市蓝皮书
天津文化创意产业发展报告（2016~2017）
著(编)者：谢思全　2017年6月出版 / 估价：89.00元
PSN B-2016-537-7/7

创意城市蓝皮书
无锡文化创意产业发展报告（2017）
著(编)者：谭军　张鸣年　2017年10月出版 / 估价：89.00元
PSN B-2013-346-3/7

创意城市蓝皮书
武汉文化创意产业发展报告（2017）
著(编)者：黄永林　陈汉桥　2017年9月出版 / 估价：99.00元
PSN B-2013-354-4/7

创意上海蓝皮书
上海文化创意产业发展报告（2016~2017）
著(编)者：王慧敏　王兴全　2017年8月出版 / 估价：89.00元
PSN B-2016-562-1/1

福建妇女发展蓝皮书
福建省妇女发展报告（2017）
著(编)者：刘群英　2017年11月出版 / 估价：88.00元
PSN B-2011-220-1/1

福建自贸区蓝皮书
中国（福建）自由贸易实验区发展报告（2016~2017）
著(编)者：黄茂兴　2017年4月出版 / 估价：108.00元
PSN B-2017-532-1/1

甘肃蓝皮书
甘肃经济发展分析与预测（2017）
著(编)者：朱智文　罗哲　2017年1月出版 / 估价：89.00元
PSN B-2013-312-1/6

甘肃蓝皮书
甘肃社会发展分析与预测（2017）
著(编)者：安文华　包晓霞　谢增虎
2017年1月出版 / 估价：89.00元
PSN B-2013-313-2/6

甘肃蓝皮书
甘肃文化发展分析与预测（2017）
著(编)者：安文华　周小华　2017年1月出版 / 估价：89.00元
PSN B-2013-314-3/6

甘肃蓝皮书
甘肃县域和农村发展报告（2017）
著(编)者：刘进军　柳民　王建兵
2017年1月出版 / 估价：89.00元
PSN B-2013-316-5/6

甘肃蓝皮书
甘肃舆情分析与预测（2017）
著(编)者：陈双梅　郝树声　2017年1月出版 / 估价：89.00元
PSN B-2013-315-4/6

甘肃蓝皮书
甘肃商贸流通发展报告（2017）
著(编)者：杨志武　王福生　王晓芳
2017年1月出版 / 估价：89.00元
PSN B-2016-523-6/6

广东蓝皮书
广东全面深化改革发展报告（2017）
著(编)者：周林生　涂成林　2017年12月出版 / 估价：89.00元
PSN B-2015-504-3/3

广东蓝皮书
广东社会工作发展报告（2017）
著(编)者：罗观翠　2017年6月出版 / 估价：89.00元
PSN B-2014-402-2/3

广东蓝皮书
广东省电子商务发展报告（2017）
著(编)者：程晓　邓顺国　2017年7月出版 / 估价：89.00元
PSN B-2013-360-1/3

地方发展类

广东社会建设蓝皮书
广东省社会建设发展报告（2017）
著（编）者：广东省社会工作委员会
2017年12月出版 / 估价：99.00元
PSN B-2014-436-1/1

广东外经贸蓝皮书
广东对外经济贸易发展研究报告（2016~2017）
著（编）者：陈万灵　2017年8月出版 / 估价：98.00元
PSN B-2012-286-1/1

广西北部湾经济区蓝皮书
广西北部湾经济区开放开发报告（2017）
著（编）者：广西北部湾经济区规划建设管理委员会办公室
　　　　　广西社会科学院广西北部湾发展研究院
2017年2月出版 / 估价：89.00元
PSN B-2010-181-1/1

巩义蓝皮书
巩义经济社会发展报告（2017）
著（编）者：丁同民　朱军　2017年4月出版 / 估价：58.00元
PSN B-2016-533-1/1

广州蓝皮书
2017年中国广州经济形势分析与预测
著（编）者：庾建设 陈浩钿 谢博能
2017年7月出版 / 估价：85.00元
PSN B-2011-185-9/14

广州蓝皮书
2017年中国广州社会形势分析与预测
著（编）者：张强 陈怡霓 杨秦　2017年6月出版 / 估价：85.00元
PSN B-2008-110-5/14

广州蓝皮书
广州城市国际化发展报告（2017）
著（编）者：朱名宏　2017年8月出版 / 估价：79.00元
PSN B-2012-246-11/14

广州蓝皮书
广州创新型城市发展报告（2017）
著（编）者：尹涛　2017年7月出版 / 估价：79.00元
PSN B-2012-247-12/14

广州蓝皮书
广州经济发展报告（2017）
著（编）者：朱名宏　2017年7月出版 / 估价：79.00元
PSN B-2005-040-1/14

广州蓝皮书
广州农村发展报告（2017）
著（编）者：朱名宏　2017年8月出版 / 估价：79.00元
PSN B-2010-167-8/14

广州蓝皮书
广州汽车产业发展报告（2017）
著（编）者：杨再高 冯兴亚　2017年7月出版 / 估价：79.00元
PSN B-2006-066-3/14

广州蓝皮书
广州青年发展报告（2016～2017）
著（编）者：徐柳 张强　2017年9月出版 / 估价：79.00元
PSN B-2013-352-13/14

广州蓝皮书
广州商贸业发展报告（2017）
著（编）者：李江涛 肖振宇 荀振英
2017年7月出版 / 估价：79.00元
PSN B-2012-245-10/14

广州蓝皮书
广州社会保障发展报告（2017）
著（编）者：蔡国萱　2017年8月出版 / 估价：79.00元
PSN B-2014-425-14/14

广州蓝皮书
广州文化创意产业发展报告（2017）
著（编）者：徐咏虹　2017年7月出版 / 估价：79.00元
PSN B-2008-111-6/14

广州蓝皮书
中国广州城市建设与管理发展报告（2017）
著（编）者：董皞 陈小钢 李江涛
2017年7月出版 / 估价：85.00元
PSN B-2007-087-4/14

广州蓝皮书
中国广州科技创新发展报告（2017）
著（编）者：邹采荣 马正勇 陈爽
2017年7月出版 / 估价：79.00元
PSN B-2006-065-2/14

广州蓝皮书
中国广州文化发展报告（2017）
著（编）者：徐俊忠 陆志强 顾涧清
2017年7月出版 / 估价：79.00元
PSN B-2009-134-7/14

贵阳蓝皮书
贵阳城市创新发展报告No.2（白云篇）
著（编）者：连玉明　2017年10月出版 / 估价：89.00元
PSN B-2015-491-3/10

贵阳蓝皮书
贵阳城市创新发展报告No.2（观山湖篇）
著（编）者：连玉明　2017年10月出版 / 估价：89.00元
PSN B-2011-235-1/1

贵阳蓝皮书
贵阳城市创新发展报告No.2（花溪篇）
著（编）者：连玉明　2017年10月出版 / 估价：89.00元
PSN B-2015-490-2/10

贵阳蓝皮书
贵阳城市创新发展报告No.2（开阳篇）
著（编）者：连玉明　2017年10月出版 / 估价：89.00元
PSN B-2015-492-4/10

贵阳蓝皮书
贵阳城市创新发展报告No.2（南明篇）
著（编）者：连玉明　2017年10月出版 / 估价：89.00元
PSN B-2015-496-8/10

贵阳蓝皮书
贵阳城市创新发展报告No.2（清镇篇）
著（编）者：连玉明　2017年10月出版 / 估价：89.00元
PSN B-2015-489-1/10

地方发展类

贵阳蓝皮书
贵阳城市创新发展报告No.2（乌当篇）
著(编)者：连玉明　2017年10月出版 / 估价：89.00元
PSN B-2015-495-7/10

贵阳蓝皮书
贵阳城市创新发展报告No.2（息烽篇）
著(编)者：连玉明　2017年10月出版 / 估价：89.00元
PSN B-2015-493-5/10

贵阳蓝皮书
贵阳城市创新发展报告No.2（修文篇）
著(编)者：连玉明　2017年10月出版 / 估价：89.00元
PSN B-2015-494-6/10

贵阳蓝皮书
贵阳城市创新发展报告No.2（云岩篇）
著(编)者：连玉明　2017年10月出版 / 估价：89.00元
PSN B-2015-498-10/10

贵州房地产蓝皮书
贵州房地产发展报告No.4（2017）
著(编)者：武廷方　2017年7月出版 / 估价：89.00元
PSN B-2014-426-1/1

贵州蓝皮书
贵州册亨经济社会发展报告(2017)
著(编)者：黄德林　2017年3月出版 / 估价：89.00元
PSN B-2016-526-8/9

贵州蓝皮书
贵安新区发展报告（2016~2017）
著(编)者：马长青　吴大华　2017年6月出版 / 估价：89.00元
PSN B-2016-459-4/9

贵州蓝皮书
贵州法治发展报告（2017）
著(编)者：吴大华　2017年5月出版 / 估价：89.00元
PSN B-2012-254-2/9

贵州蓝皮书
贵州国有企业社会责任发展报告（2016～2017）
著(编)者：郭丽　周航　万强
2017年12月出版 / 估价：89.00元
PSN B-2015-512-6/9

贵州蓝皮书
贵州民航业发展报告（2017）
著(编)者：申振东　吴大华　2017年10月出版 / 估价：89.00元
PSN B-2015-471-5/9

贵州蓝皮书
贵州民营经济发展报告（2017）
著(编)者：杨静　吴大华　2017年3月出版 / 估价：89.00元
PSN B-2016-531-9/9

贵州蓝皮书
贵州人才发展报告（2017）
著(编)者：于杰　吴大华　2017年9月出版 / 估价：89.00元
PSN B-2014-382-3/9

贵州蓝皮书
贵州社会发展报告（2017）
著(编)者：王兴骥　2017年6月出版 / 估价：89.00元
PSN B-2010-166-1/9

贵州蓝皮书
贵州国家级开放创新平台发展报告（2017）
著(编)者：申晓庆　吴大华　李泓
2017年6月出版 / 估价：89.00元
PSN B-2016-518-1/9

海淀蓝皮书
海淀区文化和科技融合发展报告（2017）
著(编)者：陈名杰　孟景伟　2017年5月出版 / 估价：85.00元
PSN B-2013-329-1/1

杭州都市圈蓝皮书
杭州都市圈发展报告（2017）
著(编)者：沈翔　戚建国　2017年5月出版 / 估价：128.00元
PSN B-2012-302-1/1

杭州蓝皮书
杭州妇女发展报告（2017）
著(编)者：魏颖　2017年6月出版 / 估价：89.00元
PSN B-2014-403-1/1

河北经济蓝皮书
河北省经济发展报告（2017）
著(编)者：马树强　金浩　张贵
2017年4月出版 / 估价：89.00元
PSN B-2014-380-1/1

河北蓝皮书
河北经济社会发展报告（2017）
著(编)者：郭金平　2017年1月出版 / 估价：89.00元
PSN B-2014-372-1/1

河北食品药品安全蓝皮书
河北食品药品安全研究报告（2017）
著(编)者：丁锦霞　2017年6月出版 / 估价：89.00元
PSN B-2015-473-1/1

河南经济蓝皮书
2017年河南经济形势分析与预测
著(编)者：胡五岳　2017年2月出版 / 估价：89.00元
PSN B-2007-086-1/1

河南蓝皮书
2017年河南社会形势分析与预测
著(编)者：刘道兴　牛苏林　2017年4月出版 / 估价89.00元
PSN B-2005-043-1/8

河南蓝皮书
河南城市发展报告（2017）
著(编)者：张占仓　王建国　2017年5月出版 / 估价：89.00元
PSN B-2009-131-3/8

河南蓝皮书
河南法治发展报告（2017）
著(编)者：丁同民　张林海　2017年5月出版 / 估价：89.00元
PSN B-2014-376-6/8

河南蓝皮书
河南工业发展报告（2017）
著(编)者：张占仓　丁同民　2017年5月出版 / 估价：89.00元
PSN B-2013-317-5/8

河南蓝皮书
河南金融发展报告（2017）
著(编)者：河南省社会科学院
2017年6月出版 / 估价：89.00元
PSN B-2014-390-7/8

地方发展类

河南蓝皮书
河南经济发展报告（2017）
著(编)者：张占仓　　2017年3月出版 / 估价：89.00元
PSN B-2010-157-4/8

河南蓝皮书
河南农业农村发展报告（2017）
著(编)者：吴海峰　　2017年4月出版 / 估价：89.00元
PSN B-2015-445-8/8

河南蓝皮书
河南文化发展报告（2017）
著(编)者：卫绍生　　2017年3月出版 / 估价：88.00元
PSN B-2008-106-2/8

河南商务蓝皮书
河南商务发展报告（2017）
著(编)者：焦锦淼 穆荣国　2017年6月出版 / 估价：88.00元
PSN B-2014-399-1/1

黑龙江蓝皮书
黑龙江经济发展报告（2017）
著(编)者：朱宇　　2017年1月出版 / 估价：89.00元
PSN B-2011-190-2/2

黑龙江蓝皮书
黑龙江社会发展报告（2017）
著(编)者：谢宝禄　　2017年1月出版 / 估价：89.00元
PSN B-2011-189-1/2

湖北文化蓝皮书
湖北文化发展报告（2017）
著(编)者：吴成国　　2017年10月出版 / 估价：95.00元
PSN B-2016-567-1/1

湖南城市蓝皮书
区域城市群整合
著(编)者：童中贤 韩未名
2017年12月出版 / 估价：89.00元
PSN B-2006-064-1/1

湖南蓝皮书
2017年湖南产业发展报告
著(编)者：梁志峰　　2017年5月出版 / 估价：128.00元
PSN B-2011-207-2/8

湖南蓝皮书
2017年湖南电子政务发展报告
著(编)者：梁志峰　　2017年5月出版 / 估价：128.00元
PSN B-2014-394-6/8

湖南蓝皮书
2017年湖南经济展望
著(编)者：梁志峰　　2017年5月出版 / 估价：128.00元
PSN B-2011-206-1/8

湖南蓝皮书
2017年湖南两型社会与生态文明发展报告
著(编)者：梁志峰　　2017年5月出版 / 估价：128.00元
PSN B-2011-208-3/8

湖南蓝皮书
2017年湖南社会发展报告
著(编)者：梁志峰　　2017年5月出版 / 估价：128.00元
PSN B-2014-393-5/8

湖南蓝皮书
2017年湖南县域经济社会发展报告
著(编)者：梁志峰　　2017年5月出版 / 估价：128.00元
PSN B-2014-395-7/8

湖南蓝皮书
湖南城乡一体化发展报告（2017）
著(编)者：陈文胜 王文强 陆福兴 邝奕轩
2017年6月出版 / 估价：89.00元
PSN B-2015-477-8/8

湖南县域绿皮书
湖南县域发展报告 No.3
著(编)者：袁准 周小毛　2017年9月出版 / 估价：89.00元
PSN G-2012-274-1/1

沪港蓝皮书
沪港发展报告（2017）
著(编)者：尤安山　　2017年9月出版 / 估价：89.00元
PSN B-2013-362-1/1

吉林蓝皮书
2017年吉林经济社会形势分析与预测
著(编)者：马克　　2015年12月出版 / 估价：89.00元
PSN B-2013-319-1/1

吉林省城市竞争力蓝皮书
吉林省城市竞争力报告（2017）
著(编)者：崔岳春 张磊　2017年3月出版 / 估价：89.00元
PSN B-2015-508-1/1

济源蓝皮书
济源经济社会发展报告（2017）
著(编)者：喻新安　　2017年4月出版 / 估价：89.00元
PSN B-2014-387-1/1

健康城市蓝皮书
北京健康城市建设研究报告（2017）
著(编)者：王鸿春　　2017年8月出版 / 估价：89.00元
PSN B-2015-460-1/2

江苏法治蓝皮书
江苏法治发展报告 No.6（2017）
著(编)者：蔡道通 龚廷泰　2017年8月出版 / 估价：98.00元
PSN B-2012-290-1/1

江西蓝皮书
江西经济社会发展报告（2017）
著(编)者：张勇 姜玮 梁勇　2017年10月出版 / 估价：89.00元
PSN B-2015-484-1/2

江西蓝皮书
江西设区市发展报告（2017）
著(编)者：姜玮 梁勇　2017年10月出版 / 估价：79.00元
PSN B-2016-517-2/2

江西文化蓝皮书
江西文化产业发展报告（2017）
著(编)者：张圣才 汪春翔
2017年10月出版 / 估价：128.00元
PSN B-2015-499-1/1

地方发展类

街道蓝皮书
北京街道发展报告No.2（白纸坊篇）
著(编)者：连玉明　2017年8月出版 / 估价：98.00元
PSN B-2016-544-7/15

街道蓝皮书
北京街道发展报告No.2（椿树篇）
著(编)者：连玉明　2017年8月出版 / 估价：98.00元
PSN B-2016-548-11/15

街道蓝皮书
北京街道发展报告No.2（大栅栏篇）
著(编)者：连玉明　2017年8月出版 / 估价：98.00元
PSN B-2016-552-15/15

街道蓝皮书
北京街道发展报告No.2（德胜篇）
著(编)者：连玉明　2017年8月出版 / 估价：98.00元
PSN B-2016-551-14/15

街道蓝皮书
北京街道发展报告No.2（广安门内篇）
著(编)者：连玉明　2017年8月出版 / 估价：98.00元
PSN B-2016-540-3/15

街道蓝皮书
北京街道发展报告No.2（广安门外篇）
著(编)者：连玉明　2017年8月出版 / 估价：98.00元
PSN B-2016-547-10/15

街道蓝皮书
北京街道发展报告No.2（金融街篇）
著(编)者：连玉明　2017年8月出版 / 估价：98.00元
PSN B-2016-538-1/15

街道蓝皮书
北京街道发展报告No.2（牛街篇）
著(编)者：连玉明　2017年8月出版 / 估价：98.00元
PSN B-2016-545-8/15

街道蓝皮书
北京街道发展报告No.2（什刹海篇）
著(编)者：连玉明　2017年8月出版 / 估价：98.00元
PSN B-2016-546-9/15

街道蓝皮书
北京街道发展报告No.2（陶然亭篇）
著(编)者：连玉明　2017年8月出版 / 估价：98.00元
PSN B-2016-542-5/15

街道蓝皮书
北京街道发展报告No.2（天桥篇）
著(编)者：连玉明　2017年8月出版 / 估价：98.00元
PSN B-2016-549-12/15

街道蓝皮书
北京街道发展报告No.2（西长安街篇）
著(编)者：连玉明　2017年8月出版 / 估价：98.00元
PSN B-2016-543-6/15

街道蓝皮书
北京街道发展报告No.2（新街口篇）
著(编)者：连玉明　2017年8月出版 / 估价：98.00元
PSN B-2016-541-4/15

街道蓝皮书
北京街道发展报告No.2（月坛篇）
著(编)者：连玉明　2017年8月出版 / 估价：98.00元
PSN B-2016-539-2/15

街道蓝皮书
北京街道发展报告No.2（展览路篇）
著(编)者：连玉明　2017年8月出版 / 估价：98.00元
PSN B-2016-550-13/15

经济特区蓝皮书
中国经济特区发展报告（2017）
著(编)者：陶一桃　2017年12月出版 / 估价：98.00元
PSN B-2009-139-1/1

辽宁蓝皮书
2017年辽宁经济社会形势分析与预测
著(编)者：曹晓峰　梁启东
2017年1月出版 / 估价：79.00元
PSN B-2006-053-1/1

洛阳蓝皮书
洛阳文化发展报告（2017）
著(编)者：刘福兴　陈启明　2017年7月出版 / 估价：89.00元
PSN B-2015-476-1/1

南京蓝皮书
南京文化发展报告（2017）
著(编)者：徐宁　2017年10月出版 / 估价：89.00元
PSN B-2014-439-1/1

南宁蓝皮书
南宁经济发展报告（2017）
著(编)者：胡建华　2017年9月出版 / 估价：79.00元
PSN B-2016-570-2/3

南宁蓝皮书
南宁社会发展报告（2017）
著(编)者：胡建华　2017年9月出版 / 估价：79.00元
PSN B-2016-571-3/3

内蒙古蓝皮书
内蒙古反腐倡廉建设报告 No.2
著(编)者：张志华　无极　2017年12月出版 / 估价：79.00元
PSN B-2013-365-1/1

浦东新区蓝皮书
上海浦东经济发展报告（2017）
著(编)者：沈开艳　周奇　2017年1月出版 / 估价：89.00元
PSN B-2011-225-1/1

青海蓝皮书
2017年青海经济社会形势分析与预测
著(编)者：陈玮　2015年12月出版 / 估价：79.00元
PSN B-2012-275-1/1

人口与健康蓝皮书
深圳人口与健康发展报告（2017）
著(编)者：陆杰华　罗乐宣　苏杨
2017年11月出版 / 估价：89.00元
PSN B-2011-228-1/1

地方发展类

山东蓝皮书
山东经济形势分析与预测（2017）
著(编)者：李广杰　2017年7月出版 / 估价：89.00元
PSN B-2014-404-1/4

山东蓝皮书
山东社会形势分析与预测（2017）
著(编)者：张华　唐洲雁　2017年6月出版 / 估价：89.00元
PSN B-2014-405-2/4

山东蓝皮书
山东文化发展报告（2017）
著(编)者：涂可国　2017年11月出版 / 估价：98.00元
PSN B-2014-406-3/4

山西蓝皮书
山西资源型经济转型发展报告（2017）
著(编)者：李志强　2017年7月出版 / 估价：89.00元
PSN B-2011-197-1/1

陕西蓝皮书
陕西经济发展报告（2017）
著(编)者：任宗哲　白宽犁　裴成荣
2015年12月出版 / 估价：89.00元
PSN B-2009-135-1/5

陕西蓝皮书
陕西社会发展报告（2017）
著(编)者：任宗哲　白宽犁　牛昉
2015年12月出版 / 估价：89.00元
PSN B-2009-136-2/5

陕西蓝皮书
陕西文化发展报告（2017）
著(编)者：任宗哲　白宽犁　王长寿
2015年12月出版 / 估价：89.00元
PSN B-2009-137-3/5

上海蓝皮书
上海传媒发展报告（2017）
著(编)者：强荧　焦雨虹　2017年1月出版 / 估价：89.00元
PSN B-2012-295-5/7

上海蓝皮书
上海法治发展报告（2017）
著(编)者：叶青　2017年6月出版 / 估价：89.00元
PSN B-2012-296-6/7

上海蓝皮书
上海经济发展报告（2017）
著(编)者：沈开艳　2017年1月出版 / 估价：89.00元
PSN B-2006-057-1/7

上海蓝皮书
上海社会发展报告（2017）
著(编)者：杨雄　周海旺　2017年1月出版 / 估价：89.00元
PSN B-2006-058-2/7

上海蓝皮书
上海文化发展报告（2017）
著(编)者：荣跃明　2017年1月出版 / 估价：89.00元
PSN B-2006-059-3/7

上海蓝皮书
上海文学发展报告（2017）
著(编)者：陈圣来　2017年6月出版 / 估价：89.00元
PSN B-2012-297-7/7

上海蓝皮书
上海资源环境发展报告（2017）
著(编)者：周冯琦　汤庆合　任文伟
2017年1月出版 / 估价：89.00元
PSN B-2006-060-4/7

社会建设蓝皮书
2017年北京社会建设分析报告
著(编)者：宋贵伦　冯虹　2017年10月出版 / 估价：89.00元
PSN B-2010-173-1/1

深圳蓝皮书
深圳法治发展报告（2017）
著(编)者：张骁儒　2017年6月出版 / 估价：89.00元
PSN B-2015-470-6/7

深圳蓝皮书
深圳经济发展报告（2017）
著(编)者：张骁儒　2017年7月出版 / 估价：89.00元
PSN B-2008-112-3/7

深圳蓝皮书
深圳劳动关系发展报告（2017）
著(编)者：汤庭芬　2017年6月出版 / 估价：89.00元
PSN B-2007-097-2/7

深圳蓝皮书
深圳社会建设与发展报告（2017）
著(编)者：张骁儒　陈东平　2017年7月出版 / 估价：89.00元
PSN B-2008-113-4/7

深圳蓝皮书
深圳文化发展报告(2017)
著(编)者：张骁儒　2017年7月出版 / 估价：89.00元
PSN B-2016-555-7/7

四川法治蓝皮书
丝绸之路经济带发展报告（2016～2017）
著(编)者：任宗哲　白宽犁　谷孟宾
2017年12月出版 / 估价：85.00元
PSN B-2014-410-1/1

四川法治蓝皮书
四川依法治省年度报告 No.3（2017）
著(编)者：李林　杨天宗　田禾
2017年3月出版 / 估价：108.00元
PSN B-2015-447-1/1

四川蓝皮书
2017年四川经济形势分析与预测
著(编)者：杨钢　2017年1月出版 / 估价：98.00元
PSN B-2007-098-2/7

四川蓝皮书
四川城镇化发展报告（2017）
著(编)者：侯水平　陈炜　2017年4月出版 / 估价：85.00元
PSN B-2015-456-7/7

地方发展类·国际问题类

四川蓝皮书
四川法治发展报告（2017）
著(编)者：郑泰安　2017年1月出版 / 估价：89.00元
PSN B-2015-441-5/7

四川蓝皮书
四川企业社会责任研究报告（2016～2017）
著(编)者：侯水平　盛毅　翟刚
2017年4月出版 / 估价：89.00元
PSN B-2014-386-4/7

四川蓝皮书
四川社会发展报告（2017）
著(编)者：李羚　2017年5月出版 / 估价：89.00元
PSN B-2008-127-3/7

四川蓝皮书
四川生态建设报告（2017）
著(编)者：李晟之　2017年4月出版 / 估价：85.00元
PSN B-2015-455-6/7

四川蓝皮书
四川文化产业发展报告（2017）
著(编)者：向宝云　张立伟
2017年4月出版 / 估价：89.00元
PSN B-2006-074-1/7

体育蓝皮书
上海体育产业发展报告（2016～2017）
著(编)者：张林　黄海燕
2017年10月出版 / 估价：89.00元
PSN B-2015-454-4/4

体育蓝皮书
长三角地区体育产业发展报告（2016～2017）
著(编)者：张林　2017年4月出版 / 估价：89.00元
PSN B-2015-453-3/4

天津金融蓝皮书
天津金融发展报告（2017）
著(编)者：王爱俭　孔德昌
2017年12月出版 / 估价：98.00元
PSN B-2014-418-1/1

图们江区域合作蓝皮书
图们江区域合作发展报告（2017）
著(编)者：李铁　2017年6月出版 / 估价：98.00元
PSN B-2015-464-1/1

温州蓝皮书
2017年温州经济社会形势分析与预测
著(编)者：潘忠强　王春光　金浩
2017年4月出版 / 估价：89.00元
PSN B-2008-105-1/1

西咸新区蓝皮书
西咸新区发展报告（2016~2017）
著(编)者：李扬　王军　2017年6月出版 / 估价：89.00元
PSN B-2016-535-1/1

扬州蓝皮书
扬州经济社会发展报告（2017）
著(编)者：丁纯　2017年12月出版 / 估价：98.00元
PSN B-2011-191-1/1

长株潭城市群蓝皮书
长株潭城市群发展报告（2017）
著(编)者：张萍　2017年12月出版 / 估价：89.00元
PSN B-2008-109-1/1

中医文化蓝皮书
北京中医文化传播发展报告（2017）
著(编)者：毛嘉陵　2017年5月出版 / 估价：79.00元
PSN B-2015-468-1/2

珠三角流通蓝皮书
珠三角商圈发展研究报告（2017）
著(编)者：王先庆　林至颖
2017年7月出版 / 估价：98.00元
PSN B-2012-292-1/1

遵义蓝皮书
遵义发展报告（2017）
著(编)者：曾征　龚永育　雍思强
2017年12月出版 / 估价：89.00元
PSN B-2014-433-1/1

国际问题类

"一带一路"跨境通道蓝皮书
"一带一路"跨境通道建设研究报告（2017）
著(编)者：郭业洲　2017年8月出版 / 估价：89.00元
PSN B-2016-558-1/1

"一带一路"蓝皮书
"一带一路"建设发展报告（2017）
著(编)者：孔丹　李永全　2017年7月出版 / 估价：89.00元
PSN B-2016-553-1/1

阿拉伯黄皮书
阿拉伯发展报告（2016～2017）
著(编)者：罗林　2017年11月出版 / 估价：89.00元
PSN Y-2014-381-1/1

北部湾蓝皮书
泛北部湾合作发展报告（2017）
著(编)者：吕余生　2017年12月出版 / 估价：85.00元
PSN B-2008-114-1/1

大湄公河次区域蓝皮书
大湄公河次区域合作发展报告（2017）
著(编)者：刘稚　2017年8月出版 / 估价：89.00元
PSN B-2011-196-1/1

大洋洲蓝皮书
大洋洲发展报告（2017）
著(编)者：喻常森　2017年10月出版 / 估价：89.00元
PSN B-2013-341-1/1

国际问题类

德国蓝皮书
德国发展报告（2017）
著(编)者：郑春荣　2017年6月出版 / 估价：89.00元
PSN B-2012-278-1/1

东盟黄皮书
东盟发展报告（2017）
著(编)者：杨晓强　庄国土
2017年3月出版 / 估价：89.00元
PSN Y-2012-303-1/1

东南亚蓝皮书
东南亚地区发展报告（2016～2017）
著(编)者：厦门大学东南亚研究中心　王勤
2017年12月出版 / 估价：89.00元
PSN B-2012-240-1/1

俄罗斯黄皮书
俄罗斯发展报告（2017）
著(编)者：李永全　2017年7月出版 / 估价：89.00元
PSN Y-2006-061-1/1

非洲黄皮书
非洲发展报告 No.19（2016～2017）
著(编)者：张宏明　2017年8月出版 / 估价：89.00元
PSN Y-2012-239-1/1

公共外交蓝皮书
中国公共外交发展报告（2017）
著(编)者：赵启正　雷蔚真
2017年4月出版 / 估价：89.00元
PSN B-2015-457-1/1

国际安全蓝皮书
中国国际安全研究报告(2017)
著(编)者：刘慧　2017年7月出版 / 估价：98.00元
PSN B-2016-522-1/1

国际形势黄皮书
全球政治与安全报告（2017）
著(编)者：李慎明　张宇燕
2016年12月出版 / 估价：89.00元
PSN Y-2001-016-1/1

韩国蓝皮书
韩国发展报告（2017）
著(编)者：牛林杰　刘宝全
2017年11月出版 / 估价：89.00元
PSN B-2010-155-1/1

加拿大蓝皮书
加拿大发展报告（2017）
著(编)者：仲伟合　2017年9月出版 / 估价：89.00元
PSN B-2014-389-1/1

拉美黄皮书
拉丁美洲和加勒比发展报告（2016～2017）
著(编)者：吴白乙　2017年6月出版 / 估价：89.00元
PSN Y-1999-007-1/1

美国蓝皮书
美国研究报告（2017）
著(编)者：郑秉文　黄平　2017年6月出版 / 估价：89.00元
PSN B-2011-210-1/1

缅甸蓝皮书
缅甸国情报告（2017）
著(编)者：李晨阳　2017年12月出版 / 估价：86.00元
PSN B-2013-343-1/1

欧洲蓝皮书
欧洲发展报告（2016～2017）
著(编)者：黄平　周弘　江时学
2017年6月出版 / 估价：89.00元
PSN B-1999-009-1/1

葡语国家蓝皮书
葡语国家发展报告（2017）
著(编)者：王成安　张敏　2017年12月出版 / 估价：89.00元
PSN B-2015-503-1/2

葡语国家蓝皮书
中国与葡语国家关系发展报告·巴西（2017）
著(编)者：张曙光　2017年8月出版 / 估价：89.00元
PSN B-2016-564-2/2

日本经济蓝皮书
日本经济与中日经贸关系研究报告（2017）
著(编)者：张季风　2017年5月出版 / 估价：89.00元
PSN B-2008-102-1/1

日本蓝皮书
日本研究报告（2017）
著(编)者：杨柏江　2017年5月出版 / 估价：89.00元
PSN B-2002-020-1/1

上海合作组织黄皮书
上海合作组织发展报告（2017）
著(编)者：李进峰　吴宏伟　李少捷
2017年6月出版 / 估价：89.00元
PSN Y-2009-130-1/1

世界创新竞争力黄皮书
世界创新竞争力发展报告（2017）
著(编)者：李闽榕　李建平　赵新力
2017年1月出版 / 估价：148.00元
PSN Y-2013-318-1/1

泰国蓝皮书
泰国研究报告（2017）
著(编)者：庄国土　张禹东
2017年8月出版 / 估价：118.00元
PSN B-2016-557-1/1

土耳其蓝皮书
土耳其发展报告（2017）
著(编)者：郭长刚　刘义　2017年9月出版 / 估价：89.00元
PSN B-2014-412-1/1

亚太蓝皮书
亚太地区发展报告（2017）
著(编)者：李向阳　2017年3月出版 / 估价：89.00元
PSN B-2001-015-1/1

印度蓝皮书
印度国情报告（2017）
著(编)者：吕昭义　2017年12月出版 / 估价：89.00元
PSN B-2012-241-1/1

国际问题类

印度洋地区蓝皮书
印度洋地区发展报告（2017）
著(编)者：汪戎　2017年6月出版／估价：89.00元
PSN B-2013-334-1/1

英国蓝皮书
英国发展报告（2016～2017）
著(编)者：王展鹏　2017年11月出版／估价：89.00元
PSN B-2015-486-1/1

越南蓝皮书
越南国情报告（2017）
著(编)者：广西社会科学院 罗梅 李碧华
2017年12月出版／估价：89.00元
PSN B-2006-056-1/1

以色列蓝皮书
以色列发展报告（2017）
著(编)者：张倩红　2017年8月出版／估价：89.00元
PSN B-2015-483-1/1

伊朗蓝皮书
伊朗发展报告（2017）
著(编)者：冀开远　2017年10月出版／估价：89.00元
PSN B-2016-575-1/1

中东黄皮书
中东发展报告No.19（2016～2017）
著(编)者：杨光　2017年10月出版／估价：89.00元
PSN Y-1998-004-1/1

中亚黄皮书
中亚国家发展报告（2017）
著(编)者：孙力 吴宏伟　2017年7月出版／估价：98.00元
PSN Y-2012-238-1/1

　　皮书序列号是社会科学文献出版社专门为识别皮书、管理皮书而设计的编号。皮书序列号是出版皮书的许可证号，是区别皮书与其他图书的重要标志。

　　它由一个前缀和四部分构成。这四部分之间用连字符"-"连接。前缀和这四部分之间空半个汉字（见示例）。

《国际人才蓝皮书：中国留学发展报告》序列号示例

　　从示例中可以看出，《国际人才蓝皮书：中国留学发展报告》的首次出版年份是2012年，是社科文献出版社出版的第244个皮书品种，是"国际人才蓝皮书"系列的第2个品种（共4个品种）。

社会科学文献出版社　　　　　　　　　　皮书系列

✤ 皮书起源 ✤

"皮书"起源于十七、十八世纪的英国，主要指官方或社会组织正式发表的重要文件或报告，多以"白皮书"命名。在中国，"皮书"这一概念被社会广泛接受，并被成功运作、发展成为一种全新的出版形态，则源于中国社会科学院社会科学文献出版社。

✤ 皮书定义 ✤

皮书是对中国与世界发展状况和热点问题进行年度监测，以专业的角度、专家的视野和实证研究方法，针对某一领域或区域现状与发展态势展开分析和预测，具备原创性、实证性、专业性、连续性、前沿性、时效性等特点的公开出版物，由一系列权威研究报告组成。

✤ 皮书作者 ✤

皮书系列的作者以中国社会科学院、著名高校、地方社会科学院的研究人员为主，多为国内一流研究机构的权威专家学者，他们的看法和观点代表了学界对中国与世界的现实和未来最高水平的解读与分析。

✤ 皮书荣誉 ✤

皮书系列已成为社会科学文献出版社的著名图书品牌和中国社会科学院的知名学术品牌。2016年，皮书系列正式列入"十三五"国家重点出版规划项目；2012~2016年，重点皮书列入中国社会科学院承担的国家哲学社会科学创新工程项目；2017年，55种院外皮书使用"中国社会科学院创新工程学术出版项目"标识。

中国皮书网
www.pishu.cn

发布皮书研创资讯，传播皮书精彩内容
引领皮书出版潮流，打造皮书服务平台

栏目设置

关于皮书：何谓皮书、皮书分类、皮书大事记、皮书荣誉、
皮书出版第一人、皮书编辑部

最新资讯：通知公告、新闻动态、媒体聚焦、网站专题、视频直播、下载专区

皮书研创：皮书规范、皮书选题、皮书出版、皮书研究、研创团队

皮书评奖评价：指标体系、皮书评价、皮书评奖

互动专区：皮书说、皮书智库、皮书微博、数据库微博

所获荣誉

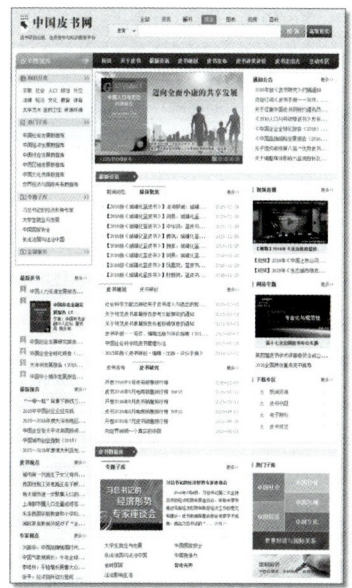

2008年、2011年，中国皮书网均在全国新闻出版业网站荣誉评选中获得"最具商业价值网站"称号；

2012年，获得"出版业网站百强"称号。

网库合一

2014年，中国皮书网与皮书数据库端口合一，实现资源共享。更多详情请登录www.pishu.cn。

权威报告·热点资讯·特色资源

皮书数据库

ANNUAL REPORT(YEARBOOK) DATABASE

当代中国与世界发展高端智库平台

所获荣誉

- 2016年，入选"国家'十三五'电子出版物出版规划骨干工程"
- 2015年，荣获"搜索中国正能量 点赞2015""创新中国科技创新奖"
- 2013年，荣获"中国出版政府奖·网络出版物奖"提名奖
- 连续多年荣获中国数字出版博览会"数字出版·优秀品牌"奖

成为会员

通过网址www.pishu.com.cn或使用手机扫描二维码进入皮书数据库网站，进行手机号码验证或邮箱验证即可成为皮书数据库会员（建议通过手机号码快速验证注册）。

会员福利

- 使用手机号码首次注册会员可直接获得100元体验金，不需充值即可购买和查看数据库内容（仅限使用手机号码快速注册）。
- 已注册用户购书后可免费获赠100元皮书数据库充值卡。刮开充值卡涂层获取充值密码，登录并进入"会员中心"—"在线充值"—"充值卡充值"，充值成功后即可购买和查看数据库内容。

数据库服务热线：400-008-6695
数据库服务QQ：2475522410
数据库服务邮箱：database@ssap.cn

图书销售热线：010-59367070/7028
图书服务QQ：1265056568
图书服务邮箱：duzhe@ssap.cn

皮书品牌20年
YEAR BOOKS
1997~2017

更多信息请登录

皮书数据库
http://www.pishu.com.cn

中国皮书网
http://www.pishu.cn

皮书微博
http://weibo.com/pishu

皮书博客
http://blog.sina.com.cn/pishu

皮书微信"皮书说"

请到当当、亚马逊、京东或各地书店购买，也可办理邮购

咨询/邮购电话：010-59367028 59367070
邮　　箱：duzhe@ssap.cn
邮购地址：北京市西城区北三环中路甲29号院3号
　　　　　楼华龙大厦13层读者服务中心
邮　　编：100029
银行户名：社会科学文献出版社
开户银行：中国工商银行北京北太平庄支行
账　　号：0200010019200365434